Satzarten unterscheiden
Aussagesätze, Ausrufsätze, Fragesätze ▸ S. 234, 297
Satzreihe und Satzgefüge
Satzreihe: Hauptsatz + Hauptsatz ▸ S. 235, 242
Satzgefüge: Hauptsatz + Nebensatz ▸ S. 236–239, 242
Satzglieder erkennen
Prädikat ▸ S. 228–230, 233
Subjekt ▸ S. 228–230, 233
Objekte ▸ S. 228–230, 233
Adverbialien ▸ S. 231–233
Wortarten bestimmen
Nomen ▸ S. 202–205
Pronomen ▸ S. 202, 206–208
Adjektiv ▸ S. 202, 209–211
Präposition ▸ S. 212–213
Verb ▸ S. 215–222
Adverb ▸ S. 202, 291
Zeichensetzung
Das Komma zwischen Sätzen ▸ S. 265
Komma bei Aufzählungen ▸ S. 265
Zeichensetzung bei der wörtlichen Rede ▸ S. 266
?
Rechtschreibregeln
Groß- und Kleinschreibung ▸ S. 251
Großschreibung von Nominalisierungen ▸ S. 253–254
Wörter mit Doppelkonsonanten ▸ S. 256–257
Wörter mit *h* ▸ S. 259
Wörter mit *i* oder *ie* ▸ S. 260
Wörter mit *ß*, *s* oder *ss* ▸ S. 261–262
Rechtschreibstrategien
Wörter deutlich sprechen, genau hinhören ▸ S. 246
Auf Wortbausteine achten ▸ S. 247
Verwandte Wörter suchen ▸ S. 248
Wörter verlängern ▸ S. 249
Nachschlagen im Wörterbuch ▸ S. 250

Realschule Bayern

# Deutschbuch

## Sprach- und Lesebuch

# 6

Erarbeitet von
Sonja Baulig (Burglengenfeld), Gertraud Bildl (Waldbüttelbrunn),
Ramona Füssel-Hallabrin (Arnstorf), Monika Hochleitner-Prell (Amberg),
Franziska Klingelhöfer (Viechtach), Timo Koppitz (Höchberg),
Marlene Krause (Erlangen), Renate Kroiß (Neumarkt),
Gabriele Kusebauch (Arnstorf), Katrin Peschl (Freyung),
Martina Peter (Arnstorf), Katrin Pfeuffer (Kitzingen),
Karl Hans Reichl (Weiden/Oberpfalz), Kerstin Scharwies (Hersbruck),
Petra Stich (Burglengenfeld), Ina Torne (Brannenburg),
Sonja Wiesiollek (Baldham), Gunder Wießmann (Neumarkt),
Stefanie Wolf (Parsberg), Sylvia Wüst (Landshut) und
Anja Zwengauer (Wassertrüdingen)

Unter Beratung von
Hans-Peter Kempf, Yvonne Hartwig, Renate Kroiß,
Petra Stich und Sylvia Wüst

Cornelsen

# Euer Deutschbuch auf einen Blick

Das Buch ist in **vier Kompetenzbereiche** aufgeteilt.
Ihr erkennt sie an den Farben:

**Sprechen, zuhören und schreiben**
**Mit Texten und Medien umgehen**
**Über Sprache nachdenken**
**Arbeitstechniken und Methoden**

Jedes **Kapitel** besteht aus **drei Teilen:**

**1 Hauptkompetenzbereich**
Hier wird das Thema des Kapitels erarbeitet, z. B. in Kapitel 12, „Mit Sachtexten arbeiten".

12.1 Maschinen ohne Grenzen – Sachtexte erschließen

**2 Verknüpfung mit einem zweiten Kompetenzbereich**
Das Kapitelthema wird mit einem anderen Kompetenzbereich verbunden und vertiefend geübt, z. B.:

12.2 Moderne Umweltpolizei – Texte und Grafiken erschließen

**3 Fit in ...?, Projekt oder Vertiefung**
Hier überprüft ihr das Gelernte anhand einer Beispielschulaufgabe und einer Checkliste oder ihr erhaltet Anregungen für ein Projekt, z. B.:

12.3 Fit in ...? – Sachtexte mit verschiedenen Methoden erschließen

Das **Grundwissen** findet ihr in den blauen Kästen mit der Bezeichnung **Wissen und Können**.

Auf den blauen Seiten am Ende des Buches (► S. 277–305) könnt ihr das grundlegende Wissen und Können aus allen Kapiteln noch einmal nachschlagen.

Folgende **Kennzeichnungen** werdet ihr im Buch entdecken:

●○○ Diese Aufgaben geben euch Starthilfen.
●●● Diese Aufgaben verlangen, dass ihr sie möglichst selbstständig bearbeitet.
4 Zusatzaufgabe
Partnerarbeit
Gruppenarbeit
Rollenspiel
Diese Texte könnt ihr euch anhören.
► S. 235 f. Auf der angegebenen Seite könnt ihr weitere Informationen nachschlagen.

# Inhaltsverzeichnis

- beschreiben die typischen Merkmale des Schwanks und werden durch die heiter-komische Darstellung menschlicher Schwächen dazu angeregt, über sich selbst nachzudenken
- wenden die dem jeweiligen Lesezweck entsprechenden Lesetechniken und Lesestrategien aus Klasse 5 an
- tragen eigene und vorgegebene Texte angemessen vor und setzen dabei sprachliche und außersprachliche Mittel ein, um beim Zuhörer bestimmte Wirkungen zu erzielen

- tragen eigene und vorgegebene Texte angemessen (auch frei) vor, nutzen Rückmeldungen anderer, um ihre Leseleistung zu verbessern
- unterscheiden auffällige Gestaltungsmittel (u. a. Reim, lautmalerische Mittel, bildhafte Ausdrücke, Satzformen) epischer, lyrischer und kurzer szenischer Texte und nutzen dieses Wissen zum Erschließen des Textgehalts und zur Gestaltung eigener Texte

# 15 Rechtschreibtraining 245

- entwickeln Rechtschreibstrategien weiter
- wiederholen und üben Grundregeln der Rechtschreibung und Zeichensetzung
- beherrschen den Umgang mit dem Wörterbuch



- lernen die Schreibung nominalisierter Wörter kennen und üben diese
- nehmen mit Hilfe des Computers Rechtschreibprüfungen vor



- erkennen individuelle Fehler und beheben diese durch angemessene Arbeitstechniken

# 16 Das Lernen lernen – Arbeitstechniken und Methoden anwenden 269

▸ entnehmen altersgemäßen pragmatischen Texten aus unterschiedlichen Quellen Informationen, ordnen diese und gebrauchen sie zur Bewältigung alltäglicher Situationen oder für Referate bzw. einfache Präsentationen

## Grundlegendes Wissen und Können 277

# 1 Was ist Freundschaft? – Miteinander sprechen und erzählen

**1** Beschreibt, woran ihr erkennen könnt, dass die Mädchen und Jungen auf dem Bild befreundet sind.

**2** Sprecht darüber, was Freundschaft für euch bedeutet:
- Wie sollte ein guter Freund / eine gute Freundin sein?
- Welche Erlebnisse fallen euch zum Thema „Freundschaft“ ein?

**3** Wählt selbst ein Foto mit euren Freunden aus und erzählt dazu.

**In diesem Kapitel ...**

- erzählt, schreibt und lest ihr Geschichten über Freundschaft und Mut,
- befragt ihr andere in einer Umfrage und wertet diese aus.

# 1.1 Gemeinsam lachen – Von Freundschaftserlebnissen erzählen

## Mündlich erzählen

**1** Was verbindet ihr mit dem Thema „Freundschaft“?
Sammelt Ideen in Stichpunkten in einem Cluster (engl. = „Ideen-Netz“).
Notiert den Begriff in der Mitte eines großen Blattes und zweigt davon alle weiteren Einfälle ab.
So könnt ihr euren Cluster beginnen:

**2** a Erzählt euch zu zweit von einem Freundschaftserlebnis. Es kann wahr oder erfunden sein. Nutzt dabei die Begriffe aus dem Cluster.
b Erläutert, warum dieses Erlebnis für euch etwas über Freundschaft aussagt.
c Erzählt nun euer Erlebnis vor der Klasse.
Die anderen hören aufmerksam zu und stellen Fragen, wenn etwas unklar ist.

**3** Vergleicht die Erlebnisse, von denen ihr erzählt habt:
Welche Gemeinsamkeiten und Unterschiede gibt es?

# Zu einem Bild erzählen

**1** a Beschreibt das Bild und erzählt, wie es möglicherweise zu dieser Situation kommen konnte.
b Wie könnte die Geschichte weitergehen? Notiert Ideen, wie sich die Freundschaft zwischen den beiden weiterentwickeln könnte.

**2** Erzählt zu dem Bild eine Geschichte. Legt zu jedem Handlungsschritt eine Karteikarte an und notiert in Stichworten, was passiert. Wählt eine Geschichte aus, um sie einem Erwachsenen zu erzählen. Besprecht, ob sich die Wortwahl beim Erzählen ändert.

*Erzählsituation:*
...

- *Entdeckung: Kirschbaum mit Leiter*

- *kletterten auf Baum*
- *aßen Kirschen*

- *...*
- *Schreck*

...

*Ausgang: Verabredung zum ...*

**Wissen und Können** **Der Aufbau einer Erzählung**

Eine gute Erzählung hat folgende Bestandteile:
- eine **Erzählsituation,** die klärt, wer die Hauptfiguren sind und wann und wo sich das Geschehen ereignet,
- einen **Hauptteil,** der in mehreren Erzählschritten das Ereignis anschaulich erzählt und
- einen **Ausgang,** der die Geschichte sinnvoll abrundet.

# Eine Umfrage zum Thema „Freundschaft" planen, durchführen und auswerten

**1** Einige von euch haben ähnliche Vorstellungen von einem Freund / einer Freundin und wie sich dieser / diese verhalten soll. Aber es wird auch unterschiedliche Erwartungen geben. Führt eine Umfrage zum Thema „Freundschaft" durch.

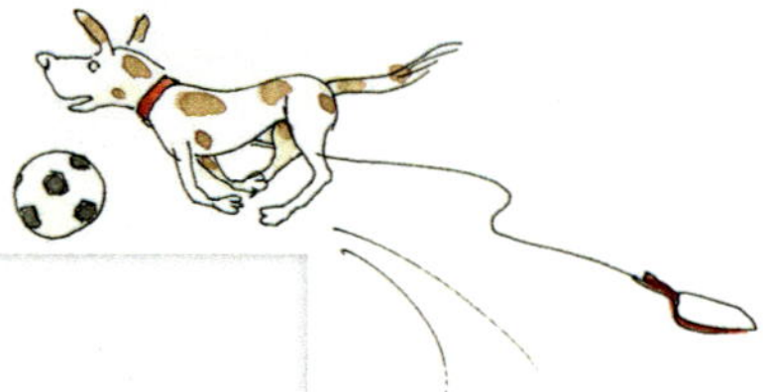

**a** Lest den folgenden Ausschnitt aus einem Interview und erklärt, welche Probleme bei dieser Art von Befragung auftreten.

> **Maike:** Hast du viele Freunde?
> **Lea:** Ja, eigentlich schon.
> **Maike:** Kannst du mit deinen Freunden über alles sprechen?
> **Lea:** Das kommt darauf an.

**b** Überlegt, wie man dieses Problem vermeiden kann.

**2** ●○○ **a** Probiert unterschiedliche Arten von Fragen aus. Fragt bei unklaren Antworten nach. Sammelt gemeinsam fünf Fragen zum Thema „Freundschaft" und notiert sie auf einem Blatt. Die folgenden angefangenen Fragebögen können euch helfen.

Welche Eigenschaften sollte ein Freund haben?

____________________

____________________

____________________

Diese Eigenschaften sollte ein Freund haben:
Mehrfachnennungen möglich

☐ zuverlässig ☐ schlau
☐ hilfsbereit ☐ fröhlich

**b** Vergleicht die unterschiedlichen Fragebögen. Besprecht Vor- und Nachteile. Denkt dabei an die Möglichkeiten der Auswertung.

**c** Bereitet nun für eure Umfrage einen Fragebogen vor.

**3** **a** Führt in der nächsten Pause eure Umfrage zum Thema „Freundschaft" durch. Befragt dazu eure Mitschülerinnen und Mitschüler der gesamten Schule, also auch aus verschiedenen Jahrgangsstufen.

**b** Tragt in der folgenden Deutschstunde die Antworten eurer Mitschülerinnen und Mitschüler zusammen und besprecht Gemeinsamkeiten und Unterschiede bei den Antworten.

**4** Auch im Internet kann man Freunde haben.

**a** Sprecht über eure Erfahrungen in den sozialen Netzwerken und eure Freunde dort.

**b** Tauscht euch darüber aus, wie diese Freundschaften sich von denen im realen Leben unterscheiden und welche Gemeinsamkeiten es gibt. Nennt dazu die Anforderungen an die jeweiligen Freundschaften.

# 1.2 Gemeinsam Katastrophen und gruselige Orte erleben – Freundschaftsgeschichten lesen

## Total verrückte Kumpel – Figuren untersuchen

Anders Jacobsson / Sören Olsson

### Berts intime Katastrophen

Die schwedischen Kinder- und Jugendbuchautoren **Anders Jacobsson** (*1963) und **Sören Olsson** (*1964) sind Cousins. Zusammen haben sie schon mehr als 15 Bände über Berts alltägliche Katastrophen geschrieben.

**4. Januar**
Hallihallo, Tagebuch!
Ich hab einen Kumpel, der heißt Arne Nordin. Arne hat mal behauptet, er stammt von einer vornehmen Familie ab. „Das sieht man dir aber nicht an“, sagte ich. [...]
Gestern ist eine irre Sache passiert. Arne rief mich von den Kanarischen Inseln an. Dort macht er mit seinem Vater und seiner kleinen Schwester Urlaub, Arne rief heimlich aus dem Hotelzimmer an. Wir unterhielten uns darüber, welche Fernsehsendungen er verpasst hat und welche Typen aus unserer Klasse ich seit Weihnachten schon gesehen habe. Dann erzählte Arne, dass er zwei neue Stollen für seine Fußballschuhe kaufen muss, wenn er nach Hause kommt. Nach 48 Minuten hörte ich im Hintergrund ein fürchterliches Gebrüll. Das war Arnes Vater. Der hatte das geheime Telefongespräch entdeckt.
Arne ist Wurmspezialist. Das ist er unfreiwillig geworden. Weil Arnes Wasserfrösche Lasse und Hasse ungefähr 14 Würmer täglich brauchen, um zu wachsen und dick und fett zu werden. Arne hat vor, ein Wurmlabor zu eröffnen. Er will beweisen, dass Würmer und Menschen eigentlich ein und dasselbe sind. Wenn man einen Wurm in zwei Teile teilt, leben beide Teile weiter. Arne ist davon überzeugt, dass dasselbe für Menschen gilt. Arne ist ein Scherzkeks, aber ehrlich. Wüsste zu gern, ob man Blumen mit Haushaltsspiritus gießen kann. Werd’s mal ausprobieren.
Alles okeh – Kartoffelpüreh

**7. Januar**
Hallihallo, Tagebuch!
Heut Abend geht eine echt makrofetzige Schau ab! Wir werden Arne besuchen. Arne ist von den Kanarischen Inseln zurückgekommen, und da wollen wir eine Luxusfete feiern. Wir – das ist unsere Rockband. Unsere Rockband heißt HEMAN HUNTERS. Letztes Jahr hießen wir TOTAL BEHÄMMERT. Da haben wir keine Engagements gekriegt. Aber dieses Jahr erwartet uns eine internationale Karriere. Ich bin der Textdichter. Dieser Text ist der beste:
„I is the best, viel better als the Rest. Hello, hello, I must go. Take the nait, take the nait, baby, I is the rait.“
Dieser Song kommt garantiert an die erste Stelle sämtlicher Hitlisten.
HEMAN HUNTERS besteht aus fünf Musikern: ich, Arne, Torleif, Erik und Nicke. Aber unsere Künstlernamen sind natürlich ganz anders. Ich heiße Buck Walkar, Arne heißt The Perfect Eagle, Torleif nennt sich Terry, Nicke nennt sich Jerry, und Erik heißt Fritz Klyka.

Auf der Luxusfete bei Arne ist alles luxuriös. Wir werden Luxus-Limo trinken, Luxus-Kuchen essen, Luxus-Popcorn poppen und Luxus-Diskussionen führen, unter anderem über HEMAN HUNTERS. Arne wird uns alle spanischen Wörter aufzählen, die er kann. Erik hat gefragt, ob er ein paar Briefmarken mitbringen darf. Die will er uns zeigen. Da wollte Arne seine Luxusfete lieber absagen. Erik nahm die Frage zurück.

Die Fete hat nur einen Haken – Arnes kleine Schwester Doris. Doris glaubt, sie ist auch eingeladen. Das ist sie aber nicht. Arne hat gefragt, ob jemand von uns ein paar Mausefallen mitbringen kann. Die würde er dann vor seinem Zimmer aufstellen und mit Gummibärchen und Sahnebonbons laden – um eine gewisse Person auf Abstand zu halten. Aber keiner von uns hat eine Mausefalle. Nicke sagte, er könnte das Luftgewehr von seinem Bruder mitbringen, wenn Arne das will. Arne hat eine Weile überlegt. Dann hat er dankend abgelehnt.

Jetzt kann ich nicht mehr weiterschreiben. Ich muss nämlich meine Luxusstrümpfe und mein Ausgehhemd anziehen. Ein Glück, dass es nicht „Draufgehhemd“ heißt. Dann wäre es inzwischen nämlich ganz schön schmutzig.

Alles okeh – Kartoffelpüreh

**11. Februar**

Hallihallo, Tagebuch! Ein Moped! Ich will ein Moped haben. Natürlich weiß ich, dass man erst mit fünfzehn Moped fahren darf, und ich werd bald dreizehn. Ich hab meine Eltern verhört, ob sie möglicherweise irgendwo zwei Jahre übersehen haben. Dann könnte ich nämlich schon dieses Jahr ein Moped kriegen. Welch ein Traum! Ein Moped ist das Wichtigste, was es gibt, dann kommt Nadja, dann Bratwurst.

Man stelle sich dieses unbeschreibliche Gefühl vor, auf einer funkelnagelneuen Puck Dakota die Straßen entlangzusausen. Und hinter mir sitzt Nadja und futtert Bratwurst. Arne und ich werden heute Mopedläden besichtigen. Das Mopedfieber hat uns gepackt. Arne hat erzählt, dass er heute Nacht aufgewacht ist und nach einem Moped geschrien hat. Wir haben eine Unmenge Prospekte studiert, um uns zu informieren, welche Zylinder und Lenker die besten sind. Dann haben wir darüber diskutiert, ob wir eine Stiftung für das Recht aller Menschen auf ein Moped ins Leben rufen sollen. Wir haben vor, einen Brief an die Vereinten Nationen zu schreiben und sie zu bitten, dafür zu sorgen, dass alle bald dreizehnjährigen Jungs in Schweden Moped fahren dürfen – wegen der

Menschenrechte. Altersgrenzen sind total ungerecht.
Ich weiß, dass ich besser Moped fahren kann als unser verkalkter Rektor. Ich hab schon oft auf Mopeds gesessen. Die Mopeds standen bei Arne im Hof und fuhren sehr schnell. Das haben wir gemerkt, als die Besitzer der Mopeds uns verfolgt haben.
Alles okeh – Kartoffelpüreh

**1** a Beantwortet die folgenden W-Fragen zu dem Jugendbuch-Auszug.
Nennt auch immer die Seite und die Zeile, wo die Antwort zu finden ist.

| | |
|---|---|
| Wo lebt Bert? | Wie alt ist er? |
| Wo macht Arne Urlaub? | Wie heißt Berts Freundin? |

●○○ Falls ihr die Antworten nicht findet, könnt ihr in diesen Absätzen nachlesen: Z. 1–15, Z. 92–120

●●● b Formuliert selbst W-Fragen zum Text und lasst sie von der Klasse beantworten.
Ihr könnt auch Richtig-/Falsch-Aussagen zum Text aufschreiben, z. B.:
*Arne hat zwei Hamster. (F)*
*Arnes kleine Schwester heißt Doris. (R)*

c Wählt einen der Tagebucheinträge aus und erzählt ihn mit eigenen Worten nach (► S. 84).

**2** Arne ist Berts bester Freund.

a Warum ist Bert die Freundschaft mit Arne wohl so wichtig?
Begründet eure Meinung mit Textstellen.

b Wärt ihr auch gern mit Arne befreundet?
Begründet eure Meinung.

c Erstellt einen Steckbrief für Arne wie im Beispiel rechts. Belegt eure Angaben mit Textstellen.

*Steckbrief*
- *Name: Arne*
- *Alter: etwa …*
- *Geschwister: …*
- *Freunde: …*
- *Hobbys: …*
- *Eigenschaften: …*

**3** Bert bezeichnet Arne als seinen „Kumpel“ (► Z. 3), obwohl er eigentlich „Freund“ sagen müsste.

a Umschreibt die unterschiedliche Bedeutung der beiden Begriffe.

b Gibt es ähnliche Bezeichnungen für Mädchen? Nennt Beispiele.

c Unterscheiden sich Jungen- und Mädchenfreundschaften? Tauscht euch aus.

**4** Berts Tagebucheintrag enthält viele jugend- und umgangssprachliche Ausdrücke.

a Sucht sie heraus und schreibt sie mit Zeilenangabe untereinander in euer Heft.

b Versucht, die Ausdrücke in die „Hochsprache“ zu übertragen, z. B.:
*„Typen aus unserer Klasse“ (Z. 17 f.) → unsere Klassenkameraden.*

c Vergleicht Berts Formulierungen mit eurer Jugendsprache:
Welche Ausdrücke würdet ihr selbst verwenden, welche nicht?

**5** Weshalb schreibt man ein Tagebuch?
Nennt mögliche Gründe und berichtet von eigenen Erfahrungen.

# „Na, dann hau doch ab!“ – Einen Text erschließen

Jutta Richter

## Im Gruselhaus

Die Kinder- und Jugendbuchautorin **Jutta Richter** wurde 1955 in Westfalen geboren. Ihr Roman „Der Tag, als ich lernte die Spinnen zu zähmen“ erzählt von der Freundschaft eines Mädchens zu dem Außenseiter Rainer.

„… ich weiß, wo's Ratten gibt.“

Mir lief ein Schauer den Rücken hinunter. Rainer hatte plötzlich so ein gefährliches Glitzern in den Augen. Ich hätte wetten können, dass ich wusste, was er vorhatte. Bevor er weitersprechen konnte, war ich aufgesprungen.

„Nein!“, rief ich. „Nie! Da geh ich nie im Leben mit!“

„Feigling!“, zischte Rainer. „Du bist eben auch nicht besser als die doofen Weiber. Hätte ich mir ja denken können! Mädchen bleibt Mädchen!“ Ich trat von einem Bein aufs andere, ich biss mir auf die Unterlippe. Am liebsten hätte ich mich in Luft aufgelöst.

„Hab ich die Kellerkatze verjagt?“, fragte Rainer. „Hab ich die Monsterspinne erledigt? Vergiss nicht, wen du vor dir hast: den Spezialisten für Lebendfallen! Den schärfsten Scharfschützen im Wilden Westen! Und du willst kneifen! Na, dann hau doch ab! Aber glaub nicht, dass ich noch ein Wort mit dir rede! Und in meiner Mannschaft bist du auch nicht mehr! Kannst ja bei den doofen Weibern mitmachen!“

Ich zögerte. Wenn Ratten so klug waren wie Menschen, waren sie bestimmt auch klüger als Rainer.

Aber wenn ich nicht mitging, würde ich meinen Freund verlieren. Vielleicht für immer.

Und das war sicher schlimmer, als einem Rattenkönig zu begegnen.

„Na gut“, sagte ich leise. „Dann komm ich eben mit.“

In der Altstadt fingen die Glocken an, für die Samstagvorabendmesse zu läuten. Die Mauersegler sirrten um Thiemanns Garage. Aus Fräulein Fantinis Fenster fiel die „Kleine Nachtmusik“. Alles war wie immer.

Rainer ging um die Ecke, dahin, wo unten am Bahndamm das Gruselhaus stand.

Solange ich denken konnte, hatte nie jemand dort gewohnt. Die Fensterscheiben waren alle eingeworfen und an der Haustür hing ein gelbes Schild mit schwarzem Rand: Betreten verboten! Eltern haften für ihre Kinder. Der Eigentümer.

Es war uns strengstens verboten, das Gruselhaus zu betreten.

Mein Vater hatte gesagt: „Wenn ich dich nur einmal dort erwische, gibt's Dresche.“

Und das war die schlimmste aller Strafen. Zehnmal schlimmer als Hausarrest.

Aber freiwillig hätte ich das Gruselhaus sowieso nicht betreten, weil Opa Thiemann doch die Geschichte vom erstickten Kind erzählt hatte: „Vor langer Zeit … von der eigenen Mutter … in diesem Haus … mit einem Kopfkissen … so lange auf den Kopf des Kindes gedrückt … bis es sich nicht mehr bewegte.“

„Bleib hier stehen“, sagte Rainer, sah sich nach allen Seiten um und schlich bis zur Hausecke. Die Straße war menschenleer. Einen Augenblick lang hoffte ich, er würde ohne mich ins Gruselhaus gehen, aber dann nickte er mir zu und rief: „Komm schnell!“

Er zog mich hinter das Haus und zeigte auf ein offenes Fenster. „Da rein! Los!“

Wir kletterten über die Fensterbank und standen in einem düsteren Zimmer. Überall waren Löcher: im Holzfußboden, in der Zimmerdecke. Und von den Wänden hingen Tapetenfetzen mit einem verblichenen Blumenmuster. Es roch modrig und es war kühl. Mir war ganz schlecht vor Angst.

Aber das durfte ich ja nicht zeigen.

Rainer klatschte in die Hände und machte: „Ksch, ksch!“ Dann noch mal: „Ksch, ksch!“

Irgendwo im Haus raschelte es.

„Hörst du die Ratten?“, fragte Rainer.

Ich stand mit angehaltenem Atem und lauschte. Direkt über unseren Köpfen hörte ich ein Trippeln.

Kurz darauf ein leises Pfeifen.

„Komm“, flüsterte Rainer. „Wir gehen nach oben. Aber sei leise!“

Er nahm meine Hand und wir schlichen vorsichtig durch das Zimmer, bis wir in einem kleinen Flur standen. Eine Treppe ohne Geländer führte ins obere Stockwerk. Die Stufen knarrten und immer wenn das geschah, blieben wir stehen und warteten. Meine Hand in Rainers Hand war ganz schwitzig und mein Herz klopfte bis in die Fingerspitzen.

Endlich, nach einer Ewigkeit, standen wir auf dem oberen Treppenabsatz.

Meine Augen hatten sich an das Dämmerlicht gewöhnt. So kam es, dass ich sie zuerst sah.

Ich drückte Rainers Hand und nickte mit dem Kopf in ihre Richtung.

Es war eine große graue Ratte mit einem dicken, unbehaarten Schwanz. Sie saß völlig reglos auf einer zerschlissenen Matratze und schaute uns mit ihren glänzenden Knopfaugen aufmerksam an.

Ihre Schnauze und die Schnurrbarthaare zitterten leicht, sie schnupperte, sie roch, dass wir da waren.

Ich hatte noch nie so nah vor einer Ratte gestanden und begriff plötzlich, was Hansi Pfeifer gemeint hatte. Die Ratte sah sehr klug aus. Sie war bestimmt klüger als ich. Und sie war bestimmt klüger als Rainer.

Wir bewegten uns nicht. Die Ratte bewegte sich nicht.

Und dann spürte ich plötzlich, dass mit Rainer etwas nicht stimmte. Er zitterte, sein Atem ging schneller. Er zog die Luft ein und machte ganz seltsame Geräusche dabei. Eine Art Pfeifen und Rasseln. Es hörte sich an, als würde er ersticken, sein Gesicht war verzerrt, er sah aus, als würde er Fratzen schneiden. Das war unheimlich.

Am liebsten hätte ich mich umgedreht und wäre weggelaufen. Und gleichzeitig wusste ich: Jetzt kam es auf mich an. Ich musste Rainer helfen.

Und während ich das begriff, wuchs in meinem Hasenherz ein Riesenmut.

Ich drückte seine Hand und zog ihn dann auf

die oberste Treppenstufe zurück. Ich bewegte mich ganz ruhig, ganz vorsichtig, ganz langsam. So wie ich es im Zirkus bei den Löwenbändigern gesehen hatte.
Ich führte Rainer rückwärts die Treppe hinunter. Ich wusste, wenn man sich umdreht, hat man verloren. Dann würde die Ratte in unseren Nacken springen und sich dort festbeißen. Es dauerte ewig, bis wir endlich unten waren und uns umdrehen konnten. Ich wollte zum Fenster rennen und hinausklettern.
Aber Rainer konnte nicht. Er rang nach Luft und hatte ganz blaue Lippen. Dann stützte er die Hände aufs Fensterbrett und ließ den Kopf hängen. Er keuchte immer noch. Sein schmaler Rücken hob und senkte sich.
Da sah ich, dass Rainer weinte, ganz leise weinte. Seine Tränen tropften einfach in den Staub.
Irgendwann fing er an, wieder ruhiger zu atmen, und dann kletterten wir vorsichtig aus dem Fenster.
Rainer sagte keinen Ton. Er nahm nur meine Hand und hielt sie fest. Wir gingen um das Gruselhaus herum und erst unter Fräulein Fantinis Fenster ließ er meine Hand wieder los.
Und dann sagte er: „Scheißasthma", und versuchte zu grinsen.
Er puffte mich in die Seite und meinte: „Aber trotzdem, mutig bist du ja, Meechen! Eigentlich wie 'n Junge ..."
Und da erst bin ich weggelaufen ...

**1** Warum folgt die Ich-Erzählerin Rainer in das Gruselhaus? Sucht die Antwort im Text und nennt die Zeile.

**2** Das Erlebnis im Spukhaus lässt sich in Erzählsituation, Hauptteil und Ausgang unterteilen.
**a** Bestimmt die drei Teile. Notiert Zeilenangaben und fasst das Geschehen in wenigen Stichworten zusammen:
*__Erzählsituation,__ Z. 1–...: Gespräch über Ratten – Gang zum Gruselhaus*
*__Hauptteil,__ Z. ...–...: ...*
*__Ausgang,__ Z. ...–...: ...*
**b** Erzählt das Erlebnis mit eigenen Worten nach.

**3** „So kam es, dass ich **sie** zuerst sah." (▸ Z. 101) Hier steht ein Pronomen (▸ S. 206–208) an Stelle eines Nomens.
**a** Wer ist mit dem Pronomen „sie" gemeint? Nennt das Nomen.
**b** Beschreibt, welche Wirkung durch die Verwendung des Pronomens erzielt wird.

**4** „Und dann sagte er: ‚Scheißasthma' ..." (▸ Z. 161)
Nennt den wahren Grund für Rainers unerwartetes Verhalten im Gruselhaus.

**5** Am Abend erzählt das Mädchen seiner Schwester von dem Erlebnis und erklärt, warum es erst zum Schluss wegläuft. Schreibt die Erzählung des Mädchens auf.
●○○ So könnt ihr beginnen:
*Du glaubst nicht, was ich heute zusammen mit Rainer erlebt habe! Du kennst doch das Gruselhaus am Bahndamm? Das Haus, von dem Opa uns ... Rainer wollte mir unbedingt zeigen, dass es dort ...*

# 1.3 Brief mit Selfie? – Freundschaftliche Mitteilungen schreiben

## Vom Brief zur digitalen Kurznachricht

*Hallo Selina,* *Höchberg, den 06.09.20XX*

*viele Grüße aus dem Ferienlager! Hier ist es super: Die Leute sind nett, das Programm macht Spaß und wir haben Traumwetter! Das einzig Blöde ist das Handyverbot. Auf diese Weise kommst du aber immerhin mal zu einem richtigen Brief von mir, das ist doch was, oder?*

*Es gibt leider eine weitere Sache, die nicht so schön ist: Jsabel verhält sich ziemlich komisch und redet nicht mehr mit mir. Dabei hatten wir uns so auf das Camp gefreut! Jch weiß echt nicht, was ich falsch gemacht habe. Ob das noch was mit der Matheschulaufgabe zu tun hat? Vielleicht sollte ich sie mal darauf ansprechen …*

*Jetzt verrate ich dir noch eine Neuigkeit: Jch habe hier einen total süßen Jungen kennen gelernt! Oliver heißt er. Beim Essen saß ich zufällig schon zweimal neben ihm. Er ist voll nett und witzig … Zu Hause zeig ich dir ein Bild von ihm. Falls ich mich traue, ein Foto von ihm zu machen. Mir zittern schon beim Gedanken daran die Hände!*

*Wir müssen nächste Woche unbedingt mal wieder zum Shoppen gehen, ich brauche eine neue Jeans. Und ich will natürlich wissen, was du so erlebt hast und wie es euren Welpen geht!*

*Liebe Grüße und bis sehr bald*
*deine Eva*

**1** Welche Neuigkeiten teilt Eva ihrer Freundin Selina im Brief mit? Gebt sie kurz wieder.

an:

Betreff:

Hi Seli, bin schnell Internetcafé. Ziemlich umständlich, darum nur kurz:
Hast du meinen Brief schon bekommen? Falls nicht, hier die News: Das Camp ist super, nur Isa ist irgendwie komisch. Geht mir ständig aus dem Weg, echt doof :-(.
Dafür gibt's 'nen total süßen Typen hier: Olli. Muss ich dir mal genauer berichten … ;-)
Gehn wir nächste Woche mal shoppen? ; -) Schlag mal ein Date vor!
Muss los, bis baaaaaald! HDL Eva

**2** **a** Vergleicht Evas E-Mail mit ihrem Brief:
Welche zusätzlichen Gestaltungsmerkmale gibt es in der E-Mail, welche fehlen?

**b** Die E-Mail enthält viele umgangssprachliche Ausdrücke und unvollständige Sätze.
Beschreibt anhand von Beispielen die Unterschiede in der Wortwahl und im Satzbau.

**3** Eva hat Selina diese digitale Kurznachricht geschrieben.
Gebt wieder, welche Informationen darin enthalten sind (siehe unten rechts).

**4** Sprecht über eure Erfahrungen mit dem Schreiben von digitalen Kurznachrichten:
- Wie viele Nachrichten schreibt ihr pro Woche?
- Gab es beim Schreiben schon einmal Missverständnisse?

**5** **a** Wie unterscheiden sich Evas Brief, E-Mail und digitale Kurznachricht?
Übertragt die folgende Tabelle in euer Heft und ergänzt sie.

| | Persönlicher Brief | E-Mail | Digitale Kurznachricht |
|---|---|---|---|
| Länge | … | *mittlere Länge* | |
| Inhalt | *Schilderung von Erlebnissen, Eindrücken* | … | |
| Sprache | … | *Standardsprache und Umgangssprache* | |
| Gestaltungs-merkmale/ Besonderheiten | … | *– Emoticons, z. B.: ☺* *– …* | |
| Geschwindigkeit der Übermittlung | … | … | |

●○○ Als Hilfe könnt ihr die folgenden Begriffe in die Tabelle eintragen:

schnell • Angabe von Ort und Datum • Absätze • lang • mehrere Tage • unvollständige Sätze • fehlende Satzzeichen • zum Teil unvollständige Sätze • keine Absätze • Abkürzungssprache, z. B.: LG • kurze Informationen • Unterschrift • vollständige Sätze • Mitteilung von Erlebnissen/Eindrücken/Informationen

**b** Diskutiert darüber, welche Vor- und Nachteile Brief, E-Mail und digitale Kurznachrichten haben.

**6** Auch über Netzwerkseiten im Internet kann man mit Freunden Kontakt aufnehmen.
Tauscht euch über eure Erfahrungen damit aus:
- Für welche Art von Mitteilungen nutzt ihr die Netzwerkseiten?
- Wodurch unterscheiden sich eure Mitteilungen dort von E-Mails und digitalen Kurznachrichten?
- Wie viele eurer „Freunde“ dort sind wirkliche Freunde?
- Habt ihr schon einmal einen „Freund“ gelöscht? Wenn ja, warum?

# 2 Das ist uns ein Anliegen – Anliegen und Meinungen vorbringen und begründen

Die Schüler der Klasse 6 b können ihre Wünsche und Anliegen dem Kummerkasten anvertrauen. In der Klassenleiterstunde werden sie dann besprochen.

**1** Sprecht über die Anliegen der Schüler. Welche sind realistisch, welche eher unrealistisch?

**2** Manche Gesprächsvorschläge sind unsachlich formuliert. Verbessert sie.

## In diesem Kapitel ...

- bezieht ihr Stellung und vertretet eure Meinung sowohl in Diskussionen als auch in schriftlicher Form,
- nutzt ihr gemeinsam erstellte Diskussionsregeln,
- stellt ihr eure Anliegen und Meinungen in Gesprächen und sachlichen Briefen schriftlich dar,
- lernt ihr, euch sachlich, klar und angemessen auszudrücken,
- beurteilt und überarbeitet ihr eigene und fremde Texte nach vorgegebenen Kriterien.

# 2.1 Pausenhofregeln – Meinungen und Anliegen formulieren

## Meinungen vertreten

In der Klassenleiterstunde der 6 b wird das Thema „Pausenhofregeln“ besprochen:

**Frau Kraus:** Gut, kommen wir jetzt noch zu den Pausenhofregeln ...

**Florian** *(ruft laut, ohne sich gemeldet zu haben)* (1): Die sind total ungerecht!

**Marion:** Also, ich finde, da hast du nur zum Teil recht, Florian. (2) Die meisten Regeln sind in Ordnung. Nur ein paar sollten wirklich geändert werden.

*(zustimmendes Gemurmel)*

**Frau Kraus:** Welche Regeln meint ihr denn nun genau?

**Lisa** *(meldet sich):* Dass Fußballspielen verboten ist, zum Beispiel.

**Semire** *(kichert):* Wer will denn schon Fußball spielen? Du willst dich doch nur bei den Jungs beliebt machen! (3)

**Nico** *(fällt Semire ins Wort)* (4): Ach, Lisa hat doch vollkommen recht.

**Frau Kraus:** So geht das nicht! Es kann immer nur einer oder eine sprechen. Also, wer ist noch der Meinung, dass das Fußballspielverbot aufgehoben werden sollte?

*(20 von 25 Schülern heben die Hand.)*

**Alex** *(der sich die ganze Zeit über leise mit Peter unterhalten hat, fragt nach)* (5): Was ist los?

*Frau Kraus erteilt Nora das Wort:*

**Nora:** Man sollte uns erlauben, auf dem Pausenhof Fußball zu spielen. So können wir uns in der Pause austoben und haben einen Ausgleich zu den Unterrichtsstunden. (6)

**Antonia** *(fährt Nora entnervt an):* Rumtoben! Das ist doch was für Babys. (7)

**Lukas:** Nora sieht das schon richtig! (8) Wenn man sich in der Pause austoben darf, kann man sich im Unterricht besser konzentrieren. (9)

**Alessia:** Wir bräuchten eine zweite Pause. (10)

**Frau Kraus:** Das hat aber mit unserem Thema nichts zu tun! Zurück zum Fußballspielen.

*(Jan schnipst laut mit den Fingern.)* (11) Jan, bitte nicht schnipsen, ich sehe dich doch.

**Jan:** Der Pausenhof ist doch viel zu klein! Da kann man nicht vernünftig Fußball spielen! Außerdem stören einen da die anderen.

**Frau Kraus:** Akin, hast du einen Einfall?

**Akin:** Ja, wie wär's denn mit dem Hartplatz neben dem Pausenhof? Der ist doch umzäunt. Dort würden wir niemanden stören oder mit dem Ball verletzen und könnten auch gut von der Pausenaufsicht beobachtet werden. (12)

**1** Untersucht die Besprechung und klärt folgende Fragen:
a Welche Frage wird in der Klasse diskutiert?
b Welche Ansichten vertreten die Schülerinnen und Schüler zu dieser Frage?
c Warum überzeugen die Beiträge von Nora (▶ Z. 27–30) und Lukas (▶ Z. 33–35)?

**2** Spielt die Klassensituation mit verteilten Rollen nach.

**3** Untersucht die Aussagen und das Verhalten der Schülerinnen und Schüler im Gespräch (3–12). Welche Beiträge sind **hilfreich,** welche **hinderlich?** Bewertet die markierten Beiträge und Verhaltensweisen nach folgendem Muster.
- *Es ist hinderlich, einfach laut durcheinanderzurufen. So wird niemand gehört und man erreicht keine Einigung.*
- *Es ist hilfreich, sachlich zu bleiben, auch wenn man anderer Meinung ist. Das verhindert Streit und hilft, eine gemeinsame Lösung zu finden.*

●○○ Folgende Stichpunkte zur Begründung können euch helfen:
- *ist unsachlich, verletzt Gefühle anderer*
- *macht unzufrieden – jeder hat das Recht, seinen Beitrag zu Ende zu bringen*
- *lenkt vom eigentlichen Thema ab, verhindert manchmal sogar Ergebnisse*
- *zeigt, dass man zugehört hat, andere Ansichten respektiert*
- *zeigt, warum man etwas befürwortet oder ablehnt*
- *ist unhöflich und kann dazu führen, dass man Wichtiges verpasst*

**4** Gestaltet ein Plakat mit Diskussionsregeln für euer Klassenzimmer.
Wählt positive Formulierungen, z. B.:
- *Ich bleibe sachlich, auch wenn ich anderer Meinung bin.*
- *Ich melde mich, wenn ich etwas sagen möchte.*

**Wissen und Können** **In Diskussionen Meinungen vertreten**

In einer Diskussion tauschen sich mehrere Personen zu einer Frage aus, z. B.: „Soll das Fußballspielverbot auf dem Pausenhof aufgehoben werden?“

Die Diskussionsteilnehmer/-innen können **unterschiedliche Ansichten** vertreten (z. B. einem Vorschlag zustimmen, ihn ablehnen oder mit Einschränkung zustimmen).
Die Diskussionsteilnehmer/-innen
- erklären und begründen ihre Meinung, damit die anderen sie nachvollziehen können und sich von ihr vielleicht sogar überzeugen lassen,
- äußern ihre Meinung in der Ich-Form,
- hören einander zu und unterbrechen oder stören den Redner nicht,
- melden sich und sprechen erst nach Aufforderung,
- bleiben immer sachlich.

**Ziele** einer Diskussion können sein: verschiedene **Positionen darzustellen** und **Argumente auszutauschen,** andere von der eigenen **Meinung** zu **überzeugen** oder zu einer Einigung zu kommen, also eine **gemeinsame Lösung** zu finden.

## Ein Anliegen vorbringen

Simon soll den Schulleiter im Namen der Klasse darum bitten, das Fußballspielen auf dem Pausenhof zu erlauben.

**Simon** *(betritt das Sekretariat)*: Frau Lang, ich muss schnell mal mit Herrn Kluge sprechen. *(Ohne eine Antwort abzuwarten, öffnet Simon die Tür zum Büro des Rektors und redet los.)*
**Simon:** Also, wir aus der 6 d finden die Pausenhofregeln ziemlich ungerecht.
**Herr Kluge:** Wie bitte!? *(Er runzelt die Stirn.)*
**Simon:** Na ja, ich meine, vor allem wollen wir in der Pause Fußball spielen.
**Herr Kluge:** So, so, und das soll ich euch jetzt erlauben. Und aus welchen Gründen?
**Simon:** Also, das wäre total cool!
**Herr Kluge:** Ich rate dir Folgendes: Mach dir erst einmal Gedanken, wie du euer Anliegen klar und überzeugend vorbringen kannst. Dann kannst du gerne wiederkommen.
*(Simon verlässt enttäuscht den Raum. Herr Kluge wendet sich kopfschüttelnd seiner Arbeit zu.)*

**1** Lest das Gespräch mit verteilten Rollen.

**2** Warum hat Simon mit seinem Anliegen keinen Erfolg?
Untersucht Inhalt und Sprache des Gesprächs und macht euch Notizen zu folgenden Fragen:
– Welche Informationen fehlen?
– Was muss Simon beachten, um höflich aufzutreten?
– Wie sollte er seine Äußerungen formulieren, damit sie höflich wirken?

**3** Ein wichtiges Gespräch verläuft besser, wenn man es vorher plant.
Ordnet die Schritte aus dem Wortspeicher in einer Liste wie im Muster unten.
**a** Was sollte man vor dem Gespräch beachten?
Notiert zwei Punkte aus dem Wortspeicher.
**b** Plant den Aufbau des Gesprächs: Schreibt zu den Phasen A bis C passende Schritte in einer sinnvollen Reihenfolge auf.

Vor dem Gespräch beachten
- …
- …

Ein Anliegen vorbringen

A Gespräch eröffnen
1. …
2. …
3. …

B Anliegen vorbringen
4. …
5. …
6. …

C Gespräch beenden
7. …
8. …

sich bedanken • (anklopfen, fragen ob man stören darf) • sich vorstellen • grüßen • sich verabschieden • Anliegen begründen • sich überlegen, was man möchte • sich Gründe überlegen (und – falls passend – welche Gegenleistung man anbieten kann) • Anliegen klar und deutlich äußern • wenn nötig: erklären, wer einen geschickt hat

Die gesamte Klasse hat das Gespräch mit dem Schulleiter noch einmal gründlich vorbereitet. Simon wird erneut zu Herrn Kluge geschickt, um das Anliegen der 6 d vorzubringen.

*(Simon betritt das Sekretariat.)*

**SIMON:** ?

**FRAU LANG:** Guten Morgen. Herr Kluge ist in seinem Büro. Du darfst ihn ruhig stören.

*(Simon klopft an und wird vom Rektor hereingebeten.)*

**SIMON:** ?

**HERR KLUGE:** Guten Morgen, Simon. Die Klasse 6 d schickt dich also als ihren Vertreter. Was kann ich für dich tun?

**SIMON:** ?

**HERR KLUGE:** Ich verstehe. Ihr möchtet, dass ich die Pausenhofregeln ändere, sodass künftig das Fußballspielen in der Pause erlaubt ist. Habt ihr denn Gründe dafür vorzubringen?

**SIMON:** ?

**HERR KLUGE:** Aha, eure Gründe sind durchaus überzeugend.

**SIMON:** ?

**HERR KLUGE:** Ein guter Vorschlag! Ihr habt euch gründlich Gedanken gemacht. Der Hartplatz eignet sich durchaus. Lasst uns Folgendes vereinbaren: Ich erlaube allen Schülern für eine Probezeit von drei Wochen, in der Pause auf dem Hartplatz Fußball zu spielen. Wenn es dadurch nicht zu Störungen kommt, können wir das Verbot für immer aufheben.

**SIMON:** ?

**HERR KLUGE:** Auf Wiedersehen, Simon.

**4** Was sollte Simon sagen, damit das Gespräch erfolgreich verläuft? Macht euch Notizen zur Vervollständigung des Gesprächs. Haltet euch dabei an die zuvor erarbeiteten Schritte (▶ Aufgabe 3 auf S. 28).

**5** a Vergleicht eure Gesprächsentwürfe. Ergänzt und verbessert die Aussagen, falls nötig.
b Übt euren Gesprächsentwurf mit verteilten Rollen und tragt ihn der Klasse vor.
c Die Klassenmitglieder beobachten das Gespräch mit Hilfe der Liste von Seite 28 und bewerten die einzelnen Punkte mit folgenden Zeichen:
☺ *gelungen/überzeugend*   V *fehlt oder unvollständig*   ☹ *unsachlich / nicht überzeugend*

**6** Stellt euch vor, Simon würde seine Bitte nicht persönlich, sondern in einem Telefonat vorbringen. Besprecht, was er dabei beachten müsste (▶ S. 278), und spielt das Gespräch durch.

**7** a Plant zu zweit ein Gespräch zum folgenden Anliegen und notiert euch Stichpunkte.
b Spielt das Gespräch mit verteilten Rollen vor und lasst euch eine Rückmeldung geben.

> Die Mitglieder des Chors bitten um eine Befreiung vom Unterricht in der 5. und 6. Stunde des nächsten Tages, damit sie noch einmal geschlossen für den Auftritt auf dem Schulfest in der kommenden Woche proben können.

**8** Auch kleinere Anliegen wie die folgenden solltet ihr höflich und sachlich vorbringen.

1 Dein Deutschlehrer Herr Groß schickt dich zur Sekretärin Frau Meisl, um Kreide zu holen.
2 Die Englischlehrerin Frau Lutz beauftragt dich, die Videokamera bei Frau Pohl auszuleihen.

a Schreibt auf, wie man diese Anliegen vorbringt, indem ihr die folgenden Äußerungen in der richtigen Reihenfolge dem jeweiligen Anliegen zuordnet:

A Guten Morgen, Frau Pohl. Frau Lutz schickt mich.
B Wir haben keine weiße Kreide mehr.
C Herr Groß schickt mich.
D Ich soll Sie fragen, ob Sie uns die Videokamera ausleihen können.
E Danke, Frau Pohl. Auf Wiedersehen!
F Guten Morgen, Frau Meisl.
G Wir bringen die Kamera in der nächsten Pause wieder zurück.
H Vielen Dank, Frau Meisl. Auf Wiedersehen!
I Könnten Sie uns bitte ausnahmsweise jetzt ein neues Päckchen für die Klasse 6 d geben?
J In Zukunft wird der Tafeldienst gleich morgens prüfen, ob genügend Kreide da ist.
K Unsere funktioniert leider momentan nicht.

b Schreibt zu der folgenden Situation ein Gespräch auf: Du bittest deine Lehrerin Frau Ott um den Schlüssel für den Musiksaal, weil du dort dein Mäppchen vergessen hast.
●○○ Hier findet ihr Hilfen:

Ich bringe Ihnen den Schlüssel ... zurück. • Grüß Gott, Frau ... Könnten Sie ...? • Vielen Dank, Frau ...! Ich beeile mich. • Ich habe nämlich leider ... und jetzt ist der Saal ...

c Übt eines der Gespräche zu zweit und tragt es anschließend frei der Klasse vor.

**Wissen und Können** | **Ein Anliegen vorbringen**

**Das Gespräch vorbereiten**
Mache dir Notizen zu folgenden Fragen:
- Anliegen: Was will ich?
- Begründung: Warum will ich das? (Welchen Nutzen ziehe ich daraus?)
- Gegenleistung: Was kann/werde ich selbst tun, damit die Bitte erfüllt wird?

Tritt höflich auf:
- Klopfe an und warte, bis du hereingerufen wirst.

Halte diesen Gesprächsablauf ein:
- Frage, ob du kurz stören kannst.
- Eröffne das Gespräch (grüßen; dich vorstellen; erklären, wer dich beauftragt hat).
- Bringe das Anliegen vor (sachlich; höflich; kein Betteln, Fordern, Überreden).
- Beende das Gespräch (bedanken; verabschieden).

# Testet euer Wissen!

## Ein Anliegen formulieren und vorbringen

**1** Wie sollte man sich in Diskussionen verhalten – und warum?
Ordnet den Aussagen 1 bis 5 links die richtigen Begründungen aus der rechten Spalte zu.
Schreibt die Aussagen mit der passenden Begründung auf.

**Aussage**

1 In einer Diskussion begründe ich meine Meinung, ...

2 Während einer Diskussion höre ich den anderen aufmerksam zu und falle niemandem ins Wort, ...

3 Mein Beitrag muss zum Thema und zu dem, was zuvor gesagt wurde, passen, ...

4 In Diskussionen äußere ich meine Meinung in der Ich-Form, ...

5 In Diskussionen bleibe ich sachlich, ...

**Begründung**

A denn die Diskussion soll aufrechterhalten werden und zu einem Ergebnis kommen.

B da jeder Sprecher das Recht hat, seine Aussage ohne Störungen vorzubringen.

C denn dabei handelt es sich um eine persönliche Einstellung, die nicht allgemein gültig ist.

D da Beschimpfungen, Beleidigungen oder Übertreibungen die Gefühle anderer verletzen und somit die Diskussion blockieren.

E weil sie für andere nachvollziehbar und überzeugend sein soll.

**2** Was muss man beachten, wenn man ein Anliegen vorbringt?
Auf der folgenden Liste ist nur die erste Regel korrekt.
Findet die Fehler in den übrigen Sätzen und schreibt alle Regeln verbessert ab.

VORSICHT FEHLER!

*Ein Anliegen vorbringen – wichtige Regeln*

- *Zur Vorbereitung eines wichtigen Gesprächs sollte man sich Notizen machen.*
- *Folgende Fragen sollte man sich vorher stellen: Warum? Welche ~~Bezahlung~~ Gegenleistung biete ich an?*
- *Wenn es dann so weit ist, öffnet man die Tür forsch, ohne anzuklopfen.*
- *Man grüßt, fragt, wie es geht, und stellt sich vor.*
- *Danach formuliert man sein Anliegen.*
- *Man sollte im Gespräch meist sachlich bleiben.*
- *Betteln oder Überreden nützt aber auch manchmal.*
- *Am Ende des Gesprächs bedankt man sich nur, wenn die Bitte erfüllt wurde.*
- *Danach kann man gehen.*

# Meinungen vertreten, Einwände berücksichtigen

**1** In der Klasse wird diskutiert, ob eine mehrtägige Klassenfahrt unternommen werden soll. Lasst euch die Beiträge vorspielen oder lest sie. Welche Meinung vertreten die Schüler?

**2** Die Schüler bringen ihre Sprechabsichten klar und sachlich zum Ausdruck. Legt folgende Tabelle an und notiert die entsprechenden Formulierungen aus den Gesprächsbeiträgen.

| Wenn man gleicher Meinung ist: | Wenn man anderer Meinung ist: | Wenn man Einwände entkräften möchte: |
|---|---|---|
| ... | ... | ... |

**3** Ordnet auch folgende Wendungen richtig zu:

Ich bin nicht der Meinung, dass ... • Mir ist klar, dass ..., aber • Es stimmt schon, dass ... Dennoch ... • Dagegen spricht aber, dass ... • Ich bin auch der Meinung, dass ... • Du hast eben gesagt, dass ..., aber ... • Auch wenn du denkst, dass ... • Dem kann ich mich anschließen, denn ... • Das ist schon richtig, trotzdem ...

# Diskutieren, beobachten, Feedback geben

Die Klasse hat weitere Gründe für (pro) und gegen (kontra) eine Klassenfahrt gesammelt.

**1** Lest folgende Aussagen und ordnet sie folgenden Standpunkten zu:

Pro Klassenfahrt | Kontra Klassenfahrt

- *Auf der Klassenfahrt kann man Unterrichtsthemen behandeln.*
- *Unterricht fällt aus*
- *Eine Klassenfahrt ist kostspieliger als ein eintägiger Ausflug.*
- *Das Zusammengehörigkeitsgefühl innerhalb der Klasse wird gestärkt.*
- *Die Schüler könnten sich an der Organisation beteiligen und dabei etwas lernen.*
- *Manche Schüler könnten Heimweh bekommen.*

**2** a Bildet Gruppen und formuliert in jeder Gruppe einen Diskussionsbeitrag zu den Aussagen oben.
b Überlegt euch Begründungen und Beispiele und schreibt sie stichpunktartig auf Kärtchen.
c Übt euren Diskussionsbeitrag.

**3** a Tragt noch einmal die Diskussionsregeln eurer Klasse zusammen.
b Legt in der Gruppe folgende Aufgaben fest:
- **Sprecher:** Je zwei Schüler vertreten und begründen die Meinung der Gruppe.
- **Beobachter:** Die Beobachter übertragen folgenden Beobachtungsbogen ins Heft. Sie wählen einen Teilnehmer aus und notieren während der Diskussion, wie dieser seine Meinung vertritt.

| **Beobachtungsbogen für ...** | ☺ | (wellig) | (neutral) | ☹ | **Beispiele aus der Diskussion** |
|---|---|---|---|---|---|
| *Diskussionsregeln eingehalten* | ... | ... | ... | ... | ... |
| *Meinung klar zum Ausdruck gebracht* | ... | ... | ... | ... | ... |
| *überzeugende Begründungen mit Beispielen genannt* | ... | ... | ... | ... | ... |
| *Einwände durch Argumente entkräftet* | ... | ... | ... | ... | ... |
| *Bezug zum Vorredner hergestellt (gleiche Meinung – andere Meinung?)* | ... | ... | ... | ... | ... |

**4** Die 6 b hat sich für eine Klassenfahrt entschieden. Nun soll sich das Klassensprecherteam mit dem Anliegen an Schulleiter Kluge wenden. Plant das Gespräch nach dem Muster von Seite 30. Nutzt alle Argumente, die für eine Klassenfahrt sprechen.

# 2.2 Anliegen und Meinungen schriftlich darlegen

## Fragen diskutieren, Entscheidungen treffen

Schulleiter Kluge hat die Klassenfahrt für alle 6. Klassen erlaubt. Zur Planung haben die Schüler der 6 b eine Mind-Map angelegt (▶ S. 271):

**1** Übertragt die Mind-Map in euer Heft:
- Ergänzt passende Bezeichnungen (Oberbegriffe) für die Hauptlinien der Mind-Map.
- Vervollständigt die Notizen auf den dünnen Linien darunter (Unterbegriffe).

**2** Die Mind-Map zeigt, dass im Zusammenhang mit der Klassenfahrt noch einige Entscheidungen zu treffen sind. Formuliert die Fragen, die diskutiert werden müssen.

# Meinungen schriftlich begründen

Jugendherberge oder Selbstversorgerhaus? Die Schüler sollen ihre Meinung dazu schriftlich äußern und begründen:

*Liebe Frau Kraus, ich finde Selbstversorgung nicht gut. Ich muss schon zu Hause immer so viel helfen!*
*Ronja*

Na, also das überzeugt mich jetzt nicht wirklich! Ronja müsste ihre Begründung schon genauer erklären. Ein Beispiel wäre auch nicht schlecht. Außerdem reicht mir ein Grund nicht.

**1** Nennt die Punkte, die ergänzt werden müssen, damit die schriftliche Stellungnahme überzeugt.

**2** Im Wortspeicher findet ihr weitere Gründe gegen eine Unterbringung in einem Selbstversorgerhaus und dazu passende Beispiele. Legt folgende Tabelle an und ordnet zu:

| Begründung | Beispiel |
|---|---|
| ... | |

unterschiedliche Lieblingsspeisen und Ernährungsgewohnheiten • weniger Zeit für andere Aktivitäten und Entspannung • komplizierte Organisation • Ausflüge müssen früher beendet werden, damit noch das Abendessen vorbereitet werden kann • Mahlzeiten planen, einkaufen, kochen • Tisch- und Küchendienst einteilen • mögliche Streitigkeiten zwischen den Schülern

*Hi Frau Kraus,*
*Selbstversorgung wäre megacool, weil wir dann unseren eigenen Speiseplan erstellen könnten. Wer hat schon Bock auf das Zeug, das es in Jugendherbergen normalerweise gibt. Wenn wir selbst für unser Essen verantwortlich sind, dann ist auch gebongt, dass es das gibt, was uns wirklich schmeckt, wie z. B. Hamburger oder Döner.*
*CU soon*
*Kian*

**3** a Lest Kians Zettel und nennt Ausdrücke, die ihr für eine schriftliche Meinungsäußerung gegenüber Erwachsenen für ungeeignet haltet.
b Überarbeitet die Notiz, indem ihr diese Ausdrücke durch sachliche Formulierungen ersetzt.

Liebe Ute,
wir haben ja heute in der Pause schon einmal kurz über die Unterkunft für unsere Klassenfahrt gesprochen. Meiner Ansicht nach ist ein Selbstversorgerhaus sinnvoll, weil die Schüler auf diese Weise lernen, Verantwortung zu übernehmen. Sie müssen beispielsweise die Küchendienste einteilen, den Essensplan besprechen und alles gemeinsam abstimmen. Außerdem spricht für die Selbstversorgung, dass man den Kindern dabei zeigen kann, worauf bei einer gesunden Ernährung zu achten ist. So könnten wir z. B. dafür sorgen, dass es zum Frühstück Müsli und Obst gibt. Das macht fit für den Tag. Zudem lernen die Schüler, auf verschiedene Ernährungsgewohnheiten Rücksicht zu nehmen. So gibt es sicher Vegetarier in den Klassen oder Kinder mit einer Nahrungsmittelunverträglichkeit. Dies muss bei der Essensplanung und beim Einkauf berücksichtigt werden.
Wie siehst du das?
Viele Grüße
Inga

**4** Frau Kraus hat sich mit einer Kollegin über die Unterbringung während der Klassenfahrt ausgetauscht. Lest die E-Mail an eine Kollegin: Welche Meinung vertritt Frau Kraus? Welche Gründe führt sie an?

**5** Ordnet die unterstrichenen Formulierungen folgenden Schreibabsichten zu:

Meinung äußern • Argumente nennen • begründen • Begründung durch ein Beispiel veranschaulichen

**6** Die Schüler dürfen auch entscheiden, ob die Zimmerbelegung ausgelost oder von ihnen selbst bestimmt werden soll. Überlegt euch eure Meinung, geeignete Begründungen und Beispiele dazu. Formuliert anschließend eine schriftliche Stellungnahme.

**Wissen und Können** **Meinungen schriftlich begründen**

Eine schriftliche Meinungsäußerung überzeugt, wenn man
- seinen Standpunkt klar und nachvollziehbar darlegt (Behauptung).
- mindestens zwei Begründungen für den eigenen Standpunkt anführt.
- Begründungen durch Beispiele veranschaulicht.

Dabei verwendet man sachliche und höfliche Formulierungen.
Meinung, Begründung und Beispiele sollte man sprachlich sinnvoll miteinander verknüpfen.
Folgende Wendungen helfen dabei:
**Meinung äußern:** *Ich bin der Meinung, dass ... / Ich finde, dass ... / Ich bin für/gegen ...*
**Begründung anfügen:** *..., denn/da/weil ... / Zudem ... / Weiterhin ... / Außerdem ... / Man muss auch bedenken, dass ...*
**Durch ein Beispiel veranschaulichen:** *Beispielsweise ... / Zum Beispiel ... / So ...*

# Schreibanlässe und Empfänger sachlicher Briefe kennen

Konstantin Wagner
Finkenweg 12
93149 Nittenau

Busfirma „Auf & Davon“
Benzstraße 17
93133 Burglindenfeld

**Information über Preisnachlässe für Schüler**

Stefan Bienen
Stichstraße 8
93133 Burglindenfeld

Förderverein „Freunde der Realschule“
Herrn Lothar Berger
Baumweg 18 b
93133 Burglindenfeld

**Beantragung einer Spende**

Samira Eckert
Mühlweg 3
93051 Regensburg

Spielzeugmuseum
Karlstraße 13–15
90403 Nürnberg

**Bitte um Sonderführung**

**1** Im Zusammenhang mit der Klassenfahrt müssen sachliche Briefe geschrieben werden. Lest die Briefköpfe und stellt fest, an wen und aus welchem Grund die einzelnen Briefe geschrieben wurden.

**2** Die Mind-Map von Seite 34 enthält weitere Anlässe für sachliche Briefe. Schreibt sie auf, z. B.: *Informationen zu Preisen und Ermäßigungen einholen.*

**3** Besprecht in der Klasse, an wen die Schüler sachliche Briefe zur Organisation ihrer Fahrt schreiben könnten. Inwiefern unterscheiden sich diese Personen von den Empfängern persönlicher Briefe?

**Wissen und Können** **Zweck und Adressaten sachlicher Briefe**

- Um Bitten, Anfragen, Anregungen, Beschwerden, Entschuldigungen vorzubringen oder Informationen einzuholen, schreibt man **sachliche Briefe.**
- Sachliche Briefe richtet man an Amtspersonen (z. B. den Schulleiter oder den Bürgermeister), Einrichtungen (z. B. Touristeninformationsstellen oder Kindertagesstätten), Firmen oder Betriebe (z. B. Buchhandlungen, Gaststätten oder Busunternehmen) und Personen, die man nicht oder nur wenig kennt (z. B. Elternsprecher oder Fördervereinsvorsitzende).

# Den Aufbau eines sachlichen Briefes kennen

Die Klassensprecherin der 6 b hat im Namen ihrer Klasse den folgenden Brief geschrieben:

(1) Elif Demirtas
Klassensprecherin der 6 b
Bergacker 1–4
93133 Burglindenfeld

(2) Maxhütte-Haidhof, 24. 09. 20XX

(3) Förderverein „Freunde der Realschule“
Herrn Lothar Berger
Baumweg 18 b
93133 Burglindenfeld

(4) **Beantragung einer Spende für die Klassenfahrt der 6. Klassen nach Nürnberg**

(5) Sehr geehrter Herr Berger,

(6) die 6. Klassen der Realschule fahren vom 09. bis 11. 05. 20XX nach Nürnberg. Als Klassensprecherin der Klasse 6 b möchte ich beim Förderverein „Freunde der Realschule“ einen Zuschuss für unsere Klassenfahrt beantragen.

(7) Wir helfen unseren Lehrern bei der Organisation und versuchen, die Ausgaben für unsere Eltern so gering wie möglich zu halten. So vergleichen wir beispielsweise die Kosten für die verschiedenen Übernachtungsmöglichkeiten, um die günstigste herauszufinden. Außerdem wird sich unsere Klasse am Tag der offenen Tür der Burglindenfelder Realschule mit einer Tombola beteiligen. Wir haben bereits bei verschiedenen Burglindenfelder Firmen angefragt, ob sie uns dafür Preise stiften, und schon zahlreiche bekommen. Zusätzlich bitten wir den Förderverein unserer Realschule um eine Spende, da wir wissen, dass dieser stets bereit ist, Projekte der Schüler zu unterstützen. Der Beitrag des Fördervereins würde allen Schülern der Klasse und deren Eltern zugute kommen, denn wir könnten davon einen Teil der geplanten Aktivitäten bezahlen. Wir planen einen Besuch im Niedrigseilgarten zur Stärkung der Klassengemeinschaft und eine Privatführung bei einem Nürnberger Sagenerzähler. Diese interessiert uns, weil wir das Thema „Sagen“ auch schon im Unterricht behandelt haben.

(8) Alle Schüler der 6. Klassen würden sich sehr freuen, wenn uns der Förderverein „Freunde der Realschule“ mit einer Spende unterstützen könnte.
Vielen Dank im Voraus.

(9) Mit freundlichen Grüßen

(10) *Elif Demirtas*

**1** a Wie formuliert Elif das Anliegen an den Fördervereinsvorsitzenden? Lest die Zeile vor.
b Elif nennt mehrere Begründungen für das Anliegen. Gebt diese in eigenen Worten wieder.

**2** Untersucht den Aufbau des sachlichen Briefes auf Seite 38. Ordnet den Abschnitten (1) bis (10) die folgenden Bezeichnungen zu, z. B.:
*1 – Absender.*

Betreffzeile | Anschrift des Empfängers | Anrede | Absender

Einleitung | Grußformel | Hauptteil | Schluss | Ort, Datum | Unterschrift

**3** Welche Funktion haben Einleitung, Hauptteil und Schluss in einem sachlichen Brief? Lest den sachlichen Brief auf Seite 38 noch einmal genau, erstellt eine Übersicht in eurem Heft.

●○○ Der Wortspeicher kann euch helfen.

Anliegen benennen • Vorschläge machen • Beispiele nennen • Anliegen begründen • Vorzüge erläutern • Bitte formulieren • eine Beschwerde formulieren • Entgegenkommen vorschlagen • Anliegen zusammenfassen • Kritik begründen

**4** Für sachliche Briefe gibt es genauere Vorgaben als für einen persönlichen Brief. Überlegt euch, warum dies so ist. Die Aussagen können euch dabei helfen.

## Wissen und Können – Sachliche Briefe

- Um **Bitten, Anfragen, Anregungen, Beschwerden, Entschuldigungen** vorzubringen oder **Informationen** einzuholen, schreibt man sachliche Briefe.
- Sie richten sich an **Amtspersonen** (z. B. Schuldirektor/-in, Bürgermeister/-in) oder an **Leute, die man nicht kennt** (z. B. Museumsleiter/-in). Deshalb hält man sich strenger als im persönlichen Brief an bestimmte Regeln.
- Sachliche Briefe sollten immer nach dem folgenden Muster **aufgebaut** sein:

*Name des Absenders*
*Straße und Hausnummer*
*Postleitzahl und Ort*

*Name des Empfängers*
*Straße und Hausnummer*
*Postleitzahl und Ort*

*Ort, Datum*

*(Betreffzeile:) Briefanlass in möglichst wenigen Stichworten*

Sehr geehrte Frau ..., / Sehr geehrter Herr ..., /
Sehr geehrte Damen und Herren,

*Text*

Mit freundlichen Grüßen
*Unterschrift*

- Das Anliegen sollte **genau,** aber **knapp** und **sachlich** vorgebracht werden.
- So könnt ihr euren sachlichen Brief **inhaltlich** aufbauen:
  **Einleitung:** Benennt das Anliegen und formuliert die Bitte.
  **Hauptteil:** Begründet das Anliegen. Ihr könnt
  – erklären, weshalb ihr um etwas bittet,
  – darlegen, warum ihr etwas kritisiert oder euch über etwas beschwert.
  **Schluss:** Fasst das Anliegen zusammen und sprecht den Empfänger direkt an.
- Wenn man nicht genau weiß, wer den Brief bearbeitet, verwendet man die Anrede *Sehr geehrte Damen und Herren.*
- Man gebraucht die **Anredepronomen der Höflichkeitsform** (*Sie, Ihnen* usw.). Sie werden großgeschrieben.
- Sachliche Briefe werden meist **mit dem Computer geschrieben** und **handschriftlich unterschrieben.**

## Das Anliegen begründen – Den Brieftext schreiben

Hier findet ihr Auszüge aus zwei sachlichen Briefen zu den folgenden beiden Anlässen:

**Buchung einer Privatführung • Bitte um Informationen über Preise und Ermäßigungen**

A Unsere Klassenfahrt nach Nürnberg, an der 28 Schüler und zwei erwachsene Begleitpersonen teilnehmen, soll vom 09. bis 11. 05. 20XX stattfinden.

B Ihrer Homepage haben wir entnommen, dass Sie auch spezielle Stadtführungen für Gruppen anbieten und bei den Themen die Wünsche Ihrer Kunden berücksichtigen.

C Zu diesem Zweck vergleichen wir die Fahrpreise verschiedener Busunternehmen sowie der Deutschen Bahn, damit wir uns schließlich für das günstigste Angebot entscheiden können.

D Im Deutschunterricht haben wir uns mit dem Thema „Sagen" beschäftigt. Dabei lernten wir auch einige regionale Sagen aus dem Nürnberger Raum kennen. Eine Sagenführung durch Nürnberg würde uns deshalb sehr interessieren.

E Deshalb bitten wir Sie, uns einen Kostenvoranschlag zu senden, aus dem hervorgeht, wie viel jede/jeder Einzelne für die Fahrt von Burglindenfeld nach Nürnberg und zurück bezahlen müsste. Bitte teilen Sie uns auch mit, ob Sie bereit wären, unserer Klasse eine Ermäßigung zu gewähren, und wie hoch diese wäre.

F Im Internet haben wir uns über verschiedene Führungen und Besichtigungen informiert und sind dabei auf Ihr Angebot „Sagenhaftes Nürnberg" aufmerksam geworden.

G Wir planen diese Fahrt zum größten Teil selbst und versuchen dabei, die Ausgaben für unsere Eltern so gering wie möglich zu halten.

H Wir besuchen derzeit die 6. Klasse einer Realschule und planen vom 09. bis 11. 05. 20XX eine Klassenfahrt nach Nürnberg.

I Wir würden uns sehr freuen, wenn Sie uns ...

J Für uns würde am ehesten eine dreistündige Führung am Nachmittag in Frage kommen. Zusammen mit den beiden Begleitpersonen wären wir 30 Teilnehmerinnen und Teilnehmer.

**1** Die Brieftexte zu den beiden Anlässen sind durcheinandergeraten.

a Bringt die Abschnitte in die richtige Reihenfolge, sodass sich zwei zusammenhängende Briefe ergeben, und lest beide Briefauszüge vollständig vor. Als Hilfe sind zwei zusammengehörige Abschnitte grün markiert.

b Ordnet jedem Brief einen passenden Betreff zu.

Bei einem der beiden Briefe muss noch der Schlussteil ergänzt werden.

**2** Wählt einen der beiden Briefanlässe von Seite 41 aus. Verfasst dazu einen formal richtigen Briefkopf und eine geeignete Einleitung.

●○○ Hier findet ihr Hilfen:

- als Vertreter/-in der Klasse 6 b • im Namen der Klasse 6 b
- organisiere ich eine Klassenfahrt nach Nürnberg
- habe ich den Auftrag, ... • wurde ich beauftragt, ...
- wende ich mich an Sie, um ...
- möchte ich Sie darum bitten, uns ... • bitte ich Sie, dass ...

Reisebüro Flitzweg
Brümmertsweg 3
11111 Xhausen

Städtetours
Jürgen Buhr
Rheinstr. 22 c
44444 Xstadt

## Betreffzeilen richtig formulieren

Die Betreffzeile soll so formuliert sein, dass der Empfänger auf den ersten Blick weiß, worum es geht. In einer Schreibkonferenz der 6 b wurden die folgenden Betreffzeilen korrigiert:

| | |
|---|---|
| (Wir möchten Sie) um Begleitung bei unserer Klassenfahrt <u>bitten</u>. | *Kürzen*<br>*Nomen bilden* |
| Information über Privatführungen. | *Sz* |
| Anfrage ~~um einen~~ Besichtigungstermin | *G (falsche Präposition)* |

**3** **a** Stellt mit Hilfe der Korrekturzeichen am Rand fest, was jeweils falsch gemacht wurde.
**b** Formuliert mit Hilfe der Korrekturen Regeln für die sprachliche Gestaltung der Betreffzeile.
**c** Verbessert die Betreffzeilen und schreibt sie richtig auf.

**Wissen und Können** **Betreffzeilen richtig formulieren**

- Die Betreffzeile soll den Empfänger schnell über das Anliegen informieren: Sie fasst **knapp und sachlich,** aber **möglichst genau** zusammen, worum es im Brief geht.
- Meist werden dazu **Verben in Nomen umgewandelt,** z. B.:
  *Ich möchte mich über verspätete Busse beschweren.*
  → *Beschwerde wegen Busverspätungen*
- Häufig werden in der Betreffzeile **Präpositionen** gebraucht, z. B.:
  *Beschwerde/Anfrage <u>wegen</u> ..., Bitte/Gesuch <u>um</u> ..., Information/Beschwerde <u>über</u> ...*
  Auch **Wortgruppen im Genitiv** kommen oft vor, z. B.: *Beantragung <u>eines Zuschusses</u>.*
- Da eine Betreffzeile kein vollständiger Satz ist, setzt man am Ende **keinen Punkt.**

**4** Betreffzeilen werden kürzer und klingen sachlicher, wenn ihr Verben in Nomen umformt.

a Wandelt die Verben im Wortspeicher in Nomen um, z. B.: *bitten → die Bitte.*
Ihr könnt das Wörterbuch zu Hilfe nehmen. Beachtet dazu den Tippkasten unten.

bitten • anmelden • beschweren • beantragen • bestellen • buchen • teilnehmen

b Formuliert mit den Nomen vollständige Betreffzeilen.
Erfindet dazu einen passenden Inhalt, z. B.: *Bitte um einen Zuschuss zur Klassenfahrt*

●○○ Hier findet ihr mögliche Inhalte als Hilfe:

Grillfest • MP3-Player • Jahresticket • verschmutzte Tische • Zugfahrt nach ... • Skifreizeit

●●● Wenn ihr schon fertig seid, formuliert auch diese Verben um und erfindet Betreffzeilen:

entschuldigen • absagen • bezuschussen • begleiten • anfragen • reklamieren

**5** Notiert für die folgenden Anlässe knappe, aber genaue Betreffzeilen.

**A** Die Schülerinnen und Schüler der 6 b bitten Firmen aus dem Ort, ihnen kostenlos Sachpreise zu überlassen, die sie am Tag der offenen Tür bei einer Tombola verlosen wollen.

**B** Eine bereits gebuchte Besichtigung des Kindermuseums in Nürnberg ist aus zeitlichen Gründen doch nicht möglich. Deshalb muss sie abgesagt werden.

**C** Die Klasse 6 b möchte auf ihrer Klassenfahrt nach Nürnberg den Oberbürgermeister der Stadt interviewen. Deshalb fragt der Klassensprecher in der Stadtverwaltung nach einem Termin.

**6** Verfasst einen sachlichen Brief zu einem der Anlässe aus Aufgabe 5. Wählt aus dem Wortspeicher einen passenden Empfänger und geeignete Formulierungen aus.

Unsere Klasse plant eine dreitägige ... vom ... bis ... • Im Zeitraum vom ... bis ... planen wir eine ... / wird unsere ... stattfinden. • Am ... möchten wir eine ... veranstalten. • Am ... haben wir bei Ihnen eine ... gebucht. • Damit wir ... finanzieren können, würden wir gern ... • Im Rahmen unserer Klassenfahrt würden/möchten wir ... • Wir wären Ihnen sehr dankbar, wenn ... • Bitte lassen Sie uns wissen, ... • Es wäre nett, wenn Sie uns eine Rückmeldung geben könnten, ob ...

Kinder- & Jugendmuseum Nürnberg
Michael-Ende-Straße 17
90439 Nürnberg

Oberbürgermeister der Stadt Nürnberg
Rathausplatz 2
90403 Nürnberg

Firma Hanson Kleinelektronik

Spielwaren Jäger

**Aus Verben Nomen bilden: Mit dem Wörterbuch arbeiten**

Das Wörterbuch kann bei der Suche nach passenden Nomen helfen. Schlagt das betreffende **Verb** nach. Prüft dann die **Einträge vor und nach dem Verb,** bis ihr das geeignete **Nomen** gefunden habt. Bei den Verben findet ihr oft auch die benötigten Präpositionen, z. B.:
**ent|schul|di|gen;** sich wegen od. für etwas entschuldigen → die Ent|schul|di|gung.

# Einen sachlichen Brief überarbeiten

Eine Arbeitsgruppe der 6 b sollte die Elternsprecherin Frau Roth darum bitten, die Klasse auf ihrer Klassenfahrt zu begleiten. In der Schreibkonferenz wurden einige Stellen im Briefentwurf angestrichen.

~~Hallo~~ Frau Roth,

wie sie dem letzten Elternbrief entnehmen konnten, wurde allen 6. Klassen genehmigt, dass sie eine dreitägige Klassenfahrt unternehmen dürfen. Wir, also die Arbeitsgruppe „Bitte um Begleitung“ der Klasse 6 b, wenden uns mit der Bitte an sie, uns auf unserer Fahrt nach Nürnberg zu begleiten.

Als Termin für die Exkursion der 6. Klassen wurde der Zeitraum vom 09.05. bis 11.05.20XX festgesetzt. Jede Klasse soll von ihrem Klassenleiter und einer weiteren Person begleitet werden. Wenn dies, wie normalerweise üblich, eine Lehrkraft ist, würden im genannten Zeitraum bei vier 6. Klassen insgesamt acht Lehrer ausfallen. In diesem Fall müssten die anderen ziemlich viele Vertretungen schieben. Das finden wir blöd! So haben wir ziemlich lange geredet und hatten schließlich die geniale Idee, sie darum zu bitten, zusammen mit unserer Klassenleiterin die Exkursionen zu beaufsichtigen. Wenn sie sie und uns begleiten, werden die anderen Lehrkräfte durch unsere Fahrt nicht unnötig belastet und die Eltern erfahren über sie, was wir im Unterricht machen und wie wir uns verstehen.

Wir würden uns riesig freuen, wenn sie unser Anliegen überdenken und sich sagen: „Gut, dann erfülle ich den Schülern eben ihren Wunsch!“ Auch unsere Klassenleiterin würde es total super finden, wenn sie sie als Aufsichtsperson bei unserer Klassenfahrt unterstützen.
Wir bedanken uns bereits jetzt tausendmal.

Liebe Grüße

*Ulli Sandner*

**1** a Lest den Briefentwurf an Frau Roth.
b Überlegt, warum die Schülerinnen und Schüler in der Schreibkonferenz einige Stellen im Briefentwurf angestrichen haben.
c Schlagt Verbesserungen für die unterstrichenen Textstellen vor.

**d** Sammelt nützliche Formulierungen für sachliche Briefe.
Legt dazu eine Tabelle an:

| Formulierungen für die **Einleitung** | Formulierungen für den **Hauptteil** | Formulierungen für den **Schluss** |
|---|---|---|
| *mit diesem Schreiben möchten wir Sie um ... bitten* | *Nach langer Diskussion ...* | *Vielen Dank im Voraus für ...* |
| ... | ... | ... |

●○○ Die Formulierungen aus dem Wortspeicher können euch helfen:

**Nützliche Formulierungen für einen sachlichen Brief:**
Vielen Dank im Voraus für ... • Wir würden uns freuen, wenn ... • Wir würden es begrüßen, wenn ... • im Namen der ... • als Vertreter/-in der ... • als Sprecher/-in der Klasse ... • unserer Bitte nachkommen / unsere Bitte gewähren • würden zahlreiche Vertretungen anfallen • ..., wenn Sie Verständnis für unser Anliegen aufbringen • mit diesem Brief wenden wir uns an Sie, um Sie ... eine dreitägige Klassenfahrt • mit diesem Schreiben möchten wir Sie um ... bitten • Dies finden wir wenig sinnvoll. • Nach eingehender/langer/ausführlicher Diskussion sind wir zu dem Ergebnis gekommen / haben wir den Entschluss gefasst / haben wir beschlossen, ... • Das finden wir störend/unangenehm/unpassend. • Wir bedanken uns für Ihre Bemühungen.

**e** Überarbeitet den Brief auf Seite 44 mit Hilfe der Regeln im Merkkasten unten und der Formulierungen aus eurer Tabelle. Schreibt ihn verbessert auf.

**Wissen und Können** **Auf passende Formulierungen achten**

Die Sprache im sachlichen Brief ist **angemessen, knapp, sachlich und präzise.**
Meidet die vier „U" (unpassende, umständliche, unsachliche oder unklare Formulierungen).

- **passend:** Wählt angemessene Anrede- und Grußformeln:
  - Anrede: *Sehr geehrte Damen und Herren, / Sehr geehrter Herr Grün, / Sehr geehrte Frau Reichelt,* (mit Komma!)
  - Grußformel: *Mit freundlichen Grüßen* (ohne Komma!)
- **verständlich:** Bringt euer Anliegen „auf den Punkt", z. B.:
  ~~*Es wurde genehmigt, dass wir die dreitägige Klassenfahrt unternehmen dürfen.*~~
  → *Die dreitägige Klassenfahrt wurde genehmigt.*
- **sachlich:** Bleibt immer sachlich. Vermeidet wörtliche Rede, Ausrufe, Aussagen über Gefühle, Bewertungen oder gar Beleidigungen.
- **klar:** Macht ganz deutlich, wen oder was ihr meint. Schreibt die Anredepronomen der Höflichkeitsform groß (z. B. *Sie, Ihnen*). So vermeidet ihr Verwechslungen mit anderen Pronomen (z. B. *sie, ihnen*) und Missverständnisse beim Empfänger.

# Rechtschreibprüfung am Computer

Sachliche Briefe schreibt man in der Regel am Computer. So kann man den Text problemlos überarbeiten und mit dem automatischen Rechtschreibprogramm überprüfen lassen.
Dazu klickt ihr auf Extras, dann auf Rechtschreibung und Grammatik.
Timo hat am Computer seinen Brief an einen Nürnberger Stadtführer überprüft.

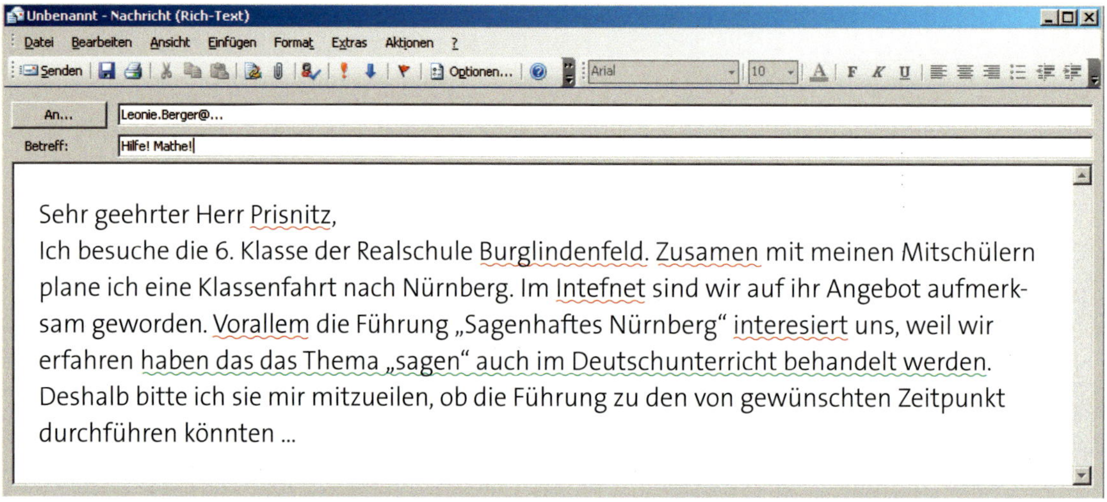


Sehr geehrter Herr Prisnitz,
Ich besuche die 6. Klasse der Realschule Burglindenfeld. Zusamen mit meinen Mitschülern plane ich eine Klassenfahrt nach Nürnberg. Im Intefnet sind wir auf ihr Angebot aufmerksam geworden. Vorallem die Führung „Sagenhaftes Nürnberg" interesiert uns, weil wir erfahren haben das das Thema „sagen" auch im Deutschunterricht behandelt werden. Deshalb bitte ich sie mir mitzueilen, ob die Führung zu den von gewünschten Zeitpunkt durchführen könnten ...

**1** a Stellt fest, welche Arten von Fehlern vom Rechtschreibprogramm gekennzeichnet wurden.
b Manche Wörter wurden markiert, obwohl sie richtig geschrieben sind. Überlegt euch Gründe dafür.
c **Achtung:** Manche Fehler erkennt das Rechtschreibprogramm überhaupt nicht! Findet diese und erklärt, um welche Art von Fehlern es sich jeweils handelt.

**2** Schreibt den Text verbessert ab.

**Wissen und Können** **Rechtschreibprogramme am Computer sinnvoll nutzen**

- Die Rechtschreibprüfung am Computer erkennt **Tippfehler** und **Rechtschreibfehler.**
- Auf die Rechtschreibprüfung ist aber nicht immer Verlass:
  – Sie markiert unbekannte Eigennamen und Ortsnamen.
  – Sie „übersieht" fehlende Wörter und Grammatikfehler (z. B. „das"/„dass"-Fehler, falsche Groß- oder Kleinschreibung, Wortzusammensetzungen).
  – Sie korrigiert keine Zeichensetzungsfehler.
- So könnt ihr euren Text am Bildschirm überprüfen:
  – Lest jeden Satz halblaut vor und prüft, ob Wörter fehlen.
  – Prüft jedes markierte Wort genau. Schlagt im Wörterbuch nach, wenn ihr unsicher seid.
  – Überprüft, ob ihr „das" bzw. „dass" richtig verwendet habt (Ersatzprobe), ob die Wortendungen im richtigen Fall sind (Frageprobe) und ob ihr die Regeln der Groß- und Kleinschreibung beachtet habt.
  – Überprüft die Zeichensetzung. Schlagt im Zweifelsfall die Regeln nach (► S. 302).

# 2.3 Fit in ...? – Einen sachlichen Brief schreiben

In einer Schulaufgabe wurde der folgende Arbeitsauftrag gestellt:

> Herr Zeiß aus 99999 Iglhütte betreibt die Busfirma Zeiß mit Sitz im Johann-Baptist-Weg 1. Für das Unternehmen fahren sowohl Schul- als auch Reisebusse.
> Der Schulbus, der die Schülerinnen und Schüler von Iglhütte zur Realschule nach Burglindenfeld bringt, kommt immer wieder zu spät.
>
> – Notiere alle Angaben aus der Aufgabenstellung und ergänze fehlende Informationen.
> – Verfasse dann einen sachlichen Beschwerdebrief an die Firma Zeiß.

**1** Einige Informationen sind in der Aufgabe vorgegeben, andere müsst ihr noch ergänzen. Legt zur Planung eures Briefes eine Tabelle an:

| Vorgegebene Informationen | Angaben, die ergänzt werden müssen |
|---|---|
| ... | ... |

**2** Überprüft noch einmal die Regeln zum Aufbau eines sachlichen Briefes auf Seite 40 und entwerft einen korrekt aufgebauten Briefkopf. Als Absender könnt ihr eure eigene Adresse angeben.

**3** **a** Vervollständigt den folgenden Betreff mit den passenden Angaben:
*Beschwerde wegen ? des ? von ? nach ?*
**b** Notiert eine angemessene Anrede und Grußformel für das Schreiben.

**4** Im folgenden Auszug aus einem Beschwerdebrief an die Firma Zeiß wurden diese beiden Punkte nicht beachtet:
- Man sollte den Anlass für die Beschwerde genau beschreiben und sachliche Belege für die Anschuldigungen nennen *(Was? Wann? Wo? Wer? Wie?)*.
- Es ist wichtig, auch auf die Folgen für den Betroffenen einzugehen.

Schreibt den Auszug mit Hilfe der Korrekturen am Rand verbessert in euer Heft.

| | |
|---|---|
| *... Jhr Bus holt uns nämlich am Morgen vor der Schule häufig viel zu spät von der Haltestelle ab.* | *Welcher? Wann genau? (Uhrzeit, Datum!) Wie oft? (Beweise!) Welche Haltestelle?* |
| *Wir sind immer rechtzeitig da, aber der Busfahrer hält den Fahrplan nicht ein.* | *Wer? (Namen!) Belege!* |
| *Oft kommen wir erst nach Unterrichtsbeginn in die Schule. ~~Das geht doch einfach nicht!~~* | *Wann? (genaue Uhrzeit!) Folgen?* |

**5** Auch in einem Beschwerdebrief sollte man immer höflich und sachlich bleiben.
Ersetzt die unangemessenen Ausdrucksweisen im folgenden Briefauszug durch sachliche Formulierungen und schreibt den Auszug verbessert ab.

*Ich bin fürchterlich wütend auf Sie! Es ist eine Unverschämtheit von Ihnen, dass Sie nicht dafür sorgen, dass Ihre Busse pünktlich fahren! Außerdem ist der Busfahrer immer sehr unfreundlich zu uns. Ein richtiges Ekelpaket, sage ich Ihnen. Letztes Mal musste der Schüler Bastian Ness noch kurz aussteigen, weil er im Bushäuschen etwas vergessen hatte. Da ist ihm der Bus einfach davongefahren. Ist das nicht eine Frechheit? Tun Sie mal was dagegen!*

**6** Je nach Art der Beschwerde formuliert man am Ende des Briefes eine Bitte.
Man kann den Adressaten auffordern,
– die kritisierte Situation zu verbessern,
– das kritisierte Verhalten zu ändern,
– einen entstandenen Schaden auszugleichen,
– mangelhafte Ware (z. B. ein kaputtes Gerät) zurückzunehmen oder durch ein neues Gerät oder Geld zu ersetzen.

**a** Überlegt euch eine Bitte für den Brief an die Firma Zeiß und verfasst dann das Briefende.
*Ich bitte Sie, dafür zu sorgen, dass künftig ...*

**b** Schließt euren Brief mit einer geeigneten Grußformel und eurer Unterschrift.

## Checkliste

### Einen sachlichen Brief schreiben

- Habe ich den Brief **richtig aufgebaut?**
  Absender – Ort, Datum – Empfänger – Betreffzeile – Anrede – Einleitung – Hauptteil – Schluss – Grußformel – handschriftliche Unterschrift
- Habe ich **zwischen Ort und Datum ein Komma** gesetzt?
- Fasse ich in der **Betreffzeile** das Anliegen genau und stichpunktartig zusammen?
- Habe ich eine geeignete **Anrede** und eine passende **Schlussformel** gewählt?
- Habe ich **nach der Anrede ein Komma** gesetzt und in der nächsten Zeile **klein** weitergeschrieben?
- Habe ich in der **Einleitung** den Anlass für meinen Brief (z. B. *Bitte um Information, Beschwerde*) benannt?
- Habe ich im **Hauptteil** mein Anliegen überzeugend begründet und erklärt?
- Habe ich zum **Schluss** das Anliegen zusammengefasst und den Empfänger noch einmal direkt angesprochen,
  – um mich im Voraus zu bedanken (z. B. bei Anfragen, Bitten)?
  – um eine Veränderung/Entschuldigung/Wiedergutmachung zu fordern (bei Beschwerden)?
- Habe ich die **Anredepronomen der Höflichkeitsform** (*Sie, Ihr* usw.) großgeschrieben?
- Habe ich **unsachliche oder umständliche Formulierungen vermieden?**
- Habe ich den Brief handschriftlich mit Vor- und Zunamen **unterschrieben?**

# 3 Gesucht, beschrieben, gefunden – Personen und Gegenstände beschreiben

**1** Wählt eine Figur oder einen Gegenstand aus dem Bild und spielt eine erweiterte Variante des Spiels „Ich sehe was, was du nicht siehst …“. Beginnt so:
„Ich sehe was, was du nicht siehst, und der, die oder das ist/hat/trägt …“

**2** Tauscht euch aus:

**a** Wie habt ihr eure Hinweise formuliert, damit eure Mitspieler möglichst nicht erraten, wen oder was ihr sucht?

**b** Worauf achtet man dagegen eurer Meinung nach bei der Beschreibung von Personen oder Gegenständen, die tatsächlich gesucht werden?

**In diesem Kapitel …**

– schult ihr euer Beobachtungsvermögen,
– beschreibt ihr Gegenstände und Personen genau und strukturiert,
– erweitert ihr euren Wortschatz um präzise Formulierungen zur Beschreibung.

# 3.1 Wer war es? – Personen beschreiben

## Personenbeschreibungen untersuchen

Die Klasse 6 a möchte während ihrer Klassenfahrt eine Schifffahrt in Regensburg unternehmen. Vor der Steinernen Brücke beobachten Tim, Laura und Emma einen Dieb, der einer älteren Dame die Handtasche entreißt und blitzschnell verschwindet. Den kurz darauf eintreffenden Polizisten beschreiben sie den Mann folgendermaßen:

**Tim:** Der Mann ist mir gleich aufgefallen, da er richtig fies ausgesehen hat. Er war eigentlich schon ganz ordentlich angezogen, nur seine Haare waren etwas wirr. Eine Brille oder einen Bart hatte er nicht. Ich glaube, er hat die Dame schon länger beobachtet.

**Laura:** Also ich hab ihn ganz genau gesehen. Der Mann war sehr groß und richtig dünn, sodass seine Klamotten nicht wirklich gut gepasst haben. Ich glaube auch, dass er gehumpelt hat. Er schaute recht grimmig. Insgesamt fand ich, dass er nicht nett aussah.

**Emma:** Der Mann war etwa so alt wie mein Papa und der ist 42 Jahre alt. Außerdem war er echt groß und ziemlich dünn. Er hatte einen grauen Anzug und ein weißes Hemd an, richtig schick. Aber seine Haare sahen verstrubbelt aus, sie waren hellrot und lockig. Am auffälligsten waren seine großen, dunklen Augen und die lange Nase. Seine Arme und Beine sahen komisch aus, weil die so lang und dünn waren.

**1**
- a Welche Beschreibung kann den Polizisten weiterhelfen? Begründet eure Wahl.
- b Nennt Merkmale, die wichtig sind, damit sich andere eine beschriebene Person vorstellen können. Welche Informationen sollte man weglassen?
- c Formuliert inhaltliche und sprachliche Kennzeichen einer Personenbeschreibung.

## Personen mündlich beschreiben

**1** a Wählt spontan drei Mitschülerinnen und Mitschüler aus, die dann vor die Tür gehen. Alle im Raum beschreiben nun die drei und sammeln die Ergebnisse zu jeder/jedem an der Tafel.
b Danach kommt einer nach dem anderen wieder in die Klasse. Vergleicht eure Beschreibungen mit dem Aussehen eurer Mitschülerin / eures Mitschülers.

**2** a Schreibt eure Namen auf Zettelchen und verlost damit in der Klasse, wer wen beschreiben soll. Verfasst anschließend mit Hilfe der Wortliste eine genaue Beschreibung dieser Person. Verratet aber niemandem, wer auf eurem Zettel steht!
b Stellt euch eure Personenbeschreibungen gegenseitig vor. Ermittelt mit Hilfe der Merkmale, um welche Person es sich handelt.

**Wortliste zur Personenbeschreibung**

**Haut:** hell, gebräunt, ...
**Haare:** lang, kurz, ...
**Gesichtsform:** rund, ...
**Augen:** schmal, blau, ...
**Nase:** breit, ...
**Mund:** groß, schmale Lippen, ...
**Kinn:** spitz, ...
**Ohren:** unauffällig, ...
**Figur/Körper:** schlaksig, ...
**Arme und Hände:** kleine Hände, ...
**Beine und Füße:** ...
**Kleidung:** ...
**Besondere Kennzeichen:** ...

c Wählt aus der Wortliste passende Begriffe zur Beschreibung des Diebes aus, ergänzt weitere Begriffe im Heft und überarbeitet Emmas Aussage zu einer vollständigen Personenbeschreibung.

*Das kleine Mädchen ist süß. Es ist noch sehr klein und hat so niedliche braune Kulleraugen. Die vielen geblümten Haarspangen in den dunklen Haaren sehen zwar doof aus, aber so kleine Kinder haben ja einen anderen Geschmack. Das Kleid ist ziemlich hässlich, die vielen Glitzerpunkte auf dem Rosa sehen total kitschig aus. Die Schuhe sehen aber okay aus, obwohl das Rot schon ziemlich abgescheuert ist.*

**3** a Begründet, warum diese Beschreibung nicht gelungen ist.
b Überarbeitet die Beschreibung so, dass sie sachlich und genau ist (► S. 211, 284).

**4** a Sammelt zu Hause Fotos von bekannten Personen oder auch Comicfiguren und legt sie in der Schule vor euch auf den Tisch.
b Beschreibt reihum jeweils eine Person/Figur und lasst eure Mitschüler/Gruppenmitglieder erraten, wen ihr beschrieben habt.

c Gebt euch gegenseitig Rückmeldung zu euren Beschreibungen. Verwendet dazu folgende drei Prüfkarten:

| Vollständigkeit der Beschreibung | Reihenfolge | Wortwahl |
|---|---|---|
| Wurden alle Einzelheiten sachlich beschrieben? | Wurden alle Einzelheiten in einer sinnvollen Reihenfolge angegeben? | Wurden treffende, anschauliche Adjektive und das Präsens verwendet? |

**Wissen und Können** **Eine Person beschreiben**

In einer Personenbeschreibung beschreibt man eine Person so anschaulich und genau, dass man sie wiedererkennen kann. Haltet dabei eine **bestimmte Reihenfolge** ein (am besten vom Kopf bis zu den Füßen).
Beginnt mit dem **Gesamteindruck,** z. B. Alter (geschätzt), Größe (geschätzt).
Beschreibt die Person dann vom Kopf bis zu den Füßen mit **treffenden, anschaulichen Adjektiven.** Zu folgenden **Merkmalen** sollten dabei Angaben gemacht werden. Alter, Größe, Figur/Körperbau, Haare, Gesicht, Kleidung.
Nennt abschließend **besondere Kennzeichen** (z. B. *Sommersprossen*).
Verwendet als Zeitform das **Präsens.**
Formuliert **sachlich.** Vermeidet also persönliche Wertungen (z. B. *süß, niedlich, hässlich*), da nicht alle das Gleiche darunter verstehen.

# 3.2 Gegenstände genau beschreiben – Verlust- und Suchanzeigen schreiben

## Einen Gegenstand beschreiben

Die Klasse 6 a ist aus Regensburg zurückgekehrt. Zu Hause bemerkt Nicole, dass ihre Regenjacke fehlt. Die muss sie im Zug vergessen haben, denn auf dem Weg dorthin hatte sie sie noch bei sich. Sie greift zum Hörer und ruft bei der Fundservice-Hotline der Deutschen Bahn an.

**Hr. Wenz:** Fundservice-Hotline der Deutschen Bahn, Wenz.

**Nicole:** Guten Tag, hier spricht Nicole Schmidt. Ich bin gestern im Zug von Regensburg nach Schwandorf gefahren und muss da wohl meine Regenjacke liegen gelassen haben.

**Hr. Wenz:** Soso ..., hast also deine Regenjacke verbummelt ..., da bist du nicht die Einzige! Pro Jahr werden mehr als 250 000 Gegenstände auf Bahnhöfen und in Zügen vergessen.

**Nicole:** Oh mein Gott, da finde ich die ja nie mehr!

**Hr. Wenz:** Ach wo! Am besten gibst du eine Verlustmeldung auf. Beschreibe das gute Stück und schick mir dann die Verlustanzeige per Post oder online, dann kümmert sich ein Servicemitarbeiter darum.

**Nicole:** In Ordnung, Herr Wenz, das mache ich. Danke für die Hilfe. ... Äh ... eine Frage hätte ich noch: Welche Details muss ich in dem Schreiben angeben?

**Hr. Wenz:** Na, möglichst alle! Damit wir deine Jacke auch erkennen können! Neben der Farbe nennst du also erst einmal die Größe, die Marke oder den Hersteller. Danach weitere äußere Merkmale, also alles, was man sieht, wenn man die Jacke zum ersten Mal in der Hand hält.

**Nicole:** Puh, ganz schön viel!

**Hr. Wenz:** Ja, und dazu kommen dann noch Informationen, die zeigen, dass du auch wirklich die rechtmäßige Besitzerin bist: Das heißt, du beschreibst besondere Merkmale, z. B. kleines Loch, fehlender Knopf oder Ähnliches ...

**Nicole:** Ah, ich verstehe! Danke, Herr Wenz, jetzt weiß ich Bescheid. Auf Wiederhören.

**1** a Lasst euch das Gespräch vorspielen oder vorlesen.
b Besprecht und notiert in Stichpunkten, was Nicole in ihrer Beschreibung beachten muss.

**2** Beschreibt eine der Regenjacken auf dem Bild oben und lasst die Klasse raten, welche ihr meint.

**3** a Schreibt nützliche Formulierungen aus dem Text oben heraus, die ihr in einem Telefonat verwenden könnt, z. B.: *Guten Tag, hier spricht ...*
b Übt zu zweit ein ähnliches Telefonat, in dem ihr einen verlorenen Gegenstand beschreibt. Beachtet diese Reihenfolge: Begrüßung, Vorstellung, Anliegen, Dank und Verabschiedung (▸ S. 278).

**4** a Nicoles Regenjacke wurde aus einem Katalog bestellt. Lest Nicoles Notizen in der Produktinformation, um die Beschreibung vorzubereiten.

## Regenjacke „Nordwind"

***Unser durchdachter Profi gegen Regen, Wind und Matsch!***

Wird sie nicht gebraucht, lässt sich die Regenjacke mit wenigen Griffen auf Hüfttaschenformat verkleinern und ist dann leicht zu verstauen und zu transportieren.

*war zusammengelegt, weil ich sie nicht gebraucht habe*

- **Mehr zum Produkt:**
Kapuze mit seitlichem Tunnelzug – Gummizüge an den Ärmeln und seitlich am Saum – Reißverschluss mit Kinnschutz aus schwarzer Baumwolle, Seitenteile: hellgrün (A) – hellblau (B) – rosa (C), Schieber: tannengrün (A) – marineblau (B) – tomatenrot (C) – wasserdichte Seitentaschen, mit Klettverschluss verschließbar – graues Netzfutter

- **Extras (extra bestellen!)**
Steckfach für Namensschild innen links *leider nicht ausgefüllt!*
Silberfarbene Reflexstreifen auf Hüfthöhe rund um die Jacke – zusätzliche Reflexpaspeln an den Ärmeln

- **Farben:** tannengrün (A) – azurblau (B) – tomatenrot (C)
- **Größen:** 92/98, 104/110, 116/122, 128/134, 140/146, 152/158, 164/170

*ca. 3 cm langer Riss, hinten rechts auf Schulterblatthöhe*

b Lest die Produktbeschreibung mit Nicoles Notizen und Unterstreichungen. Legt dann folgende Tabelle an und ordnet die Merkmale richtig zu.

| Gegenstand | Allgemeine Merkmale | Besondere Merkmale |
|---|---|---|
| ... | *Farbe: azurblau* | *Kapuze mit ...* |

**Wissen und Können** **Gegenstände beschreiben**

- Verlorene oder vergessene Gegenstände beschreibt man **sachlich** und **möglichst genau,** sodass sich die Leserin oder der Leser den Gegenstand vorstellen und ihn wiedererkennen kann.
- So könnt ihr die Beschreibung aufbauen:
  – Benennt die **Art des Gegenstands** (z. B. *Regenjacke*) und beschreibt den **Gesamteindruck** (allgemeine Merkmale wie Farbe, Größe, Form, Marke).
  – Beschreibt dann **Einzelheiten** (Details, z. B. *Reißverschluss*) und **besondere Merkmale** (z. B. *kleiner Riss am rechten Ärmel*).
- Bei der Beschreibung hält man eine **sinnvolle Reihenfolge** ein (z. B. *von links nach rechts, von oben nach unten* oder *von außen nach innen*).
- Die Zeitform einer Beschreibung ist das **Präsens.**

# Inhalt und Aufbau von Verlust- und Suchanzeigen

- *Ort, Datum*
- *Absender*
- *Anrede*
- *Betreff (Vergessene Regenjacke)*
- *Anlass der Gegenstandsbeschreibung (Regenjacke im Zug Nr. XX von Regensburg nach Schwandorf vergessen)*
- *Empfänger*
- *Grußformel*
- *Unterschrift*
- *weitere Informationen (z. B.: Was tun bei Auffinden der Regenjacke – an obige Adresse zurückschicken) und Dank*
- *genaue Beschreibung des Gegenstands in sinnvoller Reihenfolge*

**1** a Eine Verlustanzeige schreibt man in Form eines sachlichen Briefes (▶ S. 280 f.). Nicole hat notiert, welche Punkte in ihrem Schreiben unbedingt enthalten sein müssen. Erstellt aus ihren Notizen einen Schreibplan für eine Verlustanzeige.

b Notiert darin alle Angaben über Nicoles Regenjacke aus dem Gespräch von Seite 53 und der Produktinformation von Seite 54. Ergänzt fehlende Hinweise sinnvoll.

**2** ●○○ a Schreibt Nicoles Verlustanzeige.
Den Brieftext könnt ihr so beginnen:

> Sehr geehrte Dame, sehr geehrter Herr,
>
> am 17. 04. 20XX fuhr ich mit dem Zug Nr. XX von Regensburg nach Schwandorf. Nach der Rückkehr konnte ich meine Regenjacke nicht mehr auffinden. Ich vermute, dass ich sie im Abteil vergessen habe. Es wäre sehr nett, wenn Sie prüfen könnten, ob sich meine Jacke unter den Fundsachen der DB befindet.
>
> Es handelt sich dabei um eine azurblaue Regenjacke der Marke „Nordwind“ in Größe 152/158. Sie finden sie wahrscheinlich auf Hüfttaschenformat zusammengelegt vor. …

b Im Schlussteil des Briefes solltet ihr darauf hinweisen, was mit der Fundsache gemacht werden soll. Übernehmt einen der folgenden Vorschläge und ergänzt ihn:

> **A** Falls sich die Jacke findet, könnte ich sie nächstes Wochenende …
> **B** Ende des Monats ist mein/meine … beruflich in Regensburg. Er/Sie könnte …
> **C** Auf Grund der großen Entfernung ist es für mich schwierig, …. Wäre es möglich, dass man mir die Jacke …? Die Portokosten würde ich selbstverständlich übernehmen.
>
> Bitte teilen Sie mir mit, ob Sie damit einverstanden sind. Sie erreichen mich unter Tel. … oder E-Mail …

**3** Mona hat vor der Schifffahrt in Regensburg ihre Geldbörse verloren. Weder bei der Polizei noch beim Fundamt wurde der Geldbeutel abgegeben.
Am Wochenende möchte Mona eine Suchanzeige an der Anlegestelle aushängen.

a Überlegt, welche der folgenden Angaben in Monas Suchanzeige stehen sollten. Schreibt sie untereinander ins Heft und lasst dazwischen jeweils zwei Zeilen frei.

> Überschrift • Einleitungssatz •
> Adresse des Geschäfts, in dem die Geldbörse gekauft wurde •
> Beschreibung (Art, Größe, Form, Material, Farbe, Besonderheiten) • Preis der Geldbörse •
> Kontaktdaten • Dank

b Ordnet die folgenden Formulierungen den Bestandteilen einer Suchanzeige zu:

- Besonders auffällig sind … / Er/Sie/Es weist eine … auf.
- Geldbeutel verloren
- Es handelt sich um … / Die Geldbörse besteht aus …
- Ich bin dankbar für jeden Hinweis.
- Am … habe ich meine Geldbörse verloren.
- Bitte melden Sie sich bei …

c Schreibe nun Monas vollständige Suchanzeige.

**Wissen und Können** **Inhalt und Aufbau von Verlust- und Suchanzeigen**

Ob man bei der Suche nach einem verlorenen Gegenstand eine Verlust- oder Suchanzeige formuliert, hängt davon ab, ob man die Person(en), an die man sich wendet, kennt oder nicht.

| Empfänger bekannt → **Verlustanzeige** in Form eines sachlichen Briefes | Verschiedene, nicht weiter bekannte Adressaten → **Suchanzeige** als Aushang |
| --- | --- |
| **1** Briefkopf mit Adresse des Absenders, Ort, Datum, Adresse des Empfängers und Betreff | **1** Überschrift |
| **2** Einleitung mit Anlass für die Beschreibung<br>**3** Hauptteil mit genauer Beschreibung | |
| **4** Schluss mit Bitte um Meldung, wenn der Gegenstand gefunden wurde, und Dank<br>**5** Schlussformel<br>**6** Unterschrift | **4** Kontaktdaten der Eltern<br>**5** Dank |

Verlust- und Suchanzeigen richten sich in der Regel an Personen, die man siezt. Deshalb schreibt man die **Anredepronomen groß** *(Sie, Ihnen, Ihr, Ihre, Ihren)*.

# Eine Gegenstandsbeschreibung treffend formulieren

Die folgende Produktinformation eines Internetversandhändlers enthält viele genaue Angaben:

**„Sternenzauber" von** *Krimskrams 4 U* **– ein strapazierfähiger Ort für Scheine und Münzen**

- rechteckige Geldbörse aus Nylon
- geschlossen: 10 cm x 13 cm
- schnell und sicher zu verschließen durch Reißverschluss
- „himmlische" Außenansicht: himmelblaue Sterne überziehen die rosa Geldbörse wie Sternschnuppen
- durchdachtes Innenleben: Innenseite hellblau 1 großes Reißverschlussfach (Seitenteile hellblau), von rosa Paspeln umsäumt – 3 Einsteckfächer

**1** Vervollständigt die nebenstehende Übersicht im Heft mit den Angaben aus der Produktinformation.

| | |
|---|---|
| *Format/Form:* | *rechteckig* |
| *Größe:* | ... |
| *Farben:* | ... |
| *Material:* | ... |
| *Marke:* | ... |
| *Fachausdrücke:* | ... |
| *Vergleiche:* | ... |

**2** a Erstellt eine weitere Übersicht wie in Aufgabe 1 und ordnet die folgenden Beschreibungen ein.

●●● b Schreibt auf, zu welchen Gegenständen die Beschreibungen jeweils passen könnten.

aus Baumwolle • rund • DIN-A4 • quadratisch • aus Leichtmetall • 140/146 • mit Reflexstreifen • „Happy Trek" • das Leder • tannengrün • oval • der Karton • 35 • wie das Original aus der WM • Dreigang-Nabenschaltung • M • weich wie Samt

**3** Die folgende Gegenstandsbeschreibung wirkt eintönig, da sie viele Wortwiederholungen enthält.

a Verknüpft die Sätze miteinander und ersetzt „ist" und „hat" durch aussagekräftige Verben. Notiert verschiedene Möglichkeiten, z. B.:

*Die Geldbörse wird von der Firma „Krimskrams 4 U" hergestellt und heißt „Sternenzauber".*
*Die Geldbörse „Sternenzauber" von der Firma „Krimskrams 4 U" besteht aus ...*

VORSICHT FEHLER!

Die Geldbörse ist von der Firma „Krimskrams 4 U". Die Geldbörse heißt „Sternenzauber". Die Geldbörse ist aus Nylon. Der Geldbeutel ist rechteckig. In geschlossenem Zustand hat der Geldbeutel die Größe 10 cm x 13 cm. Außen sind blaue Sterne auf rosa Hintergrund. Innen sind drei Einsteckfächer. Die Geldbörse hat ein großes Reißverschlussfach. Es ist von rosa Paspeln umsäumt. Es hat hellblaue Seitenteile und einen Klettverschluss.

●○○ Als Hilfe könnt ihr diese Verben verwenden:

besteht aus • besitzt • umfasst • fallen ... auf • befinden sich • lässt sich ...

b Verfasst eine vollständige Beschreibung der Geldbörse.

**4** Für den Auftritt des Unterstufenchors wollen die Schüler sich einheitlich kleiden.

**a** Die Farbbezeichnungen, die die Mutter verwendet, sind für eine Gegenstandsbeschreibung hilfreicher. Erklärt, warum das so ist, und beschreibt, wie diese Adjektive gebildet wurden.

**b** Indem man Wörter zusammensetzt, kann man genauere Ausdrücke bilden. Übertragt die folgende Tabelle in euer Heft und ordnet die Zusammensetzungen aus dem Wortspeicher ein.

| **Nomen** | | **Adjektive** | |
|---|---|---|---|
| **Nomen + Nomen** | **Adjektiv + Nomen** | **Nomen + Adjektiv** | **Adjektiv + Adjektiv** |
| *der Geldbeutel* | *marineblau* | ... | *hellblau* |

hellblau • dunkelbraun • der Geldbeutel • feuerrot • das Kleingeld • die Seitentasche • zitronengelb • tannengrün • das Leichtmetall • kreisrund • blaugrau • mittelgroß • der Ledersattel • die Jackentasche • der Holzknopf • die Gummisohle • herzförmig • das Hartplastik • marineblau

**c** Sammelt ähnliche Zusammensetzungen für die Wörter *blau, die Hose, die Flasche.*

**5** Überprüft die Nomen und Adjektive in eurer Verlustanzeige (▸ Aufgabe 2, S. 55) und verbessert die Wortwahl, wenn nötig.

**Wissen und Können** **Mit Hilfe von Zusammensetzungen genau beschreiben**

Beschreibungen werden genauer, wenn man Zusammensetzungen verwendet. Dadurch entstehen neue Wörter, z. B.:

**himmelblau** aus *Himmel* (Bestimmungswort) und *blau* (Grundwort)

- Das Bestimmungswort erklärt das Grundwort genauer. Durch die Bezeichnung „himmelblau“ kann man sich z. B. besser vorstellen, welche Art von Blau gemeint ist.
- Die Wortzusammensetzung zählt zur selben Wortart wie das Grundwort, z. B.:
  *himmelblau* → Adjektiv, da das Grundwort *(blau)* ein Adjektiv ist.
  *Leichtmetall* → Nomen, da das Grundwort *(Metall)* ein Nomen ist.

*Liebe Oma, lieber Opa,*
*nun weiß ich, was ich mir zum Geburtstag wünsche: Jch hätte gerne einen Waveroller. Das Modell, das mir gefällt, hat eine coole Lenkstange, die man mit einem witzigen Griff einklappen kann. Auf der Vorderseite der Lenkstange ist ein knalliger Aufkleber mit einem abgefahrenen Rand angebracht. Die Griffe für die Hände bestehen aus Metall, sind aber mit kuscheligem Schaumstoff überzogen ...*

**6** a Die Beschreibung enthält zwar Adjektive, dennoch kann man sich die beschriebenen Bestandteile nicht genau vorstellen. Erklärt, woran das liegt.
b Ersetzt die wertenden Adjektive durch anschauliche. Verwendet nach Möglichkeit zusammengesetzte Adjektive.

VORSICHT FEHLER!

*Die Trittfläche des Waverollers ist etwa 60 cm lang mattschwarz und setzt sich aus drei Bestandteilen zusammen: einem Vorderdeck einem Hinterdeck sowie einem ovalen Verbindungselement.*

**7** a Erklärt, was bei Aufzählungen zu beachten ist, damit sich der Leser auskennt.
b Schreibt die Sätze oben verbessert ab.

VORSICHT FEHLER!

*Vorder- und Hinterdeck besitzen einen mattschwarzen Untergrund eine weiße Oberfläche in Form eines Spinnennetzes und sie sind aus rutschfestem Gummi gefertigt. Die schwarzen Rollen aus weichem stabilem Gummi unterscheiden sich durch ihre Größe Sie sind vorne deutlich größer als hinten vorne fest an der Lenkstange angebracht aber unter dem Hinterdeck drehbar. Deshalb kann man mit diesen Rollern vorwärtsfahren scharfe Kurven schneiden oder kreisen.*

c Schreibt auch diese Sätze auf und setzt die fehlenden Satzzeichen.

**Wissen und Können** **Die Sprache von Gegenstandsbeschreibungen**

In Gegenstandsbeschreibungen informiert man sachlich, anschaulich und genau:
- detaillierte Angaben zu Marke, Größe, Format bzw. Form, Material,
- Fachausdrücke (z. B. *die Paspel, der Schieber*),
- anschauliche Adjektive (z. B. *strapazierfähig*),
- Vergleiche (z. B. *wie Sternschnuppen*),
- Wortzusammensetzungen (z. B. *himmelblau, der Ledersattel*),
- treffende Verben (z. B. *befinden, sehen, stecken, besitzen, aufweisen, enthalten, umsäumen*).

Die Zeitform der Gegenstandsbeschreibung ist das **Präsens.**
Wenn man mehrere Details **aufzählt,** setzt man zwischen die aufgezählten Wörter oder Wortgruppen ein **Komma.** Sind Teile der Aufzählung durch **und, sowie** oder **oder** verknüpft, so steht davor kein Komma.

# Testet euer Wissen!

## Gegenstände genau beschreiben

**1** Entscheide dich jeweils für die richtige Lösung. Schreibe die Lösungsbuchstaben nebeneinander auf.

**A** Zu Beginn einer Verlustanzeige in Form eines sachlichen Briefes steht die Adresse des Empfängers **(Re)** / Absenders **(Fu)**.

**B** Im Hauptteil einer Verlustanzeige erkläre ich zunächst, wo ich den Gegenstand verloren habe **(nd)** / wo der Gegenstand abgegeben werden kann **(geln)**.

**C** Ich beschreibe dann den äußeren **(wiede)** / persönlichen **(b)** Eindruck, danach die Einzelheiten.

**D** Außerdem gehe ich auf besondere **(ür)** / unwichtige **(rho)** Merkmale ein.

**E** Ich beschreibe immer von unten nach oben **(len)** / in einer sinnvollen Reihenfolge **(o)**.

**2** Schreibe die Nummer der Sätze auf, die für eine sachliche Beschreibung geeignet sind. Bei richtiger Lösung erhaltet ihr die Telefonnummer, die im letzten Satz fehlt (► S. 285).

**A** Wer hat gestern am Bolzplatz bei der Wolfgangskirche mein cooles Skateboard geklaut? **(9)**
**B** Gestern habe ich am Bolzplatz bei der Wolfgangskirche mein Skateboard der Marke „Flitzi" vergessen. **(0)**
**C** Es handelt sich um ein azurblaues Board mit unregelmäßigen, neongrünen Streifen auf der Oberseite und pinkfarbenen Klecksen auf der Unterseite. **(1)**
**D** Es handelt sich um ein superschnelles Geschoss. **(2)**
**E** Das Skateboard hat die übliche Größe und Form – Kenner wissen Bescheid. **(8)**
**F** Das Skateboard misst ca. 90 cm und hat abgerundete Ecken. **(20)**
**G** Es wurde aus leichtem Kunststoff hergestellt. **(5)**
**H** Auf der Unterseite sind mit dunkelblauen Gelenken zwei graue Festhaltedinger befestigt. **(9)**
**I** Auf der Unterseite sind mit dunkelblauen Gelenken zwei graue Achsen befestigt. **(3)**
**J** Die schwarzen Hartgummirollen sind schon etwas abgenutzt. **(8)**
**K** Die schwarzen Hartgummirollen müssten unbedingt einmal ausgetauscht werden. **(1)**
**L** Besonders auffällig sind die vielen Kratzer auf der Ober- und Unterseite. Ich strapaziere das Teil einfach sehr und das sieht man dann auch. **(46)**
**M** Besonders auffällig sind die vielen Kratzer auf der Ober- und Unterseite, da ich das Skateboard sehr häufig benutze. **(50)**
**N** Also, wer das Board „gesehen" hat, meldet sich bei Gunter Hagen, Brunhildstr. 28. **(86)**
**O** Wer das Skateboard gesehen hat, melde sich bitte unter ? . **(51)**

# 3.3 Fit in ...? – Einen Gegenstand in einer Suchanzeige beschreiben

In einer Schulaufgabe wurde der folgende Arbeitsauftrag gestellt:

> Luca Hofer sucht seinen Rucksack. Verfasse eine Suchanzeige. Er war zum Skaten im Donaupark Regensburg. Als Luca nach Hause kommt, stellt er fest, dass er seinen Rucksack dort vergessen hat. Zusammen mit seiner Mutter sucht er in der Skateanlage nach ihm – vergeblich. Im Fundbüro der Stadt wurde er nicht abgegeben. Deshalb schreibt Luca eine Suchanzeige, die er im Skatepark aushängen will. Der Finder soll bei Hofers anrufen (Tel.: 0130 45 65 640). Sie werden den Rucksack abholen und versprechen eine Eintrittskarte ins Westbad als Finderlohn.

**1** Übertragt den Schreibplan und ergänzt ihn mit Hilfe der Skizze und der Aufgabenstellung.

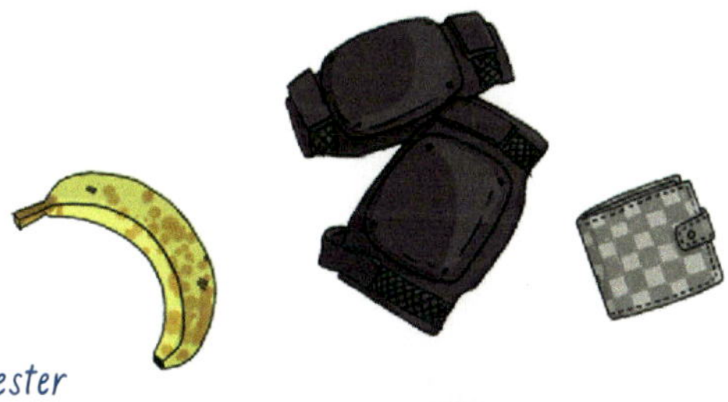

**Überschrift:** ?
**Einleitung** (Anlass der Beschreibung) ?
**Hauptteil**
1. Art des Gegenstands und Gesamteindruck
   - ? Rucksack der Marke ?
2. Allgemeine Merkmale
   - Form: ?, ca. 45 cm hoch, 30 cm breit, aus Polyester
   - ein großes Hauptfach, eine ? Vordertasche
   - ein weinroter Längsstreifen an ?, zwei Seitentaschen mit ? Netzbespannung
   - tiefschwarze Reißverschlüsse rings um ? und an der Oberseite der ?
   - gepolsterte Tragriemen, die von hellgrauem Stoff überzogen sind, einer ?
3. Besondere Merkmale
   - Aufnäher in ? Form mit dem Markennamen „Coolio“ in ? Schrift
   - ? Trinkflasche in der ?
   - Inhalt: Banane – schwarzgrau karierter ? – Knieschoner

**Schluss** (weitere Informationen: wo abgeben, Finderlohn, Dank)

**2** Formuliert Überschrift und Einleitung der Suchanzeige mit Hilfe des Schreibplans.

**3** Ersetzt im Beginn der Beschreibung „Rucksack“, „ist“, „sind“ und „haben“.

*Es handelt sich um einen Rucksack der Marke „Coolio“. Der Rucksack ist rechteckig. Der Rucksack ist aus hellgrauem Polyester. Der Rucksack hat die Maße 45 cm x 30 cm . Der Rucksack hat ein großes Hauptfach und eine hellrote Vordertasche. Rings um das Hauptfach und an der Oberseite der Vordertasche hat der Rucksack tiefschwarze Reißverschlüsse. Außerdem hat der Rucksack gepolsterte Tragriemen, die aus hellgrauem Stoff sind.*

**4** Überarbeitet den zweiten Teil der Beschreibung mit Hilfe der Korrekturhinweise am Rand und der Checkliste unten.

| | |
|---|---|
| Einer der beiden Tragriemen weist einen Riss ⋎ auf. | *Genauer erklären: Wo?* |
| Weiterhin sind an den Seiten so Taschen mit Netz (hellgrau) angebracht. In einer davon steckt meine | *Fachbegriffe verwenden* |
| supercoole Trinkflasche. Auf der Vorderseite des Rucksacks | *Sachlich beschreiben (Farbadjektiv)* |
| sieht man einen ⋎ Aufnäher mit dem Marken- | *Genauer erklären: Form?* |
| namen „Coolio" in schwarzer Schrift auf rotem Untergrund. | *Genauere Farbbezeichnung wählen* |
| Öffnet man den Rucksack, findet man eine wahrscheinlich schon matschige Banane, | *Unnötig* |
| meinen schwarz-grau gemusterten Geldbeutel und meine Knieschoner. | *genaue Bezeichnung* |
| Sollten sie den Rucksack auffinden, so bitte ich sie, uns | *R R* |
| unter unserer Handynummer ⋎ anzurufen. | *Handynummer ergänzen* |
| Der ehrliche Finder bekommt auch einen Finderlohn. | *Genauer angeben: Welchen Finderlohn?* |
| Vielen Dank für die Mithilfe! | |
| Luca Hofer | |

## Checkliste

### Einen Gegenstand beschreiben

- Habe ich die Beschreibung richtig aufgebaut?
  - **Verlustanzeigen in Briefform:** *Absender – Ort, Datum – Empfänger – Betreffzeile – geeignete Anrede – Einleitung – Hauptteil – Schluss – handschriftliche Unterschrift*
  - **Suchanzeige:** *Überschrift – Einleitung – Beschreibung – Kontaktdaten – Dank*
- Habe ich in der Einleitung den Gegenstand benannt und den Anlass für die Beschreibung angeführt, z. B. *Verlust, aber auch Verkauf gebrauchter Gegenstände, Beschreibung eines neuen Gegenstands / eines Gegenstands, den man sich wünscht?*
- Habe ich die Beschreibung im Hauptteil logisch aufgebaut: Name/Art des Gegenstands, Gesamteindruck, Einzelheiten in einer sinnvollen Reihenfolge (z. B. *von links nach rechts, von oben nach unten, von außen nach innen*), besondere Merkmale?
- Habe ich den Schluss passend zum Anlass der Beschreibung formuliert (z. B. *Bitte um Meldung bei Auffinden des Gegenstands in einer Such- oder Verlustanzeige; weiterführende Informationen zur Funktion bei Vorstellung eines neuen Gegenstands*)?
- Habe ich detaillierte Angaben zu Marke, Größe, Format bzw. Form, Material gemacht?
- Habe ich zur genauen und sachlichen Beschreibung folgende sprachliche Mittel genutzt: passende Adjektive, Fachausdrücke, treffende Verben, Vergleiche, Wortzusammensetzungen?
- Habe ich die Beschreibung im Präsens formuliert?
- Habe ich bei Verlustanzeigen in Briefform die Anredepronomen der Höflichkeitsform (*Sie, Ihre* usw.) großgeschrieben?

# 4 Wer? Wann? Wo? –
## Berichten rund um Schule und Freizeit

**1** Beschreibt das Bild und diskutiert, bei welchem Ereignis es entstanden sein könnte.

**2** Sammelt W-Fragen, die man zu dem Bild stellen könnte.

**3** Habt ihr selbst schon ein ähnliches Ereignis erlebt?
Tauscht euch darüber aus.

### In diesem Kapitel …

- lernt ihr, wie man andere sachlich informiert,
- untersucht ihr, wie unterschiedliche Berichte aufgebaut sind,
- übt ihr, wie man verschiedenen Medien wichtige Informationen entnimmt und sie zusammenhängend darstellt,
- verfasst ihr Berichte.

# 4.1 Das war knapp! – Von gefährlichen Situationen berichten

## Was ist passiert? – Kennzeichen eines Berichts untersuchen

**1** Beschreibt das Geschehen möglichst vollständig, kurz und klar. Die folgenden Fragen helfen euch dabei: Wer? Was? Wo? Wann? Wie? Welche Folgen?

Nach der Schule wollte ich schnellstens heim, mittwochs gibt's bei uns nämlich immer Spaghetti! Ich war schon etwas spät dran. Ich wollte doch unbedingt pünktlich daheim sein, obwohl ich heute Ordnungsdienst in der Schule hatte. Also habe ich schnell mein Handy aus der Jacke geholt, nach der Uhrzeit geguckt und es wieder eingepackt. Dabei habe ich nur ganz kurz nicht auf die Straße geschaut und dann war plötzlich Ela mit ihrem Fahrrad neben mir, wollte mich wohl überholen. Unsere Lenker haben sich irgendwie verhakt, sodass wir voll ins Schlingern geraten sind. Ich hab automatisch abgebremst, aber Ela ist auf die Gegenfahrbahn geraten und gestürzt – zack, das ging so schnell! Puh, ein Glück, dass der Fahrer gerade noch bremsen konnte! Er hat sofort gesagt „Ich hole Hilfe", und dann sind Sie und auch der Krankenwagen ja schon gekommen. Ela hat sich den Ellenbogen ganz schön aufgeschürft – und gezittert hat sie! Der Notarzt hat sie dann ja versorgt ...

**2** Sascha war am Unfall beteiligt und erzählt einem Polizisten, was passiert ist.

**a** Klärt mit Hilfe dieser W-Fragen die wesentlichen Inhalte von Saschas Aussage: Wer? Was? Wo? Wann? Wie? Welche Folgen?

**b** Welche Informationen muss der Polizist noch erfahren? Schreibt dazu passende Fragen auf.

**Polizeibericht**

Am Mittwoch, dem 21. Juli 20XX, ereignete sich um 13:08 Uhr auf der Fuggerstraße kurz vor der Kreuzung mit der Hallstraße ein Fahrradunfall, an dem Sascha Kern (12), Ela Ören (12) und Fritz Feuer (32) beteiligt waren.

Das Mädchen fuhr mit seinem Fahrrad die Fuggerstraße hinter ihrem Klassenkameraden entlang und setzte zum Überholen an. Nachdem der Junge sich durch sein Handy kurz abgelenkt etwas zur Fahrbahnmitte hin bewegt hatte, verhakten sich die Lenker beider Fahrräder und die beiden Schüler gerieten ins Schlingern. Während es Sascha Kern gelang, vollständig abzubremsen, kam Ela Ören zu Fall. Dabei rutschte sie auf die Gegenfahrbahn. Der dort entgegenkommende Pkw-Fahrer Fritz Feuer brachte aber sein Auto rechtzeitig zum Stehen.

Mit Schürfwunden und leichtem Schock wurde die Schülerin vom herbeigerufenen Rettungswagen in das städtische Krankenhaus transportiert, wo sie zur Beobachtung verblieb.

**3** Vergleicht Saschas Aussage mit dem Polizeibericht.
Lest zunächst beide Texte laut und notiert Stichpunkte in einer Tabelle.

| | Saschas Aussage | Polizeibericht |
|---|---|---|
| Umfang | *ausführlich* | ... |

●○○ Die folgenden Begriffe könnt ihr zuordnen und anschließend eigene Ideen ergänzen:

Aufbau • Inhalt • Sprache • Zeit- und Ortsangaben • Perspektive • ausführlich • viele Einzelheiten, Gefühle, Gedanken • Zeitform: Perfekt • genaue Angaben • neutral, 3. Person Singular • keine wörtliche Rede • nur das Wichtigste

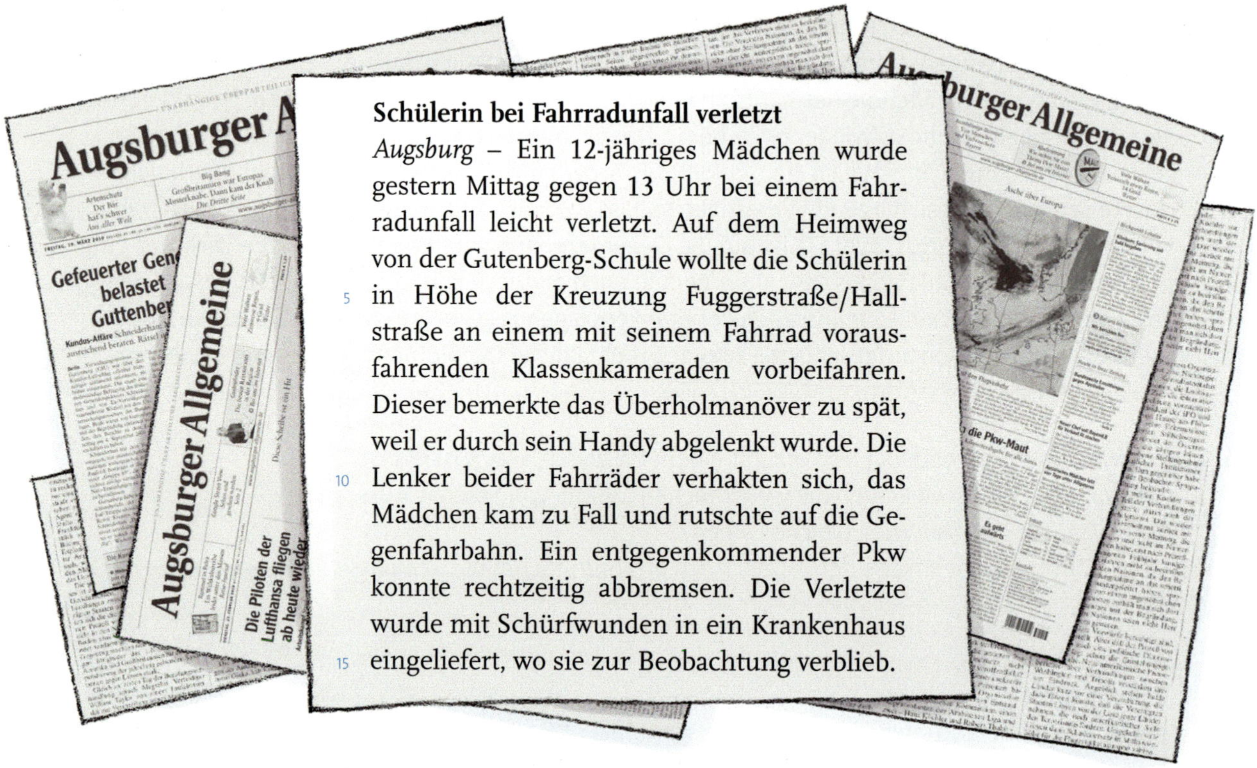


**Schülerin bei Fahrradunfall verletzt**

*Augsburg* – Ein 12-jähriges Mädchen wurde gestern Mittag gegen 13 Uhr bei einem Fahrradunfall leicht verletzt. Auf dem Heimweg von der Gutenberg-Schule wollte die Schülerin in Höhe der Kreuzung Fuggerstraße/Hallstraße an einem mit seinem Fahrrad vorausfahrenden Klassenkameraden vorbeifahren. Dieser bemerkte das Überholmanöver zu spät, weil er durch sein Handy abgelenkt wurde. Die Lenker beider Fahrräder verhakten sich, das Mädchen kam zu Fall und rutschte auf die Gegenfahrbahn. Ein entgegenkommender Pkw konnte rechtzeitig abbremsen. Die Verletzte wurde mit Schürfwunden in ein Krankenhaus eingeliefert, wo sie zur Beobachtung verblieb.

**4** Lest die Kurznachricht über den Unfall, die am nächsten Tag in der Zeitung erscheint.

**a** Überprüft, ob der Bericht alle nötigen Informationen enthält: Stellt dazu W-Fragen.

**b** Vergleicht den Zeitungsbericht mit dem Polizeibericht auf Seite 65 und benennt die Unterschiede.

**c** Nennt Gründe für die Unterschiede. Denkt dabei daran, an wen sich die Berichte jeweils wenden.

**5** In einem schriftlichen Bericht muss man auch spannende Erlebnisse sachlich formulieren. Gefühle werden nicht wiedergegeben. Besprecht gemeinsam, welche Gründe es dafür gibt.

**Wissen und Können** | **Berichte**

- Ein Bericht stellt den Ablauf eines Geschehens möglichst vollständig dar. Er besteht aus drei Teilen, in denen bestimmte W-Fragen beantwortet werden.
  - Die **Einleitung** beinhaltet, worum es geht: Was geschah? Wer war beteiligt? – Wann geschah es? Wo geschah es?
  - Der **Hauptteil** nennt in zeitlicher Reihenfolge die wichtigsten Ereignisse: Wie geschah es? Warum geschah es?
  - Der **Schluss** nennt Ergebnisse und Auswirkungen. Welche Folgen hat das Geschehen?
- Der Bericht über ein vergangenes Geschehen steht gewöhnlich im **Präteritum.**
- Das Geschehene wird möglichst **genau, knapp und sachlich** wiedergegeben. Gefühle, Meinungen oder Aussagen in wörtlicher Rede gehören nicht in einen Bericht.
- In einem **Zeitungsbericht** werden gewöhnlich Namen und Details ausgelassen, ein **Polizeibericht** enthält dagegen vollständige Daten mit allen Einzelheiten.

# Bompeln für Smombies? – Wesentliche Informationen aus verschiedenen Medien entnehmen und wiedergeben

**1** a Klärt die Wörter „Bompeln" und „Smombies".
b Beschreibt, was auf dem Foto zu sehen ist.
c Stellt Vermutungen darüber an, welche möglichen negativen Folgen dieses Verhalten haben kann.

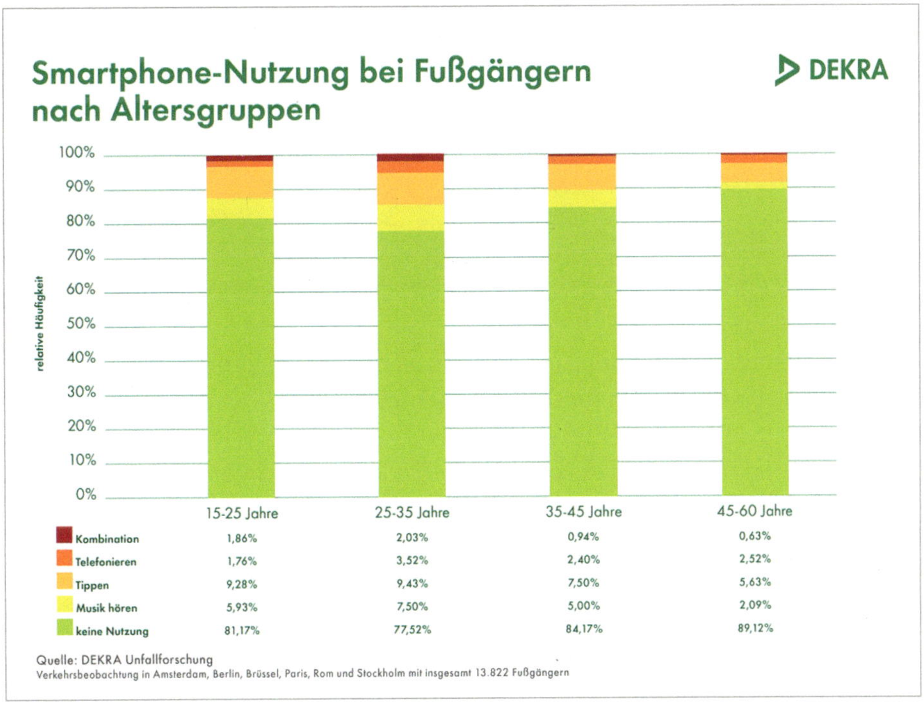


**2** a Betrachtet das Diagramm von 8.4.2016 und nennt die Rahmendaten. Beantwortet dazu folgende Fragen: Wovon handelt es? Wer hat es erstellt?

**b** Prüft folgende Aussagen zu den Inhalten des Diagramms auf ihre Richtigkeit. Verbessert die falschen Aussagen.

- Die Altersgruppe der 25- bis 35-jährigen Fußgänger nutzt das Smartphone am häufigsten.
- Rund 10 % der 15- bis 25-jährigen Fußgänger verwenden ihr Smartphone, während sie am Straßenverkehr teilnehmen.
- Die jüngste Altersgruppe tippt dabei überwiegend.
- Mit zunehmendem Alter der Fußgänger nimmt die Smartphonenutzung im Straßenverkehr ab.

**c** Entscheidet, welche Aussage die Inhalte des Diagramms am treffendsten wiedergibt.

- Vor allem jüngere Menschen sind durch die Nutzung des Smartphones als Fußgänger abgelenkt.
- Ältere Menschen haben als Fußgänger weniger Unfälle als jüngere.
- Jüngere Menschen besitzen häufiger ein Smartphone als ältere.

**Augsburg installiert Bodenampeln für Handynutzer**

Zur Unfallvermeidung installierte die Stadt Augsburg an zwei Straßenbahnübergängen Bodenampeln, deren Lichter rot blinken, wenn die Fußgängerampel Rot zeigt und sich eine Straßenbahn nähert.

**3** Lest die Kurznachricht.

**a** Nennt die W-Fragen, die beantwortet wurden, und gebt die passenden Inhalte wieder.

**b** Diskutiert darüber, ob ihr die Bodenampeln für sinnvoll erachtet.

**4** **a** Klärt den Begriff „Podcast" und hört euch den Podcast über Bodenampeln in Augsburg an. Beantwortet dazu folgende Fragen:

- Wer wurde in dem Podcast aufgezeichnet?
- Warum wurden die Personen aufgezeichnet?

**b** Hört den Podcast erneut und ergänzt folgende Aussagen dazu:

- In Augsburg gibt es Bodenampeln an ...
- Die Bodenampeln funktionieren wie folgt: ...
- Allerdings zählen ... zu ihren Schwächen.
- Folgende Vorschläge würden einer Verbesserung dienen: ...

**c** Besprecht eure Ergebnisse.

**Anmoderation:**
Die Stadt – Da sieht man immer häufiger, dass Menschen mit gesenktem Kopf durch die Gegend gehen. Aber nicht, weil sie so traurig sind, sondern weil sie auf ihre Handys starren. Smartphone-Zombies – kurz Smombies – das kann ziemlich lustig sein, also wenn man zum Beispiel so DOING gegen die Laterne läuft, oder auch ziemlich gefährlich, also beim Über-die-Straße-Gehen, wenn man dann nicht aufpasst, ja, kann 'ne Menge passieren. Und deshalb hat sich jetzt die Stadt Augsburg was einfallen lassen. An zwei Stellen in Augsburg ist es besonders gefährlich wegen der Straßenbahn und da haben sich die Augsburger gedacht, da bauen wir jetzt mal eine spezielle Ampel für Handynutzer. Ja, radiomikro-Reporterin Kerstin Öchsner wollte die Ampeln natürlich mit Alina, Niklas, Lea und Polly direkt mal ausprobieren. Aber erst mal haben die gar nichts gefunden ...

**KÖ** = Beiträge von Kerstin Öchsner; **K1–19:** Beiträge der Kinderreporter

**> (KÖ)** Hm, jetzt sind wir hier am Ort des Geschehens. Neben uns verlaufen die Straßenbahnschienen. Da ist so 'ne ganz normale Fußgängerampel, aber sonst so 'ne Handyampel auf den ersten Blick sehe ich jetzt nicht. Ah, da kommt schon eine Straßenbahn. Jetzt gucken wir mal, ob sich was tut ... Was ist euch aufgefallen?

**> (K1)** Da sind halt so Lichter und die blinken rot auf, wenn 'ne Straßenbahn vorbeifährt.

**> (KÖ)** Hier direkt, quasi zwischen Gehsteig und Straßenbahnschienen, sind so kleine runde Lämpchen in den Boden direkt eingelassen, gell?

**> (K2)** Ja. Und es sieht nicht wie eine normale Ampel aus, was man sich unter einer Ampel vorstellt, sondern es sind Lichter nebeneinander. Die sind waagrecht aufgereiht.

**> (KÖ)** So immer mit einer Armlänge Abstand oder so und quasi die gesamte Breite dieses Übergangs sind diese Lämpchen im Boden. Also wenn die Ampel aus ist, fällt es einem tatsächlich gar nicht auf. Es sind einfach so kleine Lämpchen, so groß wie meine Handfläche vielleicht. Und die sind, wenn sie aus sind, einfach so ein bisschen grau wie der Beton auch.

**> (K3)** Die Ampel ist dafür da, wenn Kinder oder Erwachsene oder Teenager auf dem Handy spielen und dass sie wissen, dass Rot ist, also dass man gehen darf oder nicht, weil die gucken ja meistens so gebückt ins Handy.

> **(KÖ)** Ah, ja genau. Das heißt, also wenn man am Handy vorbei noch ein bisschen so den Boden sehen kann, dann sieht man's, wenn's blinkt.

> **(K4)** Genau.

> **(KÖ)** Hoffentlich. Das sollten wir austesten, oder? Ob das auch so funktioniert, wie sie es sich gedacht haben. Oh, oh, ich hör was. Da kommt die Bahn. Okay, auf geht's, wir testen. Handys raus! Vorsichtig, keiner darf sich überfahren lassen. Wir stellen uns hier so ein bisschen über die Leuchtpunkte.

*(Straßenbahn fährt vorbei.)*

> **(KÖ)** Huch, das war auch ganz schön nah, diese Bahn. Alina?

> **(K5)** Also, ich hab die Lichter gar nicht gesehen, weil sie sind auch nicht hell genug. Vielleicht liegt es auch daran, dass die Sonne so stark ist momentan. Also ich habe sie jetzt nicht gesehen, als ich auf mein Handy geguckt habe.

> **(K6)** Ich hab es jetzt auch nicht wirklich gesehen. Das Licht war zu schwach.

> **(KÖ)** Hmmm, vielleicht kommt gleich 'ne Wolke. Vielleicht können wir es einfach noch mal mit Wolke testen.

> **(K7)** Weißt du, dass die Lichter etwas zu nah an der Bahn sind? Wenn du so ein bisschen über den Lichtern bist, kannst du immer noch überfahren werden.

> **(KÖ)** Stimmt, die sind relativ nah an den Schienen schon dran, ne? Wann fangen die eigentlich an zu blinken?

> **(K8)** Die Bahn ist so ungefähr 20, 30 Meter entfernt.

> **(KÖ)** Dann hat man noch so 15, 20 Sekunden. Oh, da kommt noch 'ne Bahn. Testen wir noch mal! Handys an! Jetzt ist auch 'ne Wolke da. Sehr gut.

*(Straßenbahn fährt vorbei.)*

> **(KÖ)** So, und? Wie war es jetzt?

> **(K9)** Jetzt, beim zweiten Mal, hatte ich das Handy ein bisschen vor und dann habe ich die Lichter schon gesehen.

> **(K10)** Als die Wolke davor war, hat man die Lichter auch besser gesehen. Also es hat wirklich geholfen, dass es allgemein dunkler war, da waren die Lichter heller.

> **(KÖ)** Meint ihr denn, dass es reicht, dass man es sieht als Handynutzer, dass man dann gewarnt ist und – huch – eilig zurückspringt, weil man checkt, dass die Straßenbahn kommt?

> **(K11)** Ich würd noch 'nen Ton da dazu machen. Also dass in der Ampel noch mit dabei ist, dass man dann einen Ton hört, wenn die Straßenbahn kommt.

> **(KÖ)** Ja, das wär gut, wenn die Ampel noch irgendwie piept – oder was für ein Geräusch wäre cool?

*(Geräusche werden vorgeschlagen.)* Oder so ein dramatisches Geräusch. *(Geräusche werden vorgeschlagen.)*

**> (K12)** Dass man so zurückspringt.

**> (KÖ)** Das finde ich gut. Aber manchmal haben ja auch so Handyleute auch noch Kopfhörer im Ohr, ne? Was machen wir dann für die?

**> (K13)** Man könnte ’ne App installieren dafür, da wo dann so ein Stoppschild auftaucht auf deinem Handy und wenn man Kopfhörer anhat, da kommt dann so eine Stimme und schreit STOPP.

**> (KÖ)** Wenn man sich dem Übergang nähert.

**> (K14)** Ja.

**> (KÖ)** Und ’ne Bahn kommt.

**> (K15)** Voll cool.

**>** *(Gekicher)* **(K16)** Oder es fährt ’ne Wand hoch, wenn ’ne Straßenbahn kommt. Dass dann ’ne Wand hochfährt *(Gekicher)*, gegen die man läuft.

**> (KÖ)** Dann bricht man sich zwar die Nase …

**> (K17)** … aber man stirbt nicht, wenn man von der Straßenbahn überfahren wird *(Gekicher)*.

**> (KÖ)** Das ist gut. Wir machen jetzt so ’ne Liste mit möglichen weiteren Ampelmaßnahmen und schicken die an die Stadt. So machen wir es. Und ich würde sagen …

**> (K18)** Essen wir ein Eis!

**> (KÖ)** Find ich auch. Jetzt stecken wir die Handys weg und essen lieber Eis stattdessen.

**> (K19)** Ja!

**Abmoderation:**
Eis gegen Handys tauschen, das hat mir eigentlich am besten gefallen. Vielleicht sollen die Augsburger einfach gratis Eis verteilen, dann bleiben die Handys auch in der Tasche.

**5** Ben will mit den Informationen rund um die Smartphonenutzung von Fußgängern und den Bodenampel-Test der radiomikro-Reporter für die Schülerzeitung einen Bericht schreiben.

a Überlegt, welche der folgenden Fragen (▶ S. 72 oben) in welchem Teil seines Berichts beantwortet werden sollen. Ordnet dazu die Fragen den jeweiligen Teilen des Berichts in einer Tabelle zu. Schreibt in euer Heft.

| Schreibplan Bericht | Einleitung | Hauptteil | Schluss |
|---|---|---|---|
| Zu beantwortende Fragen | … | … | … |
| Antworten | … | … | … |

**b** Beantwortet die Fragen stichpunktartig mit Hilfe eurer Ergebnisse aus der Aufgabe 4 von Seite 68.

- Welche Zeiterscheinung soll der Bericht zum Thema haben?
- Was ist das Ergebnis der DEKRA-Studie vom 08. 04. 2016?
- Wie / Mit welcher Neuerung im Straßenverkehr reagierte die Stadt Augsburg auf diese Zeiterscheinung?
- Wie funktioniert diese Neuerung?
- Was kritisierten die radiomikro-Reporter?
- Wie kann diese Neuerung noch verbessert werden?

**6** **a** Wählt aus den Vorgaben A bis D jeweils die für einen Bericht passenden Formulierungen aus und begründet, warum der andere Teil nicht passt.

**A**
- Ich möchte euch darüber informieren, dass man als Fußgänger durch das Smartphone total vom Verkehr abgelenkt wird. Das hat zumindest eine Studie ergeben.
- Eine Studie der DEKRA ergab, dass vor allem jüngere Fußgänger ihr Smartphone im Straßenverkehr nutzen, was zu gefährlichen Ablenkungen führen kann.

**B**
- Die Stadt Augsburg installierte deswegen an zwei Straßenbahnüberwegen in der Stadt so genannte Bodenampeln, welche die Handynutzer auf Gefahren aufmerksam machen sollen. Kinderreporter testeten diese.
- In Augsburg gibt es jetzt Bompeln, Bodenampeln für Handynutzer, damit diese etwas vom Verkehr rundherum mitbekommen. Kinderreporter haben die Bompeln ausprobiert.

**C**
- Diese Bodenampeln wurden von Reportern bereits getestet, woraus sich Verbesserungsvorschläge ergaben.
- Reporter haben die Bodenampeln auf Herz und Nieren geprüft und sie nur teilweise für sinnvoll erachtet.

**D**
- Man sieht immer mehr Leute, die sich in der Stadt mit dem Handy beschäftigen, anstatt den Verkehr zu checken.
- Auch Fußgänger nutzen ihr Smartphone, während sie sich fortbewegen.

**b** Bringt die Abschnitte für den Anfang des Berichts in die richtige Reihenfolge und schreibt sie in euer Heft.

**7** Vervollständigt den Bericht. Formuliert dazu die folgenden Podcast-Auszüge hinsichtlich Kritikpunkten und Verbesserungsvorschlägen in sachliche, knappe Sprache um.

– (K5) Also, ich hab die Lichter gar nicht gesehen, weil sie sind auch nicht hell genug. Vielleicht liegt es auch daran, dass die Sonne so stark ist momentan. Also ich habe sie jetzt nicht gesehen, als ich auf mein Handy geguckt habe.

– (K6) Ich hab es jetzt auch nicht wirklich gesehen. Das Licht war zu schwach.

– (K7) Weißt du, dass die Lichter etwas zu nah an der Bahn sind? Wenn du so ein bisschen über den Lichtern bist, kannst du immer noch überfahren werden.

– (K11) Ich würd noch 'nen Ton da dazu machen. Also dass in der Ampel noch mit dabei ist, dass man dann einen Ton hört, wenn die Straßenbahn kommt.

– (K13) Man könnte 'ne App installieren dafür, da wo dann so ein Stoppschild auftaucht auf deinem Handy und wenn man Kopfhörer anhat, da kommt dann so eine Stimme und schreit STOPP.

– (KÖ) Wenn man sich dem Übergang nähert.

– (KÖ) Das ist gut. Wir machen jetzt so 'ne Liste mit möglichen weiteren Ampelmaßnahmen und schicken die an die Stadt. So machen wir es.

●○○ Hier findet ihr Formulierungshilfen:

Die Reporter kritisierten nach ihrem Test ... • Die Kritik der Reporter beinhaltete ... • Als ein Schwachpunkt der Bodenampeln stellte sich für die Reporter ... heraus • Die Reporter schlugen vor ...

**8** Stellt Vermutungen darüber an, warum sich ein Nachrichten-Podcast sprachlich ganz anders gestaltet als ein geschriebener Bericht.

**9** Übt das Anfertigen eines Schreibplans für einen Bericht, indem ihr einen Beitrag aus einer Kindernachrichtensendung anseht oder einen Podcast für Kinder anhört und Wesentliches mitschreibt.

# Testet euer Wissen!

## Berichten

**1** **a** Wählt die Informationen aus, die in die Einleitung eines Berichts gehören.
*Handlungsablauf, Datum, Ort, Auswirkungen, Uhrzeit, beteiligte Personen, was passierte?*

**b** Notiert alle W-Fragen, die für den Hauptteil besonders wichtig sind:
*Was? Warum? Wann? Welche Folgen? Wie? Wo? Wer?*

**2** Richtig oder falsch? Prüft folgende Aussagen auf ihre Richtigkeit und schreibt die falschen Sätze korrigiert auf.

- In einem Bericht wird ein Geschehen möglichst spannend wiedergegeben.
- Ein Schreibplan für einen Bericht enthält alles Wesentliche in Stichpunkten.
- Sachlichkeit im Bericht erreicht man durch die Verwendung der wörtlichen Rede.
- Der Bericht stellt Vergangenes dar, deshalb wird meist im Präteritum formuliert.
- Ein Bericht enthält nur wesentliche Informationen.
- Ein Bericht für die Zeitung enthält dieselben Inhalte wie ein Bericht für die Versicherung.
- Im Schlussteil sollte die eigene Meinung zum Geschehen stehen.

**3** **a** Lest den folgenden Unfallbericht. Überlegt dabei, was genau passiert ist.

**Svenja und Tim**

Am Dienstagmorgen kurz vor 8 Uhr ist bei uns auf dem Schulhof ein Unfall passiert. Svenja hat sich dabei den Arm gebrochen und Tim hat eine Platzwunde. Das passierte so: Svenja kam wie immer auf den letzten Drücker mit ihrem Fahrrad in die Schule gedüst. Eigentlich ist ja das Fahrradfahren auf dem Schulhof verboten. Mit einem Wahnsinnstempo ist Svenja von der Straße direkt nach rechts in den Schulhof eingebogen. Da stand Tim mit seinem Fahrrad und quatschte mit ein paar Leuten. Svenja ist dann voll in Tim reingefahren. Sie flog in hohem Bogen vom Rad und Tim knallte auf den Boden. Beide haben dann auf dem Boden gelegen und geheult. Wir haben dann schnell Herrn John, unserem Hausmeister, Bescheid gesagt. Der hat einen Krankenwagen gerufen. Und im Krankenhaus haben die Ärzte festgestellt, dass Tim eine riesige Platzwunde an der Stirn und Svenja den Arm gebrochen hat. Aber beides heilt wieder und alle waren froh, dass nichts Schlimmeres passiert ist. Svenja bekam nachher noch einen Tadel von unserem Direktor, Herrn Nau. Sie musste sich bei Tim entschuldigen und versprechen, von jetzt an immer das Fahrrad auf dem Schulhof zu schieben.

**b** Überarbeitet den Unfallbericht. Achtet dabei auf:
- den Inhalt (Informationen zu den W-Fragen),
- überflüssige Informationen,
- die Formulierungen,
- die Zeitform.

Schreibt den überarbeiteten Bericht in euer Heft.

# 4.2 In der Schule ist was los! – Berichte sprachlich überarbeiten

## Was ist passiert? – Aktiv und Passiv nutzen

### Polizeieinsatz wegen Schülerstreich

Am gestrigen Vormittag führte ein Schülerstreich zu einem Polizeieinsatz auf dem Franz-Josef-Strauß-Flughafen in München.
Eine 6. Klasse aus dem Münchner Landkreis besichtigte am Wandertag den Flughafen. Der Rucksack eines Jungen wurde, nachdem dieser während einer kurzen Pause auf die Toilette gegangen war, von einem Mitschüler in der Abflughalle versteckt. Der Schüler begab sich wenig später mit der Gruppe ins andere Terminal, ohne den Verlust seines Rucksacks zu bemerken.

Das herrenlose Gepäckstück wurde kurz darauf vom Sicherheitspersonal des Flughafens entdeckt. Da der Rucksack nicht von dem Besitzer abgeholt wurde, sperrte die Bundespolizei die Abflughalle und nahm sich des Rucksacks an.
In der Zwischenzeit hatte der Schüler seinem Lehrer den Verlust gemeldet. Sogleich klärte der Lehrer das Missverständnis auf.

**1** Dieser Zeitungsbericht informiert über einen ungewöhnlichen Vorfall auf einem Wandertag.
- **a** Wie kam es zu dem Polizeieinsatz? Klärt den Handlungsablauf mit Hilfe von W-Fragen.
- **b** Schreibt die beiden unterstrichenen Sätze ab und bestimmt, ob sie im Passiv oder im Aktiv (▶ S. 223 f.) stehen.
- **c** Formt den Passivsatz in einen Aktivsatz, den Aktivsatz in einen Passivsatz um.
- **d** Bestimmt den „Täter" in den beiden Passivsätzen im Heft und streicht ihn durch. Wie verändert sich die Satzaussage?

**2**
- **a** Findet zwei weitere Passivsätze im Text, schreibt sie ab und markiert den „Täter".
- **b** Formt die Sätze dann in Aktivsätze um.

**3** Mit Hilfe von Passivsätzen kann man Sachverhalte knapp und sachlich formulieren.
Bildet aus den folgenden Aussagen Sätze im Passiv. Lasst dabei den „Täter" aus. Als Hilfe sind die „Täter" und die zu verändernden Verben in den ersten Sätzen farbig markiert.
*Weil die Schalterhalle gesperrt worden ist, habe ich meinen Anschlussflug verpasst. Mein Ticket …*

Einige Beteiligte wurden zu dem Vorfall befragt:
**Tourist:** Weil das Wachpersonal die Schalterhalle gesperrt hat, habe ich meinen Anschlussflug verpasst! Die Angestellten der Fluggesellschaft buchen gerade mein Ticket um.
**Mirko:** Eine unbekannte Person hat schon einmal meinen Rucksack in der Schule versteckt.
**Flughafenangestellter:** Zum Glück haben die Beteiligten den Vorfall zügig aufgeklärt.
**Polizist:** Meine Kollegen und ich prüfen derzeit, welche Konsequenzen der Vorfall haben wird.

# Berichte aus der Schule – Die richtige Zeitform verwenden

VORSICHT FEHLER!

## Aktuelles aus dem Schulsport

Bei den Sportturnieren der Realschule Lanke am 21. März sind die Klassen 6d und 10b als Sieger hervorgegangen.
Die 5a und die 6d stellen sich bei den Fußballspielen des 5. und 6. Jahrgangs als Finalisten heraus. Die Klasse 6d konnte bereits nach 20 Minuten Spielzeit so weit in Führung gehen, dass der Vorsprung in den verbleibenden 10 Minuten für die 5a nicht mehr einholbar war. Nachdem das 4:1 gefallen war, wird das Spiel abgepfiffen und die 6d feierte ausgiebig.
Während der Handballspiele der 9. und 10. Klassen hatte sich schnell die 10b als eindeutiger Favorit herausgestellt, die bereits die Vorrunden mit hoher Tordifferenz für sich entschieden hat. Schließlich stand das Ergebnis fest: Die 10b gewinnt gegen die 9c mit 12:8.

**1** a Überlegt, wo dieser Artikel veröffentlicht worden sein könnte.
b Bestimmt die Zeitform der im Text markierten Verbformen.
c Einige Verben in dem Bericht stehen in der falschen Zeitform. Klärt den zeitlichen Ablauf der Geschehnisse, setzt die Verben in die richtige Zeitform und schreibt den Text verbessert auf.

**2** a Schreibt den Zeitungsbericht zur neuen Schulbibliothek ab und ergänzt Verben im Präteritum oder Plusquamperfekt (► S. 218–221).
●●● b Schreibt mit Hilfe der Vorgaben einen Schluss für den Text. Achtet auf die passende Zeitform.

Am vergangenen Dienstag ? *(eröffnen)* die neue Schulbibliothek an der Realschule in Neustadt, nachdem sie wegen Umbauarbeiten drei Monate ? *(geschlossen sein)*. Handwerker ? *(einsetzen)* neue Fenster, ? *(erneuern)* den Bodenbelag und ? *(streichen)* die Wände. Zur feierlichen Eröffnung ? *(begrüßen)* Rektor Zeh Vertreter des Landkreises sowie der Stadtbibliothek Neustadt und auch das schulische Büchereiteam, das zuvor alle Bücher neu ? *(katalogisieren)* und ? *(einräumen)*. Bereits am ersten Tag ? *(großer Andrang herrschen, viele Bücher entleihen)*.

**Wissen und Können** — **Die Zeitform in Berichten: Präteritum und Plusquamperfekt**

- Ein Bericht fasst ein vergangenes Ereignis zusammen. Er steht deshalb im **Präteritum,** z. B.: *Gestern ereignete sich ein Unfall. Zwei Autos stießen zusammen.*
- Wenn man in einem Bericht ausdrücken will, dass ein Ereignis noch weiter in der Vergangenheit liegt (Vorzeitigkeit), gebraucht man das **Plusquamperfekt,** z. B.: *Nachdem er ins Haus eingedrungen war und den Schmuck gestohlen hatte, floh er.*

## Sport in der Schule

Vor den Osterferien war bei uns noch mal einiges los. Im 6. Jahrgang gab es das alljährliche Völkerballturnier und da ging echt die Post ab. Am Ende gewinnen die Jungen der Klasse 6 a und die Mädchen der 6 c. Bei den Jungen wundert mich das überhaupt nicht, denn die Spieler der 6 a führten im Endspiel gegen die 6 d bereits nach 20 Minuten Spielzeit. Am Ende stand es dann 8 : 2. Bei den Mädchen waren die Sieger nicht so schnell zu erkennen. Das liegt wahrscheinlich daran, dass nicht alle Spielerinnen der fünf Klassen den Eindruck machten, als ob sie Bock auf das Spiel hätten. Am Ende war die Sache jedoch klar: Die Mädchen der 6 c besiegten die Spielerinnen der 6 a mit 12 : 6.
Völlig unmöglich fand ich das Verhalten von den Schülern der 6 b, die die ganze Zeit über fast nur Unsinn gemacht haben. Wenn sich alle so verhalten würden, könnte man so ein Turnier auch gleich vergessen.
Insgesamt muss man aber sagen, dass die Stimmung im Großen und Ganzen nicht schlecht war. Verdammt ärgerlich finde ich, dass einige Schüler der 10. Klassen, die Schiedsrichter sein sollten, zum Spielbeginn viel zu spät kamen und dann auch noch pampig wurden, als die Sportlehrer sie deshalb anmeckerten. „Am Schluss haben die Besten gesiegt“, meinte unser Schulleiter. Was soll er auch sonst sagen, schließlich muss er ja neutral bleiben.

**3** a Lest den Textentwurf eines Schülers für die Schulwebseite und besprecht, was an dem Bericht bereits gelungen ist (► S. 285).
b Was muss an dem Bericht überarbeitet werden? Besprecht den Text in der Gruppe. Teilt dabei die Prüfung der folgenden Bereiche auf:

**A Inhalt**
– Werden alle W-Fragen beantwortet?
– Wird nur das Wichtige erwähnt?
– Wird auf die Darstellung von Meinungen und Gefühlen verzichtet?

**B Aufbau**
– Wird knapp und genau berichtet?
– Wird der Ablauf in der richtigen Reihenfolge dargestellt?
– Ist die Überschrift passend?

**C Sprache**
– Wird sachlich formuliert und Umgangssprache vermieden?
– Steht der Bericht im Präteritum?
– Wird auf wörtliche Rede verzichtet?

c Erklärt den anderen Gruppenmitgliedern, was aus eurem Bereich überarbeitet werden muss.
d Überarbeitet den Text gemeinsam.

**Information** **Sprache in Berichten**

- Berichte werden **sachlich und knapp** formuliert.
  Auf umgangssprachliche Wendungen wird verzichtet.
- Es werden **keine Vermutungen, Meinungen, Gedanken oder Gefühle** dargestellt.
- Die wörtliche Rede gehört in der Regel nicht in einen Bericht.
- In schriftlichen Berichten wird meistens die Zeitform **Präteritum** verwendet.

# Richtig angekoppelt? – Sätze mit Konjunktionen verknüpfen

**1** Die folgenden Sätze aus Kurznachrichten auf einer Schulhomepage müssen gedanklich noch verknüpft werden. Wählt geeignete Konjunktionen aus und schreibt sinnvolle Satzgefüge auf (▶ S. 237). Achtung: In den Nebensätzen ändert sich die Satzstellung!

(weil/als/indem)

**Unfall auf dem Schulhof**
Fünf Schüler der 6 a schlitterten noch auf der Eisfläche im Pausenhof. Sie hörten die Pausenglocke nicht.

**Unfall auf dem Zebrastreifen**
Die Schülerinnen überquerten die Straße. Die Fußgängerampel schaltete auf Rot um.

(weil/als/damit)

(bevor/sodass/als)

**Kuchen für einen guten Zweck**
Die Schlange vor dem Kuchenverkauf war sehr lang. Alle Kuchen konnten verkauft werden.

**Realschüler erhält Kunstpreis**
Leon Pilz erhielt den Kunstpreis der Stadt wegen seiner ausdrucksvollen Arbeiten. Er ist erst 12 Jahre alt.

(obwohl/weil/indem)

**2** Prüft, welche der folgenden Sätze mit der angegebenen Konjunktion Sinn ergeben. Ersetzt die falschen Konjunktionen und schreibt die falschen Sätze verbessert auf.
- Weil es stark regnete, verringerte der Schüler sein Tempo mit dem Fahrrad nicht.
- Die Eisschicht auf dem Schulteich knackte bedenklich, wenn das Mädchen auf die Eisfläche gesprungen war.
- Die Freude der Fußballfans war groß, als für die Klasse 6 b das erste Tor fiel.
- Bevor der Sprayer verschwinden konnte, wurde er vom Hausmeister entdeckt.
- Der Schaden wurde von der Schulhaftpflichtversicherung bezahlt, obwohl er sich auf einer schulischen Veranstaltung ereignete.

●○○ Zum Überprüfen eurer Ergebnisse oder als Hilfe könnt ihr den Wortspeicher verwenden:

weil/da • nachdem • bevor • obwohl • als

# Sachlich und genau beschreiben – Auf Ausdruck und Wortwahl achten

**1** In den folgenden Sätzen aus Berichten ist immer nur eines der angegebenen Wörter geeignet. Schreibt die Sätze ab und ergänzt jeweils das passende Wort.

- Der Skateboardfahrer fuhr mit überhöhter ? den Gehweg entlang (Raserei/Geschwindigkeit/Schnelligkeit).
- Aus Unachtsamkeit ? er (nicht kapieren / übersehen / missverstehen), dass die Fußgängerin vor ihm ? (abrupt stehen bleiben / urplötzlich anhalten / vor einem Schaufenster verweilen).
- Der Rektor führte mit den Schulschwänzern ein ? (ernstes/langwieriges/langatmiges) Gespräch.
- Ein Mitschüler ? den Notarzt (telefonieren/verständigen/organisieren).
- Der Fahrradfahrer ? einen Auffahrunfall (machen/verursachen/haben).
- Der Landrat weihte das neue Schulhaus mit ? (viel Trara / einer langweiligen Rede / feierlichen Worten) ein.

**Wissen und Können** **Sprachliche Besonderheiten eines Berichts**

- In Berichten verwendet man Sätze im **Passiv,** wenn die handelnde Person (der „Täter“) nicht genau bekannt ist oder nicht unbedingt genannt werden muss, z. B.: *In das Haus wurde (von?) eingebrochen. / Das Gelände wurde (von?) gesperrt.*
- Mit Hilfe passender **Zeitformen** kann man den zeitlichen Ablauf von Geschehnissen verständlich wiedergeben. Im Bericht verwendet man das **Präteritum** oder das **Plusquamperfekt**, z. B.: *Er verlor das Geld, das er kurz vorher erbeutet hatte.*
- Ein Berichttext klingt flüssiger und wird verständlicher, wenn man die Sätze logisch mit **Konjunktionen** verknüpft, z. B.: *wenn, weil/da, als, während, obwohl, bevor, nachdem.*
- Ein Bericht soll **sachlich und genau** formuliert sein. Man muss deshalb auf die **richtige Wortwahl** und den **passenden Ausdruck** achten.

# 4.3 Fit in ...? – Berichten

Folgender Arbeitsauftrag wurde in einer Schulaufgabe gestellt:

Verfasst mit Hilfe des Elternbriefs und der Aussagen der Schüler/-innen einen sachlichen Bericht über die Exkursion zu einem Bauernhof für die Schulhomepage.

Sehr geehrte Eltern,

die Klasse 6 b besucht im Rahmen des Erdkundeunterrichts am 12. 3. 20XX den Bauernhof des Landwirts Rahm in Viehdorf. Im Folgenden finden Sie dafür die wichtigsten Fakten dazu:

- Treffpunkt:
  08:00 Uhr im Klassenzimmer
- Ablaufplan:
  1. Wanderung über den Kleeberg zum Bauernhof (ca. 45 Min.)
     → Erforderlich ist festes Schuhwerk wegen der Waldwege.
  2. Führung über den Bauernhof durch Herrn Rahm (ca. 1,5 Std.)
  3. Interview mit Herrn Rahm (ca. 30 Min.)
  4. Pause/Brotzeit am Hof (ca. 1 Std.)
     → Verpflegung kann mitgebracht oder auch im Hofladen erworben werden
  5. Besichtigung der Felder von Herrn Rahm und Wanderung über das Pegnitztal zurück zur Schule (ca. 75 Min.)
- Ankunft an der Schule: 13:00 Uhr

Mit freundlichen Grüßen
*Gunter Kluge*

Lucie:

Am interessantesten am Interview fand ich den letzten Teil. Da hat Herr Rahm erzählt, welche Arbeiten jeden Tag und welche zu bestimmten Jahreszeiten am Hof zu erledigen sind. Urlaub haben der, seine Frau und sein Sohn wohl nie! Das werde ich auch mit Lucie zusammen auf das Plakat für die Ausstellung schreiben.

Max:

Es ist erstaunlich, dass Herr Rahm unsere Fragen zu seinem Bauernhof alle aus dem Kopf beantworten konnte. Ich könnte mir die Daten zur Betriebsgröße, Größe der Anbaufläche, genauen Anzahl der Tiere, Arbeitszeit pro Tag wahrscheinlich nicht alle merken.

Nina:

Als Erstes ging's zu den Kühen in den Stall, die können sich dort frei bewegen. Nur zum Melken kommen sie an den Melkstand. Herr Rahm hat uns dort ganz genau erzählt, wie die Tiere gehalten werden und was sie fressen. Am coolsten war aber, dass wir danach die fünf Kälber streicheln durften, die in so genannten Iglus wohnen. Eins war sogar erst eine Woche alt.

Arne:

Also der Fuhrpark, den wir nach dem Stall anschauten, war krass! drei Traktoren, etliche Spezialmaschinen und sogar ein Mähdrescher. Die Halle ist so groß wie unsere Pausenhalle. Ich hab von allem Fotos für die anschließende Ausstellung zur Exkursion in der Pausenhalle geschossen.

Ben:

Im Hofladen von Frau Rahm, den wir zum Schluss besichtigten, kann man unter anderem Eier von hofeigenen Hühnern, selbst gemachten Käse, Brot, Marmelade, Honig und natürlich auch Milch kaufen. Hab mich gleich für die anschließende Brotzeit hier eingedeckt. Frau Rahm hat uns allen noch eine Buttermilch spendiert.

**1** Prüft folgende Angaben für die Einleitung des Berichts auf ihre Vollständigkeit. Schreibt dazu den Schreibplan für einen Bericht ab und ergänzt notwendige Informationen.

*Exkursion zum Bauernhof von Herrn Rahm, Klasse 6b*
*Berichtplan – Teil 1*
*Was geschah?*
*Wer war beteiligt?*
...

**2** Vervollständigt den Schreibplan für einen Bericht zum Hauptteil und zum Schluss mit Hilfe des Elternbriefes und der Schüleraussagen. Achtet auf die richtige Reihenfolge der Inhalte.

*Berichtplan – Teil 2*

| | |
|---|---|
| *Warum geschah es?* | *Die Klasse nimmt das Thema Nahrungsmittel gerade in Erdkunde durch.* |
| *Wie geschah es?* | *1. Wanderung über den Kleeberg nach Viehdorf*<br>*2. Führung über den Bauernhof durch Herrn Rahm: Kuhstall, ...*<br>*3. ...* |
| *Welche Folgen hat das Ereignis?* | ... |

Ben verfasste für die Schulhomepage folgenden Bericht:

| | |
|---|---|
| Die Klasse 6 b hat eine Exkursion zum Bauernhof von Herrn Rahm unternommen. | *Wann? Wohin? Falsche Zeitform* |
| Nachdem die Klasse von der Schule aus über den Kleeberg nach Viehdorf gewandert war, wurde sie dort von Herrn Rahm auf seinem Bauernhof begrüßt. | *Gut: gelungene Verknüpfung der Inhalte, richtige Zeitform* |
| Selbst die Sportskanonen waren nach der Wanderung ganz aus der Puste. | *Unwesentlich* |
| Herr Rahm führte die 6 b zunächst zu den Kälbern, die in so genannten Iglus gehalten werden. Anschließend erklärte Herr Rahm im Kuhstall, einem Freistall, wie die Tiere gehalten werden. | *Falsche Reihenfolge* / *W* |
| Hierbei handelte es sich um Milchkühe. Anschließend gab es nähere Informationen zum Fuhrpark des Hofes in der Maschinenhalle. | *Gut: Inhalte sachlich und knapp wiedergegeben* |
| Das war am eindrucksvollsten. | *Wertung: weglassen* |
| … | |

**3** Überarbeitet Bens Aufsatz mit Hilfe der Anmerkungen am Rand und vervollständigt ihn mit Hilfe eures Berichtplans.

## Checkliste

### Einen Bericht schreiben

**Vorarbeit**

- **Für wen** oder **was** soll der Bericht formuliert werden? *(Polizeibericht, Bericht für Versicherung* oder *Zeitungsmeldung)*
- Kann ich mir den **Handlungsablauf** vorstellen? Falls im vorgegebenen Material keine Zeichnung vorhanden ist, skizziere ich das Geschehene kurz.
- Habe ich **alle wichtigen Informationen** markiert oder in Stichpunkten notiert?
- Ist mein **Schreibplan** vollständig? Enthält er genaue Antworten auf die **W-Fragen** in Stichpunkten? Welche **fehlenden Informationen** muss ich ergänzen?

**Inhalt und Aufbau**

- Enthält meine **Einleitung** Antworten auf diese **W-Fragen:** *Wer? Was? Wann? Wo?*
- Habe ich im **Hauptteil** den Handlungsablauf in der richtigen zeitlichen Reihenfolge dargestellt? Sind die W-Fragen *Wie?* und *Warum?* ausführlich beantwortet?
- Werden im **Schluss** die Folgen des Geschehens deutlich? *(Welche Folgen?)*

**Sprache**

- Habe ich durchweg im **Präteritum** geschrieben, bei Vorzeitigkeit im **Plusquamperfekt?** Habe ich im Schluss das **Präsens** verwendet, falls die Folgen des Geschehens noch andauern?
- Werden Zusammenhänge durch verwendete **Konjunktionen** verdeutlicht?
  - Wurden **Aktivsätze und Passivsätze** sinnvoll und abwechslungsreich eingesetzt?
  - Sind Ausdruck und Wortwahl meines Berichts **sachlich?**
  - Ist mein Bericht **frei von wörtlicher Rede?**

# 5 Kaum zu glauben! – Erzählende Texte schreiben

**1** Betrachtet das Bild genau und überlegt euch, welche Aussage es haben kann.
– Wie fühlt der Elfmeterschütze sich?
– Was könnte die Ursache für dieses Gefühl sein?
Tauscht eure Ideen aus und erzählt.

**2** Welche der drei folgenden Redensarten passt am besten zu diesem Geschehen? Begründet eure Meinung.

die Nase voll haben •
im Boden versinken wollen •
klein beigeben

### In diesem Kapitel …

– erzählt und schreibt ihr selbst erfundene Geschichten,
– nehmt ihr Redewendungen zum Anlass von Geschichten,
– überarbeitet ihr eure Geschichten mit der Textlupe.

# 5.1 Am liebsten unsichtbar! – Lebendig erzählen

## Mündlich und schriftlich erzählen

In manchen Situationen möchte man sich am liebsten unsichtbar machen.
Vielleicht wird dies in der Zukunft sogar wirklich möglich sein.
Paul erzählt Lisa:

Stell dir mal vor, was ich gestern Interessantes gelesen habe: Einige Forscher haben doch tatsächlich so etwas wie eine Tarnkappe erfunden! Haben Dinge einfach unsichtbar gemacht! Soll ich dir sagen, wie das funktioniert hat? Die Tarnkappe hat ganz genial das Licht, das auf sie gefallen ist, einfach – wutsch! – um sich herum abgelenkt. Super, was? Na ja, man hat die Tarnkappe schrecklich winzig konstruiert, aber sie haben schon vom Bau größerer Modelle gesprochen. Wahnsinn, oder? Vielleicht steht in ein paar Jahren in der Zeitung: „Zaubermantel hat Menschen unsichtbar gemacht." – Irre, oder?

**1** a Lest, was Paul Lisa erzählt. An welchen Stellen merkt ihr, dass Paul etwas mündlich erzählt?
b Tauscht euch darüber aus, welche Ausdrücke oder Satzkonstruktionen ihr nur beim mündlichen Erzählen verwendet.
c Beim mündlichen Erzählen verwendet man meistens die Zeitform **Perfekt,** beim schriftlichen Erzählen dagegen in der Regel das **Präteritum.** Setzt die Verben aus Pauls Erzählung ins Präteritum, geht dabei so vor:
*„..., was ich gelesen habe" → was ich las*
*„... haben erfunden" → ...*

**2** a Stellt euch vor, ihr wärt als Testperson für eine Tarnkappe ausgewählt worden und durftet sie einen Tag lang ausprobieren. Erzählt euch gegenseitig von euren Erlebnissen.
b Wählt ein Erlebnis mit der Tarnkappe aus und erzählt es in einem kurzen Text.

●○○ *... Es war unglaublich. Natürlich konnte ich unbemerkt dort hineingehen, weil wirklich niemand mich bemerkte ...*

**Wissen und Können** | **Mündlich und schriftlich erzählen**

- Beim schriftlichen Erzählen verwendet man die **Zeitform Präteritum.**
- Man **vermeidet Audrucksformen der mündlichen Sprache,** z. B. Umgangssprache, Wiederholungen, Häufungen von Frage- und Ausrufesätzen oder unvollständige Sätze.

# Den Aufbau einer Erzählung kennen

### Das seltsame Duschgel

Endlich angekommen! Oben in unserer Berghütte warf ich meinen schweren Rucksack auf das Sofa in der Wohnstube und rief meinen Eltern zu: „Jetzt habe ich eine Dusche verdient!“

Sekunden später stand ich in der Duschkabine. Dort entdeckte ich zwei seltsame Tuben: Auf der blauen Tube stand „Sparsam verwenden, sehr wirkungsvoll!“, auf der roten „Zur Nachbehandlung“. Ich entschied mich für die blaue Tube und nahm einen ordentlichen Klecks von dem duftenden, cremigen Duschgel. Wie das prickelte! In meinem gemütlichen Jogginganzug kam ich in die Stube zurück. Hier saßen mein Vater und meine Mutter schon am Tisch und schmierten sich gerade Butterbrote. Komisch, meine Eltern taten so, als ob sie mich gar nicht bemerken würden. Waren sie sauer, weil ich ihnen nicht geholfen hatte? „Wo Lisa nur so lange bleibt?“ Mein Vater zog die Augenbrauen zusammen. „Aber ich bin doch da, weshalb sagt ihr so etwas?“, stammelte ich.

Jetzt wollte ich es wissen: Ich stieg auf den Stuhl und rief, so laut ich konnte: „Hey, hier bin ich!“ Meine Eltern zuckten nicht einmal mit der Wimper. Was war mit mir los? Mein Herz begann wie ein Dampfhammer zu klopfen, mir brach wieder der Schweiß aus, aber diesmal vor Entsetzen!

Bestürzt rannte ich zurück ins Bad. Dort wollte ich in den Spiegel schauen, er war jedoch noch zu beschlagen vom Wasserdampf, der sich wie Nebel im Bad ausbreitete. Ich wischte das Glas ab und schaute einmal, zweimal – doch ich war nicht zu sehen! Um Himmels willen! Ich war unsichtbar! Deshalb hatten mich meine Eltern eben nicht beachtet! Da kam mir eine Idee: Sollte das vielleicht mit dem Duschgel zusammenhängen? Ich riss mir meinen Jogginganzug vom Leib und stellte mich zum zweiten Mal unter die Dusche. Diesmal benutzte ich das rote Duschgel „Zur Nachbehandlung“, das leicht auf der Haut brannte. Erwartungsvoll lief ich in die Wohnstube zurück. Meine Eltern hoben die Köpfe, als ich hereinkam, und mein Vater murmelte: „Na, da bist du ja.“ Ich sagte nichts.

Da hörte ich eine laute Stimme: „Lisa! Lisa! Das Abendessen ist fertig!“ Als ich langsam die Augen aufschlug, bemerkte ich, dass ich auf dem Sofa lag und immer noch meine verschwitzte Wanderkleidung trug! Ich war nach der anstrengenden Wanderung wohl eingeschlafen. „Zaubertuben gibt es wohl doch nur im Traum – eigentlich schade“, dachte ich.

**1** Lest Lisas Erzählung und erklärt Schritt für Schritt, was sie in der Geschichte erlebt hat.

**2** Erfindet nach Zeile 27 eine eigene Fortsetzung der Geschichte: Denkt euch in die Situation hinein und macht euch Notizen, um dann eure Geschichte mündlich zu erzählen. Ihr könnt auch eine andere Erzählperspektive auswählen.

●○○

*Ich-Perspektive: Aber ich merkte, dass irgendetwas mit mir nicht stimmte ...*
*Er-/Sie-Perspektive: Aber sie merkte, dass irgendetwas mit ihr nicht stimmte ...*

**3** a Lest die Informationen zur Einführung in die Erzählsituation im Merkkasten unten.
b Überprüft in Lisas Geschichte, ob die Einführung in die Erzählsituation vollständig ist, und macht euch Notizen wie im Beispiel rechts.

- *Hauptpersonen: Ich-Erzählerin ...*
- *Zeit: ...*
- *Ort: ...*
- *Andeutungen auf das Ereignis: ...*

**4** In fünf Erzählschritten erzählt Lisa vom Geschehen. Lest ihre Geschichte noch einmal und bringt dann die Erzählschritte in die richtige Reihenfolge.
Schreibt in euer Heft.

Erneutes Duschen mit dem Gel aus der anderen Tube

Seltsames Verhalten der Eltern bei der Brotzeit

Duschen mit Gel aus blauer Tube

Test: lautes Rufen auf dem Stuhl

Kein Spiegelbild vorhanden

**Wissen und Können** **Der Aufbau eines Erzähltextes**

- Zu Beginn wird in die **Erzählsituation eingeführt:**
  - **Wer** sind die Hauptpersonen?
  - **Wann** und **wo** ereignete sich das Geschehen?
  - **Andeutungen auf das Ereignis** wecken Neugier.
- In mehreren **Erzählschritten** erzählt ihr logisch aufgebaut vom Geschehen:
  - **Was** ist passiert? **Wie** ist es geschehen und **warum?**
- Findet einen passenden **Ausgang,** der die Geschichte abrundet: **Wie** geht sie aus? Ihr könnt das Ereignis erklären, auf den Anfang der Erzählung zurückkommen oder Fragen offenlassen. Der Ausgang einer erfundenen Geschichte kann am Schluss wieder in die Realität führen.

# Anschauliche Wörter wählen

## Passende Adjektive suchen

**1** a Lest noch einmal den zweiten Abschnitt von Lisas Geschichte auf Seite 85 ab Zeile 5. Sucht dann die Adjektive heraus, die die Nomen genauer und anschaulicher beschreiben (▶ S. 209–211), z. B.:
*seltsame Tuben ...*

b Findet jeweils drei passende Adjektive zu folgenden Nomen:
der Wanderweg, die Wanderkleidung, das Duschgel.

## Mit Vergleichen anschaulich schreiben

**2** a Im Text auf Seite 85 findet ihr in den Zeilen 21 bis 22 einen Vergleich: „Mein Herz begann wie ein Dampfhammer zu klopfen." Sucht im Text den zweiten Vergleich.

b Sucht auch für die folgenden Sätze passende *wie*-Vergleiche und schreibt die Sätze auf.

Der Rucksack war schwer.
Lisa war hungrig.
Plötzlich begann sie zu zittern.
Das Duschgel duftete.
Die Zeit kroch dahin.
Noch immer war Lisa durchsichtig.
Sie rief sehr laut.
Ihr Gesicht war bleich.

●○○ Rosen • Kreide • Steine • Schnecke • Glas • Löwe • Espenlaub

**3** a Durch Vergleiche und Umschreibungen lassen sich Gefühle anschaulicher darstellen. Besprecht, welche Gefühle die folgenden Vergleiche und Umschreibungen ausdrücken:

Ihr schlotterten die Knie.

Er platzte fast.

Er war blass wie die Wand.

Sie biss sich auf die Lippen.

b Der Text endet damit, dass Lisa erleichtert ist, weil sie nur geträumt hat.
Sucht anschauliche Vergleiche und Umschreibungen dafür, wie sie sich am Ende der Geschichte fühlt.

# Eine eigene Geschichte planen und schreiben

Die Sonne schien warm, deshalb fand meine Geburtstagsfeier im Garten statt. Meine Mutter überraschte mich mit etwas ganz Besonderem: Mit Hilfe von Drähten und einer selbst hergestellten Seifenlösung stellten wir Riesenseifenblasen her. Meine Seifenblase wurde riesengroß ...

**1** Lest den Erzählanfang und plant dazu eine eigene Erzählung.

**a** Tragt eure Ideen in Stichpunkten in einem Cluster ein. Zum Beispiel:

**b** Erstellt in eurem Heft einen Schreibplan mit den wichtigsten Erzählschritten. W-Fragen können euch dabei helfen. Zum Beispiel:

**Erzählsituation:**

| | |
|---|---|
| *Wer spielt eine Rolle?* | *ich, Freunde* |
| *Wo spielt die Erzählung?* | *im Garten, über den Häusern ...* |
| *Wann spielt sie?* | *auf meiner Geburtstagsfeier* |

**Erzählschritte:**

| | |
|---|---|
| *Was ist passiert?* | *Spiel mit Riesenseifenblasen* |
| *Wie ist es geschehen?* | *Hineinschlüpfen in Seifenblase* |
| *Warum?* | *davonschweben ...* |

**Ausgang:**

| | |
|---|---|
| ... | ... |

Beschränkt euch bei den Erzählschritten auf **ein** spannendes Erlebnis, damit eure Geschichte nicht zu lang wird.

**2** Schreibt nun eure Geschichte auf.

# Texte überarbeiten

Meine Seifenblase stieg mit mir in die Luft. Auf einmal sah ich alles von oben. Plötzlich schwebte ich auf die spitze Dachrinne unseres Nachbarhauses zu. Ich bekam Bauchkribbeln. Dann wurde ich auch ein bisschen ängstlich, denn ich flog bereits richtig hoch. Jetzt schrie ich laut los.

**1** a Lest den Text und besprecht, wie ihr die Gedanken und Gefühle des Ich-Erzählers noch anschaulicher gestalten könnt.
b Schreibt euren verbesserten Text auf.

Die Sonne war warm und ich war mit allen anderen im Garten. Wir machten riesige Seifenblasen und Selina machte die größten. Auf einmal war auch meine Seifenblase riesig groß. Ich ging nah heran und auf einmal war ich mittendrin in der Blase.

**2** Lest den Text und prüft die Auswahl der Verben. Sucht anschauliche Verben für den Text und überarbeitet ihn so, dass man sich die Situation noch besser vorstellen kann (▸ S. 215).

Plötzlich flog ich ein Stück weit über dem Boden. Ich konnte fliegen! Die Blase stieg mit mir immer höher. Das war herrlich. Ich war ganz leicht.

**3** Lest den Text und gestaltet ihn anschaulicher, indem ihr passende Gedanken und Aussagen in wörtlicher Rede ergänzt (▸ S. 99, 302). Schreibt den Text verbessert auf.

**Wissen und Können** | **Inhalt und anschauliche Ausgestaltung eines Erzählanfangs**

- Der **Inhalt** einer erfundenen Geschichte sollte in logischen Schritten erzählt werden.
- Die **Fortsetzung eines Erzählanfangs** muss **zum vorgegebenen Anfang passen,** die Vorgaben (Name, Ort, Zeit) müssen eingehalten werden.
  Die **Personen** müssen sich auch in der Fortsetzung oder Ausgestaltung des **Erzählanfangs** so verhalten, wie sie **am Anfang dargestellt** sind.
- Beschreibt, was die Personen **sagen, denken, hören** und **fühlen.**

# Sätze verknüpfen

Den ganzen Nachmittag war Mattis auf der Wiese und probierte die Flugseifenlauge aus.

Er erzählte niemandem davon.

Plötzlich plumpste Mattis am Waldrand ins Gras.

Die Seifenblase war geplatzt.

Hinter einem großen Baumstamm hörte er ein merkwürdiges Brummen.

Er ging weiter.

Auf einmal schrie Mattis laut.

Er sah ein riesiges Insekt.

**1** a Verbindet die Sätze oben mit passenden Konjunktionen (▶ S. 235–239). Es gibt immer mehrere Möglichkeiten.

●○○ da • obwohl • aber • doch • denn • weil

b Lest die Sätze mit und ohne Konjunktionen. Was ändert sich?

**2** Ergänzt die folgenden Sätze sinnvoll und schreibt sie auf:
? , aber es war zu spät.
Obwohl sie schon lange unterwegs waren, ? .
? , weil sie sich verirrt hatte.
Da der Regen nicht aufhörte, ? .
? , denn das Insekt folgte ihnen.

**3** Überarbeitet nun euren Erzähltext aus Aufgabe 2 von Seite 88. Nutzt dazu eure Ergebnisse aus den Aufgaben 1 und 2 von dieser Seite (▶ S. 240 f.).

**Wissen und Können** **Texte mit Satzverknüpfungen verbessern**

Mit Satzverknüpfungen kann man Texte abwechslungsreicher formulieren.
Außerdem könnt ihr Zusammenhänge deutlich machen.
**Konjunktionen** können Sätze miteinander verbinden, z. B.:
*Er rannte über die Wiese, weil er Angst hatte.*
*Sie suchte überall, aber sie konnte den Drahtring nicht finden.*

# Gedanken und Gefühle ausdrücken – Zu einem literarischen Text schreiben

Elisabeth Zöller

## Und wenn ich zurückhaue?

**Elisabeth Zöller** wurde 1945 in Brilon geboren. Sie schreibt Bücher für Kinder und Jugendliche, oft zu Themen wie Wut, Angst und Gewalt.

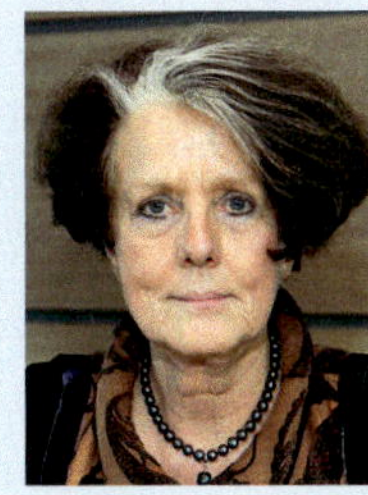

Der Krissi heißt eigentlich Christian, aber alle nennen ihn Krissi ... Auch der Paule. Aber der ist gerade weggezogen ... Nur Bossy und Henny aus der siebten Klasse, die sagen „Schnuller“, „Babyflasche“, „Hosenschisser“ und „Pfeifschwein“ zu ihm. Das ist gemein, findet Krissi ... Gestern haben sie ihn eingekreist auf dem Schulhof. Und ihn „Babyflasche“ und „Schnuller“ genannt. Und ihn getreten. Und dann „Krissi, das Pfeifschwein!“ gerufen. Das sagen sie, weil er manchmal die Backen aufbläst gegen die Angst. Da hat es gepfiffen mitten auf dem Schulhof. „Pfpfpf“, aus seinen dicken Angstbacken heraus. „Pfeif mal, Schweinchen!“, haben sie gesagt und ihn hingeschmissen, nur so aus Spaß. Und er hat seinen Turnbeutel liegen lassen mit den neuen Turnschuhen. Und Mama hat geschimpft. Und er hatte doch Angst. Darum hat er alles liegen lassen. Angst macht einen fast blind. Das weiß er. Und stumm. Das weiß er auch. Angst frisst die Wörter und die Gedanken im Kopf auf ... Er hat Mama nichts mehr erzählt, weil sie so geschimpft hat. Er hat geweint in seinem Zimmer.

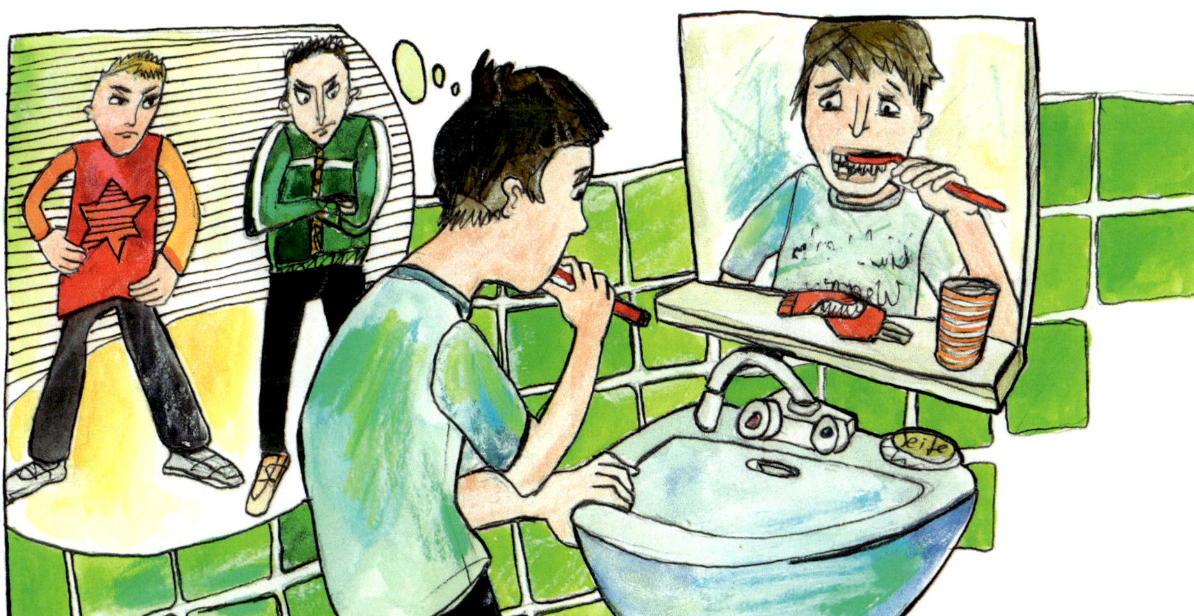

Und gedacht: Die Welt ist gemein. Die Welt ist sooo gemein ...
Krissi geht ins Bad und schließt die Tür ab. Er putzt sich die Zähne auf einem Bein, einmal ritsch, einmal ratsch. Das reicht. Vor allem, wenn man andere Gedanken im Kopf hat!
Heute Mittag ist mehr Zeit, denkt Krissi. Da werd ich es Mama erzählen, das mit Bossy ... Aber erst muss er den Morgen überstehen, den Schulweg, die Pause. Hoffentlich ist Regenpause. Er fletscht mit den Zähnen. Ein Raubtiergebiss müsste man haben. Hum und wutsch, würde er sie beißen. Er hüpft auf einem Bein in sein Zimmer und wühlt in seinem Schrank. Sein schwarzes Lieblings-T-Shirt ist nicht da. Wie viele Wochen wäscht Mama das denn noch? Oder wenigstens das braune mit den Indianern vorne. Auch nicht da. Also hat er nur das mickrige Baby-T-Shirt, wo vorn „Children's Wear" draufsteht ... „Babykleidung", schreien sie. Mist, denkt er. Mist ...
Krissi sitzt am Frühstückstisch, aber mit den Gedanken ist er ... auf dem Schulweg. Und wenn ich zurückhaue?, denkt er. Aber gegen mehrere komme ich nicht an.
Er muss bald gehen. Er muss auf jeden Fall vor den anderen in der Schule sein ... damit sie ihn nicht wieder kriegen ... „Tschüss, Mama!", sagt Krissi und rennt los ...
Wenn man sich doch unsichtbar machen könnte, das wäre was, unsichtbar auf dem Schulweg und unsichtbar in den Pausen. Plopp, eine große Tarnkappe drüber. Weg wäre er ...
Er ist fast an der Schule. Nur noch an den Gärten vorbei. Plötzlich sieht er sie von Weitem kommen, Bossy, Henny und Peer. Er erschrickt, er hat Angst ...

**1** a Gebt in einigen Sätzen wieder, worum es in diesem Text geht.
b Tauscht euch über folgende Fragen aus:
- Warum verrät Krissi nicht den wahren Grund für den liegen gelassenen Turnbeutel?
- Weshalb wünscht er sich eine Tarnkappe?

**2** a Lest die folgenden Textstellen und erklärt, was die Leserinnen und Leser über Krissis Gefühle erfahren:

> Und ihn „Babyflasche" und „Schnuller" genannt. Und ihn getreten. Und dann „Krissi, das Pfeifschwein" gerufen. (► Z. 14–16)

> Angst frisst die Wörter und die Gedanken im Kopf auf ... (► Z. 27–28)

> Er fletscht mit den Zähnen. Ein Raubtiergebiss müsste man haben. (► Z. 41–42)

b Sucht selbst Stellen aus dem Text, an denen der Leser oder die Leserin auf ähnliche Weise an den Gefühlen Krissis beteiligt wird. Schreibt sie mit Zeilenangaben ins Heft.

**3** a Stellt euch vor, Krissis Wunsch würde Wirklichkeit und er könnte sich tatsächlich unsichtbar machen. Sammelt Ideen für eine Spielszene.
b Spielt eure Szenen in der Klasse vor und sprecht über Gemeinsamkeiten und Unterschiede in den Spielszenen.

**4** Jeder kann zum Mobbing-Opfer werden. Mobbing findet dann statt, wenn ein Einzelner von einer Gruppe von Personen wiederholt mit Worten verletzt oder eingeschüchtert wird.

a Beurteilt das Verhalten von Bossy, Henny und Peer. Wie fühlen sie sich, wenn sie in der Gruppe auftreten?

b Wie könnte Krissi das Problem lösen? Notiert Ratschläge.

c Besprecht in der Klasse, wie ihr Mobbing in eurem Alltag verhindern könnt.

**5** Wählt eine der drei schriftlichen Aufgaben:

- Schreibt einen Tagebucheintrag aus Krissis Sicht, in dem er seine Sorgen aufschreibt und nach Lösungen sucht.
- Schreibt einen Brief an Krissi, in dem ihr ihm Vorschläge macht, wie er das Mobbing-Problem in den Griff bekommen kann.
- Schreibt eine eigene Fortsetzung von Krissis Geschichte auf.

●○○ Lest noch einmal den Merkkasten, wenn ihr unsicher seid.

**6** Stellt euch vor, ihr wärt Krissis Klassenkamerad und könntet mit Krissi oder Bossy ein Telefongespräch führen.

a Wählt eine der Figuren, überlegt euch Ratschläge und ein mögliches Ende des Telefonats.

b Spielt das Telefonat. Achtet auf einen freundlichen Ton.

●○○ Hallo Bossy, hier ist ... Hast du kurz Zeit für ein Gespräch? ...
Ich habe gestern zufällig mitbekommen, wie du ..., und habe den Eindruck, dass du ...
Wie wäre es, wenn ...?

**Wissen und Können** **Ich-Erzähler oder Er-/Sie-Erzähler**

Die Personen, die in einer Geschichte vorkommen, nennt man Figuren.
Geschichten können aus verschiedenen Perspektiven erzählt werden.

Ein **Ich-Erzähler** ist selbst als handelnde Figur in das Geschehen verwickelt und erzählt aus seiner persönlichen Sicht, z. B.: *Meine Schwester kam auch mit. Ich ärgerte mich, weil ... Liebes Tagebuch, ich habe wirklich genug von ...*

Der **Er-/Sie-Erzähler** ist nicht am Geschehen beteiligt. Er/Sie erzählt von allen Figuren in der Er-Form oder Sie-Form, z. B.: *Seine Schwester kam auch mit. Das ärgerte David, weil ... Aber die drei bemerken ihn nicht. Er ...*

# 5.2 Zu Redewendungen und Sprichwörtern erzählen

## Bedeutung und Herkunft von Redewendungen und Sprichwörtern klären

**1** a Erklärt, welche Redewendungen hier als Bilder gezeichnet wurden.

Drei ? machen

Eine ? wäscht die andere

Etwas hinter die ? schreiben

An den ? herbeigezogen

Mit dem Kopf durch die ? wollen

Einen Strich durch die ? machen

Das ? zum Fenster hinauswerfen

b Besprecht, was die Redewendungen und Sprichwörter aussagen (► S. 166 f.).

c Tauscht euch über die Bedeutung aus und ordnet die Vorschläge den Redensarten zu.

die Pläne von jemandem durchkreuzen • jemanden im Gegenzug einen Gefallen tun • jemand soll etwas bloß nicht vergessen • ohne Rücksicht auf Verluste handeln wollen • verschwenderisch mit Geld umgehen • sehr erleichtert sein • etwas ist offensichtlich falsch

d Wählt ein oder zwei Redewendungen aus und zeichnet dazu ein Bild. Stellt eure Bilder in der Klasse vor.

**2** Unsere Redewendungen und Sprichwörter sind zum Teil so alt, dass man nicht immer klären kann, woher sie stammen. Von einigen aber kennt man die Herkunft.

a Ordnet die Erklärungen zur Herkunft den folgenden Redewendungen und Sprichwörtern zu:

Da ist Hopfen und Malz verloren.

Morgenstund hat Gold im Mund.

Ein Unglück kommt selten allein.

Wer zuerst kommt, mahlt zuerst.

stammt aus der Antike:
Die römische Göttin der Morgenröte hieß Aurora (lat. aurum = Gold).

stammt aus der Bibel (Altes Testament):
So spricht der Herr: „Siehe, es kommt ein Unglück über das andere."

stammt aus der alten Rechtsprechung:
Wer zuerst den Anspruch auf ein Gerät erhebt, darf es auch zuerst benutzen.

stammt aus der Bierbrauerei:
Wenn früher beim Brauvorgang etwas schiefging, waren die guten Zutaten verloren.

b Schreibt zu den Redewendungen und Sprichwörtern der Aufgaben 1a und 2a passende Beispiele aus eurem Alltag auf, z. B.: *Ich saß da wie auf glühenden Kohlen: Ich musste pünktlich beim Handballspielen sein, aber der Bus kam und kam nicht.*

**Wissen und Können** — **Sprichwörter und Redewendungen**

Eine **Redewendung** ist eine **feste Verbindung mehrerer Wörter,** z. B. *jemanden auf die Palme bringen* = jemanden wütend machen. Die einzelnen Bestandteile sind nicht austauschbar, z. B.: ~~*jemanden auf die Eiche bringen*~~. Sie enthalten starke sprachliche Bilder und ersparen umständliche und wortreiche Umschreibungen.
Ein **Sprichwort** ist ein **kurzer, einprägsamer** Satz, der (meist) eine Lebensweisheit (Erfahrung, Urteil, Meinung, Warnung oder Vorschrift) enthält. Es ist **allgemein bekannt** und wird immer in demselben Wortlaut gebraucht **(unveränderlich).**

# Eine Erzählung zu einer Redewendung verfassen

**1** Redewendungen lassen sich gut als Anlass für eine Erzählung nutzen.
Max soll sich eine Geschichte zur Redewendung „Glück im Unglück haben“ ausdenken.

**a** Er überlegt sich zuerst, welche Bedeutung die Redewendung hat.
Nur eine der folgenden Erklärungen ist zutreffend. Schreibt sie auf.

auch in einer Notlage zufrieden sein • Glück haben, obwohl man es nicht verdient hat • Glück in einer schlechten Situation haben, in der es noch schlimmer hätte kommen können • regelmäßig in Schwierigkeiten geraten, ohne es zu merken

**b** Als nächsten Schritt notiert Max verschiedene Schreibideen, die zu dem Sprichwort passen.
Lest seine Notizen und überlegt euch weitere Situationen zum Thema „Glück im Unglück“.

- *Sturz bei Radtour → keine Verletzung*
- *Bus verpasst → Frau Mai nahm mich im Auto mit*
- *Hausaufgaben vergessen → Unterricht fiel aus*
- *Saft lief in Schultasche aus → ...*

**c** Max hat sich für ein Thema entschieden und plant die wichtigsten Schritte seiner Erzählung.
Lest die Stichpunkte in seiner Mind-Map (► S. 271).

**Radtour**

- **Wann** geschah es?
  - in den Herbstferien
  - regnerischer Tag
- **Was** passierte?
  - nasses Laub, Kurve
  - Ulis Sturz
  - Sorge, Erleichterung
- **Wer** war dabei?
  - meine Freunde Uli, Filip, Jan, ich, mein Onkel Ben
- **Wo** passierte es?
  - Radweg an der Donau
- **Wie endete** das Erlebnis?
  - fuhren vorsichtiger weiter

**2** Max hat zwei verschiedene Erzählsituationen dargestellt. Lest die Tipps für einen gelungenen Beginn eurer Geschichte im Kasten auf Seite 86 und besprecht, welche Hinführung geeigneter ist.

**A** *Schon lange hatten meine Freunde und ich eine Radtour geplant. Eigentlich wollten wir sie schon in den Sommerferien unternehmen, aber dann hatte immer mal der eine oder dann der andere keine Zeit, deshalb verschoben wir die Tour in die Herbstferien. Da hatten wir ja auch lange genug Zeit für die Planung! Obwohl es an diesem Montag leicht nieselte, verabschiedeten wir uns von meiner Mutter und fuhren ein bisschen aufgeregt los.*

**B** *Es nieselte zwar etwas an diesem Tag in den letzten Herbstferien, aber endlich war es so weit: Nach langer Planung starteten meine Freunde Uli, Filip, Jan und ich mit meinem Onkel Ben zu einer Fahrradtour in die Berge! Mit vollgepackten Rädern und schon ganz aufgeregt verabschiedeten wir uns von meiner Mutter. Sie winkte uns zu: „Viel Spaß – fahrt schön vorsichtig und macht Ben keinen Ärger!“ Ob sie etwas geahnt hatte?*

**3** Max hat seine Geschichte in vier Erzählschritten erzählt und einen Ausgang für sein Erlebnis aufgeschrieben.

a Ordnet die Absätze in der richtige Reihenfolge und notiert die Nummern.

**1** *Links und rechts neben der Straße standen Bäume, die jetzt im Herbst schon viele Blätter verloren hatten. Vom Regen nass wie Schmierseife lagen sie auf der Fahrbahn. Jch rief meinen Freunden zu: „Seid hier bloß vorsichtig!“ Plötzlich sah ich, wie Uli in die Kurve sauste und die Gefahr zu spät bemerkte. Jetzt krampfte Uli seine Hände um den Lenker und zog hektisch an den Bremshebeln. Aber er bemühte sie umsonst: Das Vorderrad rutschte weg, das Fahrrad kam leicht ins Schleudern und Uli landete im Straßengraben! „Oje“, schoss es mir durch den Kopf, „wenn ihm bloß nichts passiert ist ...!“*

**2** *So kamen wir ein gutes Stück voran. Gerade fuhr Uli vorne, als eine kurze Strecke bergab vor uns lag. Uli hob die Füße von den Pedalen und schrie übermütig: „Juhu! Jetzt geht's von allein!“ Mein Onkel Ben, der hinter ihm fuhr, warnte ihn noch: „Pass auf, dass du nicht zu schnell wirst!“ Aber Uli ließ sein Fahrrad weiter und immer schneller rollen und sauste auf eine scharfe Rechtskurve zu.*

3 *Doch bevor mein Onkel mit seiner Moralpredigt fortfahren konnte, rief ich schnell: „Wie schön, dass noch einmal alles gut gegangen ist! Ich meine, das war wirklich Glück im Unglück! Und jetzt lasst uns weiterfahren!“ Wir setzten die Radtour fort und hatten noch eine Menge Spaß – nur fuhren wir nun alle ein bisschen vorsichtiger als zuvor ...*

4 *Wir traten kräftig in die Pedale und kümmerten uns nicht um den scharfen Wind, der uns auf der Landstraße entgegenkam. Unsere Regenumhänge schützten uns vor dem leichten Nieselregen, und schon bald hatte ich das Gefühl, als würde ich vor Anstrengung richtig dampfen, so schwitzte ich unter der Plastikjacke. „Eigentlich gut, dass die Sonne nicht scheint“, meinte Uli, „und der Regen bringt uns Abkühlung!“*

**b** Überprüft, an welchen Stellen der Erzählung die Redensart „Glück im Unglück“ zutrifft.

**c** Ergänzt eine passende Überschrift für die Geschichte. Sie soll neugierig machen, aber noch nicht zu viel verraten.

**4** **a** Findet für jeden Erzählschritt eine Überschrift und notiert den vollständigen Schreibplan in euer Heft. Ihr könnt so vorgehen:

*Ausgangssituation: Fahrradtour mit Onkel Ben und Freunden ...*

*1. Erzählschritt: Gutes Vorankommen trotz ...*
*2. ...*

**b** Versetzt euch in Uli und verfasst die einzelnen Erzählschritte des Ereignisses aus seiner Sicht (Ich-Form). Achtet dabei auch auf die Wiedergabe seiner Gedanken und Gefühle.

**Wissen und Können** **Aus der Sicht einer anderen Figur erzählen**

Wenn ihre eine Geschichte aus der Sicht einer anderen Figur erzählt, solltet ihr euch in diese Figur hineinversetzen. Überlegt:
- Was denkt und fühlt die Figur im Verlauf der Handlung?
- Was könnte sie sagen?
- Was weiß sie, was weiß sie nicht in den einzelnen Momenten der Handlung?

Um die Sicht der Figur zu verdeutlichen, dürft ihr die Einzelheiten der Geschichte etwas verändern.

# Wörtliche Rede sinnvoll verwenden

**1** Lest noch einmal auf Seite 97 unter Aufgabe 3 den Erzählschritt mit der Nummer 1.

a Lest den Absatz einmal mit, einmal ohne wörtliche Rede vor. Beschreibt die unterschiedliche Wirkung.

b Schreibt die wörtliche Rede mit den Redebegleitsätzen heraus. Achtet dabei auf die Zeichensetzung.

c Unterstreicht die Redebegleitsätze gelb und die wörtliche Rede grün. Überprüft anschließend, welche Möglichkeiten der Satzstellung bei der wörtlichen Rede verwendet wurden (▶ Tippkasten), und notiert die Nummer des passenden Mustersatzes.

1 ______: „______!“
2 „______“, ______.
3 „______“, ______, „______!“

______ = Redebegleitsatz
*(Er sagte / Sie fragte)*
______ = wörtliche Rede („…“)

**2** Besprecht, warum Max den folgenden Absatz aus seiner Geschichte gestrichen hat.

*„Ich finde, du rast zu schnell, Uli!“, rief ich ihm zu. „Nee, keine Bange, ich pass schon auf!“, erwiderte er. „Das geht nicht gut!“, mahnte ich ihn. Da meinte Uli: „Reg dich nicht auf!“ „Nein“, erklärte ich, „du wirst schon sehen.“ „Quatsch!“, stieß Uli noch hervor, und da war es auch schon geschehen.*

**3** Im folgenden Gespräch fehlen alle Satzzeichen für die wörtliche Rede. Schreibt den Text ab und setzt diese richtig ein.

VORSICHT FEHLER!

*Wie war die Radtour? erkundigte sich meine Mutter nach der Rückkehr. Alles lief bestens antwortete ich und Jan fügte hinzu Die Stimmung war fantastisch und nicht einmal der Regen konnte uns etwas anhaben. Na ja schaltete sich Onkel Ben ein es gab da schon eine brenzlige Situation. Uli wollte sich unbedingt den Straßengraben aus nächster Nähe ansehen. Oje rief meine Mutter hat er sich verletzt? Mach dir keine Sorgen antworteten Jan und ich wie aus einem Munde er hatte noch einmal Glück im Unglück.*

**Zeichensetzung bei der wörtlichen Rede:**

______: „______.“
______: „______?“
______: „______!“
„______“, ______.
„______!“, ______.
„______?“, ______.
„______“, ______, „______.“
„______“, ______, „______!“
„______“, ______, „______?“

**Wissen und Können** **Wörtliche Rede verwenden**

Die Verwendung **wörtlicher Rede** macht Erzählungen lebendiger.
Der **Redebegleitsatz** kann **voranstehen,** nach der wörtlichen Rede **folgen** oder in die wörtliche Rede **eingeschoben** werden:

1 ______: „______?“ *Sie fragte: „Wie war das Wetter?“*
2 „______“, ______. *„Insgesamt in Ordnung“, antwortete er.*
3 „______“, ______, „______.“ *„Nur einmal“, ergänzte er, „hat es genieselt.“*

# Das richtige Tempus verwenden

**1** Beim schriftlichen Erzählen ist die Erzählzeit meist das Präteritum (1. Vergangenheit) (▶ S. 217–219). Schreibt den folgenden Text im Präteritum auf:

VORSICHT FEHLER!

Aber was ist das? Wir stehen nicht am Marienplatz, sondern an einer unbekannten Kreuzung! „Nur noch eine Viertelstunde Zeit! Wir verpassen unsere Klasse!", sagt Alex.
Wir überlegen hin und her, da fangen Maja und Pia auf einmal laut an zu lachen. Sie rufen uns zu: „Da, seht ihr nicht das Schild?" Tatsächlich, hier ist zu lesen, wohin es zum Marienplatz geht.

●○○ Wenn ihr bei der Bildung des Präteritums unsicher seid, schaut auf Seite 294 nach.

**2** Im folgenden Text wurde die Zeitform Präteritum nicht durchgängig eingehalten:

VORSICHT FEHLER!

*Mit meinen Eltern wanderte ich zur Berghütte hinauf. Gleichmäßig setze ich einen Schritt vor den anderen, aber mein Rucksack drückt immer mehr und meine Beine werden langsam müde. Der schmale, steinige Weg zieht sich steil nach oben. Ich bleibe kurz stehen und beobachtete einen kleinen blauen Schmetterling, aber dann nehme ich meine letzte Kraft zusammen und gehe weiter.*

**3** Bei manchen Verben ändert sich der Stammvokal, wenn man sie vom Infinitiv ins Präteritum setzt, z. B.: *ich halte – ich hielt.*
Setzt die Reihe in eurem Heft mit den folgenden Verben fort (▶ S. 217):

helfen • verlieren • gelingen • brechen • rufen • sehen • verbieten • wissen • ziehen

**4** Überprüft die Zeitform der Verben in eurem Erzähltext von Seite 98.

**Wissen und Können** **Die Zeitformen beim Erzählen**

Beim schriftlichen Erzählen verwenden wir in der Regel das Präteritum:
*Klara und ich machten zusammen eine Radtour.*
Wenn man deutlich machen will, dass ein Ereignis bereits **vor dem erzählten Geschehen** stattgefunden hat, verwendet man das **Plusquamperfekt** (Vorvergangenheit).
*Weil Klara ihre Regenjacke* ***vergessen hatte,*** *wurde sie richtig nass.*

# Satzanfänge abwechseln, Weglassprobe anwenden

**1** Untersucht und überarbeitet den Textauszug mit Hilfe des Merkkastens.

a Benennt das Problem. Welche Probe müsst ihr anwenden, um den Text zu verbessern?

b Überarbeitet den Text in eurem Heft (► S. 229).

**Einer Sache auf den Grund gehen**

Ich wollte als Überraschung das Frühstück für meine Familie vorbereiten. Ich stand heimlich auf, deckte den Tisch und kochte Tee. Ich holte nur noch schnell ein Marmeladenglas aus der Speisekammer. Unser Hund Bailey folgte mir auf Schritt und Tritt. Bailey schnupperte an meinen Beinen. Bailey ist schon sehr verschmust.

**2** Verbessert den folgenden Auszug aus der Geschichte.

a Was ist auffällig? Nennt die Probe, die ihr zum Überarbeiten anwenden müsst (► Merkkasten).

b Schreibt eine Überarbeitung des Textes in euer Heft.

Na ja, als wir alle am Frühstückstisch saßen, wollte mein Bruder Dominik die Butter haben. Aber sie war echt weg. Obwohl ich total sicher war, dass ich sie auf den Tisch gestellt hatte, ging ich noch einmal zum Kühlschrank – nichts! Ich bückte mich zu Bailey hinunter und streichelte über seinen Kopf. Na ja, und da entdeckte ich es: Die Schnurrhaare um seine Schnauze glänzten völlig und seine ganze Schnauze war voll fettig. Ich konnte ihm irgendwie nicht böse sein. Er hatte es ausgenutzt, dass ich mal eben kurz in der Speisekammer war.

„Da habt ihr den Butterdieb!“, sagte ich grinsend.

„Nur gut, dass du der Sache gleich auf den Grund gegangen bist!“, meinte mein Vater.

**3** Überprüft euren Erzähltext von Seite 98 mit Hilfe der Umstell-, Weglass- und Ersatzprobe.

**Wissen und Können** **Umstell-, Weglass-, Ersatzprobe**

Durch Umstellen kann man einen eintönigen Satzbau vermeiden, z. B., indem man die wichtigste Aussage an den Satzanfang stellt:

*Ich stand heimlich auf, deckte den Tisch und kochte Tee.*

*Heimlich stand ich auf, deckte den Tisch und kochte Tee.*

Auch durch **Weglassen** unpassender und überflüssiger Wörter kann ein Text verbessert werden.

*~~Auf jeden Fall~~ waren wir ~~irgendwie total~~ müde, als wir ~~tatsächlich~~ am Treffpunkt ankamen.*

**Ersetzt** Wörter, die sich wiederholen, durch ähnliche Begriffe oder durch Pronomen:

*Plötzlich entdeckten wir im Gras ein merkwürdiges Insekt. Das Insekt war so groß wie meine Hand.*

*Plötzlich entdeckten wir im Gras ein merkwürdiges Insekt. Es war so groß wie meine Hand.*

# Testet euer Wissen!

## Eine Erzählung mit der Textlupe überprüfen

VORSICHT FEHLER!

**Bruderherz**

„So ein Mist!", rief ich auf dem Rückweg von der Schule und stieg von meinem Fahrrad. Der Vorderreifen war völlig platt! Ich musste also mein Fahrrad nach Hause schieben. Ich stellte es im Hof ab. Dort begegnete ich meinem großen Bruder, der mir zurief: „Hey, Dani, kann ich mir von dir 10 € ausleihen? Ich möchte gern mit Wiki ins Kino, und du weißt schon ..." „Auf keinen Fall! Lass mich bloß in Ruhe, hättest du dein Taschengeld selber gespart!", sagte ich mit schlechter Laune. Das sollte ich später noch bereuen.

Nach dem Mittagessen machte ich mich gleich an die Arbeit, denn ich brauchte das Fahrrad dringend. Ich wollte zum Fußballtraining fahren. Ich habe schon ein paar Mal meinem Bruder beim Reparieren seines Fahrrads zugeschaut. Aber den konnte ich jetzt wohl nicht mehr um Hilfe bitten ... Echt voll bescheuert von mir, jetzt musste ich alleine durch.

Zuerst einmal drehte ich also das Fahrrad auf den Sattel – doch halt! Ich brauche doch noch das Fahrradflickset und einen Eimer Wasser! Ich besorgte mir rasch das weitere Material. Dann stehe ich ratlos vor dem auf dem Kopf stehenden Fahrrad und habe in der Anleitung zum Flickset geblättert. Aha, einen Schraubenzieher brauche ich auch noch!

Dann stand ich wieder vor dem Fahrrad und hatte keine Ahnung, wie ich anfangen sollte. Langsam fing ich an zu verzweifeln und ärgerte mich total. Plötzlich hörte ich ein Geräusch hinter mir und drehte mich um. Mein Bruder stand vor mir! „Na, Dani", meinte er lächelnd, „ich habe dir jetzt schon eine Weile zugeschaut ... Brauchst du vielleicht Hilfe?"

Dann war das Loch geflickt und der Schlauch wieder im Reifenmantel. „Danke, du warst meine Rettung!", sagte ich strahlend zu meinem Bruder. Dann fügte ich hinzu: „Übrigens: Entschuldigung wegen heute Mittag", und gab ihm zehn Euro aus meinem Sparschwein. Er grinste nur: „Tja, Geschwister sollten sich doch immer unter die Arme greifen!"

**1** Überarbeitet den Text mit Hilfe der Textlupe.

**a** Setzt euch dazu in Gruppen zusammen und verteilt die Aufgaben unten.

**b** Notiert mit Hilfe der Fragen, was gelungen ist und was man verbessern kann.

**Sprache:**
- Sind die Satzanfänge abwechslungsreich?
- Sind anschauliche Adjektive/Verben vorhanden?
- Ist wörtliche Rede enthalten?
- Ist die Zeitform Präteritum eingehalten?
- Wurde Umgangssprache vermieden?

**Aufbau:**
- Ist die Ausgangssituation gut dargestellt?
- Folgen die Erzählschritte logisch aufeinander?
- Ist der Ausgang der Geschichte passend?

**Inhalt:**
- Passt die Überschrift?
- Sind Gedanken/Gefühle erkennbar?
- Ist die Redewendung richtig eingebaut/aufgegriffen?

**2** Überarbeitet den Text und schreibt ihn verbessert ins Heft.

# 5.3 Fit in ...? – Eine Erzählung zu einer Redewendung überarbeiten

In einer Schulaufgabe wurde folgender Arbeitsauftrag gestellt:

> Verfasse eine anschauliche Erzählung zu der Redensart „Über seinen eigenen Schatten springen“. Erzähle so, wie du es erlebt haben könntest.

**VORSICHT FEHLER!**

| | |
|---|---|
| „Ich werde nie wieder auch nur ein Wort mit ihm reden!“ | |
| Wutschnaubend ballte ich meine Hand und schüttelte den Kopf. So | A |
| sehr hatte mich mein Freund Max enttäuscht! V | V Wo? Wann? |
| Dabei hat alles ganz normal angefangen: Ich und Max sind große | A, Zeit, A Reihenfolge |
| Fußballfans und wollten unbedingt zum Endscheidungsspiel unserer | R |
| Mannschaft ins Fußballstadion. Wir mussten nur noch das nötige | |
| Geld für die Eintrittskarten besorgen. „Ich werde auf jeden Fall meine | |
| Oma um einen Zuschuss bitten“, erklärte Max. „Gute Idee!“, sagte ich, | |
| „das mache ich auch!“ | |
| Jeden Tag reden wir nur noch von unserem Stadionbesuch. Wir ma- | |
| chen aus, was wir alles mitnehmen: unsere ganzen Vereinsschals, die | A |
| Fahnen und meine Fanfare. Wir stellen uns vor, wie wir auf der Tribü- | W Zeit |
| ne mit den anderen Fans unsere Mannschaft anfeuern. Aus lauter | |
| Vorfreude bekam ich schon eine Gensehaut! | R |
| Endlich war der entscheidende Samstag gekommen. Stefan fuhr mit | Achtung: |
| dem Fahrrad zu Max, um dann mit ihm zur Bushaltestelle zu gehen. | Perspektivenwechsel! |
| An seinem Haus angekommen, drückte er auf die Türklingel. Einmal, | |
| zweimal, dreimal. | |
| Nichts rührte sich. „Komisch“, dachte er sich, „das kann doch gar nicht | |
| sein.“ Auch super lautes Gebrülle half nichts: „Max, hallo, Max!“ Un- | A |
| ruhig trat er von einem Fuß auf den anderen. | |

| | |
|---|---|
| Hatte Max die Verabredung vergessen? Das war doch garnicht | R |
| möglich! Oder hatte er im letzten Moment kalte Füße bekommen? | nur eine Redensart |
| Nach fünf Minuten wurde es mir zu dumm. Ich steigte wieder auf | verwenden! Gr |
| mein Fahrrad und beschloß, alleine zum Stadion zu fahren. Dort traf | R |
| ich am Eingang meinen Vater, der sich wunderte, dass ich alleine da | W |
| war. „Hast du Max schon angerufen“ fragte er mich. „Nein, der kann | Sz Sz |
| mir gestohlen bleiben, wenn er mich nicht anruft und mir Bescheid | |
| gibt!“ „Sei mal nicht so hart, vielleicht ist er aus einem ganz dringen- | |
| den Grund ferhindert. Spring doch über deinen Schatten und greife | R |
| zu deinem Handy!“ | |
| „Hm, vielleicht ist ja wirklich etwas passiert“, schoss es mir durch den | |
| Kopf. | |
| Ich nahm mein Handy und suchte die Telefonnummer auf der Liste. In | |
| dem Moment tippte mir jemand von hinten auf die Schulter. Ich fuhr | V ausführlichere |
| herum – und da stand Max vor mir! V Das war ja nochmal gut gegangen. | Abrundung |

**1** a Überprüft die Geschichte mit Hilfe der Anmerkungen am Rand und der Checkliste.
b Schreibt den Text verbessert in euer Heft.

## Checkliste

### Eine Erzählung überarbeiten

- **Gliederung:**
  - Führt die **Eingangssituation** sinnvoll in die Erzählung ein?
    - Finden sich Antworten auf die W-Fragen: *Wer? Wo? Wann? Was?*
    - Mache ich durch Andeutungen den Leser oder die Leserin neugierig?
  - Habe ich das **Ereignis** in sinnvollen Erzählschritten erzählt?
    - Ist die Handlung nachvollziehbar?
    - Werden Gedanken und Gefühle der Figuren deutlich?
    - Wurden unterschiedliche Satzarten und wörtliche Rede verwendet?
  - Rundet der **Ausgang** der Geschichte das Ereignis sinnvoll ab?
- **Überschrift:**
  Macht die **Überschrift** neugierig, ohne zu viel zu verraten, oder greift sie die Redensart auf?
- Ist die **Sprache** der Erzählung spannend, anschaulich und lebendig?
- Habe ich treffende Verben, anschauliche Adjektive und Vergleiche verwendet?
- Habe ich Wiederholungen vermieden und auf abwechslungsreiche Satzanfänge geachtet?

**Bei der Erzählung nach einer Redewendung oder einem Sprichwort:**
- Passt meine Erzählung zu der Redewendung / zum Sprichwort?
- Wird die Redewendung / das Sprichwort in der Eingangssituation oder dem Ausgang der Erzählung wörtlich genannt?

**Bei einer selbst erfundenen Erzählung:**
Habe ich mich an eine der folgenden Möglichkeiten gehalten?
- Die Eingangssituation und der Ausgang der Geschichte spielen in der Wirklichkeit, das Ereignis in einer Fantasiewelt. Oder: Die gesamte Erzählung spielt in einer Fantasiewelt.

# 6 Was liest du? – Jugendbücher lesen und vorstellen

**1** a Was erwartet ihr von den abgebildeten Büchern aufgrund des Covers? Stellt Vermutungen zum Inhalt an.

b Kennt ihr eines der hier dargestellten Bücher? Erzählt, was ihr über die Handlung wisst.

**2** Welche Bücher lest ihr gern? Welches hat euch besonders gut gefallen? Berichtet darüber.

## In diesem Kapitel ...

- lest ihr Auszüge aus einem Jugendbuch,
- lernt ihr, das passende Buch für euch zu finden,
- untersucht und schreibt ihr eine Leseempfehlung,
- stellt ihr interessante Bücher vor.

# 6.1 Das Mädchen Wadjda – Ein Jugendbuch lesen

## Vom Buchdeckel zum ersten Schmökern

**EIN UNBEIRRBARES MÄDCHEN.
EIN GRÜNES FAHRRAD.
UND EIN GROßER TRAUM.**

Riad, Saudi-Arabien: Die zehnjährige Wadjda wünscht sich nichts sehnlicher als das grüne Fahrrad aus dem Laden um die Ecke. Dass Mädchen gar nicht Rad fahren dürfen, interessiert den kleinen Wildfang wenig. Stattdessen setzt sie ihren Plan, sich das Geld für das Fahrrad selbst zu verdienen, geschäftstüchtig um auf dem Schulhof – bis ihr die strenge Schulleiterin auf die Schliche kommt. Da fällt dem Mädchen nur noch der hoch dotierte Koranwettbewerb der Schule ein; gleichzeitig eine willkommene Gelegenheit, sich wieder mit den Lehrerinnen gutzustellen. Wird Wadjdas Traum endlich in Erfüllung gehen?

**Hayfa Al Mansour,** geboren 1974, ist die einzige Frau aus Saudi-Arabien, die Filme dreht. „Das Mädchen Wadjda" ist ihr erster Jugendroman.

**1** a Betrachtet das Bild auf dem Buchcover. Beschreibt, was ihr seht, und stellt erste Vermutungen zum Inhalt an.
b Lest nun den Klappentext und setzt ihn in Bezug zum Titelbild.
c Sammelt in einem Cluster, was ihr bereits zu Wadjda anhand des Klappentextes erfahren habt.

lebt in Riad, Saudi-Arabien — Wadjda —

**2** Lest den folgenden Textauszug und ergänzt weitere Informationen zu Wadjda.

*Die 10-jährige Wadjda lebt mit ihrer Familie in Riad und besucht dort eine Mädchenschule. Die Schülerinnen befinden sich in der Aula.*

Wadjda steckte in der gleichen Schuluniform wie die anderen, einem langweiligen grauen Kleid – trotzdem stach sie hervor aus der Masse der Mädchen mit den glatt gekämmten Haaren, den vorschriftsmäßig sitzenden Kleidern und der guten Haltung. Ihr langes, leicht lockiges Haar fiel ihr ins Gesicht, und das wirkte ein bisschen unordentlich, vielleicht sogar frech. Und hätte irgendjemand gesehen, wie sie da hinten in der Mitte der letzten Reihe herumstand, hätte derjenige schnell bemerkt, dass sie nicht ganz hierherpasste. [...]

„Mädchen! Stellt euch auf eure Plätze!", brüllte Ms Noof. Mit einem ungeduldigen Schnauben musterte sie die drei Reihen der Elfjährigen auf der handgezimmerten Bühne. Die massige Gestalt der Lehrerin wurde von ihrem sehr weiten Rock und der langen, schlichten Bluse völlig verhüllt.

Diese Art von Kleidung wurde überall auf der 13. Straße in Olaya angeboten, dem Einkaufsviertel von Riad. Wadjda beobachtete dort gern die jemenitischen[1] Händler beim Feilschen mit ihren Kundinnen, von denen die meisten strenge Lehrerinnen wie Ms Noof waren.

In der Öffentlichkeit trugen zwar alle saudischen Frauen meist die gleiche schwarze *abaya*[2] mit einem um den Kopf gewickelten Schleier und entweder einem maskenähnlichen *niqab*[3] oder einem anderen Gesichtsschleier, aber darunter konnte es gar nicht verrückt und bunt genug sein. Von all den Hochzeiten und Zusammenkünften, auf denen Wadjda ihre Lehrerinnen traf – manchmal hatte das riesige Riad etwas von einer Kleinstadt, wusste sie, dass Ms Noof Leopardenmuster liebte.

Sie würde bestimmt eine Leopardenbluse und dazu passende hochhackige Schuhe tragen, wenn die Schule das erlauben würde, dachte Wadjda.

Die Mädchen stellten sich blitzschnell auf ihre Plätze. Sämtliche Füße, alle in schlichten schwarzen Lederschuhen, waren perfekt auf der Bühne aufgereiht. Das große Banner über ihnen gab Wadjda das Gefühl, ganz klein zu sein.

*Herzlich willkommen an der 4. Mädchenschule von Riad-Ost* stand darauf. Streng genommen stimmte das nicht. Das war gar nicht die vierte Schule im Ostteil der Stadt. Da aber alle Jungenschulen nach berühmten muslimischen Kämpfern und Gelehrten benannt waren, hatte man den Mädchenschulen nur beliebige Nummern gegeben.

Wadjda seufzte. Das ist eine der Lektionen, die Mädchen in Riad lernen, dachte sie. Vom ersten Schultag an hatte man ihr gesagt, dass Demut, Stille und ein Leben, in dem niemand etwas über sie wusste oder über sie redete, nie, die höchsten Tugenden waren, die sie zu erreichen hoffen konnte. [...]

Zwei der älteren Mädchen betraten die Aula und holten Wadjda aus ihren Tagträumen. Fatin und Fatima waren cool, ohne sich besonders darum zu bemühen. [...] Abgesehen von dem Spaß und dem Gelächter, für das Fatima und Fatin immer sorgten, mochte Wadjda die beiden Mädchen gern, weil sie nie Bemerkungen über ihre unordentlichen Haare oder ihre ungewöhnlichen Kleider machten, sie spotteten auch nie über die Buttons, die Wadjda sammelte und an ihre Schultasche steckte. Fatin hatte sogar eines der bunten Armbänder gekauft, die Wadjda anfertigte, um sich ein bisschen Geld dazuzuverdienen. Es war ein besonderes Armband gewesen, eines mit einem Justin-Bieber-Anhänger. [...]

Wadjda versuchte die beiden auf sich aufmerksam zu machen, indem sie zum Playback wellenartige Handbewegungen machte. Fatin und Fatima erwiderten das mit einem kaum sichtbaren Nicken. Ein zufriedenes Lächeln ging über Wadjdas Gesicht. Sie drehte sich um. Hoffentlich hatten die anderen Mädchen in ihrer Reihe das mitbekommen.

Das hatten sie. Aber außer ihnen noch jemand: Ms Noof. Und jetzt traf Wadjda der finstere Blick der Lehrerin. Mit den Händen auf den Hüften und düster gerunzelter Stirn hatte Ms Noof etwas von einem drohenden Gewitter, einem, das gleich über Wadjda hereinbrechen würde. Wadjdas Herz setzte einen Schlag aus. Sie durfte jetzt keinen Ärger kriegen, sie hatte den Text des Liedes nicht auswendig gelernt. Wenn Ms Noof sie jetzt aufrief? Sie wollte sich gar nicht ausmalen, was dann passieren würde. Wadjda sah blitzschnell zu Boden, steckte die Hände in die Taschen ihrer Schuluniform

1 jemenitischen: aus dem Jemen stammend, Nachbarstaat von Saudi-Arabien

2 abaya: langes, meist schwarzes Übergewand für Frauen

3 niqab: Gesichtsschleier

und schaukelte auf ihren Füßen vor und zurück. Damit sie besonders unschuldig aussah, machte sie beim Singen ganz große Augen.

Es funktionierte nicht. Ms Noof drückte die Stopptaste des Rekorders. Das Lied verstummte jäh, mitten in einem triumphierenden Trommelwirbel. Die Mädchenstimmen verloren sich in der Stille und schauten Führung suchend auf.

„Wadjda! Tritt vor, bitte.“ Ms Noof zeigte mit einem Finger auf sie. Wadjda biss sich auf die Lippe und schleppte sich zögernd nach vorn. Auf dem Weg in die erste Reihe waren ihre Turnschuhe für alle sichtbar. Die Chucks waren nicht mehr ganz neu und schwarz, aber sie waren auch noch nicht zu abgetragen und löchrig. Sie hatten genau den verschossenen Grauton, den sie sich vorgestellt hatte [...]. Dieser Farbton wurde durch die ausgeblichenen lila Schnürsenkel perfekt ergänzt.

Zwischen den schwarzen Lederschuhen der anderen Mädchen wirkten ihre Schuhe allerdings nicht ganz so perfekt. Wadjda schloss die Augen und rieb die verschwitzten Handflächen an der Schuluniform ab. Noura, die das süße, vollkommene Lächeln eines süßen, vollkommenen Mädchens lächelte, stieß Wadjda heftig gegen die Schulter. Wadjda wimmerte und warf Noura einen tödlichen Blick zu. Dann drehte sie sich langsam zu Ms Noof um. Wadjda hatte das Gefühl, Eisengewichte in den Augen zu haben, die ihren Blick zum Boden zogen. Bis sie den Mut zusammenhatte, ihrer Lehrerin in die Augen zu sehen, war Ms Noof schon ganz nah herangekommen und ragte vor ihr auf. Wadjda wusste, dass es keine größere Sünde gab als ihren Mangel an Begeisterung für dieses Lied. So leicht würde ihr nicht vergeben werden.

„Lass uns doch alle deine wunderschöne Singstimme hören. Fang bei der ersten Strophe an.“ Wadjda konnte das höhnische Grinsen in den Augen der Lehrerin sehen.

Die anderen Mädchen kicherten. Jemand bohrte Wadjda einen Finger in den Rücken. Wadjda schaute über die Schulter, weil sie wissen wollte, wer es war. Wut und Verlegenheit vermischten sich mit der kristallklaren Gewissheit, dass sie wieder einmal versagte. Ihr Gesicht lief rot an und wurde so glühend heiß, dass ihre Klassenkameraden es bestimmt bemerkten. Blödes Rotwerden. Blödes Lied.

Wieder richtete Wadjda ihren Blick starr auf den Boden, wieder scharrte sie mit den Füßen. Dann machte sie fest entschlossen den Mund zum Singen auf – aber nein, ihr Mund klappte wieder zu und der Blick bohrte sich tief in den Boden. Die ganze Klasse lachte sie aus. Wie konnte sie da singen?
„Nun?" Jetzt grinste Ms Noof hämisch. „Wenn du nicht willst, dass alle deine wunderschöne Stimme hören ..."
Sie beendete den Satz nicht, sondern machte nur eine Kopfbewegung Richtung Tür. Wadjda ging, ohne ein Wort zu sagen. Jetzt wirkte die Gruppe einheitlicher, eine perfekt zusammenpassende Klasse ordentlicher Mädchen. Ms Noof lächelte zufrieden wie ein General, der seine Truppe inspiziert und für einsatzbereit hält.
„Gut, Mädchen. Noch einmal von vorn!"
Nicht zu fassen, ich bin wirklich rausgeworfen worden. Schon wieder!

**3** a Erklärt, warum die Lehrerin auf Wadjda aufmerksam wird.
b Äußert euch dazu, wie die Lehrerin Wadjda bestraft und ob ihr diese Bestrafung passend findet.

**4** a Nennt Unterschiede, die ihr in Bezug auf das Leben eines Mädchens in Saudi-Arabien und in Deutschland in dem Textauszug erfahrt.
b Stellt Ähnlichkeiten zwischen eurem Leben und dem Leben von Wadjda fest. Geht dabei auf das Verhalten von Wadjda und der weiteren Personen ein.

**5** Wadjda denkt darüber nach, was jedes Mädchen in Riad lernen muss. Sucht die entsprechende Textstelle und sprecht darüber, was sie damit meinen könnte.

**6** Der Text ist in der Er-/Sie-Form geschrieben, wechselt aber an einer Stelle in die Ich-Form. Nennt die Zeilen und versucht, diesen Wechsel zu begründen.

**Wissen und Können** **Die Erzählperspektive in literarischen Texten erkennen**

Jeder Roman wird aus einer bestimmten Sichtweise erzählt; man nennt sie Erzählperspektive.
- **Ich-Erzähler:** Der Erzähler **ist selbst in das Geschehen verwickelt** und erzählt das Geschehen aus der Ich-Perspektive.
- **Er-/Sie-Erzähler:** Der Erzähler **ist nicht am Geschehen beteiligt.** Er/Sie erzählt von einer oder mehreren Figuren in der **Er- oder Sie-Form.**

# Die Figuren und ihre Beziehung zueinander untersuchen

*Mit dem Jungen Abdullah aus der Nachbarschaft ist Wadjda schon lange befreundet. Auf dem morgendlichen Schulweg kommt es zu folgender Szene.*

Wutsch!
Wadjda schnappte nach Luft, ihre Hände zuckten zum Kopf. Abdullah hatte sie entdeckt. Im Vorbeiflitzen hatte er vom Fahrrad aus ihren Schleier gepackt und ihn von Wadjdas Kopf gezogen. […]
Ein paar Meter vor ihr bremste Abdullah scharf. Er dreht sich um und blinzelte ungläubig, als er die seltsame Sammlung von bunten Spangen sah, die willkürlich über Wadjdas Kopf verteilt waren. Er kannte Wadjda schon ewig, deshalb schockierte ihn der Anblick ihrer Haare nicht. Erst letztes Jahr hatte sie angefangen, den Schleier zu tragen, und er rutschte ständig runter, wenn sie zusammen spielten. Ehrlich gesagt hatte Abdullah manchmal Mühe, Wadjda zu erkennen, wenn sie verschleiert war. Ohne Schleier war sie irgendwie mehr sie selbst.
Jetzt aber musste er einfach lachen. „Was ist das denn?“ Er zeigte auf ihre Haare. Er wollte auf jede einzelne Spange zeigen, aber es waren einfach zu viele, es sah aus, als würde er einen Bienenschwarm vertreiben. […] „Das ist total modern. Aber davon hast du ja keine Ahnung.“
Ihre Worte trafen auf taube Ohren. Abdullah konnte gar nicht aufhören zu glotzen, er fiel fast über den Lenker. Obwohl Wadjda es gar nicht wollte, fasste sie sich an den Kopf, um ein paar der losen Spangen wieder festzustecken. So albern konnte das doch gar nicht aussehen!
Während sie abgelenkt war, setzte Abdullah sein Fahrrad wieder in Bewegung. Die Sonne blitzte auf dem Metall, Wadjda wirbelte herum und sah ihn davonfahren. Ihr Schleier baumelte frech an seiner Hand, er ließ ihn im Dreck schleifen!
„Dich krieg ich, du Mistkerl!“, brüllte Wadjda. Wutentbrannt rannte sie hinter ihm her. Abdullah schaute sich um und sah, wie sie angesprintet kam. Er fuhr langsamer. Halb aus Mitleid – halb aus Furcht. Wenn Wadjda sauer war, sollte man sie nicht noch mehr reizen. Und er hatte sie heute Morgen schon reichlich gereizt.
Gerade als Wadjda die Hand ausstreckte und ihm den Schleier wegriss, stolperte sie und fiel hin – dieses Mal mit noch mehr Wucht. Aua! Der Schmerz schoss ihr durch Knie und Ellenbogen. Doch damit nicht genug, sie war in die einzige Matschpfütze geklatscht, die es im trockenen Riad gab.
Diese Pfütze kannten Abdullah und Wadjda nur zu gut. Jeden Tag stand ein gut aussehender junger Mann an dieser Stelle und wusch sein Auto. […]
Vor ihr blieb Abdullah mit quietschenden Bremsen stehen und riss geschockt die Augen auf. Mit Matsch in den Haaren und im Gesicht sah Wadjda zum Fürchten aus. Sie setzte sich auf und warf ihm einen wütenden Blick zu.
„Du Vollidiot! Du bist so blöd! So kann ich doch nicht zur Schule gehen!“
Er hatte es zu weit getrieben. Abdullah ließ die Schultern hängen. Er wollte gerade vom Rad steigen und ihr helfen, als ein paar Jungen aus einem Laden in der Nähe kamen. Es waren die Jungen, die er schon an der Kreuzung gesehen hatte. Genau wie er trödelten sie auf dem Weg zur Schule.
Sie schlossen ihre Fahrräder auf und Abdullah sah, wie der eine ihn anschaute.
„Dachtest du wirklich, du könntest mich einholen?“, rief er Wadjda zu.
Er schaute sie nicht an und sein Ton war ungewohnt schroff. Das kannte sie nicht von ihm, irritiert sah Wadjda ihn an. Dann fasste sie sich und schrie: „Ich hab dich erwischt! Nicht mal auf deinem blöden Fahrrad kannst du mir entkommen.“

Die Jungen kurvten jetzt auf ihren Rädern vor dem Laden herum und jagten sich. Abdullah hätte gern mitgemacht. Aber er wollte auch Wadjda helfen. Er war hin- und hergerissen.
„Tja, sieht ganz so aus, als ob du zu spät kommen würdest. Und voller Matsch bist du auch. Weißt du was? Wenn du auch so ein *blödes* Fahrrad hättest, könntest du nach Hause fahren und dich umziehen! Aber du hast keins. Also geht das wohl nicht."
Und damit stellte er sich auf die Pedale und fuhr davon, er legte sich mächtig ins Zeug – und Sekunden später war er schon bei der Gruppe von Jungen angekommen.
Die Staubwolke, die er hinterließ, wehte langsam auf Wadjda zu. Sie blieb sitzen, wo sie war, und sie verzog keine Miene. Wenn ihre Lippen zitterten oder wenn ihr Tränen in die Augen stiegen, würde Abdullah sehen, wie weh er ihr getan hatte.
Die Jungen fuhren weiter, Abdullah umkreiste den größten von ihnen und zeigte ihm, was er draufhatte. Er drehte sich nicht einmal mehr um.
Wadjda ließ den Kopf auf die Brust sinken. Die Schule fing an. Sie würde zu spät kommen und sie war dreckig. Zitternd atmete sie durch, zählte bis zehn und hievte sich vom Boden hoch, den Schleier zerrte sie hinter sich her. Er fühlte sich an wie eine Eisenkette, unheimlich lang und zum Hochheben viel zu schwer. Als sie versuchte, das Wasser auszuwringen, machte sie Hände und Arme nur noch matschiger, der Schleier war zu schmutzig und zu nass, es war gar nicht daran zu denken, ihn anzuziehen.
Wadjda seufzte und rannte los. In der Ferne konnte sie immer noch die Jungen auf ihren Fahrrädern sehen, so fröhlich und frei. Wie schnell sie waren auf ihren Rädern! Wie Vögel flogen sie durch Riad.
„Ich werde auch eins haben!", sagte Wadjda laut. Es klang wie ein Schlachtruf.

**1** Lest den Romanauszug. Erklärt, was ihr von Wadjdas Freund Abdullah haltet. Tauscht euch zu zweit über euren ersten Eindruck von der Figur aus.

**2** a Ordnet die nachfolgenden Szenen in der richtigen Reihenfolge und erzählt, was passiert:

b Erklärt, warum sich Abdullah in Zeile 83 bis 85 unsicher ist, was er tun soll.

c Sammelt Möglichkeiten, wie sich Abdullah bei Wadjda entschuldigen könnte.

*Am nächsten Tag entschuldigt sich Abdullah tatsächlich bei Wadjda.*

„Warte!“, rief Abdullah. Er rannte zurück zu seinem Fahrrad und zog ein Paket vom Gepäckträger. Kleinlaut hielt er es ihr hin. Seine Hand zitterte ein ganz kleines bisschen. „Hier“, sagte er, „das habe ich dir gekauft!“

Argwöhnisch starrte sie ihn an. Aber schließlich nahm sie das Paket. Sie riss das Papier auf und schnappte nach Luft, als der Wind es erfasste und einen neuen schwarzen Schleier in der Luft flattern ließ. Er war schön. Eine gelbe, mit Perlen gestickte Blume schmückte den Rand. Einen Moment lang schauten Abdullah und Wadjda auf den im Wind tanzenden Stoff. Dann nahm Wadjda sich zusammen und stopfte den Schleier in ihre Schultasche.

„Damit sind wir noch nicht quitt.“ Ein Lächeln huschte über ihr Gesicht. „Weißt du, wann wir quitt sind? Wenn ich auf meinem neuen Fahrrad gegen dich gewinne! Bald schlag ich dich in jedem Rennen.“

„Was?“ Abdullahs entschuldigender Ton war wie weggeblasen. „Du machst wohl Witze, Wadjda! Mädchen können keine Fahrräder haben.“

„Dann wird es wohl besonders peinlich, wenn ich gewinne!“, sagte Wadjda. Sie sah ihn herausfordernd an und wandte sich dann erneut zum Gehen. Abdullah sprang auf sein Rad und wollte in die entgegengesetzte Richtung davonfahren, aber in diesem Moment kam ein kleiner Lieferwagen vorbei. Die Räder rumpelten über das Gelände und wirbelten eine Staubwolke auf, die ihn von Kopf bis Fuß einhüllte. Wadjda schaute sich um, sah ihren Freund voller Dreck und Sand dastehen und lachte schallend. Abdullah wischte sich den Staub vom Gesicht und streckte die Zunge raus. Er fluchte und spuckte Sand. Wadjda lachte noch mehr. Schließlich lächelte Abdullah. Sie waren wieder Freunde.

**3** a Zeichnet folgende Figurenskizze in euer Heft und ergänzt, welche Beziehung zwischen Wadjda und Abdullah in den beiden Textauszügen deutlich wird.
Folgende Fragen helfen euch dabei:
- Wie verhalten sich die Figuren zueinander?
- Wie sprechen sie miteinander?
- Welche Gefühle haben sie füreinander?

> In welcher Beziehung stehen die Figuren zueinander?
>
> **Wadjda** ⟷ **Abdullah**
>
> | Wadjda | Abdullah |
> |---|---|
> | – wütend, als ... | – neckt Wadjda mit ... |
> | – überrascht über ... | – merkt, dass ... |

b Verfasst einen Tagebucheintrag darüber, was Wadjda über die beiden Zusammentreffen mit Abdullah denkt.

**4** Wärt ihr gerne mit Wadjda oder Abdullah befreundet? Begründet eure Meinung.

**5** a Zu dem Buch „Das Mädchen Wadjda“ gibt es einen Film. Durch dessen Erfolg hat sich für Mädchen und Frauen in Saudi-Arabien etwas verändert. Überlegt, was dies sein könnte.

b Recherchiert im Internet, ob ihr mit eurer Vermutung Recht hattet.

# 6.2 Das will ich lesen! – Ein Jugendbuch auswählen

## Sich im Bücherdschungel orientieren

**Eine Buchhändlerin schreibt:**
Die Sprache ist einfach und der Text sehr flüssig zu lesen. Als Leser taucht man rasch ein in die fremde Welt des Königreichs Saudi-Arabien, was sehr interessant und faszinierend ist. Ein Land zwischen Moderne und Tradition. Viele Dinge sind hier völlig anders. *Es gibt beispielsweise eine Religionspolizei, die auf das Einhalten der Regeln achtet. Frauen – auch bereits jüngere Mädchen – werden von den Eltern verheiratet. Ein Mann kann auch mehrere Ehefrauen haben (vor allem Wadjdas Mutter leidet unter dieser Möglichkeit).* [...] Die Geschichte ist nicht gerade mit größten Spannungselementen gespickt, aber sie unterhält und zeichnet ein feinfühliges Bild einer jugendlichen Kultur, einer Stimme, die lauter wird. Der Freiheit nach Selbstbestimmung. Ein gelungenes Buch und ideal für eine Buchvorstellung oder als Klassenlektüre!

**Ein Leser schreibt:**
Beeindruckend fand ich, wie sich ein kleines Mädchen durchsetzt und versucht, sich seinen großen Wunsch zu erfüllen. Ob sie am Ende dann aber doch ihr Fahrrad bekommt oder ob es ihr erlaubt ist, Fahrrad zu fahren, das möchte ich an dieser Stelle nicht verraten.

**Aus der Nominierung für den Deutschen Jugendliteraturpreis:**
Die spannende und berührende Geschichte führt in eine fremde Welt, sie schärft die Wahrnehmung für den arabischen Kulturraum und wirbt um Verständnis und Verstehen. Sie zeigt, was Freiheit meint und wie wichtig es ist, sie zu verteidigen.

**1** a Lest die Meinungen zum Roman „Das Mädchen Wadjda" und klärt unbekannte Begriffe.
b Sprecht darüber, welche Gründe hier angeführt werden, um das Buch zu lesen.
c Das Buch wird als spannend und auch als weniger spannend bezeichnet. Sucht die Textstellen dazu heraus und erklärt, wie es zu solch unterschiedlichen Aussagen kommen kann.
d Schreibt selbst einen kurzen Beitrag, welchen Eindruck die Auszüge aus dem Buch bei euch hinterlassen haben.
e Würdet ihr das Buch gern als Klassenlektüre lesen? Begründet eure Meinung.

**2** Der Roman „Das Mädchen Wadjda" erhielt in der Kategorie „Kinderbuch" den Deutschen Jugendliteraturpreis 2016. Diskutiert darüber, wie ein Buch geschrieben sein muss, das von euch einen Preis erhält.

**3** Jedes Jahr erscheinen über 8 000 neue Kinder- und Jugendbücher in Deutschland.

a Klärt mit Hilfe der Abbildungen, wie ihr trotz der Fülle an Büchern das passende Buch für euch finden könnt.

b Überlegt euch weitere Möglichkeiten und sammelt alle auf einem Plakat.

Dein SPIEGEL

BESTSELLER

DIE MEISTVERKAUFTEN KINDER- UND JUGENDBÜCHER

1 **Alles Käse! Gregs Tagebuch 11**
Jeff Kinney
Baumhaus; 14,99 Euro

2 **Mein Lotta-Leben. Volle Kanne Koala**
Alice Pantermüller Arena; 9,99 Euro

NEU 3 **Warrior Cats. Vision von Schatten. Die Mission des Schülers**
Erin Hunter Beltz; 14,95 Euro
Feuerstern ist tot. Nun ist Brombeerstern Chef des Donner-Clans. Das ändert so einiges.

4 **Percy Jackson. Auf Monsterjagd mit den Geschwistern Kane**
Rick Riordan Carlsen; 12,99 Euro

5 **Ostwind. Auf der Suche nach Morgen**
Lea Schmidbauer
Alias Entertainment; 14,99 Euro

6 **Drachenreiter. Die Feder eines Greifs**
Cornelia Funke Dressler; 18,99 Euro

7 **Minecraft. Baue deine Festung**
Schneiderbuch; 15 Euro

8 **Emil und die Detektive**
Erich Kästner
Dressler; 12,99 Euro

9 **Das inoffizielle Harry-Potter-Buch der Zauberei**
Pemerity Eagle Riva; 16,99 Euro

NEU 10 **Timm Thaler oder Das verkaufte Lachen. Das Buch zum Film**
James Krüss Oetinger; 12,99 Euro
Bitte nicht wundern: Der Film erzählt eine etwas andere Geschichte als das Buch. Welche ist wohl besser?

Das Fachmagazin „buchreport" ermittelt monatlich für den Buchhandel eine Bestsellerliste für Bilderbücher, Sachbücher sowie Kinder- und Jugendbücher. Abgedruckt werden in „Dein SPIEGEL" die zehn meistverkauften Kinder- und Jugendbücher, die von den Verlagen für die Altersgruppe 9 bis 13 Jahre ausgewiesen wurden. Nähere Informationen zu den Auswahlkriterien finden sich online unter www.spiegel.de/bestseller.

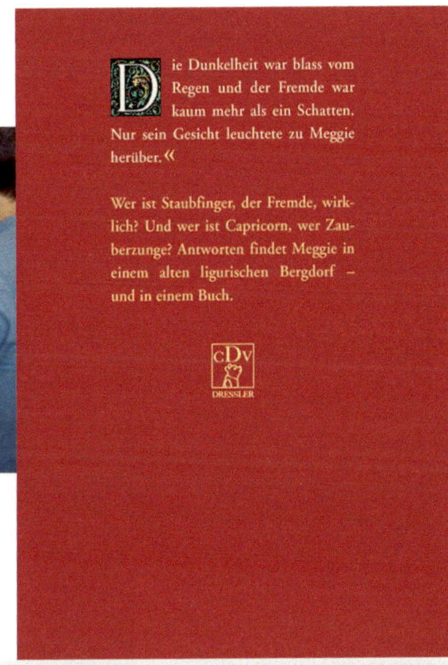


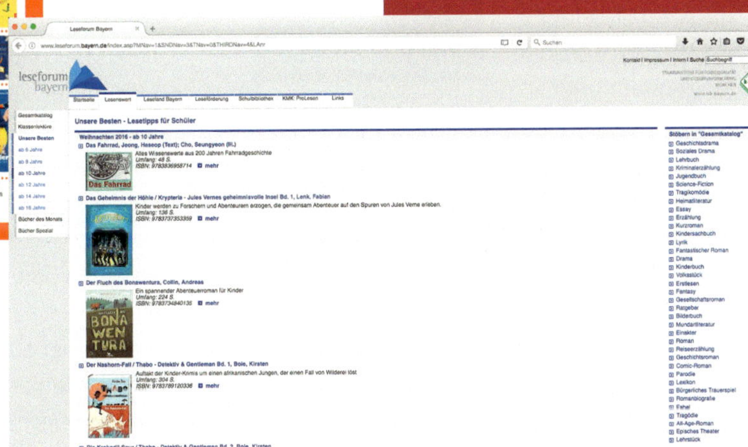


**4** Bücher können verschiedenen Bereichen zugeordnet werden. Dies kann auch eine Entscheidungshilfe sein. Recherchiert im Internet, in welche Bereiche folgende Bücher gehören:

| Bücher | Bereiche |
| --- | --- |
| Harald Parigger: Der Dieb von Rom | Historisches |
| Yves Coppens: Der Ursprung des Menschen | Abenteuer |
| Marianne Haake: Ein Schatz in Carolina | Fantasy |
| Kirsten Boie: Der Junge, der Gedanken lesen konnte | Sachthemen |
| Cornelia Funke: Drachenreiter | Krimis |

# Eine Leseempfehlung schreiben

### Alles beginnt mit einer Entführung

Beschützer der Diebe
von Andreas Steinhöfel
- 300 Seiten
- Carlsen Verlag
- 5, 99 €
- ab 11 Jahren

Das Buch handelt von drei Kindern in Berlin, die sich auf ein besonderes Abenteuer einlassen.
Ein Mädchen namens Guddie, das nach der Scheidung ihrer Eltern erst seit Kurzem mit ihrer Mutter in Berlin lebt, beobachtet während eines Spiels zufällig, dass ein Mann entführt wird. Dieser lässt noch einen Zettel mit einer geheimen Botschaft fallen. Das Mädchen will die Zeichen und Buchstaben mit Olaf, mit dem sie sich nach einem Zusammenprall auf der Straße angefreundet hat, und ihrer Cousine Dags entschlüsseln und die Verfolgungsjagd aufnehmen, da ihnen die Polizei den geschilderten Vorfall nicht glaubt. Nach und nach finden sie heraus, wer eigentlich hinter der Entführung steckt.
Mir hat das Buch gut gefallen, da es eine spannende Kriminalgeschichte ist. Lange Zeit erfährt man nicht, warum das Buch den Titel „Beschützer der Diebe" trägt.

*Matthias, 12 Jahre*

### Drei Kinder sind eines zu viel

Schattenkinder
von Margaret Peterson Haddix
- 176 Seiten
- dtv Junior
- 7,95 €
- ab 12 Jahren

In dem Buch geht es um eine Gesellschaft, in der vorgeschrieben ist, wie viele Kinder jede Familie nur haben darf, nämlich zwei. Luke als drittes Kind verbringt deshalb die ersten zwölf Jahre seines Lebens in einem Versteck, damit ihn die Bevölkerungspolizei nicht findet. Eines Tages entdeckt er hinter dem Fenster eines neu gebauten Nachbarhauses ein Mädchengesicht. Als er sich nach einer gewissen Zeit sicher ist, dass es sich dabei ebenso um ein Schattenkind handelt, schleicht er aus dem Haus und freundet sich mit Jen an. Diese ist über das Internet mit weiteren Schattenkindern vernetzt und plant eine Demonstration für die Rechte der unerlaubten Kinder. Luke weiß nicht, ob er ihr dabei helfen und sein Leben riskieren soll.
Das Buch, das leicht verständlich ist, lässt einen stark mit Luke und Jen mitfühlen, da es unfassbar grausam ist, dass sie eigentlich nicht am Leben sein dürften. Ich werde auf jeden Fall den zweiten Band lesen, weil ich wissen möchte, wie es mit den Schattenkindern weitergeht.

*Anna, 11 Jahre*

**1** Lest die Leseempfehlungen der Jugendbücher, die Schüler verfasst haben. Überlegt, welches Buch ihr gerne lesen möchtet, und begründet eure Wahl.

**2** Untersucht den Aufbau der Leseempfehlungen und erstellt eine Checkliste, was man beim Verfassen einer Leseempfehlung beachten sollte.

**3** Schreibt selbst eine Leseempfehlung zu einem Buch eurer Wahl.

a Macht euch zunächst Stichpunkte. Orientiert euch an der Checkliste.

b Formuliert nun die Leseempfehlung aus und präsentiert sie in der Klasse. Wählt dazu aus den folgenden Möglichkeiten aus:

Hängt eure Leseempfehlungen an einer Wäscheleine in der Klasse aus.

Sammelt eure Leseempfehlungen in einem Ordner in der Klasse.

Fertigt eine Leserolle an, indem ihr eine Chips-Dose von außen so gestaltet, dass sie neugierig auf das Buch macht. Rollt eure Leseempfehlung zu einer Schriftrolle zusammen und bewahrt sie in der Dose auf. Legt im Klassenraum einen Platz für eure Leserollen fest, zum Beispiel die Leseecke.

**4** In der folgenden Leseempfehlung zu „Bonifaz und der Räuber Knapp" von Josef Holub ist einiges durcheinandergeraten. Überarbeitet den Text und ergänzt ihn.

VORSICHT FEHLER!

*Das Buch wurde von Josef Holub geschrieben. Ich empfehle das Buch, weil ich es sehr spannend finde und man viel darüber erfährt, wie ein Kind im Jahr 1867 gelebt hat. Der Titel lautet „Bonifaz und der Räuber Knapp". Es ist 1996 erschienen. Es geht um den Waisenknaben Bonifaz. Es ist im Gulliver-Verlag erschienen. Nach einem Gerichtsbeschluss soll er bei seinem Onkel in Graab bei Heilbronn leben. Das Leben dort ist für ihn gar nicht so schlecht. Allerdings versteht er nicht, warum Christian, mit dem er sich anfreundet, vom Schulmeister gequält wird. Ist er wirklich der Sohn des gefährlichen Räubers Knapp? Das Buch hat 250 Seiten.*

**Wissen und Können** | **Eine Leseempfehlung schreiben**

Eine Leseempfehlung gibt die eigene Meinung zu einem Buch wieder. Sie ist die schriftliche Form einer Buchvorstellung. Mit der persönlichen Wertung sollte man kurz auf den Inhalt eingehen und die eigene Meinung begründen.

# 6.3 Welches Buch empfiehlst du? – Einen Kurzvortrag vorbereiten

**1** a Eine Leseempfehlung kann auch in Form eines Kurzvortrags erfolgen. Bringt die Schritte, die zur Vorbereitung einer Buchvorstellung wichtig sind, in eine sinnvolle Reihenfolge und notiert sie in euer Heft.

- Textausschnitt für eine Leseprobe wählen und festhalten, was davor passiert ist
- Buchvorstellung üben, zum Beispiel vor Freunden oder Eltern
- sich über die Autorin / den Autor informieren
- Buchempfehlung begründen
- Kurzbeschreibung/Klappentext lesen
- lesen mit Leseprotokoll (Notizen anfertigen zu den Hauptfiguren, der Handlungszeit und dem Handlungsort)
- stöbern und sich Buchempfehlungen einholen

Verwendet verschiedenfarbige Karteikarten für die einzelnen Teilbereiche.
- Notiert in Stichpunkten.
- Schreibt nur auf eine Seite.
- Hebt Wichtiges hervor.

b Gestaltet euren Vortrag, indem ihr eure Informationen mit Hilfe von Karteikarten ordnet.

1. Minute **1**
**Zum Buch:**
Textsorte:
Buchgestaltung:
Klappentext:

2. Minute **2**
**Zum Jnhalt:**
Ort der Handlung:
Zeit:
Was passiert?:

3. Minute **3**
**Zu den Figuren:**
Hauptfiguren:
Nebenfiguren:

**2** a Probiert aus, wie ihr die Stimmung einer Textstelle beim Vorlesen deutlich machen könnt, z. B. aufgeregt, bedrohlich, lustig, ruhig (▶ S. 278).
Lest dazu den folgenden Satz auf unterschiedliche Weise vor, als wenn er aus einem lustigen, spannenden, gefährlichen oder sachlich berichtenden Text stammen würde.

> In diesem Moment hob der Ladenbesitzer den Kopf und entdeckte Wadjda, wie sie sehnsüchtig durchs Fenster schaute.

b Lest folgenden Auszug aus dem Roman „Das Mädchen Wadjda" leise und klärt gemeinsam, worum es in der Textstelle geht.

> Sie lachte | und stieß sich mit beiden Füßen kräftig vom Boden ab || – das Vorderrad schwenkte aus | und sie knallte auf den Boden. || Abdullah zuckte zusammen, besorgt wollte er sie fragen, ob sie sich wehgetan hatte. Doch als er sah, dass ihr nichts passiert war, kicherte er stattdessen.
> „Ein Naturtalent. Na klar. Du machst so einen Aufstand wegen einem Fahrrad – und kannst nicht mal fahren!"
> „Wie denn?", verteidigte Wadjda sich. Sie ließ das Handgelenk kreisen und rieb sich die schmerzende Hüfte. „Wo kann ich denn Rad fahren lernen?"
> Sie sah ganz verzweifelt aus und presste die Lippen so fest aufeinander, dass sie fast weiß wurden. Abdullah tat es leid. Spontan ließ er sein Werkzeug fallen, sprang auf und stellte sich hinter sie.
> „Dann mal los." Er hielt das Fahrrad fest.
> „Bist du bereit?", fragte er. Wadjda strahlte und nickte, und er schob sie und trabte neben ihr her, während sie in die Pedale trat.

c Lest nun den Text ausdrucksvoll vor und achtet dabei auf die Betonungszeichen.

| | | |
|---|---|---|
| kurze Sprechpause \| | längere Sprechpause \|\| | zu betonendes Wort: kräftig |
| ansteigender Ton: ↗ | abfallender Ton: ↘ | |

d Wählt in Partnerarbeit eine Textstelle von Seite 110–111 aus und notiert sie mit Betonungszeichen in eurem Heft. Lest dann den Text in der Klasse vor.

**3** Sammelt in Partnerarbeit Tipps, wie man bei einer Buchvorstellung gut vorträgt, und stellt sie der Klasse vor.
Die Verbformen aus dem Kasten können euch helfen:

Achte auf … • … Denke an … • Sprich … • Atme … • Halte … • Mache …

**4** Veranstaltet in eurer Klasse die Aktion „Das Buch der Woche".

a Jeder von euch wählt ein Buch aus, das er seinen Mitschülerinnen und Mitschülern empfehlen möchte (▸ Merkkasten unten).

b Legt fest, wer in welcher Woche seine Buchempfehlung präsentiert.

c Bereitet die Buchvorstellung vor und gestaltet sie interessant. Beachtet dazu folgende Ideen und lasst euch weitere Möglichkeiten einfallen:

Fertigt eine Lesekiste an. Legt in die Kiste Gegenstände, die zum Inhalt des Buches passen, und zeigt diese während des Vortrags.

Verkleidet euch für die Buchvorstellung als eine Figur aus dem Buch.

Entwickelt einen Videoclip oder Buchtrailer.

**5** Gebt euren Mitschülern nach der Buchvorstellung eine Rückmeldung. Lobt zunächst, was gut war, und formuliert anschließend Tipps, was noch besser werden kann. Nutzt dazu den folgenden Beobachtungsbogen:

## Beobachtungsbogen

- Konnte der Vortragende / die Vortragende gut verständlich machen, worum es in dem Buch geht?
- Hat er/sie die wichtigsten Fragen beantwortet? (Wann und wo spielt die Geschichte? Welche Figuren spielen die wichtigsten Rollen? Worum geht es?)
- Konnte er/sie mich neugierig auf das Buch machen?
- Hat er/sie den Titel und den Autor / die Autorin genannt?
- Hat er/sie deutlich und frei gesprochen?
- Wurde die Buchvorstellung anschaulich, z. B. durch Bilder oder Gegenstände?
- Gab es eine Leseprobe?
- Stand am Ende des Vortrags eine persönliche Empfehlung?

**Wissen und Können** **Ein Jugendbuch vorstellen**

Lasst eure Mitschülerinnen und Mitschüler an euren Leseerlebnissen teilhaben und stellt ihnen das Buch vor, das ihr gelesen habt. Geht dabei so vor:

- Nennt in eurer Einleitung zum Vortrag die Autorin oder den Autor des Buches, den Titel, den Verlag und das Jahr, in dem es erschienen ist.
- Im Hauptteil geht ihr auf das Thema und die Hauptfiguren ein. Den Inhalt fasst ihr kurz zusammen. Eine besonders spannende Stelle lest ihr wirkungsvoll vor. Achtet dabei auf eine deutliche Aussprache, ein angemessenes Lesetempo, ein passendes Senken und Heben der Stimme und die Betonung wichtiger Wörter.
- Zum Schluss begründet ihr eure Buchempfehlung.

# 7 Bergmandl, Götter und listige Helden – Sagen von Bayern bis Griechenland

**1** Betrachtet das Bild genau:
- Welche Sagengestalten erkennt ihr?
- Welche Gestalten aus anderen Sagen sind euch bekannt?
- Über welche besonderen Fähigkeiten dieser Gestalten wisst ihr Bescheid?

**In diesem Kapitel ...**
- lest ihr spannende Heimatsagen und Sagen aus der Antike,
- lernt ihr die Merkmale von Sagen kennen,
- klärt ihr die Bedeutung von Fremdwörtern aus dem Lateinischen und Griechischen.

# 7.1 Mit wahrem Kern – Heimatsagen lesen und verstehen

## Eine Sage kennen lernen

### Wie der Wendelstein zu seinem Namen kam

Nacherzählt von Gertraud Bildl

August Seidel: Erntelandschaft mit dem Wendelstein in der Abendsonne, vor 1904

Früher gab es am Wendelstein viele Höhlen; die meisten sind heute längst eingefallen oder von dichtem Gestrüpp bedeckt. Man sagt, dass darin einst reiche Schätze verborgen waren: Gold, Silber und Edelsteine, die von Bergmandln sorgsam bewacht wurden. Diese kleinen Männer galten als gutartig und hilfsbereit. Bisweilen halfen sie verwirrten Wanderern, den richtigen Weg ins Tal zu finden. Nachts wanderten sie über die Berghänge und schlichen sich auf die Almen und in die Sennhütten. Dort erledigten sie still und heimlich Arbeiten, die den Sennerinnen und Hüterbuben zu viel geworden waren. Nicht selten hinterließen sie den tüchtigen und arbeitsamen Mägden dabei ein edles Schmuckstück oder auch einmal eine Goldmünze.

Einer der Hüterbuben jedoch konnte das Geheimnis der Geschenke nicht für sich behalten und erzählte den Menschen im Tal davon. Daraufhin beschlossen einige habgierige Leute, das Geheimnis der verborgenen Schätze zu ergründen. Getrieben von ihrer Goldgier erklommen sie den Gipfel des Wendelsteins.

Sie beobachteten die kleinen Bergmandln eine Weile und schlichen ihnen nach. Als der Schatzwächter einmal abwesend war, entdeckten sie schließlich die geheimen Höhlenverstecke. Voller Hast stürzten sie sich auf das Gold und die kostbaren Edelsteine. In diesem Augenblick begann es laut zu rumpeln und zu donnern; und in ihren Händen hielten sie statt der gleißenden Schätze nur noch Brocken von Eisenstein. Von Stund an blieben die hilfsbereiten Bergmandln spurlos verschwunden. Der Berg aber, auf dem die Schätze sich in Stein verwandelten, erhielt den Namen „Wendelstein".

**1** Der Text enthält einige Wörter, die heute nicht mehr gebräuchlich sind. Schreibt unbekannte Ausdrücke aus dem Text heraus und klärt gemeinsam ihre Bedeutung.

**2** Untersucht die Sage genauer. Beantwortet mündlich die folgenden Fragen:
- Wo genau spielt die Sage?
- Was bewirken die Bergmandln Gutes?
- Wodurch kommt es zum „Ende der Schätze"?
- Wie wird die Entstehung des Namens „Wendelstein" erklärt?

**3** Sucht den Wendelstein in der Karte und erläutert seinen genauen Standort.

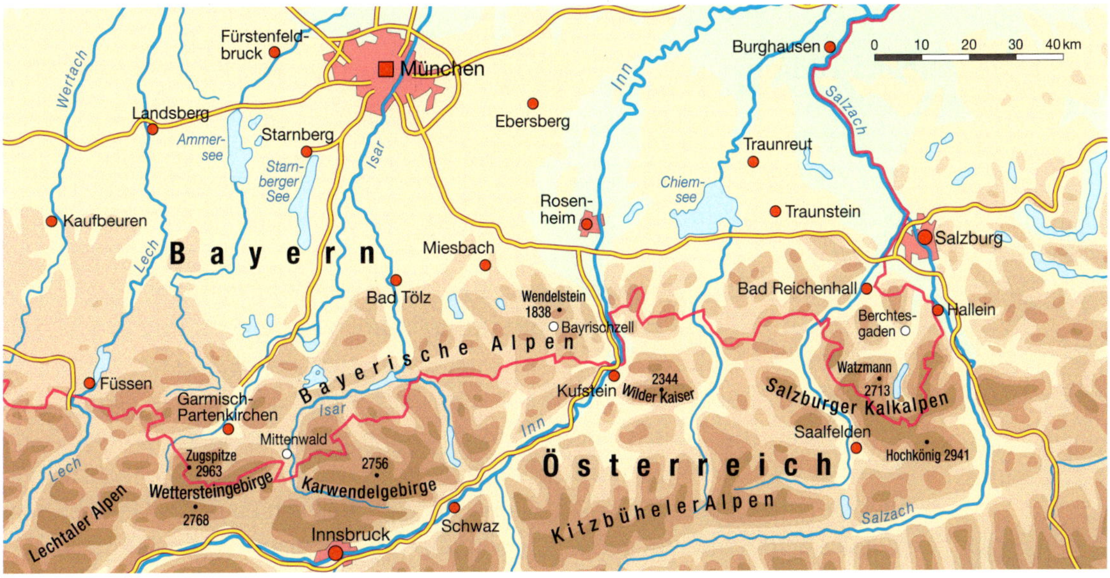


**4** Sagen enthalten meistens einen wahren Kern.

a Was erfahrt ihr in der Sage über den Berg Wendelstein? Schreibt alle Informationen in Stichpunkten auf.

b Vergleicht die Angaben aus der Sage mit den folgenden Sachinformationen:

Der Berg **Wendelstein** liegt in den Alpen im Grenzbereich zwischen Bayerischem Oberland und Inntal. Das Gebirge, das aus Kalkstein besteht, wird von einem Höhlensystem durchzogen. In Rissen und Spalten stiegen aus der Tiefe Flüssigkeiten auf, die Blei, Zink und etwas Silber enthielten. Dadurch bildeten sich Hohlräume, die einen typischen Bleiglanz aufweisen, wie etwa die **Wendelsteinhöhle,** die 1864 entdeckt wurde.

Wendelstein über dem Inntal

Wendelsteinhöhle

**5** Welche Gründe könnte es gegeben haben, dass sich die Menschen in früheren Zeiten die Sage von den Bergmandln erzählten? Tauscht eure Vermutungen in der Klasse aus.

# Sagenmerkmale kennen

## Der Teufelstein bei Tittling

Eine Sage aus Niederbayern

Am Osthang des Blümersberges, wo ein schmaler Fußweg gegen Süden zum Gföhral abschweift, liegt mitten auf freiem Felde im sumpfigen Gras ein Granitblock, der deutlich erkennbar einen Abdruck wie von Menschenhand zeigt. Der Sage nach soll vor einigen Hundert Jahren der Teufel hier am Werk gewesen sein und auf dem Steine seine Tatzenspur hinterlassen haben. Die Tittlinger hatten in alter Zeit, da sie noch zur entlegenen Pfarre Neukirchen vorm Wald gehörten, einen beschwerlichen Kirchgang. Das brachte sie auf den Gedanken, selbst ein Gotteshaus zu bauen, und durch Opferfreudigkeit brachten sie es zu Wege, dass ein bescheidenes Kirchlein inmitten des Marktes erstand.

Es ging eben in den Advent hinein, als ein winziges Holztürmchen aufs Dach gesetzt und ein dürftiger Altar im Kirchlein aufgestellt wurde. Als die Christnacht kam, als das Glöcklein zu bimmeln anhob und eine fromme Betergemeinde von nah und fern zur Mette strömte, wurde der Teufel, der um diese Zeit besonders auf arme Seelen lauerte und der in dieser Gegend noch keinen Glockenlaut vernommen hatte, angelockt, und nun kam er gierig durch die Luft einhergebraust. An der Kuppe des Blümersberges hielt er still und lauerte, hinter einem wuchtigen Steinklotz versteckt, wobei er mit seinen stechenden Augen den Berghang hinunterspähte. Da fiel ihm das Kirchlein in die Augen, und sofort beschloss er, das Gotteshaus zu verderben. Mit Macht hob er den gewaltigen Stein vom Boden auf, um das Kirchlein samt den Gläubigen zu zerschmettern. Allein in diesem Augenblicke fuhr ein Windstoß den Berg herauf und raste auf den Unhold zu und drohte, ihn umzustürzen. Der Teufel musste alle Macht aufbieten, um sich zu halten. In dem zähen Kampfe fingen seine Adern zu schwellen an, und vor Wut vergrub er seine Tatzen in den Stein. Noch einmal schien er die Oberhand zu gewinnen und setzte erneut zum Wurfe an. Da flog aus dem Tale himmlischer Gesang vom Frieden auf Erden über die Hänge herauf. Des Teufels Arme waren plötzlich wie gelähmt, und der Stein rollte krachend über die Bergwand ins freie Feld.

Das Tittlinger Kirchlein stand noch 300 Jahre dem Teufel zum Trotz, bis es im Frühjahr 1803 von einer Feuersbrunst [...] verzehrt wurde.

**1** Klärt gemeinsam schwer verständliche Formulierungen im Text.

**2** Beantwortet die folgenden Fragen zur Sage:
- Wo liegt der Teufelstein?
- Wie sieht der Stein aus?
- Wie kommt es zum Bau des Tittlinger Kirchleins?
- Warum kommt der Teufel nach Tittling?
- Welchen Plan hat der Teufel?
- Welche beiden Ereignisse verhindern die böse Tat des Teufels?
- Was passiert mit dem Kirchlein?

**3** Auch in dieser Sage steckt ein wahrer Kern.

a Beschreibt mit Hilfe der Informationen rechts, wie sich der „Krallenabdruck" im Teufelstein erklären lässt.

b In der Sage rollt der Stein aus der Hand des Teufels ins Tal. Welche wahre Begebenheit könnte dahinterstecken? Stellt Vermutungen an.

Felsblock aus Gneis; 3 m Länge, 1 m Breite, 1,5 m Höhe; Einschlüsse (Löcher) im Stein ähneln Krallenabdruck; Lage: Donau-Wald, Landkreis Passau (Niederbayern)

**4** Sagen haben typische Merkmale, die sie von anderen Textsorten (z. B. Märchen) unterscheiden.

a Notiert alle Sagenmerkmale des Textes „Der Teufelstein bei Tittling" in einer Tabelle:

| **Sagenmerkmale** | **Textstelle** |
|---|---|
| ungewöhnliche Naturerscheinungen / seltsame Ereignisse | *Tatzenabdruck im Stein (Z. 7–14)* ... |
| genaue Angabe der Namen von Personen | ... |
| genaue Angaben zum Ort des Geschehens | ... |
| übernatürliche Wesen | ... |
| Widerstand gegen das Böse durch den Glauben | ... |

b Begründet schriftlich, dass der Text „Der Teufelstein bei Tittling" eine Sage ist. Vervollständigt dazu die folgenden Satzanfänge:

*Bei dem Text „Der Teufelstein bei Tittling" handelt es sich ...*
*Das erkennt man beispielsweise an den genauen Ortsangaben: ...*
*Zudem wird eine ungewöhnliche Naturerscheinung erklärt, nämlich ...*
*Typisch für eine Sage ist auch das Vorkommen übernatürlicher Wesen, hier ...*
*Böses wird in der Sage oft durch den Glauben verhindert, in dieser Sage ...*

●○○ Ihr könnt die folgenden Fortsetzungen als Hilfe verwenden:

... um eine Sage. • ... durch den Gesang der Gläubigen in der Kirche. • ... in Form des Teufels. • ... Das Kirchlein stand in Tittling, der Granitblock liegt am Osthang des Blümersberges. • ... der Abdruck einer „Teufelskralle" in einem Felsen, der mitten im freien Feld liegt.

# Den Kerninhalt einer Sage wiedergeben

## Die Gründung des Juliusspitals

Eine Heimatsage aus Mainfranken

Der große Fürstbischof Julius entstammte dem Adelsgeschlecht der Echter von Mespelbrunn und war sehr reich begütert. Während er in Würzburg Hof hielt, bewohnte seine Nichte das Spessartschloss. Sie hatte einen Grafen von Ingelheim geheiratet und eben einen Sohn geboren. Was lag näher, als den fürstlichen Großonkel als Paten zu erwählen? Großmütig nahm Julius Echter die Patenschaft an. Er schrieb sein Testament und setzte das Patenkind zum Erben all seiner Güter ein. Das Schriftstück schob er in den doppelten Boden eines Ebenholzkästchens, das mit drei Zitronen gefüllt und versiegelt wurde. Durch einen bischöflichen Reiter schickte er sein Patengeschenk nach Mespelbrunn.

In hoher Erwartung öffnete dort die Nichte das Kästchen, sah nur die drei Zitronen und wurde ärgerlich. Sie wusste nicht, ob sie es für einen Scherz oder einen Schimpf des geistlichen Onkels halten sollte. Kurz entschlossen schickte sie Kästchen und Zitronen sogleich an den Fürstbischof zurück.

Der wunderte sich sehr, versiegelte das Kästchen aufs Neue und ließ seinen Boten nochmals nach Mespelbrunn reiten. Die Gräfin wusste nicht, was sie davon halten sollte. Im Glauben, es stecke vielleicht etwas Geheimes in den Früchten, schnitt sie eine Zitrone auf. Da sie aber nichts fand, schickte sie das Geschenk abermals zurück.

Zum dritten Mal kam der Bote aus Würzburg mit seinem Kästchen, und wieder waren drei frische Zitronen darin. Da entbrannte die Gräfin in wildem Zorn. Sie schnitt alle Früchte mitten durch, und als sie nichts darin fand, warf sie die Zitronen zum Fenster hinaus. Dem unschuldigen Boten aber flog das Kästchen an den Kopf. Sie drohte dem Überbringer, wenn er noch einmal vor ihre Augen komme, wolle sie ihn aus Mespelbrunn hinauspeitschen lassen.

Als der nach Würzburg zurückgekehrte Bote dem Fürstbischof all das berichtet hatte, sagte Julius: „Ich sehe wohl, Gott hat mein Vermögen zu anderer Verwendung bestimmt." Er entnahm dem Kästchen das versteckte Testament und warf es ins Feuer. Hierauf gründete er mit seinem Reichtum das segensreiche Hospital zu Würzburg, das seinen Namen trägt und sein Andenken unsterblich machte bis zur heutigen Zeit.

**1** Klärt unbekannte Wörter und Formulierungen.

**2** Was findet ihr an der Handlung der Sage verwunderlich? Tauscht euch aus.

**3** Lasst euch den Text vorlesen und beantwortet mündlich die Fragen zum Text:
- Wem möchte Fürstbischof Julius aus Würzburg sein Vermögen vererben?
- Was macht der Bischof mit seinem Testament?
- Weshalb reagiert die Nichte verärgert auf den Erhalt des Kästchens?
- Was verbietet sie dem Boten nach der dritten Zusendung des Kästchens?
- Welchen Hinweis Gottes glaubt Julius zu erkennen?
- Welche folgenreiche Entscheidung trifft er schließlich?

**4** Lest die Sage, macht euch beim Lesen einige Stichpunkte und tragt den Inhalt flüssig vor.

**5** Überlegt, welche Personen ihr braucht, um die Sage vorzuspielen.
Denkt euch in Gruppen die nötigen Szenen und wörtlichen Reden dazu aus und führt ein kleines Theaterstück auf.

> *Julius Echter: Einen Sohn hat meine Nichte aus dem Spessart geboren? Wie schön! Ich bin sein Großonkel und werde ihn zum Erben meiner Güter einsetzen ...*

**6** Erforscht den wahren Kern der Sage „Die Gründung des Juliusspitals“ im Internet oder in Lexika.
a Findet heraus, wofür das von Fürstbischof Julius gegründete Spital in Würzburg heute genutzt wird.
b Notiert Vermutungen, welche weiteren Angaben in der Sage der Wahrheit entsprechen könnten, und überprüft sie.

Das Würzburger Juliusspital heute

**7** Sagen sind Geschichten, die über Jahrhunderte mündlich weitererzählt wurden.
a Welche Auswirkungen hat das auf die Textlänge und die Sprache?
Vergleicht die drei Sagen in diesem Kapitel.
b Nennt mögliche Gründe, warum manche Sagen in unterschiedlichen Fassungen vorliegen.

## Wissen und Können — Merkmale von Sagen

- Sagen sind ursprünglich **mündlich überlieferte** Erzählungen.
  Deshalb kann es von einer Sage manchmal **unterschiedliche Fassungen** geben.
- Es gibt verschiedene Formen von Sagen. **Heimatsagen** beschäftigen sich mit **Naturerscheinungen** und **Besonderheiten der Landschaft,** z. B. seltsamen Felsformen.
- Da früher wissenschaftliche Erkenntnisse noch nicht so verbreitet waren, erfanden die Menschen in den Sagen **fantasievolle Erklärungen für merkwürdige Ereignisse.**
- Häufig kommen **übernatürliche Wesen mit besonderen Fähigkeiten** vor (z. B. Berggeister, der Teufel) oder es werden **unwahrscheinliche Begebenheiten** geschildert (z. B. Steine werden zu Gold, Riesen werfen mit Felsen).
- Im Gegensatz zu Märchen enthalten Sagen oft einen **wahren (oft geschichtlichen) Kern:** Der **Ort des Geschehens** wird meistens genau angegeben, häufig werden **Namen, Beruf und Herkunft** der Personen genannt.
- Der **Widerstand gegen das Böse** durch den **Glauben** ist ein typisches Merkmal der Sage.
- Menschliche **Helden** retten andere aber manchmal auch durch **List** vor schlimmer Not.

**8** Sucht in Sagenbüchern oder im Internet weitere Heimatsagen aus eurer Gegend.
Stellt die Sagen in der Klasse vor: Ihr könnt sie in eigenen Worten nacherzählen, die Sagenmerkmale bestimmen oder ein Bild dazu malen.

**9** Testet euer Wissen über die Heimatsagen in diesem Kapitel in einem Spiel!
Setzt euch in Gruppen von 3 bis 4 Personen zusammen und würfelt nacheinander mit zwei Würfeln.
Prüft, ob das jeweilige Sagenmerkmal (Würfel 1) in der Sage (Würfel 2) vorkommt, und antwortet wie im Beispiel unten.
Führt mehrere Spielrunden durch und notiert Punktzahlen:
- **richtige Antwort:** 1 Punkt
- **passendes Textbeispiel:** 1 Extrapunkt
- **falsche Antwort:** minus 1 Punkt

| **Welche Sagenmerkmale kommen jeweils vor?** | **Wendelstein-Sage** ⚀ oder ⚁ | **Teufelstein-Sage** ⚂ oder ⚃ | **Julius-Sage** ⚄ oder ⚅ |
|---|---|---|---|
| ⚀ Naturerscheinungen / seltsame Ereignisse | ? | ? | ? |
| ⚁ genaue Angabe der Namen / Berufe von Personen | ? | ? | ? |
| ⚂ genaue Angaben zum Ort des Geschehens | | ? | ? |
| ⚃ übernatürliche Wesen | | | |
| ⚄ Widerstand gegen das Böse durch den Glauben | ? | | |
| ⚅ menschliche Helden als Retter in der Not | ? | ? | ? |

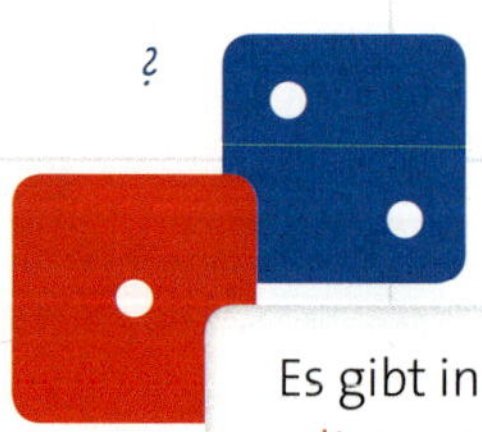

Es gibt in der Wendelstein-Sage eine seltsame Naturerscheinung, nämlich die **glänzenden Steine in der Hohle.**

# 7.2 Von Helden und Göttern – Sagen erschließen und umgestalten

## Held Odysseus – Eine griechische Sage kennen lernen

Homer

### Die Lotosesser (aus: Odyssee)[1]

Der griechische Dichter **Homer** lebte im 8. Jahrhundert v. Chr. Die mündlich überlieferten Sagen über den Kampf um Troja („Ilias") und die Irrfahrten des Odysseus („Odyssee") wurden von ihm aufgeschrieben. Seine Werke sind fast 3 000 Jahre alt und gelten als die ältesten literarischen Werke Europas.

*Odysseus, König der Insel Ithaka, ließ vor Troja ein hölzernes Pferd bauen, mit dem die Griechen die Stadt eroberten. Nach dem Trojanischen Krieg begab er sich auf eine zehn Jahre dauernde Irrfahrt nach Hause. Dabei musste er viele gefährliche Abenteuer bestehen.*

Zu jener Zeit war die Küste Libyens bekannt als „das Land, in dem Morpheus spielt". Wer war nun Morpheus? Er war ein junger Gott, ein Sohn des Hypnos, Gott des Schlafes. Es war seine Aufgabe, zwischen dem Einbruch der Nacht und dem Morgengrauen um die Welt zu fliegen und Schlaf zu verteilen. Sein Vater Hypnos mischte für ihn die Farben des Schlafes, doch er machte sie düster und trüb und traurig.

„Denn", so sagte er „es ist ein kleiner Tod, den du jede Nacht auf die Menschen legst, mein Sohn, um sie auf das Reich des Todes vorzubereiten."

Doch seine Tante Persephone nähte ihm eine geheime Tasche voller hell leuchtender Dinge und sagte: „Nicht den Tod verteilst du, sondern Ruhe und Erholung. Hänge hell leuchtende Bilder an die Wände des Schlafes, sodass die Menschen den Tod erst dann kennen lernen, wenn sie wirklich sterben."

Diese hell leuchtenden Bilder wurden Träume genannt. Und Morpheus spielte mit den Farben, die er aufgehängt hatte, mischte sie, zog sie auseinander, entwarf neue Bilder. Es schien ihm, als seien diese fantastischen farbigen Schatten, die die Schlafenden zeichneten, das

1 Nacherzählung von Bernard Evslin in „Die Abenteuer des Odysseus" (2010)

Schönste, das er je zu Gesicht bekommen hatte. Und er wollte mehr wissen über die Art und Weise, in der diese Schatten zu Stande kamen. Er ging zu Persephone und sagte: „Ich brauche eine Blume, die den Schlaf hervorruft. Sie muss purpurrot und schwarz sein. Doch es sollte ein einzelnes Blütenblatt in Feuerrot geben, das Blütenblatt, das die Träume hervorruft."

Persephone lächelte und fuhr mit ihrer langen weißen Hand durch die Luft. Zwischen ihren Fingern erblühte eine Blume. Die gab sie ihrem Neffen.

„Da hast du sie, Morpheus. Wir nennen diese Blume Lotos."

Morpheus nahm die Blume und pflanzte sie in Libyen an, wo es immer Sommer ist. Dort wuchs sie in Büscheln und duftete köstlich nach Honig. Die Einwohner des Landes aßen weiter nichts als diese Blume. Die ganze Zeit schliefen sie, mit Ausnahme der Phasen, in denen sie mit dem Blumenpflücken beschäftigt waren. Morpheus wachte über sie und las ihre Träume.

Und in Richtung Lotosland wurden nun Odysseus und seine Männer von dem Sturm getrieben. Odysseus, der schwindlig vor Erschöpfung und schwach vor Hunger war, rief seinen Männern zu, sie sollten auf das Land zuhalten, und die Erschöpften beugten sich über die Ruder. Mit allerletzter Kraft zogen sie die Schiffe [...] an den Strand und dann legten sie sich hin und schliefen ein.

Während sie schliefen, kamen die Lotosesser aus dem Wald. Die Arme hatten sie mit Blumen beladen, die sie in großen purpurroten Sträußen um die Männer herum verteilten, sodass sie Blumen zu essen hatten, wenn sie aufwachten, denn die Menschen in diesem Land waren sehr friedlich und gastfreundlich.

Die Männer erwachten und rochen den warmen Honigduft der Blumen und aßen ganze Hände voll davon und schliefen sofort wieder ein. Morpheus schwebte über den schlafenden Männern und las ihre Träume. „Diese Männer haben schreckliche Dinge getan", flüsterte der Gott bei sich. „Ihre Träume sind voll von Gold und Blut und Feuer. Ein derartiger Schlaf wird ihnen keine Erholung bringen." Und so mischte er ihnen einige kühle grüne und silberne Träume von zu Hause zurecht. Die Albträume verblassten. Verwundete Trojaner hörten auf zu schreien. Troja hörte auf zu brennen, sie sahen ihre Frauen lächeln und hörten ihre Kinder lachen. Sie träumten von ihrer Heimat, erwachten und waren hungrig, aßen die honigsüßen Lotosblumen und fielen in einen noch tieferen Schlummer.

Dann kam Morpheus zu Odysseus, der etwas entfernt von den übrigen Männern ausgestreckt im Sand lag. Und er sagte bei sich: „Dieser Mann ist ein Held. Fürchterlich sind seine Nöte, überstürzt sind seine Taten, und seine Träume müssen seine eigenen sein. Ich kann ihm nicht helfen." Also mischte Morpheus keine Farben für den Schlummer des Odysseus, sondern ließ ihn seine eigenen Träume träumen und las sie: „Ach, was träumt er nur für Dinge, dieser zornige Schlafende. Wie viele berstende Masten, zerfetzte Segel, wie viele Felsen und Klippen, wie viele Schiffsunglücke ... wie viele Tote?"

Odysseus erwachte atemlos aus einem fürchterlichen Albtraum. Ihm schien, dass er in seinem Schlummer die gesamte Heimfahrt vor sich ausgebreitet gesehen hatte, dass er sein Schiff hatte sinken, die Männer hatte ertrinken sehen. Ungeheuer hatten sich, nach ihm greifend, dicht um ihn geschart.

Er setzte sich auf und schaute sich um. Zwischen aufgehäuften Blumen lagen seine Männer und schliefen. Odysseus roch die Honigsüße und verspürte einen übermächtigen Hunger. Er nahm einige der Blüten auf und führte sie zum Mund. Als ihr Duft noch intensiver wurde, spürte er, wie ihm die Augenlider zufielen und die Arme schwer wurden, und er dachte: „Diese Blumen also bringen uns den Schlaf. Ich darf nicht davon essen.“ Dann kam er mühsam auf die Beine und ging langsam auf das Meer zu. Er tauchte unter und kam prustend wieder hoch. Nun war sein Kopf wieder klar. […] „Ich muss schnell handeln“, sagte er. Einen nach dem anderen trug er die schlafenden Männer zu den Schiffen und setzte sie auf ihre Ruderbänke. Doch allmählich schwanden seine Kräfte wieder. Der Honiggeruch drang von Neuem in ihn und ließ ihm schwer von Schlummer die Augen zufallen.

Er stolperte zu den Männern zurück. Mit grimmiger Entschlossenheit arbeitete er nun, hob sie sich auf die Schultern, trug immer zwei auf einmal und warf sie in die Schiffe.

Schließlich war der Strand menschenleer. Noch im Schlaf schwankten die Männer auf den Ruderbänken hin und her. Dann schob Odysseus ganz allein und unter Aufbietung seiner letzten Kraftreserven die Schiffe ins Wasser. Als sie seichtes Fahrwasser erreicht hatten, band er eines an das andere, sein eigenes Schiff übernahm die Führung. Daraufhin setzte er ein Segel und nahm seinen Platz am Steuer ein [und] segelte fort aus dem Lotosland.

Allmählich erwachten die Männer aus ihren Träumen von zu Hause und stellten fest, dass sie sich wieder auf offener See befanden. Doch der lange Schlaf hatte ihnen Erholung gebracht und mit frischer Kraft begaben sie sich wieder an ihre Pflichten.

Finster und ohne Lächeln blieb Odysseus auf seinem Platz am Steuer. Denn er wusste, dass das, was er im Schlaf gesehen hatte, Wirklichkeit werden sollte und dass er auf direktem Wege in einen Albtraum segelte.

**1** Klärt unbekannte Begriffe und unklare Textstellen.

**2** a Habt ihr genau gelesen? Entscheidet, ob die folgenden Aussagen richtig oder falsch sind, und notiert die Buchstaben. Als Lösung ergibt sich eine der Eigenschaften des Odysseus.

| | **richtig** | **falsch** |
|---|---|---|
| Hypnos, der griechische Gott des Schlafes, ist Morpheus' Vater. | T | O |
| Seine Mutter ist Persephone. | B | A |
| Morpheus schickt den Menschen farbige Träume. | P | L |
| Odysseus landet mit seinen Gefährten an der Küste des Libanon. | C | F |
| Erschöpft schlafen die Männer am Ufer ein. | E | S |
| Morpheus schickt ihnen allen schöne Träume. | K | R |
| Die freundlichen Lotosesser bringen ihnen Blumen zum Essen und Schlafen. | K | D |
| Die Gefährten schlafen ohne Unterlass. | E | F |
| Odysseus weckt sie schließlich auf. | G | I |
| Unter großen Strapazen trägt Odysseus die Schlafenden auf die Schiffe. | T | Z |

b Notiert weitere Richtig-/Falsch-Sätze und lasst sie von der Klasse beurteilen.

**3** Beantwortet die folgenden Fragen zum Inhalt des Textes in ganzen Sätzen im Heft, z. B.:
- Welche Aufgaben hat Morpheus?
  *Morpheus hat die Aufgabe, den Schlaf zu verteilen und über die Schlafenden zu wachen.*
- Worum bittet Morpheus seine Tante Persephone?
- Wie leben die Einwohner im Lotosland?
- Wie verhalten sie sich gegenüber den Männern von Odysseus?
- Wie geht Morpheus mit dem schlafenden Odysseus um?
- Auf welche Weise bringt Odysseus seine Leute vom Lotosland weg?

**4** Notiert mit Hilfe des Merkkastens (▶ S. 133), welche Sagenmerkmale die Sage „Die Lotosesser“ enthält.

| | |
|---|---|
| ***Ort der Handlung:*** | *Libyen* |
| ***Zeit:*** | ... |
| ***Personen:*** | ... |
| ... | |

**5** Findet heraus, was in der klassischen Götter- und Heldensage anders ist als bei der Heimatsage und was beide gemeinsam haben.
Macht euch Notizen und überprüft eure Ergebnisse dann mit Hilfe des Merkkastens (▶ S. 133).

## Europa

Göttervater Zeus hatte ein Auge auf Europa geworfen, die schöne Tochter des Phönizierkönigs Agenor. Als er sie vom hohen Olymp aus erblickte, wie sie mit Freundinnen am Meeresufer Ball spielte, rief er seinen Sohn und heimlichen Helfer Hermes herbei und fragte: „Ließe es sich machen, mein Bester, dass die Rinderherde des Agenor, die eben noch auf Bergwiesen weidet, sich der Küste zuwendet?“

„Leicht zu machen“, antwortete Hermes, legte seine Flügelschuhe an und war im Nu drunten auf der Erde. Wenig später trotteten Agenors Rinder in Richtung Küste. Zu ihnen gesellt sich ein wunderschöner Stier. Er hat einen muskulösen Hals, eine eindrucksvolle Wamme[1] und – das ist das Erstaunliche – Hörner wie aus Bergkristall.

Als er sich den spielenden Mädchen nähert, sind sie zunächst etwas ängstlich, doch er sieht so friedfertig, so sanftmütig aus, dass Europa rasch jede Scheu verliert, ihn mit Gras und Blumen füttert und ihn streichelt. Gern lässt er sich die Brust von ihr kraulen, gern Kränze um seine Hörer schlingen. Endlich wagt es Europa sogar, sich auf den Rücken des Stiers zu setzen – ohne zu ahnen, wer sie da trägt.

Zeus aber (denn er hatte sich in den schönen Stier verwandelt) eilt mit ihr zum Strand, setzt schon einen Huf ins Meer, geht immer weiter hinein und schwimmt schließlich mit seiner Beute davon. Angstvoll blickt die Entführte zum Meeresufer zurück, wo ihre Freundinnen verzweifelt hin- und herlaufen.

Während der Stier mit ihr die hohe See gewinnt, hält sie sich mit der Rechten an einem Horn fest. Flatternd bauscht sich im Wind ihr Gewand.

Endlich ist wieder Land in Sicht – Kretas Küste, wie Europa noch erfahren wird. Auf der Insel gibt sich Zeus als der, der er ist, zu erkennen und verkündet der überraschten Königstochter,

1 Wamme: vom Hals herabfallende Hautfalte des Rindes

dass der Erdteil, zu dem Kreta gehöre, künftig ihren Namen tragen solle. Drei Söhne schenkte Europa dem Gott: Minos, Rhadamanthys und Sarpedon. Zeus liebte alle drei und zeichnete sie aus vor den Menschen. Die größte Ehre aber empfing, wie er versprochen hatte, Europa.

**6** Lasst euch den Text vorlesen und überlegt, welchen historischen Kern man der Sage entnehmen kann.

**7** Lest in einem Jugendlexikon oder im Internet nach, was ihr zu „Europa" findet, macht euch Notizen und tragt einige kurze Informationen vor.

**Wissen und Können** **Antike Götter- und Heldensagen**

- Ursprünglich handelt es sich bei diesen Sagen um **mündlich überlieferte Erzählungen,** die einen **historischen Kern** enthalten. So sind die **Namen** der Personen, die **Orte** und die **Zeit** der Handlung meist angegeben.
- In den meisten antiken Sagen kommen **Helden** vor, die besonders listig und ideenreich Hindernisse bewältigen oder über **außergewöhnliche Kräfte** verfügen.
- Oft treten **Götter und Göttinnen** auf, die den Helden beschützen oder verfolgen. Fast immer bestimmen sie die Geschehnisse mit.
- Auch **mystische Wesen** und **Zauberkräfte** spielen eine wichtige Rolle.

## Rätselhaftes bei den Römern – Zu Sagen schreiben

Vergil

### Alba Longa (aus: Aeneis)[1]

Der römische Dichter **Vergil** (70–19 v. Chr.) beschäftigte sich viel mit den Dichtungen des Schriftstellers Homer. In der „Aeneis", einer Sammlung von Texten in zwölf Büchern, schildert er Sagen, die sich um den trojanischen Prinzen Aeneas ranken.

Aeneas flüchtete mit seinem Vater und dem Sohn Askanius (später Iulus genannt) aus dem brennenden Troja. Mit einigen Männern landete er nach verschiedenen Abenteuern in Latium (Italien). Dort gründete er die Stadt Lavi-

nium und regierte bis zu seinem rätselhaften Verschwinden als gütiger und weiser König. Iulus übernahm die Nachfolge seines großen Vaters Aeneas. Mitten in Lavinium errichtete er ihm ein Heiligtum, denn die dankbaren Latiner brachten Aeneas, dem Gründer ihres Volkes, seit er dem irdischen Dasein entrückt war, göttliche Ehren dar.

1 Nacherzählung von Richard Carstensen in der Sammlung „Römische Sagen" (2010)

Iulus wusste das Erbe seines unvergesslichen Vaters wohl zu wahren; in allen seinen Taten war ihm Aeneas ein leuchtendes Vorbild. Unter seiner weisen Herrschaft blühte der junge Stadtstaat auf und wurde immer wohlhabender. Weit ins Gebiet der Etrusker dehnte Iulus seine Herrschaft aus. So sehr war die Stadt gewachsen, dass ihre Mauern die Zahl der Einwohner nicht mehr zu fassen vermochten. Erst dreißig Jahre waren seit der Gründung Laviniums verflossen.

Da führte der tatkräftige König einen Entschluss aus, der ihn schon lange bewegte: Er überließ seiner Stiefmutter Lavinia die von seinem Vater Aeneas erbaute Stadt, zog an die Hänge des Albanergebirges und gründete dort eine neue Stadt als Sitz seines Herrschaftsbereichs. Er nannte sie Alba Longa, das heißt, die „weiße, lange" Stadt.

Als nun Iulus aus der Stadt auszog, führte er die altehrwürdigen Penaten[2], die sein zur Gottheit erhobener Vater einst aus dem heimatlichen Troja gerettet hatte, mit in die neue Stadt. Wie aber erstaunte man, als sie am nächsten Tag verschwunden waren! Sie standen im Venustempel von Lavinium, wo der fromme Aeneas sie einst aufgestellt hatte. Wieder ließ sie Iulus in seine neue Hauptstadt hinüberbringen, doch wieder kehrten sie zur Nachtzeit ohne menschliches Zutun in ihren Tempel in Lavinium zurück. Da erkannte der König den göttlichen Wink und fügte sich ihm: Er ließ die Tempel in Lavinium in prächtigem Glanz erstehen und machte die Stadt hinfort zum heiligen Sitz der Schutzgötter des Latinerlandes.

Seine neue Stadt aber, das junge Alba Longa, mächtig auf den Berghöhen gelegen, wuchs zu ansehnlicher Blüte; die Städte rings im Umkreis beugten sich ihrer Vorherrschaft.

2 die Penaten: Schutzgötter (*hier:* Figuren solcher Götter)

**1** Klärt unbekannte Begriffe und Textstellen im Klassengespräch.

**2** Beantwortet diese Fragen zum Inhalt in vollständigen Sätzen in eurem Heft:
- Warum gründet König Iulus eine neue Stadt?
- Was passiert, als Iulus die Penaten in die neue Hauptstadt bringen lässt?
- Wie reagiert Iulus auf das Geschehen?

**3** Der Text enthält viele typische Kennzeichen von Götter- und Heldensagen.

**a** Untersucht die Sage zu zweit und schreibt alle Kennzeichen mit Zeilenangabe auf, z. B.:
*Angabe der Zeit: 30 Jahre nach der Gründung von Lavinium (Z. X)*
*Angabe des Ortes: ...*

**b** Schreibt nun aus den gefundenen Angaben einen fortlaufenden Text, z. B.:

*Die Sage „Alba Longa" enthält die Zeitangabe, dass die Stadt 30 Jahre nach der Gründung von Lavinium entstanden ist (Z. X). Auch Orte sind genannt, nämlich die Städte Lavinium und ... (Z. X).*

●○○ Mit den folgenden Satzanfängen könnt ihr euren Text fortsetzen:

*Ebenso erfahren wir in der Sage Namen von Personen, und zwar ... (Z. X).*
*Ein weiteres Kennzeichen der Götter- und Heldensage ist das Eingreifen ... (Z. X).*
*Als übernatürliches Geschehen wird geschildert, dass ... (Z. X).*

## Eine Sage weiterschreiben

**4** Schreibt ab Zeile 37 (nachdem der König die Penaten das erste Mal nach Alba Longa bringen ließ) ein neues Ende der Sage. Leitet den neuen Teil mit einem passenden Satz ein, z. B.:
*Die Geschichte hätte auch einen anderen Ausgang haben können: ...*

Plant eure Texte mit Hilfe eines Clusters oder Schreibplans.

**5** Zwei Bewohner Laviniums sprechen über die mysteriöse Rückkehr der Penaten. Führt im Heft das folgende Gespräch fort:

*Titus: Hast du schon von den Wundern gehört, die unsere Penaten vollbracht haben?*
*Silvius: Ja, es ist wirklich unglaublich, dass ...*
*Titus: Meinst du, es handelt sich um einen Trick der Priester von Lavinium?*
*Silvius: ...*

**Wissen und Können** **Eine Sage weiterschreiben**

Bei der **Ergänzung oder Fortsetzung einer Sage** sollte man sich genau an den Text halten: Die **handelnden Personen,** ihre **Eigenschaften** und ihr **Umfeld** müssen erhalten bleiben, der **Sprachstil** sollte zur Textsorte „Sage" passen. Weitere Sagenmerkmale sollten eingebaut werden.

# Odysseus trifft Kirke – Eine Sage erschließen

Homer

## Auf Kirkes Insel[1]

*Auf dem Rückweg aus dem Trojanischen Krieg verhinderten die Götter immer wieder die Heimkehr Odysseus. Dies beschreibt der Dichter Homer in seiner „Odyssee". Auf seiner Irrfahrt landete Odysseus auch auf der Insel der Zauberin Kirke (römisch: Circe).*

Nun fuhren wir auf dem einzigen geretteten Schiffe weiter, bis wir an eine Insel mit Namen Aiaia kamen. Hier herrschte die wunderschöne Kirke, eine Tochter des Sonnengottes Helios. Doch wir wussten nichts von ihr. Müde und betrübt lagen die Gefährten im Ufergrase, während ich das Land auskundschaftete. Als ich in der Ferne den Rauch aus einem Palast aufsteigen sah, kehrte ich, durch die schrecklichen Erlebnisse gewitzt, zuerst zu den Freunden zurück, um Späher auszusenden. Ein guter Hirsch, den die barmherzigen Götter mir in den Weg schickten, gab den ausgehungerten

1 Nacherzählung von Gustav Schwab in der Sammlung „Griechische Sagen" (1954)

Gefährten einen köstlichen Abendschmaus und ließ den alten Mut wieder erwachen.

Als ich ihnen jedoch von dem Rauch über dem Palaste erzählte, packte sie wieder Verzagtheit. Endlich gelang es mir, die Gefährten wieder aufzurichten. Ich teilte sie in zwei Haufen und loste mit Eurylochos, dem Anführer des anderen, wer die Insel erkunden solle. Das Los traf ihn. Nur unter Seufzern machte er sich mit seinen zweiundzwanzig Genossen auf den Weg nach der Stelle, von der ich den Rauch hatte aufsteigen sehen.

Bald stießen sie auf Kirkes herrlichen Palast, der in einem anmutigen Tale versteckt lag. Doch wie erstaunten meine Genossen, als sie auf dem Hofe Wölfe und Löwen herumwandeln sahen. Die grimmigen Raubtiere kamen ihnen friedlich entgegen wie Hunde, die ihren Herrn begrüßen – es waren, wie wir später erfuhren, lauter Menschen, die Kirkes Zauberkunst in Tiere verwandelt hatte.

Aus dem Innern des Palastes erscholl eine liebliche Stimme. Es war Kirke, die am Webstuhl arbeitete und dabei sang. Als sie das Rufen der Ankömmlinge vernahm, öffnete sie die Pforte. „Tretet ein, ihr Gastfreunde", bat sie schmeichelnd, „dass ich euch bewirte!" Die Männer ließen sich hineinführen; nur der besonnene Eurylochos ahnte den Trug und blieb draußen. Kirke setzte den Gästen die köstlichsten Speisen vor. Doch heimlich mischte sie Gift hinein, und kaum hatten die Männer von der verführerischen Speise gekostet, so wurden sie – in borstige Schweine verwandelt. Zufrieden trieb die Zauberin die grunzenden Tiere in den Stall.

Eurylochos, der das alles mit angesehen hatte, stürzte entsetzt zu unserem Schiffe zurück, um mir von dem Schicksal der Freunde zu berichten.

Sofort ergriff ich trotz des Widerstands von Eurylochos Schwert und Bogen, um die Gefährten zu befreien oder sie an der grausamen Zauberin zu rächen. Das Schicksal war mir wohlgesinnt, denn unterwegs begegnete mir Hermes, der Götterbote. Er reichte mir eine schwarze Wurzel, die mich gegen Kirkes Zauberkraft gefeit machte. „Wenn sie dich mit ihrem Zauberstabe berührt", sagte er, „dann zieh dein Schwert und geh auf sie los, als wolltest du sie erschlagen! Dann wird sie sich gefügig zeigen und die Gefährten freigeben!"

Sorgenvoll eilte ich zum Palaste. Kirke selber öffnete mir, führte mich zum Sessel und reichte mir in goldener Schale von ihrem Traubenmus. Kaum hatte ich davon genossen, so berührte sie mich mit ihrem Zauberstabe: „Fort mit dir in den Schweinestall, zu deinen Freunden!"

Sie hatte nicht an meiner Verwandlung gezweifelt. Doch ich tat, wie Hermes mir anbefohlen hatte. Da warf sie sich schreiend zu Boden und umfasste meine Knie: „Wer bist du, dass du meinen Zauber brichst? Bist du vielleicht

Odysseus, von dem mir einst Hermes geweissagt hat, er werde meine Kraft brechen?“ Sie musste mir mit heiligem Eid versprechen, mich unversehrt zu lassen und meine Gefährten zurückzuverwandeln. Von ihren herrlichen Speisen, die sie mir vorsetzte, rührte ich nichts an. „Wie sollte ich unbekümmert Speise und Trank zu mir nehmen, solange meine Freunde gefangen sind?“, sagte ich zu ihr. Da ging sie in den Stall, trieb meine so seltsam verwandelten Freunde heraus und bestrich jeden mit ihrem Zaubersaft. Da schälten sich die grunzenden Schweine aus ihrer borstigen Hülle und standen wieder als Menschen, jünger und schöner als zuvor, vor mir. Mit Freude begrüßten wir uns wieder, erst recht die beim Schiff zurückgebliebenen Gefährten, die auch mich schon verloren glaubten!

Gern ließen wir uns jetzt von Kirke bereden, eine Zeit lang als ihre Gäste bei ihr zu verweilen. Wir zogen das Schiff auf den Strand und ließen es uns bei ihr wohl sein.

**1** Wer ist der Erzähler der Sage? Belegt eure Antwort mit Textstellen.

**2** Noch heute lebt die Erinnerung an die Zauberin Kirke (Circe) in dem Verb „bezirzen“ weiter. Was ist damit gemeint?

**3** a Beantwortet die folgenden Inhaltsfragen zur Sage. Wenn ihr euch nicht sicher seid, lest noch einmal nach.
- Wo spielt die Sage?
- Welche Rolle spielt Eurylochos in der Sage?
- Wie hilft Hermes Odysseus?
- Wie werden die Gefährten zurückverwandelt?

b Formuliert selbst Fragen zur Sage und lasst sie beantworten.

**4** Welche Sagenmerkmale sind im Text enthalten? Ergänzt die folgenden Sätze in eurem Heft:

*Der Ort, an dem die Sage spielt, ist bekannt, nämlich ...*
*Eine wichtige Rolle hat der Held der Sage, und zwar ...*
*Ein Gott greift in das Geschehen ein, es ist ...*
*Kirke hat Zauberkräfte: Sie ...*

**5** Eurylochos berichtet Odysseus, was geschehen ist (▸ Z. 50–53). Schreibt ein Gespräch zwischen Odysseus und Eurylochos auf, das an dieser Stelle hätte stattfinden können, und spielt die Szene anschließend vor. So könnt ihr anfangen:

*Eurylochos: Odysseus, ich muss dir etwas Schreckliches berichten!*
*Odysseus: Was ist geschehen, Eurylochos? Du siehst ja ganz mitgenommen aus!*
*Eurylochos: Du wirst es mir nicht glauben: Wir haben einen Palast entdeckt, in dem eine wunderschöne ...*

**6** a Wie hätte Odysseus’ Erlebnis anders enden können? Sammelt gemeinsam Ideen.

b Schreibt ab Zeile 80 einen neuen Schluss für die Sage auf.

**7** Auf der folgenden Karte seht ihr Odysseus' Stationen während seiner zehnjährigen Irrfahrt.

a Sucht die Orte zu den Sagen „Die Lotosesser" (▸ S. 129–131) und „Auf Kirkes Insel" (▸ S. 135–137) auf der Karte. Fasst kurz zusammen, was hier jeweils geschieht.

b Verfolgt die Reiseroute: Welche weiteren Orte besucht Odysseus, bevor er Ithaka erreicht?

c Informiert euch im Internet über eines der weiteren Abenteuer des Odysseus.

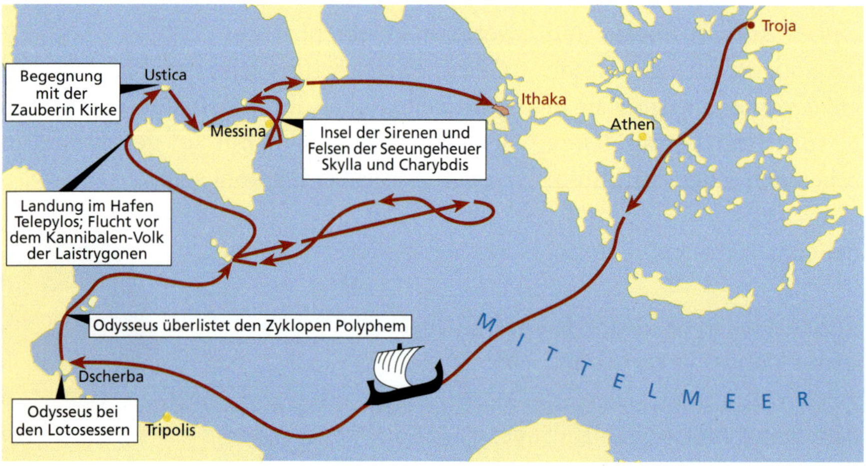


## Testet euer Wissen!

### Sagen

**1** Welche der folgenden Aussagen sind richtig, welche sind falsch?

a Notiert die Nummern der Sätze und daneben den zutreffenden Buchstaben. Wenn ihr alles gewusst habt, ergibt sich ein Lösungswort.

b Schreibt die falschen Aussagen korrigiert auf.

| | richtig | falsch |
|---|---|---|
| **1** Sagen enthalten oft einen wahren Kern. | S | E |
| **2** Sagen wurden zunächst mündlich weitererzählt. | A | U |
| **3** Die Autoren der Sagen sind nie bekannt. | R | G |
| **4** Die Orte der Geschehnisse werden nicht genau genannt. | Y | E |
| **5** Name, Beruf oder Herkunft der Handelnden sind meist bekannt. | N | O |
| **6** In Heimatsagen kommen häufig Götter oder Göttinnen vor. | D | H |
| **7** In Sagen tauchen übernatürliche Wesen mit besonderen Kräften auf. | A | S |
| **8** Heimatsagen erklären häufig Naturphänomene (z. B. die Form eines Felsens). | F | X |
| **9** Fast immer spielen magische Zahlen, etwa 3 oder 7, eine Rolle. | E | T |

# Fremdwörter aus der griechischen und lateinischen Sprache verstehen

## Griechen und Römer als bedeutende Wissenschaftler und Erfinder

Schon im 6. Jh. v. Chr. beschäftigten sich die Griechen mit dem **Universum.** Der bedeutendste Wissenschaftler zu dieser Zeit war Pythagoras, der für die **Mathematik** Regeln aufstellte. Zwei Jahrhunderte später lehrte in Athen der **Philosoph** Platon. Sein Schüler Aristoteles, Lehrer von Alexander d. Gr., errichtete dort eine eigene Schule und befasste sich mit **Astronomie, Biologie und Botanik.** Der Mediziner Hippokrates **sezierte** bereits Menschen und schuf die Grundlagen der **Anatomie.**
Die Römer übernahmen viele der Erkenntnisse und Erfindungen und erstaunten durch ihre Bauwerke. **Aquädukte** führten Wasser in die großen Städte, Villen besaßen Toiletten und Fußbodenheizungen, **Thermen** verwöhnten die Bevölkerung. Außerdem entwickelten die Römer das Rechtswesen, das vielfach heute noch Gültigkeit hat.

**1** Lest den Text und sucht anschließend in eurem Wörterbuch, was die fett gedruckten Begriffe auf Deutsch genau bedeuten.

Eine wichtige Disziplin der antiken Olympischen Spiele war der Fünfkampf: Weitsprung, Speerwurf, Lauf, Diskuswurf, Ringen. Gewinnt den Fremdwörter-Fünfkampf, indem ihr die folgenden Aufgaben löst:

**1** Erklärt die folgenden Fremdwörter mit Hilfe deutscher Ausdrücke:
die Apotheke = *Geschäft, in dem Medikamente verkauft werden*
das Interview = ?
die Adresse = ?

**2** Fremdwörter aus dem Lateinischen enden oft auf *-tät, -ment, -or* oder *-ion,* viele Fremdwörter aus dem Griechischen weisen die Nachsilbe *-ie* auf. Bildet vollständige Wörter und erklärt ihre Bedeutung:

| | |
|---|---|
| die Diskuss- | |
| die Stabili- | -tät |
| das Tempera- | -ment |
| die Mobili- | -or |
| die Biograf- | -ion |
| der Diktat- | -ie |

**3** Schreibt zu den Verben die passenden Nomen mit Artikel auf:
interessieren → ... reparieren → ...
summieren → ... regieren → ...

**4** Sucht zu den Nomen jeweils ein passendes Verb auf *-ieren:*
die Multiplikation → *multiplizieren*
das Studium → ... die Addition → ...
die Adoption → ... die Kritik → ...

**5** Findet das passende Fremdwort für den deutschen Ausdruck. Der Silben-Speicher hilft euch. Ergänzt bei Nomen den Artikel:
optisches Vergrößerungsgerät = *das Mi...*
Erzeugnis = *das P...* Mundart = *der ...*
Gerät zum Aufzeichnen von Filmen: ...
Sprachrohr, das die Stimme lauter macht: ...

cor der Dia dukt ga fon
in ~~kro~~ lekt ~~Mi~~ Me na
nal Pro Re ~~skop~~ ter tio

# 7.3 Projekt: Sagen aus der Heimat sammeln und vorstellen

**1** Sagen sind besonders interessant und spannend, wenn sie vom eigenen Wohnort oder Orten in der Umgebung handeln. Sammelt Sagen aus den Ortschaften oder Ortsteilen, in denen ihr wohnt.

a Besucht die Orts-, Stadt- oder/und Pfarrbücherei und sucht nach Sagenbüchern über örtliche Sagen. Geht in die Gemeindebüros und fragt nach Ortschroniken, die Sagen enthalten.

b Sucht im Internet nach gesammelten Ortssagen.

Besucht euch bekannte alte Menschen und bittet sie, Sagen zu erzählen.

**2** Wählt aus eurer Sammlung die schönsten und interessantesten Sagen heraus. Untersucht diese Sagen mit Hilfe folgender Fragen:
Wo spielt die Sage? Wer kommt in den Sagen vor?
Was ist das Unheimliche daran? Was könnte der geschichtliche/geografische Hintergrund der Sage sein?
Notiert, was ihr herausfindet.

Fragt dazu auch eure Geschichts- und Geografielehrer.

**3** Stellt eure ausgewählten Sagen einem größeren Publikum vor. Wählt dazu aus den folgenden Möglichkeiten aus:

**Ein Plakat zu Sagen aus der Heimat gestalten**
Gestaltet mit Hilfe eurer Texte, eigener Zeichnungen oder auch Fotos ein Plakat für die Schulbücherei oder den Flur vor eurem Klassenraum.

**Sagentexte vertonen und aufnehmen**
Eine schöne Idee wäre auch, die Sagen deutlich und gut vorzutragen und dabei aufzunehmen. Dazu könnt ihr passende Musik einspielen oder selbst Musik und Geräusche machen. Falls CDs gepresst werden, könnt ihr diese verschenken oder für eine Spende anbieten.

Bittet dazu eure Musiklehrer um Hilfe.

**Eine Sagensammlung veröffentlichen**
Falls ihr viele Sagen gefunden habt und sie gerne veröffentlichen möchtet, könnt ihr die Texte in den Computer eingeben und dazu passende Bilder scannen oder aus dem Internet hinzufügen (▸ S. 305). Ihr könnt die Seiten vervielfältigen und zu einem Sagenbändchen zusammenstellen. Die Bändchen könnt ihr z. B. bei einem Schulfest verkaufen und davon eine Spende für einen guten Zweck machen. Informiert euch dazu über die Kosten und fragt nach einem Zuschuss beim Elternbeirat oder Förderverein.

**Sagen mündlich vorstellen**
Stellt eure Sagen einer anderen Klasse vor, z. B. einer Parallelklasse oder Kindern einer nahe gelegenen Grundschule.

# 8 Das ist ja zum Lachen! – Schwänke lesen und verstehen

**1** Welche der abgebildeten Figuren kennt ihr?

a Tragt zusammen, was ihr über diese Figuren erfahrt.

b Nennt weitere lustige Figuren, die ihr kennt. Erzählt von ihnen.

**2** a Kennt ihr Geschichten, die zum Lachen sind? Erzählt sie euch gegenseitig.

b Besprecht, was das Lustige an diesen Geschichten ist.

### In diesem Kapitel ...

- lest ihr lustige Geschichten gut betont vor und erzählt sie nach,
- lernt ihr verschiedene Schelmen und Narren kennen,
- untersucht ihr Schwänke anhand ihrer typischen Merkmale und denkt darüber nach, warum sie euch zum Lachen bringen,
- setzt ihr Schwänke in Spielszenen um.

# 8.1 Schelmengeschichten vortragen und nacherzählen

## Eine lustige Geschichte wirkungsvoll vorlesen

Erich Kästner

### Wie Eulenspiegel einem Esel das Lesen beibrachte

*Till Eulenspiegels Streiche wurden um das Jahr 1500 von einem unbekannten Verfasser aufgeschrieben. Erich Kästner (1899–1974), der Autor vieler berühmter Kinderbücher (z. B. „Emil und die Detektive“), hat die Geschichten Tills neu erzählt. Ob Till Eulenspiegel wirklich gelebt hat, ist ungewiss. Nur äußerlich ist er ein Narr, tatsächlich zeigt er sich seinen Mitmenschen aber an Intelligenz und Witz überlegen.*

Eine Zeit lang beschäftigte sich Eulenspiegel damit, dass er von Universität zu Universität zog, sich überall als Gelehrter ausgab und die Professoren und Studenten neckte. Er behauptete, alles zu wissen und zu können. Und er beantwortete tatsächlich sämtliche Fragen, die sie ihm vorlegten. Bei dieser Gelegenheit kam er schließlich nach Erfurt. Die Erfurter Studenten und ihr Rektor hörten von seiner Ankunft und zerbrachen sich den Kopf, was für eine Aufgabe sie ihm stellen könnten. „Denn so wie denen in Prag“, sagten sie, „soll es uns nicht ergehen. Er soll nicht uns, sondern wir wollen ihn hereinlegen.“

Endlich fiel ihnen etwas Passendes ein. Sie kauften einen Esel, bugsierten[1] das störrische Tier in den Gasthof „Zum Turm“, wo Eulenspiegel wohnte, und fragten ihn, ob er sich zutraue, dem Esel das Lesen beizubringen. „Selbstverständlich“, antwortete Till. „Doch da so ein Esel ein dummes Tier ist, wird der Unterricht ziemlich lange dauern.“ „Wie lange denn?“, fragte der Rektor der Universität. „Schätzungsweise zwanzig Jahre“, meinte Till. Und hierbei dachte er sich: Zwanzig Jahre sind eine lange Zeit. Bis dahin stirbt vielleicht der Rektor. Dann geht die Sache gut aus. Oder ich sterbe selber. Oder der Esel stirbt, und das wäre das Beste. Der Rektor war mit den zwanzig

1 bugsieren: zerren, schleifen

Jahren einverstanden. Eulenspiegel verlangte fünfhundert alte Groschen[2] für seinen Unterricht. Man gab ihm einen Vorschuss und ließ ihn mit seinem vierbeinigen Schüler allein.

Till brachte das Tier in den Stall. In die Futterkrippe legte er ein großes altes Buch und zwischen die ersten Seiten des Buches legte er Hafer. Das merkte sich der Esel. Und um den Hafer zu fressen, blätterte er mit dem Maul die Blätter des Buches um. War kein Hafer mehr zu finden, rief der Esel laut: „I–a, i–a!" Das fand Eulenspiegel großartig und er übte es mit dem Esel wieder und wieder. Nach einer Woche ging Till zu dem Rektor und sagte: „Wollen Sie bei Gelegenheit einmal mich und meinen Schüler besuchen?"

„Gern", meinte der Rektor. „Hat er denn schon einiges gelernt?"

„Ein paar Buchstaben kann er bereits", erklärte Eulenspiegel stolz. „Und das ist ja für einen Esel und für eine Woche Unterricht allerhand."

Schon am Nachmittag kam der Rektor mit den Professoren und Studenten in den Gasthof und Till führte sie in den Stall. Dann legte er ein Buch in die Krippe. Der Esel, der seit einem Tag kein Futter gekriegt hatte, blätterte hungrig die Seiten des Buches um. Und da Eulenspiegel diesmal überhaupt keinen Hafer ins Buch gelegt hatte, schrie das Tier unaufhörlich und so laut es konnte: „I–a, i–a, i–a!"

„I und A kann er schon, wie Sie hören", sagte Eulenspiegel. „Morgen beginne ich damit, ihm O und U beizubringen."

Da gingen die Herren wütend fort. Der Rektor ärgerte sich so sehr, dass ihn bald darauf der Schlag traf. Und Till jagte den Esel aus dem Stall. „Scher dich zu den anderen Erfurter Eseln!", rief er ihm nach. Dann schnürte er sein Bündel und verließ die Stadt noch am selben Tag.

2 der Groschen: eine alte Währung

**1** a Lest die Geschichte „Wie Eulenspiegel einem Esel das Lesen beibrachte" still.

b Wie gefällt euch die Geschichte? Formuliert euren ersten Leseeindruck in einigen Sätzen:

*Mir gefällt die Geschichte (nicht), denn …*
*Jch finde es lustig/interessant/langweilig/seltsam/ungewöhnlich/komisch, dass …*
*Es hat mich überrascht, dass …*
*Jch verstehe (nicht), warum …*

**2** Besprecht den Inhalt der Geschichte:
- Nennt die Hauptfiguren.
- Erklärt, worin der Streich besteht, den Till den Professoren spielt.
- Wie gelingt es Till, den Rektor in den Stall zu dem Esel zu locken?
- Überlegt, was Till mit dem Satz „Scher dich zu den anderen Erfurter Eseln!" (▶ Z. 66 f.) meint.

**3** a Der Text lässt sich in fünf Abschnitte einteilen. Bestimmt sie.

b Zu welchem Abschnitt passt die Überschrift „Till führt seinen Erfolg vor"?

c Formuliert weitere Überschriften zu den einzelnen Sinnabschnitten.

**4** Ein Text wird beim Vorlesen besonders lebendig, wenn ihr ihn mit verteilten Rollen lest (▶ S. 145).

a Legt fest, welche Rollen ihr in der Geschichte „Wie Eulenspiegel einem Esel des Lesen beibrachte" besetzen müsst.

b Bildet entsprechend große Gruppen und übt den Lesevortrag mit verteilten Rollen.

c Tragt die Geschichte wirkungsvoll in der Klasse vor. Achtet beim Lesen auf die Satzzeichen, auf Pausen und die Betonung wichtiger Wörter.

d Gebt euch gegenseitig eine Rückmeldung zu euren Vorträgen.

**Wissen und Können** **Wirkungsvoll vorlesen**

- Achtet besonders auf die direkten Reden. Manchmal wird im Redebegleitsatz ein Hinweis gegeben, wie die wörtliche Rede zu sprechen ist.
  Beispiel: *„Ein paar Buchstaben kann er bereits", erklärte Eulenspiegel* ***stolz.*** (▸ S. 143, Z. 48 f.)
- Kommen mehrere Personen zu Wort, nennt man das ein Wechselgespräch. Dann ist es besonders wirkungsvoll, beim Vorlesen auch die Stimme zu wechseln. Eine gute Übung dafür ist es, den Text mit verteilten Rollen zu lesen.
- Geräusche und Laute, z. B. Tierlaute, die im Text direkt wiedergegeben werden, sollten möglichst effektvoll nachgeahmt werden.

**5** a Sucht nach weiteren Eulenspiegelgeschichten in Büchereien und im Internet.
b Prüft, ob die Streiche
– eher listig sind: Tills Gegenspieler ärgern sich.
– eher spaßig sind: Tills Gegenspieler lachen.

Überall auf der Welt gibt es Figuren, die für ihre Streiche und Schelmenstücke bekannt sind. In der Türkei ist das Nasreddin Hodscha (Hodscha bedeutet „Gelehrter"). In der arabischen Welt ist es „Goha, der alte orientalische Spaßvogel". Er soll im 8. Jahrhundert in Kufa (Irak) gelebt haben und 100 Jahre alt geworden sein.

**6** Auf der folgenden Seite findet ihr eine Geschichte von Nasreddin Hodscha. Lest sie und beantwortet folgende Fragen:
– Warum klettert Hodscha auf den Obstbaum?
– Wie reagiert der Besitzer des Gartens, als er den Schelm entdeckt?
– Wie ändert sich die Stimmung des Gartenbesitzers?
– Wodurch schafft es Hodscha, dass der Mann am Ende nicht mehr böse auf ihn ist?

**7** Der Text ist schon zum Vorlesen vorbereitet. Lasst ihn euch vorlesen.
a Versucht, die verschiedenen Markierungszeichen zu erklären.
b Lest die Geschichte dann möglichst ausdrucksvoll vor.
Dabei solltet ihr auch immer wieder Blickkontakt zum Publikum herstellen!
Nutzt dazu die Sprechpausen.

## Eine unerfahrene Nachtigall

Eines Tages wollte der Hodscha frische Früchte essen, darum schlich er in einen fremden Garten. Dort kletterte er auf einen Baum und aß alle Früchte, die in seiner Reichweite waren.

Etwas später kam der Besitzer des Gartens und fragte böse: „Was machst du da oben?"

Der Hodscha versuchte sich herauszureden und antwortete süß: „Oh, mein Herr, ich bin nur die Nachtigall und sitze hier oben und singe!"

Der Mann amüsierte sich darüber und sagte lachend: „Soso, du bist also eine Nachtigall? Dann lass mich mal ein Lied von dir hören!"

Der Hodscha machte komische Gesichtsausdrücke und gab merkwürdige Töne von sich.

Der Besitzer brach in Lachen aus und sagte: „Mann, was für 'ne Art von Singen ist das? Ich habe noch nie zuvor eine Nachtigall so singen hören!"

Der Hodscha erwiderte: „Ja, eine unerfahrene Nachtigall singt nun mal so!"

**Wissen und Können** **Vorlesen – Den Lesetext vorbereiten**

Damit ihr einen Text für das Vorlesen vorbereiten könnt, müsst ihr ihn gut kennen.
Am besten könnt ihr ihn auf einer Kopie bearbeiten:

- Textstellen einkreisen, die anzeigen, wie eine Stelle zu lesen ist.
- Pausenzeichen für kurzes oder langes Atemholen setzen.
- Betonungszeichen für wichtige und besonders wichtige Wörter eintragen.

  Dabei gibt es verschiedene Möglichkeiten, ein Wort zu betonen:
  – leise oder laut sprechen,
  – sehr deutlich oder gedehnt sprechen.
- Durch Pfeile markieren, wo ihr die Stimme heben oder senken wollt.
- Am Rand notieren, wie ihr den Text lesen wollt, z. B. *atemlos schnell, geheimnisvoll, traurig, drohend langsam.*

**8** Spielt die Geschichte „Eine unerfahrene Nachtigall" in einem kurzen Stegreifspiel vor.

# Schelmengeschichten nacherzählen

## Mündlich nacherzählen

Paul Maar

### Der Bogenschütze

Im Dorf, in dem Nasreddin lebte, gab es einen Mann, der als Bogenschütze berühmt war. Er gab Unterricht im Bogenschießen und nahm dafür Geld.

Als Nasreddin das mitbekam, verkündete er: „Wer bei mir Unterricht im Bogenschießen nimmt, zahlt nur die Hälfte. Und ich garantiere, dass sein Pfeil immer in der Mitte der Zielscheibe stecken wird!"

Das ärgerte den berühmten Bogenschützen. Er ging zu Nasreddin und sagte: „Dass der Pfeil immer die Mitte der Zielscheibe trifft, ist unmöglich. Selbst bei mir, dem berühmtesten aller Bogenschützen, gehen nicht alle Pfeile genau in die Mitte, sondern manchmal ein klein wenig daneben. Wie willst du einen Anfänger dazu bringen, so gut zu schießen? Zeig mir doch ein Beispiel deiner Schießkunst!"

„Nichts leichter als das", sagte Nasreddin, nahm den Bogen, legte einen Pfeil auf und schoss ihn in eine Holzwand.

„Aber da ist doch gar keine Zielscheibe!", rief der berühmte Bogenschütze. „Noch nicht!", antwortete Nasreddin, nahm einen Pinsel und Farbe und malte um den Pfeil herum eine Zielscheibe. Jetzt steckte der Pfeil genau in der Mitte.

**1** a Wie gefällt euch der Schelm Nasreddin Hodscha? Begründet eure Meinung.
b Beschreibt Nasreddin. Nennt Adjektive, die zu dieser Figur passen.

**2** Was verspricht Nasreddin für seinen Unterricht? Wählt die passende Aussage und begründet.

**A** „Ich garantiere für das halbe Geld: Wer bei mir Unterricht nimmt, ist am Ende sehr gut im Bogenschießen."

**B** „Ich garantiere: Für das halbe Geld steckt der Pfeil immer in der Mitte."

**3** Erzählt die Geschichte mündlich nach. Geht dabei so vor:
a Nummeriert fünf Karteikarten und schreibt zu jedem Textabschnitt Stichworte auf eine Karte.
b Ergänzt auf den Karten mit eigenen Worten, was die Figuren in dem Moment sagen oder denken.

meinte • garantierte • fragte • antwortete • lachte • beschwerte sich • schimpfte • spottete

c Erzählt die Geschichte mit Hilfe eurer Karteikarten nach. Verwendet dabei die Zeitform Präteritum.

**4** Wählt einen der Streiche aus diesem Kapitel aus und baut dazu ein Standbild (► S. 305), das eine typische Szene aus der gewählten Geschichte zeigt. Lasst die anderen erraten, welche Geschichte ihr gewählt habt.

# 8.2 Schwänke untersuchen und spielen

## Einen Schwank untersuchen und verstehen

### Till heilt Kranke

Eines Tages kam Till Eulenspiegel nach Nürnberg. An einer Kirchentür hängte er ein großes Plakat auf, auf dem geschrieben stand: „Wunderdoktor in der Stadt“.

Natürlich war auch das wieder eine List des Schelms. Immerhin musste er ja Geld verdienen. Nun kam es, dass es in Nürnberg ein Spital[1] gab, das voll belegt war. Der Direktor des Spitals rechnete sich aus, wie viel Geld er sparen könnte, wenn er den Wunderdoktor engagieren würde, um die vielen Kranken zu heilen.

Und so ließ er Till Eulenspiegel zu sich kommen. 200 Taler handelte man als Verdienst aus, sollte es ihm gelingen, alle Kranken zu heilen. Das war zu damaliger Zeit ein kleines Vermögen!

Till ließ alle Kranken in einem Saal zusammenkommen und bat alle anderen darum, den Raum zu verlassen. Er benötige Ruhe für seine Heilung, gab er zur Erklärung ab. Als alle Ärzte und Schwestern den Raum verlassen hatten, sprach er zu den Kranken:

„Meine Lieben. Es ist so, wer der Kränkste von allen ist, der muss sich für die anderen opfern. Aus ihm stelle ich ein Pulver her, das ich den anderen zur Genesung gebe. Den Kränksten erkenne ich daran, wer zuletzt diesen Raum verlässt, nachdem ich euch aufgefordert habe zu gehen.“

Die Kranken atmeten einmal kräftig durch. Dann nahmen sie ihre Krücken und Gehhilfen zur Hand und rannten mir nichts, dir nichts aus dem Saal heraus. Selbst diejenigen, die schon zehn Jahre und länger das Bett nicht verlassen hatten, schienen plötzlich kerngesund zu sein.

Nach wenigen Minuten war das ganze Krankenhaus leer. Der Direktor freute sich und händigte sogleich Till Eulenspiegel die 200 Taler aus. „Gut gemacht“, gab er ihm noch mit auf den Weg. Till aber verließ sofort die Stadt.

Und das war auch besser so. Denn drei Tage später war das Spital so voll wie zuvor. Das kam dem Direktor dann doch komisch vor. Er fragte seine Patienten, warum sie denn schon wieder da seien. Und als sie ihre Geschichte erzählt hatten, da wusste der Direktor, dass er auf Till Eulenspiegel reingefallen war.

1 das Spital: das Krankenhaus

**1** Wie gefällt euch diese Schelmengeschichte? Tauscht euch über eure Leseeindrücke aus.

**2** a Besprecht: Wer spielt hier wem einen Streich? Was ist außergewöhnlich an der Geschichte?
b Formuliert abwechselnd Fragen zum Text und beantwortet sie.

**3** a Schreibt die folgenden Handlungsschritte in der richtigen Reihenfolge in euer Heft.
**Tipp:** In der richtigen Reihenfolge ergeben die Buchstaben ein Lösungswort.
**E** Der Direktor ruft Till zu sich, weil er Geld im Krankenhausbetrieb sparen möchte.
**E** Till verlässt die Stadt umgehend.
**R** Till gibt sich in Nürnberg als Wunderdoktor aus.
**E** Die Kranken verlassen das Krankenhaus, so schnell sie nur laufen oder humpeln können.
**N** Nach drei Tagen ist das Krankenhaus wieder so voll wie vorher.
**I** Der Direktor verspricht Till 200 Taler, wenn er die Kranken heilt.
**N** Till schickt die Ärzte und Schwestern weg und spricht zu den Kranken.
**G** Der Direktor bezahlt Till die versprochenen 200 Taler.
**L** Till erklärt den Kranken, dass er den Kränksten als Arznei für die anderen nutzen wird.
b Welche Situation stellt den Höhepunkt der Geschichte dar? Markiert den Handlungsschritt im Heft rot und zeichnet ein Bild dazu.

**4** In Schelmengeschichten gibt es meistens einen Stärkeren und einen Schwächeren.
Wer nimmt hier welche Rolle ein? Prüft die vier Aussagen und übertragt die richtigen ins Heft.

**A** Der Direktor ist der Stärkere, da er ein angesehener Mann ist.

**B** Die Kranken sind stark, da sie plötzlich aus dem Spital humpeln können.

**C** Till ist nur ein Schelm und Narr, er ist damit äußerlich schwächer.

**D** Obwohl der Direktor gebildet ist, lässt er sich von Till hereinlegen. Somit ist Till am Ende der Stärkere.

**5** Mit welcher Absicht spielt Till diesen Streich? Diskutiert die folgenden drei Aussagen:
**A** Er will die Kranken zum Lachen bringen.
**B** Er will den Geiz des Direktors bloßstellen.
**C** Er will auf möglichst einfache Weise Geld verdienen.

**6** Stellt euch vor, ihr seid Journalist und sollt über den Schelmenstreich von Eulenspiegel berichten.
Dazu habt ihr Till Eulenspiegel zu einem Interview eingeladen.
a Überlegt euch Fragen, die ihr Till Eulenspiegel stellen könnt.
b Spielt das Interview mit Hilfe eurer Fragen als Rollenspiel.

**Wissen und Können** **Schelmenstreiche und Schwänke**

**Schelme** sind listige, einfallsreiche Menschen, die oft außerhalb der Gesellschaft stehen.
Ihre Streiche richten sich meist gegen die Mächtigen und Reichen.

- Ein **Schwank** ist eine **kurze, lustige Erzählung.** Sie handelt von einem **außergewöhnlichen und komischen Einfall** oder **Streich.**
- Es gibt einen **überraschenden Schluss, eine Pointe,** die häufig auf Sprachwitz beruht.
- Die Hauptfigur, der Schelm oder Narr, ist meist ein äußerlich Schwächerer, der einen Stärkeren hereinlegt und ihm eine Lehre erteilt.
- Durch Schwänke sollen häufig **menschliche Schwächen** wie z. B. Geiz **bloßgestellt** werden.

# Schelmenfiguren vergleichen

## Gohas Besuch beim König

Eines Tages hörte Goha, dass der König eine große Feier aus Anlass der Hochzeit seiner Tochter geben und zu diesem Fest ein großes Essen anrichten lassen wollte. Als Goha, der leidenschaftlich gerne aß, nun erfuhr, dass er nicht zu den auserwählten Gästen gehörte, überlegte er, wie er dennoch an dem Fest teilnehmen könnte.
Zuerst versuchte er einfach, ohne Einladung hineinzukommen, aber die Wächter ließen ihn nicht vorbei.
Auf dem Weg nach Hause überlegte Goha, der niemals schnell aufgab, was er nun tun könnte, und plötzlich kam ihm eine Idee: Zu Hause zog er seine besten Kleider an, nahm ein weißes Papier, faltete es, steckte es in einen Briefumschlag und adressierte den Brief an den König. Dann beeilte Goha sich, nahm seinen Esel und ritt schnell zurück zum Palast des Königs, damit er nur ja das gute Essen nicht verpasse.
Als Goha zu den Wachen an der Tür kam, fragten sie ihn: „Wer bist du und was willst du hier?“ Er antwortete: „Ich bin Goha und ich habe hier einen wichtigen Brief, den ich dem König selbst übergeben muss.“ Goha wurde eingelassen, ging direkt zum König und übergab seinen Brief. Dann mischte er sich schnell unter die geladenen Gäste, die gerade zu Tisch gingen. Er begann sofort zu essen, sodass die anderen Leute erstaunt waren, wie schnell er die leckeren Gerichte verspeiste, noch bevor der König seinen Brief lesen konnte.
Als der König ihn schließlich öffnete, fand er darin nur ein unbeschriebenes Blatt und wurde wütend. Er ging zu Gohas Tisch und sprach: „Goha, dieser Zettel ist weiß und darauf steht nichts geschrieben.“ Goha, der noch am Essen war, antwortete: „Sie haben Recht, Herr König, auf dem Zettel steht nichts geschrieben, denn ich kam in großer Eile und hatte keine Zeit mehr, etwas daraufzuschreiben. Ich bitte um Verzeihung.“
Der König lachte über Gohas Worte, während dieser schnell mit den Fingern weiteraß. „Warum isst du denn hier im Palast mit deinen fünf Fingern vor all meinen Gästen?“, fragte der König. Goha erwiderte: „Aber selbstverständlich esse ich mit fünf Fingern, denn meine Hand hat keine sechs Finger.“ Daraufhin lachten der König und seine Gäste, während Goha sich genüsslich dem Nachtisch zuwandte.
Nachdem Goha in größter Eile so viel von dem leckeren Essen verschlungen hatte, wie er nur konnte, kam der König wieder zu ihm und fragte: „Aber Goha, was wolltest du denn in deinem Brief eigentlich schreiben?“ Goha erwiderte: „Ach ja, jetzt erinnere ich mich, was ich schreiben wollte: Vielen Dank für Ihre Einladung! Alles hat mir sehr gut geschmeckt!“

**1** a Lasst euch den Schwank „Gohas Besuch beim König“ vorlesen und erzählt die Geschichte anschließend mit eigenen Worten nach.
b Sprecht darüber, an welchen Stellen der Geschichte ihr lachen musstet.

**2** Das Ende ist offen: Wir erfahren nicht, wie der König auf Gohas Behauptung reagiert.
Stellt Vermutungen an, was der König am Schluss antworten könnte.

**3** a Wie wirkt Goha auf euch?
Wählt aus den folgenden Adjektiven und anderen Wörtern solche aus, die zu ihm passen.
Nennt Textstellen, die eure Einschätzung belegen.

glücklich • klug • frech • vergesslich • laut • feige • unverschämt • überheblich • aufbrausend • verwirrt • bösartig • selbstsicher • eingebildet • witzig

b Schreibt die Eigenschaften Gohas auf.
Bildet zu den passenden Wörtern Nomen und schreibt sie mit dem bestimmten Artikel auf, z. B:

*Goha ist klug. Eigenschaft: die Klugheit*

*Goha ist frech. Eigenschaft: die ?*

●●● c Bildet auch Nomen zu den folgenden Adjektiven.
Prüft eure Lösung mit dem Wörterbuch.

selbstbewusst • intelligent • schlau • einfallsreich

**4** Vergleicht das Verhalten Gohas mit dem Till Eulenspiegels in den Geschichten in diesem Teilkapitel.
- Wem gelten ihre Streiche?
- Wie gelingt es Goha und Till, diese Personen hereinzulegen?
- Wie reagieren die Mitmenschen auf die Streiche?
- Was wird mit den Streichen beabsichtigt?

**5** Stellt euch vor, ihr wärt auf dem Fest des Königs selbst zu Gast gewesen und hättet den Vorfall zwischen Goha und dem König miterlebt.
Spielt als Rollenspiel ein Telefonat, in dem ihr eurem besten Freund von diesem Vorfall erzählt.

**6** a Überlegt euch eine menschliche Schwäche und eine dazu passende Person aus der heutigen Zeit, der ihr einen Streich spielen könntet.
b Erfindet dazu einen eigenen kurzen Streich und schreibt ihn auf.
c Lest eure Schwänke in der Klasse möglichst ausdrucksvoll vor und gebt euch gegenseitig Rückmeldung zu euren Geschichten.

# 8.3 Projekt: Einen Schwank in eine Szene umsetzen

Erich Kästner

## Die Schildbürger: Die versunkene Glocke

*Vor langer Zeit soll es in Deutschland eine Stadt namens Schilda gegeben haben. Die Stadt ist frei erfunden. Ihre ebenso frei erfundenen Bewohner jedoch sind sehr berühmt geworden. Alles, was die so genannten Schildbürger taten, machten sie falsch. Und alles, was man ihnen sagte, nahmen sie wörtlich.*

Mittlerweile war der Krieg, an Salzburg und Salzwedel vorbei, durchs Land gezogen und schien sich in bedenklicher Weise dem Städtchen Schilda zu nähern. Das erfüllte die Schildbürger und ihre Ratsherren mit großer Sorge. Denn ob nun die jeweiligen Sieger oder die arg Besiegten in eine Stadt kamen, es war immer dasselbe: Die Soldaten gingen in die Häuser und nahmen sich, zur Erinnerung an die große Zeit, mit, was sie fanden, ob das nun silberne Patenlöffel, Konfirmationsuhren, Tischdecken, Porzellanteller, Samtwesten oder Trauringe waren. Ihnen war alles recht.

So versteckten die Schildbürger geschwind, was ihnen teuer und wert war. Nur mit der Kirchenglocke wussten sie nichts anzufangen. Sie war aus bester Bronze und ziemlich groß. Und man kannte damals schon die Vorliebe der Kriegsleute für Kirchenglocken. Entweder holte die eigene Partei das tönende Erz aus den Glockenstühlen, um Hellebarden[1] und Spieße draus zu fertigen, oder die Feinde nahmen die Glocken als Andenken mit. [...]

Nun lag aber ganz in der Nähe von Schilda ein stiller, tiefer See. Und der Bürgermeister sagte: „Ich hab's. Wir versenken die Glocke im See, und wenn der Krieg vorbei ist, holen wir sie wieder heraus." Gesagt, getan. Sie holten die Glocke aus dem Kirchturm, hoben sie auf einen Wagen, spannten sechs Pferde davor, fuhren zum See hinaus, trugen sie schwitzend in ein Boot und ruderten ein Stückchen. Dann rollten sie die Glocke bis zum Bootsrand und warfen sie ins Wasser. [...] Anschließend zog der Schmied sein Taschenmesser aus der Joppe[2] und schnitt in den Bootsrand eine tiefe Kerbe[3].

„Warum tust du das?", fragte ihn der Bäcker.

„Damit wir nach dem Krieg wissen, wo wir die Glocke ins Wasser geworfen haben", antwortete der Schmied. „Sonst fänden wir sie am Ende nicht wieder." Sie bewunderten seine Vorsorge, lobten ihn, bis er rot wurde, und ruderten ans Land zurück.

Nun, der Krieg machte zum Glück einen großen Bogen um Schilda. [... ] Und man fuhr mit dem Boot auf den See hinaus, um jetzt auch die Glocke zu heben.

„Hier muss sie liegen!", rief der Schmied und zeigte auf seine Kerbe am Bootsrand.

„Nein, hier!", rief der Bäcker, während sie weiterruderten.

„Nein, hier!", rief der Bürgermeister.

„Nein, hier!", rief der Schuster.

Wohin sie auch ruderten, überall hätte die Glocke liegen müssen. Denn die Kerbe am Boot war ja überall dort, wo gerade das Boot war. Mit der Zeit merkten sie, dass der Einfall des Schmieds gar nicht so gut gewesen war, wie sie seinerzeit geglaubt hatten.

Sie fanden also ihre Glocke nicht wieder, sosehr sie auch suchten, und mussten sich notgedrungen für teures Geld eine neue gießen lassen.

1 die Hellebarde: Waffe im Mittelalter

2 die Joppe: die Jacke

3 die Kerbe: der Einschnitt (in das Holz)

## Eine Spielvorlage erstellen

**1** a Lasst euch den Schwank „Die versunkene Glocke" zunächst vorlesen.
b Erklärt, warum die Schildbürger die Kirchenglocke im See versenken.
c Welche Erklärungen treffen auf den Schwank zu? Begründet eure Entscheidungen.

**A** Das Lustige an der Geschichte ist die Idee des Schmieds, die Lage der Glocke an einem beweglichen Gegenstand zu kennzeichnen.
**B** Es ist komisch, dass alle Schildbürger von der Idee des Schmieds begeistert sind und keiner den Unsinn erkennt.
**C** Die Figuren verstehen in der Geschichte eine Aussage falsch und nehmen sie wörtlich.
**D** Es ist lustig sich vorzustellen, wie Schmied, Bäckermeister und Bürgermeister rudern und rudern und dabei jeder „Nein, hier!" schreit.
**E** Die Schildbürger sind listige Schelme und spielen den Kriegsleuten einen lustigen Streich.

**2** a Lest den Schwank noch einmal still und überprüft, in wie viele Szenen ihr ihn aufteilt.
b Formuliert zu jeder Szene einen Satz im Präsens.
*Szene 1 (Z. 1–13): Die Schildbürger haben Angst, dass Soldaten ...*

**3** Schreibt die Dialoge der einzelnen Szenen auf (▸ S. 171).
Oft müsst ihr dabei Informationen aus dem Erzähltext in wörtliche Rede umwandeln, z. B.:
*Schildbürger 1: Hast du schon gehört, der Krieg ist an Salzburg und Salzwedel schon vorbei und bedroht nun auch unser schönes Örtchen.*
*Schildbürger 2: Oh nein, das ist ja Schrecklich! Was sollen wir denn nun machen? Die Soldaten werden kommen und unsere wertvollsten Sachen mitnehmen.*
*Schildbürger 1: ...*

## Eine Szene inszenieren und vorspielen

**4** a Überlegt euch, wie eure Bühne aussehen soll, und fertigt dazu eine Skizze an.
b Besprecht und notiert die nötigen Aufgaben zur Vorbereitung einer Szene, z. B.:

| Requisiten | Material | Verantwortliche |
|---|---|---|
| – *Ruderboot mit Paddeln* | – *aus Karton bauen und anmalen*<br>– *Paddel aus Stöcken basteln* | – *Julia, Christina und Noel*<br>– *Jonas und Achmed* |
| – .. | – ... | – ... |

**5** Entscheidet euch, wer welche Rolle spielt, und bestimmt einen „Regisseur," der den Schauspielern Hinweise zu Gestik, Mimik und Sprechweise gibt.

**6** a Überlegt euch, wen ihr zu eurer Vorstellung einladen könntet (Eltern oder Parallelklasse) und wann die Aufführung stattfinden kann.
b Entwerft eine Einladung zu eurer Vorstellung, die ihr entsprechend verteilt.

# 9 Lyrische Naturbilder –
## Gedichte verstehen und gestalten

**1** Beschreibt, was ihr auf dem Bild seht.

**2** Stellt dar, welche Eindrücke ihr mit den verschiedenen Jahreszeiten verbindet, z. B. *Frühling – Vogelgezwitscher.*

**3** Überlegt, welche Jahreszeit ihr am liebsten mögt, und begründet.

**In diesem Kapitel ...**

- wiederholt ihr die Merkmale von Gedichten,
- lernt ihr die sprachlichen Besonderheiten in Gedichten kennen,
- tragt ihr Gedichte ausdrucksvoll vor,
- gestaltet ihr Gedichtkalender.

# 9.1 Die Natur hat viele Gesichter – Gedichte untersuchen und vortragen

## Ein Stein in meiner Hand – Ein Gedicht lesen und verstehen

Reinhard Brunner

### Ein Stein

Ein Stein in meiner Hand.
Ich erfasste ihn mit meinen Fingern.
Wie fühlt er sich an?
Kalt, glatt, rund?

Ich lasse ihn in meiner Hand ruhen.
Ich spüre sein Gewicht,
ein kleiner, schwerer Stein.

Zuerst ist er noch kalt.
Dann wird er wärmer, so warm wie meine Hand.
Ein Stein in meiner Hand.

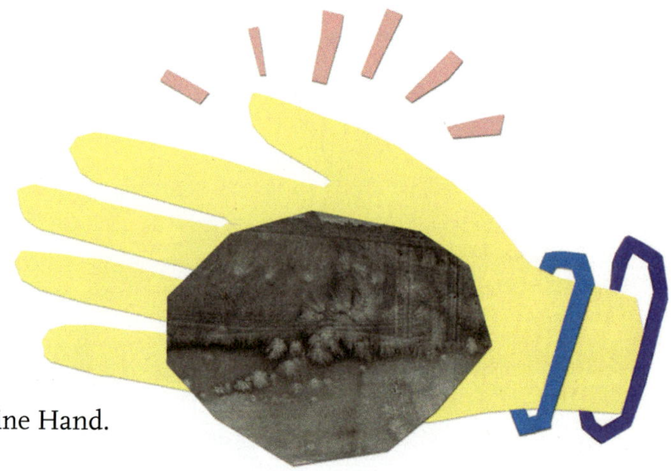

**1** a Wie wirkt das Gedicht auf euch? Nennt Stimmungen, z. B.: traurig, heiter, nachdenklich ...
b Tragt das Gedicht laut und ausdrucksstark vor. Probiert dabei verschiedene Möglichkeiten aus, wie das Gedicht vorgelesen werden kann.

**2** Der Autor hat einen einfachen Gegenstand zum Thema seines Gedichts gemacht. Wie ist es ihm gelungen, den Stein als etwas Besonderes darzustellen? Nennt Gedichtverse.

**3** a Sucht euch selbst einen schönen Stein. Beschreibt ihn und gebt wieder, was ihr empfindet, wenn ihr ihn in euren Händen haltet.
b Sammelt Wörter in einem Cluster und schreibt ein eigenes Gedicht über euren Stein.

**4** Steine spielen in Redewendungen eine wichtige Rolle:
*wie ein Stein schlafen, den Stein ins Rollen bringen ...*
Sucht weitere derartige Begriffe und erklärt sie, indem ihr sie in Sätzen anwendet.

**Wissen und Können** **Naturgedichte**

In Naturgedichten wird die **Natur** dargestellt, z. B. Pflanzen, Landschaften oder Jahreszeiten. Oft wird auch das **Verhältnis zwischen Mensch und Natur** betrachtet. In diesen Texten werden meist **verschiedene Sinne** angesprochen, z. B. Sehen, Hören, Riechen, Ertasten. Dadurch kann man sich die beschriebenen Inhalte besser vorstellen.

# Regen, Hagel und Schnee – Reime vortragen und untersuchen

Mascha Kaléko

## Es regnet

Es regnet Blümchen auf die Felder,
Es regnet Frösche in den Bach.
Es regnet Pilze in die Wälder,
Es regnet alle Beeren wach!

Der Regen singt vor deiner Türe,
Komm an das Fenster rasch und sieh:
Der Himmel schüttelt Perlenschnüre
Aus seinem wolkigen Etui[1].

Vom Regen duften selbst die Föhren[2]
Nach Flieder und nach Ananas.
Und wer fein zuhört, kann das Gras
Im Garten leise wachsen hören.

1 das Etui: kleiner Behälter, Hülle
2 die Föhre: Kiefer, Baumart

**1** Lasst euch das Gedicht vorlesen und schließt dabei die Augen.
- a Was seht ihr? Was hört ihr? Was riecht ihr? Sammelt die Eindrücke in einer Tabelle an der Tafel.
- b Lest das Gedicht anschließend noch einmal leise und ergänzt die Tabelle.

| sehen | hören | riechen |
|---|---|---|
| ... | ... | *Föhren* |

**2**
- a Schreibt das Gedicht in euer Heft und markiert es mit entsprechenden Betonungszeichen, z. B.: betonte Silbe ´, lauter <, leiser >, kurze Pause /, längere Pause //, schneller +, langsamer –, über Zeilenende hinaussprechen.

> Eś regnet´ Blümchen auf dié Felder, /
> Eś regnet´ Frösche in deń Bach. /

- b Lest das Gedicht nun ausdrucksvoll vor.
- c Besprecht die Leseleistungen der Vortragenden, indem ihr gelungene Stellen des Vortrags benennt und ihnen Vorschläge zur Verbesserung macht.

**3** Unterstreicht im Heft die zusammengehörenden Reimwörter in gleicher Farbe und kennzeichnet sie mit dem gleichen Buchstaben. Bestimmt die Anzahl der Strophen und der Verse sowie die Reimform des Gedichts. Benutzt dazu den Merkkasten auf Seite 156.

Georg Britting

## Am offenen Fenster bei Hagelwetter

Himmlisches Eis
sprang mir auf den Tisch,
rund, silberweiß.
Schoss wie ein Fisch

weg von der Hand,
die's greifen wollt,
schmolz und verschwand
Blitzend wie Gold

Blieb auf dem Holz
nur ein Tropfen dem Blick.
Mächtig die Sonne
Sog ihn zurück.

**4** Lest das Gedicht „Am offenen Fenster bei Hagelwetter" still für euch.
a Was geschieht in dem Gedicht? Erzählt es strophenweise in eigenen Worten nach.
b Beschreibt seinen Aufbau.

Klabund

## Schneeflocken

Wende ich den Kopf nach oben:
Wie die weißen Flocken fliegen,
Fühle ich mich selbst gehoben
Und im Wirbeltanze wiegen.
Dicht und dichter das Gewimmel;
Eine Flocke bin auch ich. –
Wie viel Flocken braucht der Himmel,
Eh die Erde langsam sich
Weiß umhüllt?

**5** a Erklärt, was der Autor in dem Gedicht beschreibt.
b Vermutet, wie er zu der Aussage kommt: „Eine Flocke bin auch ich."

**6** Legt über beide Gedichte eine Folie und bereitet sie nacheinander für einen Vortrag vor, indem ihr mit einem Folienstift die Betonungs- und Pausenzeichen (▶ S. 155, Aufgabe 2) darauf markiert.

**Wissen und Können** **Der Aufbau eines Gedichts**

Eine **Strophe** besteht meist aus mehreren Zeilen, Gedichtzeilen nennt man **Verse.**
Viele Gedichte reimen sich, das heißt, der Endreim klingt gleich.
**Paarreim:** Es reimen sich zwei aufeinanderfolgende Verse (aa bb).
**Kreuzreim:** Es reimen sich der 1. und 3. sowie der 2. und 4. Vers (a b a b).
**Umarmender Reim:** Ein Paarreim wird von zwei Versen umschlossen, die sich ebenfalls reimen.

# 9.2 Veilchen träumen schon – Jahreszeitengedichte erschließen

## Frühling und Sommer – Sprachliche Bilder erkennen

Eduard Mörike

### Er ist's

Frühling lässt sein blaues Band
wieder flattern durch die Lüfte,
süße, wohlbekannte Düfte
streifen ahnungsvoll das Land
Veilchen träumen schon,
wollen balde kommen.
– Horch, von fern ein leiser Harfenton!
Frühling, ja du bist's!
Dich hab' ich vernommen!

**1** a Lest das Gedicht zunächst leise und erklärt, worüber sich das „Ich" hier freut.
b Findet heraus, durch welche Sinneseindrücke der Frühling angedeutet wird.
c Der Dichter wendet das sprachliche Bild der Personifikation (▸ S. 158) gleich mehrere Male an:
Frühling lässt sein blaues Band wieder flattern ...
Sucht weitere dieser sprachlichen Bilder und besprecht, wie sie auf euch wirken.

**2** Tragt das Gedicht vor. Besprecht dazu, wie ihr die Zeilen am besten betont, und lest das Gedicht dann ausdrucksvoll vor.

Christine Busta

### Der Sommer

Er trägt einen Bienenkorb als Hut,
blau weht sein Mantel aus Himmelsseide,
die roten Füchse im gelben Getreide
kennen ihn gut.
Sein Bart ist voll Grillen. Die seltsamen Mären[1]
summt er der Sonne vor, weil sie's mag,
und sie kocht ihm dafür jeden Tag
Honig und Beeren.

1 die Mär: die (mündliche) Erzählung

**3** Auch dieses Gedicht enthält Personifikationen (▸ S. 158). Sucht sie heraus und erklärt sie.

Anne Steinwart

## Pusteblumensonntag

Fallschirme schweben über
die Wiese
weiße zarte Balletttänzer
das Orchester auf den
Bäumen zwitschert und flötet
ohne Pause
behutsam führt ein sanfter Wind
den Taktstock und
schmeichelt den Pusteblumen
die letzten Tänzerinnen ab.
Ich liege im Gras
applaudiere bin andächtiges
Publikum
und wäre viel lieber
mit auf der Bühne.

**4** a Stellt nach dem genauen Lesen fest, was hier geschildert wird.
b Was sieht und hört das „Ich" im Gedicht und welchen Wunsch hat es am Ende?

**5** a Beschreibt die äußere Form des Gedichts. Was fällt euch auf?
b Überlegt, inwiefern die äußere Form das Bild der Pusteblume unterstützt.

**6** a Findet heraus, mit welchen sprachlichen Bildern die „Pusteblumen" beschrieben werden.
b Erklärt, warum die Autorin diese Bilder (Metaphern) wählt:
*Fallschirme – gleiten langsam zur Erde (wie die Samen der Pusteblume).*
c Sucht selbst weitere Metaphern für die Blume.

**7** Auch der Vergleich ist ein sprachliches Bild. Hier wird das „wie" verwendet:
*Wie Fallschirme schweben die Pusteblumen ...*
Bildet auf der Grundlage des Gedichts weitere Vergleiche.

**Wissen und Können** **Sprachliche Bilder: Personifikation – Metapher – Vergleich**

**Personifikation:** Leblosen Gegenständen, Begriffen oder der Natur werden menschliche Verhaltensweisen und Eigenschaften zugesprochen, z. B.: *Die Sonne lacht, die Natur schläft.*
**Metapher:** Ein Wort wird in einer übertragenen (bildlichen) Bedeutung gebraucht, z. B.: *Nussschale* für *kleines Boot*, *König der Lüfte* für *Adler.*
**Vergleich:** wird häufig gebraucht, wenn etwas besonders anschaulich dargestellt werden soll, z. B.: *kalt wie Eis, schnell wie der Wind.*

Marie Luise Kaschnitz

## Juni

Schön wie niemals sah ich jüngst die Erde.
Einer Insel gleich trieb sie im Winde.
Prangend trug sie durch den reinen Himmel
Ihrer Jugend wunderbaren Glanz.

Funkelnd lagen ihre blauen Seen,
Ihre Ströme zwischen Wiesenufern.
Rauschen ging durch ihre lichten Wälder,
Große Vögel folgten ihrem Flug.

Voll von jungen Tieren war die Erde.
Fohlen jagten auf den grellen Weiden,
Vögel reckten schreiend sich im Neste,
Gurrend rührte sich im Schilf die Brut.

Bei den roten Häusern im Holunder
Trieben Kinder lärmend ihre Kreisel.
Singend flochten sie auf gelben Wiesen
Ketten sich aus Halm und Löwenzahn.

Unaufhörlich neigten sich die grünen
Jungen Felder in des Windes Atem,
Drehten sich der Mühlen schwere Flügel,
Neigten sich die Segel auf dem Haff.

Unaufhörlich trieb die junge Erde
Durch das siebenfache Licht des Himmels,
Flüchtig nur wie einer Wolke Schatten
Lag auf ihrem Angesicht die Nacht.

**8** a Lasst euch das Gedicht vortragen und lest es dann selbst mehrmals.
b Überlegt, von welchem Standpunkt aus das „Ich", das im ersten Vers erscheint, die Erde betrachtet.

**9** Erarbeitet zu zweit oder zu dritt den Aufbau des Gedichts. Notiert dafür zu jeder Strophe, was darin beschrieben wird.

**10** Fertigt zu zweit oder zu dritt ein Wordle an, indem ihr die Nomen des Gedichts „Juni" als „Wortschwarm" gestaltet und dabei die öfter vorkommenden Nomen größer schreibt als die anderen.

# Herbst und Winter – Gedichte vergleichen

Otto Wolf

## Dr Härbst als Moalr

A Moalr gäaht durchs weita Land,
von Wind zrzaust it sei Gawand.
Ar moalt in Farba zoart und mild
allübrol sei Landschaftsbild.

Ar braucht kee Pensl, kee Schtaffelei,
ar schträt sei Farbn wahlloas nei,
auf Baama, Büsch un Hecka,
dass diea sich schöa badecka.

Dr Waldrand it sei Galerie,
doa schtelltr frei sei Bildr hie
und jedr kou diea Farbnpracht,
vou fern und noah ümsüst batracht.

Ihr fröacht nit wiea dar Moalr häßt
dar kreuz un gwer durchs Landla räst.
Dar Moalr it euch all bakannt,
dar Moalr, dar wüard HARBST ganannt.

Wigg Ponzauner

## Da Herbst

D'Sunn laßt scho a bisserl na,
D'Luft, de kriagt an rauha G'schma
Und da Tag kriagt kurze Füaß,
's Obst im Garten draußt wird süaß,
D'Nacht, de wachst, da Tag wird kurz,
Herbstln duads.

D'Vögl werd'n scho oi Tag wenga,
D'Bleame lass'n d'Köpferl hänga,
's Wies'ngras ziagt 's Gnack scho ei,
Zeite wird am Haus da Wei,
In da Früah da Reif am Bach –
Da Herbst ist da.

D'Kirtagans, de draht se stoiz,
Gscheckert wird's jetzt draußt im Hoiz,
Da Wind blost auf zum Laabareig'n,
D'Kinder laß'n Drach'n steig'n.
Laare Wies'n und Felder siagst,
Mir ham hoit Hirgst.

| **Fränkisch:** | **Bairisch:** |
|---|---|
| Moalr = Maler | Sunn = Sonne |
| Pensl = Pinsel | G'schma = Geschmack |
| schträt = streut | oi = alle |
| schtelltr = stellt er | wenga = weniger |
| fröacht = fragt | Gnack = Genick |
| | Laabareig'n = Laubreigen |
| | laare = leere |
| | siagst = siehst |
| | Hirgst = Herbst |

**1** Versucht, das fränkische (links) und bairische (oben) Gedicht ins Hochdeutsche zu übersetzen. Beachtet die „Übersetzungshilfen".

**2** a Vergleicht die Dialektgedichte mit eurer hochdeutschen Übersetzung. Was stellt ihr fest? (► S. 279)
b Überlegt, warum manche Autoren im Dialekt schreiben.

**3** Erklärt, wie die zwei Mundartdichter sich jeweils mit dem Herbst beschäftigen und was sie in ihren Gedichten aussagen.

Joseph von Eichendorff

## Verschneit liegt rings die ganze Welt

Verschneit liegt rings die ganze Welt,
Ich hab nichts, was mich freuet,
Verlassen steht ein Baum im Feld,
Hat längst sein Laub verstreuet.

Der Winter nur geht bei stiller Nacht
Und rüttelt an dem Baume,
Da rührt er seine Wipfel sacht
Und redet wie im Traume.

Er träumt von künftger Frühlingszeit,
Von Grün und Quellenrauschen,
Wo er im neuen Blütenkleid
Zu Gottes Lob wird rauschen.

Frank Bubenheim

## Schnee

Schnee rieselt leise in bekannter Weise
Von oben nach unten, ohne Geräusche,
dass er niemand enttäusche.

Wenn der Schnee nun verkehrt rum rieselte
Und von unten nach oben pieselte,
wäre das etwas Markantes,
etwas Neues und Unbekanntes.

So ist es besser, er rieselt schön leise
In der uns hinlänglich bekannten Weise.

**4** Diskutiert, in welch unterschiedlicher Weise sich die Gedichte mit dem Winter beschäftigen.

**5** Überlegt, welche Stimmung Joseph von Eichendorff in seinem Wintergedicht vermittelt und mit welchen Ausdrücken sie zustande kommt.

**6** Erklärt, wie das Gedicht „Schnee“ auf euch wirkt. Nennt dazu Textstellen.

**7** Untersucht die Gedichte in Bezug auf ihren Aufbau und ihre sprachlichen Bilder (▸ S. 156, 158).

## 9.3 Projekt: Einen Gedichtkalender gestalten

**1** Gestaltet einen Gedichtkalender. Geht dabei so vor:
- a Besprecht, ob jeder Schüler einen eigenen Kalender anfertigt oder ob ihr einen Klassenkalender gestaltet und jeder Monat von einer Gruppe übernommen wird.
- b Verabredet in der Klasse einen Zeitplan und einigt euch auf eine Kalendergröße.

**2**
- a Lest die Gedichte auf der folgenden Seite und ordnet sie einzelnen Monaten zu.
- b Wählt aus, welche Gedichte ihr für euren Kalender verwendet wollt. Ihr könnt auch Gedichte von den Seiten 154–164 oder selbst verfasste Gedichte wählen.

**3** Nutzt Tonpapier in der gleichen Größe aus und überlegt, welche Bilder euer Kalenderblatt schmücken sollen. Sie können gemalt oder als Collage gestaltet werden (z. B. aus Zeitschriften, Prospekten).

**4** Gestaltet das jeweilige Kalenderblatt. Schreibt das Gedicht zuerst auf das Blatt oder klebt den am Computer gestalteten Text auf. Ihr könnt auch zuerst die Bilder gestalten und dann das Gedicht zwischen den Bildern oder der Collage platzieren.

Peter Hacks

### Der Winter

Im Winter geht die Sonn'
Erst mittags auf die Straße
Und friert in höchstem Maße
Und macht sich schnell davon.

Ein Rabe stelzt im Schnee
Mit grau geschneitem Rücken,
In seinen Fußabdrücken

Sieht man jeden Zeh.
Der Winter ist voll Grimm.
Doch wenn die Mutter Geld hat
Und viel Briketts bestellt hat,
Dann ist er nicht so schlimm.

Paula Dehmel

## Ich bin der Juli

Grüß Gott! Erlaubt mir, dass ich sitze,
Ich bin der Juli, spürt ihr die Hitze?

Kaum weiß ich, was ich noch schaffen soll,
die Ähren sind zum Bersten voll;

reif sind die Beeren, die blauen und roten,
saftig sind Rüben und Bohnen und Schoten.

So habe ich ziemlich wenig zu tun,
darf nun ein bisschen im Schatten ruhn.

Duftender Lindenbaum,
rausche den Sommertraum!

Seht ihr die Wolke? Fühlt ihr die Schwüle?
Bald bringt Gewitter Regen und Kühle.

Eduard Mörike

## Septembermorgen

Im Nebel ruhet noch die Welt,
Noch träumen Wald und Wiesen:
Bald siehst du, wenn der Schleier fällt,
Den blauen Himmel unverstellt,
Herbstkräftig die gedämpfte Welt
In warmem Golde fließen.

Christian Morgenstern

## Novembertag

Nebel hängt wie Rauch ums Haus,
drängt die Welt nach innen;
ohne Not geht niemand aus,
alles fällt in Sinnen.

Leiser wird die Hand, der Mund,
stiller die Gebärde.
Heimlich wie auf Meeresgrund
träumen Mensch und Erde.

Mascha Kaléko

## Advent

Der Frost haucht zarte Häkelspitzen
Perlmuttergrau aus Scheibenglas.
Da blühn bis an die Fensterritzen
Eisblumen, Sterne, Farn und Gras.

Kristalle schaukeln von den Bäumen,
Die letzten Vögel sind entflohn,
Leis fällt der Schnee ... In unsern Träumen
Weihnachtet es seit gestern schon.

# 10 Vorhang auf! – Ein Theaterprojekt durchführen

**1** Das Foto zeigt eine Szene aus der Theateraufführung „Im Viertelland" einer 6. Klasse. Betrachtet das Bild und überlegt, worum es in diesem Theaterstück gehen könnte.

**2** Ihr könnt auch mit eurer Klasse ein Theaterstück aufführen. Tauscht euch aus:
- Welches Thema, das man auf einer Bühne darstellen kann, würde euch besonders interessieren?
- Überlegt, wie ein Stück sein muss, damit die ganze Klasse mitspielen kann.
- Stellt fest, was man bei der Planung eines Theaterstücks alles beachten muss.

**In diesem Kapitel ...**

- interpretiert ihr Sprichwörter und Redensarten und stellt sie szenisch dar,
- entwickelt ihr aus einer Geschichte Szenen,
- bringt ihr eigene Spielideen kreativ ein,
- spielt ihr die erarbeiteten Szenen vor Publikum.

# 10.1 Schritt für Schritt auf die Bühne – Übungen mit Redensarten und Sprichwörtern

**1** a Überlegt euch, wie ihr folgende Redensarten pantomimisch darstellen (stumm etwas zeigen, vorführen) könnt:
- jemanden über den Tisch ziehen
- den Faden verlieren
- zwischen zwei Stühlen sitzen
- in einen sauren Apfel beißen
- jemandem auf den Zahn fühlen
- jemanden an der Nase herumführen

b Spielt vor der Klasse diese oder selbst gewählte Redensarten vor und lasst die anderen raten, was ihr meint. Achtet dabei vor allem auf euren Gesichtsausdruck (Mimik), auf die Körperhaltung und die passenden Handbewegungen (Gestik).
Besprecht dann die übertragene Bedeutung der Redensarten (► S. 94 f.).

**2** Stellt zunächst diese zweigeteilten Sprichwörter richtig zusammen:

| | |
|---|---|
| Was du heute kannst besorgen, | haben die dicksten Kartoffeln. |
| Der frühe Vogel | sagen alle faulen Leute. |
| Morgenstund | findet auch ein Korn. |
| Morgen, morgen, nur nicht heute, | das verschiebe nicht auf morgen. |
| Eine blinde Henne | hat Gold im Mund. |
| Wie man in den Wald ruft | fängt den Wurm. |
| Die dümmsten Bauern | der muss sehen, was übrig bleibt. |
| Wer nicht kommt zur rechten Zeit, | fällt selbst hinein. |
| Wer andern eine Grube gräbt, | so schallt es zurück. |

**Wissen und Können** **Redensarten und Sprichwörter**

**Redensarten** sind allgemein bekannte Ausdrücke bildhafter Vergleiche, die sehr anschaulich wirken, z. B.: *ein Brett vor dem Kopf haben, etwas im Schilde führen.*
Redensarten sind feste Verbindungen, die nicht verändert werden können. Man kann zum Beispiel nicht stattdessen sagen: „Ein Bild vor dem Kopf haben."
**Sprichwörter** sind länger als Redensarten und vollständige Sätze, die häufig auch gereimt werden. Sie enthalten Lebensweisheiten, die allgemeingültig sind, z. B.: *Was du nicht willst, dass man dir tu, das füg auch keinem anderen zu.*

## Eine Szene zu einem Sprichwort spielen

1 a Wählt ein Sprichwort aus, zu dem euch selbst ein Erlebnis einfällt.
Überlegt euch zu diesem Sprichwort eine kurze Szene, die zu einem bestimmten Sprichwort führt und die das Sprichwort anhand eines Beispiels erläutert.

b Spielt diese Szene mit eigenen Worten, wenn ihr mögt, auch im Dialekt.

c Spielt die Szene dann der Klasse vor und lasst sie raten, welches Sprichwort ihr dargestellt habt.

**Wissen und Können** **Szenisch spielen**

- Sprecht laut, deutlich und nicht zu schnell.
- Betont angemessen.
- Versetzt euch in die jeweilige Person hinein (Alter, Geschlecht, Stimmung, Beziehung zu den anderen Personen).
- Achtet auf Mimik und Gestik.
- Wendet euch zum Publikum, kehrt ihm nicht den Rücken zu.
- Wenn die Zuschauer lachen, wartet kurz ab und sprecht erst danach weiter.
- Fallt währenddessen nicht „aus der Rolle" – das bedeutet, ihr zeigt nicht, dass ihr euch über die Lacher freut, und lacht nicht mit, sondern verharrt in der gerade eingenommenen Pose (Haltung).

# 10.2 *Im Viertelland* – Aus einem Text Theaterszenen entwickeln

## Von der Geschichte zum Theaterstück

Gina Ruck-Pauquèt (* 1931)

**Im Viertelland**

Das Land ist rund wie ein Pfannkuchen. Und weil es aus vier verschiedenen Vierteln besteht, heißt es das Viertelland. In einem Viertel ist alles grün: die Häuser, die Straßen, die Autos, die Telefone, die Erwachsenen und auch die Kinder. Im zweiten Viertel ist alles rot: die Bäume, die Badewannen, die Eisenbahnen, die Zigaretten, die Erwachsenen und die Kinder. Im dritten Viertel ist alles gelb: die Besen, die Krankenhäuser, die Blumen, die Baugerüste, die Erwachsenen und die Kinder. Im vierten Viertel ist alles blau: die Verkehrsampeln, die Möbel, die Brücken, die Zahnbürsten, die Fahrräder, die Erwachsenen und die Kinder.

Wenn die Kinder geboren werden, sind sie bunt. Im ganzen Land ist das so. Aber die Erwachsenen schauen sie aus ihren grünen, roten, gelben oder blauen Augen an und streicheln sie mit ihren grünen, roten, gelben oder blauen Händen, bis sie endlich auch nur noch eine Farbe haben. Die richtige Farbe. Und das geht meistens sehr schnell. Einmal kam in Grün ein kleiner Junge zur Welt, den sie Erbs nannten. Erbs war mit einem Jahr immer noch ein bisschen bunt. Es war beunruhigend. Aber schließlich wurde er doch noch richtig grün.

Im Viertelland brauchen die Kinder nicht zur Schule zu gehen. Sie lernen nur das Wesentliche. In Grün lernen sie, dass grün richtig ist, in Rot, dass rot richtig ist, in Gelb, dass gelb und in Blau, dass blau richtig ist. So laufen in Rot Tag und Nacht Spruchbänder. „Grün, gelb und blau ist gelogen!", kann man da lesen. „Nur rot ist wahr!" Und dann erklingt das Erdbeermarmeladenlied. Das ist die Nationalhymne. In Gelb schreit der Lautsprecher: „Rot, blau und grün ist doof! Und gelb bleibt gelb!" Dann ziehen die Kinder die gelben Mützen vom Kopf und singen den Zitronenblues. In Blau hängen überall Plakate. „Blau", steht darauf, „blau, blau, blau!" Und immer wenn die Kinder mit ihren blauen Augen die Plakate ansehen, zuckt es ihnen in den blauen Füßen und sie müssen den Pflaumentango tanzen. In Grün steht ein Roboterredner im Park. „Seid grün!", ruft er. „Und wenn ihr rot, gelb oder blau hört, so glaubt es nicht!" Einmal hat Erbs ihm ein Stückchen grünen Käse in den Mund gesteckt. Da konnte der Roboter drei Tage nur noch „piperlapop" sagen. Das fanden alle Kinder prima.

„Gelben Tag", begrüßen die Kinder einander in Gelb. Dann spielen sie Melonenrollen und lassen Kanarienvögel fliegen. Manchmal sitzen sie auch und träumen. Natürlich träumen sie gelb, denn etwas anderes wissen sie ja nicht. Löwenzahn träumen sie, Strohhut, Aprikosengelee, Postauto und Glühwürmchen. Und wenn sie ihre gelben Augen wieder öffnen, sind sie immer ein bisschen unzufrieden. Aber sie können nicht herausfinden, warum.

In Rot spielen die Kinder das große Rot-Spiel: Sie werfen Tomaten in den Sonnenuntergang. Und der Sonnenuntergang schluckt sie alle. Wenn es dann dunkel wird und die roten Lampen in den Häusern brennen, sitzen die Kinder, schauen in sich hinein und fühlen sich. Und alles, was sie fühlen, ist rot. Manchmal ist ihnen, als fehle ihnen etwas. Aber sie sprechen nicht darüber.

In Blau machen sie es so: „Himmel", sagt ein Kind und die anderen rufen dann: „Blau!"

„Rauch!"

„Blau!"

„Tinte!"

„Blau!"

„Wellensittich!"

„Blau!"

„Vergissmeinnicht!"

„Blau!"

In Grün freuen die Kinder sich am meisten über das Kaktusspringen. Denn wenn eines nicht hoch genug springen kann, hat es die Stacheln im Po. Froschhüpfen ist auch ganz nett. Aber Graszählen ist langweilig. Da gähnen sie dann bald. Sie setzen sich auf die grünen Gartenzäune und wünschen sich grüne Wünsche. Pfefferminzlikör beispielsweise, Salat mit Schnittlauch, fünf Meter Gartenschlauch oder so.

Nur Erbs bringt es eines Tages fertig, sich einen roten Punkt zu wünschen. Es ist ein winzig kleiner roter Punkt. Aber trotzdem ist es ein Glück, dass die Polizei es nicht weiß.

Die Polizisten haben die Aufgabe, jeden Morgen um sechs die Kreidestrichgrenzen neu nachzuziehen. Sie kämmen sich ihre grünen, roten, blauen und gelben Haare mit grünen, roten, blauen und gelben Kämmen und machen sich ans Tagwerk. [...]

Nun ist es aber nicht so, dass es im Viertelland keine Verbindung untereinander gibt. Man kann telefonieren. So kann man in Rot zum Beispiel Blau wählen. Man kann auch in Blau Grün wählen. Weil aber die Telefonleitungen durchgeschnitten sind, kriegt man keinen Kontakt. Und weil die Kinder das wissen, versuchen sie es gar nicht erst.

Eines Tages geschieht etwas Überraschendes: Mitten in Grün wächst eine gelbe Rose: Es ist eine schöne Rose, aber die Leute verziehen angeekelt das Gesicht, als sei es ein Mistkäfer. Und es dauert nicht lange, da haben fünfunddreißig Polizisten die Rose mit fünfunddreißig grünen Spaten niedergeschlagen.

Das ist der Tag, an dem Erbs seinen Löffel in den Spinat fallen lässt. Der Spinat spritzt meterweit in der Gegend herum. Aber das macht nichts, denn das Zimmer ist ja sowieso grün.

Und die Eltern auch. Nur der Teller zerspringt. Dann geschieht weiter gar nichts mehr. Jedenfalls sieht und hört man nichts Besonderes. Aber in den Kindern vom Viertelland ist eine Unruhe. In allen Kindern – seit der Teller zersprungen ist.

Da laufen die Kinder aus Rot zum Mittelpunkt des Landes, wo sich die Grenzen treffen, die Kinder aus Blau gehen dahin, die aus Gelb und die aus Grün.
Sie blicken einander an und sind stumm.
Bis Erbs etwas tut. Einfach so. Er spuckt nämlich auf die Kreidestrichgrenze. Dann scharrt er ein bisschen mit dem Fuß in der Spucke herum, und die Kreide ist weg. Sofort machen alle anderen Kinder mit! Sie spucken und scharren, bis es keine Grenzen mehr gibt. Und dann lachen sie und fassen einander vorsichtig an. Die grünen die gelben, die gelben die blauen, die blauen die roten, die grünen die blauen, ja und immer so weiter, bis jedes jeden angefasst hat.

Zuerst merken sie weiter nichts. Sie fangen an, miteinander zu spielen, und sie vergessen, was der Lautsprecher, die Plakate, der Roboter und die Schriftbänder sagten.
Ganz langsam aber geschieht es, dass sie aufhören, nur eine Farbe zu haben. Die Kinder werden bunt. Die grünen kriegen zu Grün noch Rot, Blau und Gelb hinzu, die gelben Grün, Rot und Blau, die blauen Rot, Gelb und Grün und die roten Gelb, Grün und Blau.
Und nachdem nun jedes Kind jede Farbe hat, kann es auch in jeder Farbe denken, fühlen, träumen und wünschen. Jedes versteht das andere und allen gehört das ganze Land. Nie zuvor waren sie so fröhlich. Sie singen gemeinsam den Zitronenblues, spielen Kaktusspringen, denken sich blauen Schnee und werfen Tomaten in den Sonnenuntergang.

Die Erwachsenen machen große Augen. Aber weil bunte Kinder richtiger sind als einfarbige, können sie nichts dagegen tun. Ja, manche Eltern wünschen plötzlich selbst, bunt zu werden. Einige bemühen sich so sehr, dass sie tatsächlich ein paar kleine, andersfarbige Tupfer kriegen. Zum Beispiel die Eltern von Erbs. Aber wirklich bunt sind nur die Kinder.

**1** a Formuliert W-Fragen zu dem Text und beantwortet sie gemeinsam in der Klasse, z. B.:
- Was ist das Besondere am Viertelland? *Es ist rund und …*
- Womit sind die Kinder im Viertelland unzufrieden? *Sie möchten …*

b Erzählt die Geschichte mit eigenen Worten nach.

**2** Erarbeitet aus der Geschichte eine Szene. Dabei gilt es einiges zu beachten. Lest dazu die folgenden Regeln und sammelt weitere Tipps:

- Arbeitet **in der Gruppe** gut zusammen und bringt auch **als Einzelner** gute Ideen ein.
- Jeder übernimmt eine **Aufgabe** und ist dafür verantwortlich.
- Jede **Meinung** wird von allen Gruppenmitgliedern angehört und erst genommen.
- Die Gruppe einigt sich dann auf die besten Vorschläge und setzt sie um.

## Eine Szene erarbeiten

**3** So geht ihr vor, wenn ihr eine Textstelle als Szene für ein Theaterstück ausgestaltet:

**Schritt 1:** Lest die passende Textstelle genau und plant eure Szene:
- **Figuren:** Wer ist in der Szene zu sehen?
- **Situation:** Was passiert?
- **Verhalten:** Wie verhalten sich die Personen? Was sagen sie? Wie sprechen sie?

**Schritt 2:** Schreibt ein Gespräch auf, aus dem die Handlung der Textstelle deutlich wird. Ihr könnt Aussagen aus dem Text übernehmen oder eigene Ideen einbringen. Ergänzt passende Regieanweisungen in Klammern (Was ist auf der Bühne zu sehen?).

**Schritt 3:** Verteilt die Rollen in eurer Gruppe, probt die Szene und spielt sie der Klasse vor.

a Seht euch als Beispiel an, wie die Textstelle „Erbs ist noch nicht grün genug" (▶ Z. 16–27) von einer Schülergruppe umgesetzt wurde (Schritt 1 und 2). Das Ende der Szene fehlt noch.

(1)
- **Figuren:** zuerst Erbs und seine Eltern; später auch die Großeltern
- **Situation:** Erbs ist mit einem Jahr immer noch nicht richtig grün.
- **Verhalten:** Mutter schämt sich, Vater ist optimistisch; Großeltern sind ...

(2) *(Mutter beugt sich über eine grüne Wiege, Vater liest eine grüne Zeitung.)*

**Mutter:** Sieh nur, Grünbert, unser Erbs.

**Vater:** Was ist denn mit ihm, Grünhilde?

**Mutter** *(zeigt ein Messgerät):* Ich habe ihn gerade vermessen: Sein Grünanteil liegt immer noch unter 50 Prozent!

**Vater:** Na, es ist doch schon besser geworden. Letzten Monat war er noch bei 30 Prozent. Er kommt also voran ...!

**Mutter** *(ängstlich):* Deine Eltern kommen gleich zum grünen Tee zu uns. Was wird deine Mutter nur sagen? Sie war letztes Mal schon so enttäuscht, dass Erbs noch nicht vollständig ergrünt ist!

**Vater** *(zeigt grinsend eine grüne Babymütze und einen grünen Strampler):* Das ziehen wir Erbs an. Dann bemerken sie nichts!

**Mutter:** Und wenn ich ihn wickeln muss? Dann sieht sie, dass er immer noch bunt ist. Und ich muss alles wieder begrün...den!

**Vater:** Ich werde Mama ablenken. Und du hast doch extra Grünkohl gekocht, da ...

*(Es läutet.)*

b Spielt die Szene vor und führt sie als „Stegreifspiel" fort. Im Merkkasten findet ihr Tipps dazu.

**Wissen und Können** | **Im Stegreifspiel improvisieren**

- **Improvisieren** bedeutet, sich zu einer bestimmten Situation oder einem Thema **spontan** etwas auszudenken. Beim Theaterspielen spricht man vom **„Spielen aus dem Stegreif":** Die Schauspieler/-innen spielen, was ihnen gerade zum Thema einfällt, ohne sich vorher abgesprochen zu haben. Es ist wichtig, dass die Mitspieler/-innen passend reagieren.
- Durch das Improvisieren könnt ihr **Ideen für eine spätere Aufführung** finden. Macht euch Notizen, was gut funktioniert hat und was nicht, was witzig gewirkt hat usw.

# 10.3 Projekt: Eine ganze Szene schreiben

**1** Nun seid ihr dran: Jede Gruppe entwickelt eine Szene für euer gemeinsames Theaterstück.

a Teilt die Klasse in vier bis sieben kleine Gruppen auf und ordnet ihnen jeweils eine der folgenden Szenenanfänge zu. Wenn ihr weniger als sieben Gruppen gebildet habt, könnt ihr eine der mittleren Szenen weglassen.

b Sammelt gemeinsam Ideen für eure Szene wie im Beispiel auf Seite 171 (Schritt 1) beschrieben.

c Jedes Gruppenmitglied schreibt nun selbstständig eine Szene auf (Schritt 2):
Setzt dazu den vorgegebenen Szenenanfang sinnvoll fort und ergänzt passende Regieanweisungen in Klammern. Der Text sollte etwa eine Seite lang werden.

**Szene 1:** Vorstellung des Viertellandes und seiner Besonderheiten (Z. 1–15)
Sprecher 1 *(mit großer Handbewegung):* Unser Land ist rund wie ein Pfannkuchen.
Sprecher 2: Genau! Es besteht aus vier Vierteln ... *(streckt vier Finger hoch).*
Sprecher 3 *(erklärend):* Deshalb heißt es auch ...
...

**Szene 2:** Erziehung und Beeinflussung der Kinder im Viertelland (Z. 28–52)
Kind 1 *(mitleidig zu den Zuschauern):* Ihr müsst sicher alle zur Schule gehen!
Kind 2 *(stolz):* Das müssen wir im Viertelland nicht!
Kind 3: Wir lernen nicht so *(abfällige Handbewegung)* unwichtige Dinge wie ihr!
Kind 4: Wir lernen zum Beispiel, dass grün richtig ist!
Kind 1 *(drängelt sich vor):* Quatsch! Wir lernen, dass rot ...
...

**Szene 3:** Kinderspiele in Gelb, Rot und Blau (Z. 53–81)
Kind 1 *(mit gelbem Ball):* Hallo, gelben Tag alle miteinander!
Kind 2 *(streng):* Roten Tag, wolltest du wohl sagen!
Kind 1: Ich komme gerade vom Spielen. War das wieder supergelb!
Kind 2: Uh, gelbe Spiele! Wollt ihr wissen, was mein Lieblingsspiel ist?
Kind 1 *(wendet sich ab):* Was denn wohl? Ihr Roten habt doch bestimmt ...
...

**Szene 4:** Kinderspiele in Grün (Z. 82–101)
*(Die grünen Kinder sind dabei, Gras zu zählen. Andere Kinder sehen dabei zu.)*
Kind 1: So was Langweiliges! Gras zählen! Puh!
Kind 2 *(begeistert):* Gras zählen ist cool! Ein tolles Spiel!
Kind 3 *(zeigt strahlend seine Hände):* Ja, super! Noch grünere Hände ...
Kind 2: Wir spielen aber auch andere schöne Spiele! Passt nur auf!
Kind 3: Unser absolutes Lieblingsspiel ist ...
...

**Szene 5:** Eine gelbe Rose wächst in Grün (Z. 110–126)
Frau/Mann 1 *(mit angeekeltem Gesichtsausdruck):* Hast du das gesehen, Grünhilde (Grünbert)?
Frau/Mann 2: Was denn, Grünsela (Grüwe)?
Frau/Mann 1: Mir ist immer noch ganz schlecht!
Frau/Mann 3: Pfui Teufel, ich hab's auch gesehen!
Frau/Mann 2 *(kommt neugierig näher):* Nun sagt schon, was gibt's denn?
Frau/Mann 3: Stell dir vor – in den Grünanlagen wächst eine neue Rose ...!
...

**Szene 6:** Aufgaben der Polizisten im Viertelland (Z. 127–142)
Polizist 1: Kannst du mir mal deine Kreide leihen? Meine ist schon ganz kurz vom vielen Strichziehen!
Polizist 2: Was liegt denn heute noch alles an?
Polizist 3 *(liest im Notizbuch):* Ich habe gehört, dass sich ein Grüner einen roten Punkt gewünscht hat!
Polizist 2 *(stemmt die Hände in die Hüften):* Skandal! Diesem Verdacht müssen wir nachgehen!
Polizist 1 *(aufgebracht):* Wo kämen wir denn hin, wenn alle Leute solche Wünsche hätten ...
...

**Szene 7** (Schlussszene): Alle Kinder werden bunt (Z. 143–160 oder 168)
*(Viele bunte Kinder laufen in die Mitte der Bühne und betrachten sich gegenseitig staunend.)*
Kind 1: Rot ist zwar eine tolle Farbe, aber die gelben Kinder sehen eigentlich auch hübsch aus!
Kind 2: Irgendwann kann man diese Einheitsfarben doch nicht mehr sehen ...!
*(Erbs spuckt auf die Kreidestrichgrenze.)*
Kind 3 *(überrascht):* Was macht der denn da?! Man sieht ja die Grenze gar nicht mehr!
...
**Tipp:** Das Ende dieser Szene muss sich als Schluss für das gesamte Theaterstück eignen.

**2** Gebt eine Kopie eurer Texte zur Korrektur bei eurer Lehrkraft ab. Besprecht eure Szenen dann in euren Gruppen in einer Schreibkonferenz (▸ S. 282).

a Schätzt jeden Text mit Hilfe eines Bewertungsbogens ein. Besprecht und notiert jeweils, ob die Einzelheiten gut (+), mittelmäßig (~) oder weniger gut (–) bearbeitet wurden.

| Kriterien für eine gelungene Szene | + | ~ | – |
|---|---|---|---|
| **Personen:** Kommen alle für die Szene wichtigen Personen vor? | ... | ... | ... |
| **Handlung:** Wird deutlich, was in dieser Szene passiert? | ... | ... | ... |
| **Regieanweisungen:** Wird klar, was die Schauspieler/-innen tun sollen? | ... | ... | ... |

b Sucht aus euren Szenen die besten Stellen und Ideen heraus und schreibt eine gemeinsame Endfassung auf, die ihr zusammen einübt.

## Das Stück auf die Bühne bringen

**3** Jetzt könnt ihr die Szenen eures Stückes vorspielen und gemeinsam die Rollen für die Aufführung festlegen.

a Spielt in den einzelnen Gruppen eure fertigen Szenen in der richtigen Reihenfolge vor.

b Verteilt nun noch einmal neu die endgültigen Rollen für das Theaterstück. Jede/Jeder, die/der mitspielen möchte, sollte berücksichtigt werden. Wer nicht so gern spielen möchte, sollte ein anderes Amt übernehmen, z. B. Techniker/-in (Beleuchtung, Ton) oder Souffleuse/Souffleur.

Darauf kommt es besonders an, damit euer Stück gelingt:
- euer Verhalten im Team
- gute Ideen
- Organisationstalent
- Einsatzfreudigkeit

**4** Vor der Aufführung muss noch einiges organisiert werden.

a Bildet neue Kleingruppen und verteilt die folgenden Zusatzaufgaben:

**Gruppe 1: Zeitplan und Plakat**
- Legt Termine für die Proben und für die Aufführungen fest. Ihr solltet mehrere Stunden für das Einüben des Theaterstücks einplanen.
- Überlegt, wer als Publikum eingeladen werden soll, z. B.: andere Klassen, Eltern ...
- Gestaltet Einladungsflyer oder Plakate, die ihr an geeigneten Orten auslegt bzw. aushängt.

**Gruppe 2: Garderobe, Maske und Requisiten**
Plant und organisiert die Kleidung, die Schminke und passende Gegenstände für die Schauspieler/-innen auf der Bühne.

**Gruppe 3: Bühnenbild und Musik**
Lest alle Szenen genau, plant eine passende Bühnengestaltung und mögliche Hintergrundmusik (moderne Musik, Klassik, auf Instrumenten oder als Aufnahme). Überlegt, wer euch behilflich sein könnte, z. B.: Kunstlehrer/-in, Musiklehrer/-in, Geschwister ...

**Gruppe 4: Programmzettel**
Gestaltet ein Programmheft für euer Publikum. Stellt darin kurz den Inhalt des Stückes vor und listet alle Namen der Schauspieler und ihre Rollen auf. Ergänzt ein passendes Bild oder Foto.

b Stellt die Ergebnisse eurer Gruppenarbeit der Klasse vor und holt euch Rückmeldungen ein.

**5** Je gründlicher die Proben, desto besser eure Aufführung!
Probt das Stück mehrfach und über einen längeren Zeitraum. Die Klasse kann den Schauspieler/-innen nützliche Tipps geben, z. B.: Kann man alles gut verstehen? Passen Betonung, Mimik und Gestik? Hilfreich sind auch Videoaufnahmen, auf denen sich die Schauspieler selbst beobachten können.

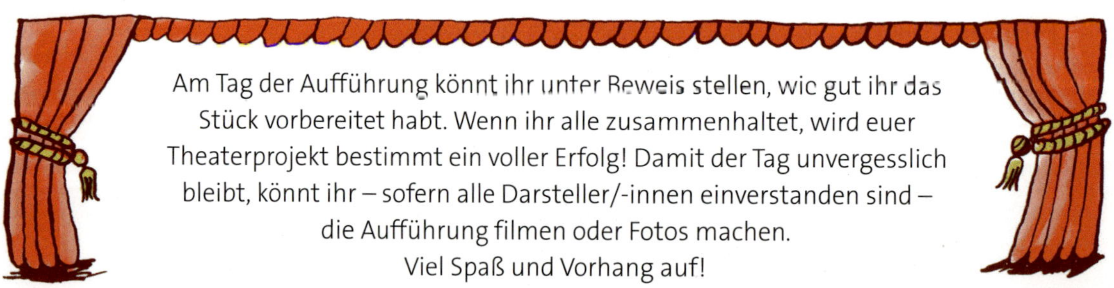

Am Tag der Aufführung könnt ihr unter Beweis stellen, wie gut ihr das Stück vorbereitet habt. Wenn ihr alle zusammenhaltet, wird euer Theaterprojekt bestimmt ein voller Erfolg! Damit der Tag unvergesslich bleibt, könnt ihr – sofern alle Darsteller/-innen einverstanden sind – die Aufführung filmen oder Fotos machen.
Viel Spaß und Vorhang auf!

# 11 Jugendbuch und Film –
## Untersuchen und bewerten

**1** Was erwartet ihr, wenn ihr den Titel „Das fliegende Klassenzimmer" lest?
Äußert Vermutungen.

**2** Vergleicht die beiden Abbildungen:
– Welches Motiv ist wohl früher entstanden?
– Welches gefällt euch besser?
Begründet eure Einschätzungen.

**3** Welche Verfilmungen von Jugendbüchern kennt ihr?
Tauscht euch darüber aus.

### In diesem Kapitel …

– informiert ihr euch über ein Jugendbuch und seine Verfilmung,
– lernt ihr, eine Rezension zu Büchern und Filmen zu schreiben,
– untersucht und diskutiert ihr eure Mediengewohnheiten mit Hilfe eines Medientagebuchs.

# 11.1 *Das fliegende Klassenzimmer* – Buch und Film vergleichen

Erich Kästner

## Das erste Kapitel – Im Internat ist immer was los!

Zweihundert Schemel wurden gerückt. Zweihundert Gymnasiasten standen lärmend auf und drängten zum Portal des Speisesaals. Das Mittagessen im Kirchberger Internat war zu Ende.

„Teufel, Teufel!“, sagte der Tertianer Matthias Selbmann zu seinem einen Tischnachbarn. „Hab ich einen Hunger! Ich brauche dringend zwanzig Pfennige für eine Tüte Kuchenränder. Hast du Moneten?“

Uli von Simmern, ein kleiner blonder Junge, kramte das Portmonee aus der Tasche, gab dem immer hungrigen Freund zwei Groschen und flüsterte: „Da, Matz! Lass dich aber nicht klappen. Der schöne Theodor hat Gartenwache. Wenn der sieht, dass du aus dem Tore rennst, bist du geliefert.“

„Lass mich doch mit deinen albernen Primanern zufrieden, du Angströhre“, sagte Matthias großartig und steckte das Geld ein.

„Und vergiss nicht, in die Turnhalle zu kommen! Wir haben wieder Probe.“

[...] Vor der Turnhalle standen schon drei Jungen. Johnny Trotz, der Verfasser des Weihnachtsstücks mit dem spannenden Titel „Das fliegende Klassenzimmer“, Martin Thaler, Primus und Bühnenmaler in einer Person, und Matthias Selbmann, der immer Hunger hatte, besonders nach den Mahlzeiten, und der später Boxer werden wollte. [...]

Das Stück, das Johnny geschrieben hatte und das man zur Weihnachtsfeier in der Turnhalle aufführen wollte, hieß, wie gesagt, „Das fliegende Klassenzimmer“. Es bestand aus fünf Akten und war gewissermaßen eine fast prophetische Leistung. Es beschrieb nämlich den Schulbetrieb, wie er in Zukunft vielleicht wirklich stattfinden wird. Im ersten Akt fuhr ein Studienrat, den Sebastian Frank mit Hilfe eines angeklebten Schnurrbarts naturgetreu darzustellen hatte, samt seiner Klasse im Flugzeug los, um den Geografieunterricht jeweils an Ort und Stelle abzuhalten. [...]

Heute probten sie also den letzten Akt. Petrus, nämlich Matthias, saß auf einem Stuhl vor einem gemalten Lichterbaum und die anderen umstanden ihn erfürchtig.

In diesem Augenblick wurde die Tür der Turnhalle stürmisch aufgerissen! Matthias blieb der Vers im Halse stecken. Die andern drehten sich erschrocken um und Uli blickte neugierig aus der gemalten Wolke heraus, hinter der er seinen Auftritt erwartet hatte.

Im Rahmen der Tür stand ein Junge. Er blutete im Gesicht und an einer Hand. Sein Anzug war zerrissen. Er schmiss die Schülermütze wütend auf den Fußboden und brüllte: „Wisst ihr, was passiert ist?“

„Woher sollen wir das denn wissen, Fridolin?“, fragte Matthias freundlich.

„Wenn ein Externer nach dem Unterricht wieder in die Schule kommt und noch dazu so verprügelt aussieht wie du“, meinte Sebastian, „dann –“

Aber Fridolin schnitt ihm das Wort ab. „Lass jetzt deinen Quatsch!“, rief er. „Die Realschüler haben mich und den Kreuzkamm auf dem Nachhauseweg überfallen. Den Kreuzkamm haben sie gefangen genommen. Und die Diktathefte, die wir seinem Alten zum Korrigieren bringen sollten, haben sie auch!“ (Kreuzkamms Vater war nämlich Deutschlehrer am Johann-Sigismund-Gymnasium.)

„Teufel, Teufel! Die Diktathefte haben sie auch?“, fragte Matthias. „Gott sei Dank!“

Martin sah seinen Freund Johnny an. „Sind wir genug?“

Johnny nickte.

„Dann los!“, rief der Primus. „Über den Zaun in die Schrebergärten! Aber ein bisschen plötzlich! Wir sammeln uns beim Nichtraucher[1]!“

Sie rasten aus der Halle. Uli rannte neben Matthias her. „Wenn uns jetzt der schöne Theodor erwischt, sind wir hin“, keuchte er.

„Dann bleib doch hier“, meinte Matthias.

„Du bist wohl verrückt?“, fragte der Kleine beleidigt.

Die sechs Jungen waren am Rand des Parks angelangt, erkletterten den Zaun und schwangen sich hinüber.

1 der Nichtraucher: ein väterlicher Freund der Schüler, der in einem Eisenbahnwaggon lebt

**1** a Lest die Auszüge aus dem ersten Kapitel des Romans „Das fliegende Klassenzimmer“ von Erich Kästner genau und überprüft, welche eurer Vermutungen von Seite 175 zutreffen.

b Macht euch dieser Textanfang neugierig auf das Buch? Begründet.

**2** Der Text enthält einige Wörter, die heute nicht mehr geläufig oder euch vielleicht unbekannt sind.

a Klärt ihre Bedeutung aus dem Zusammenhang oder mit Hilfe eines Wörterbuchs:

der Schemel (Z. 1) • der Tertianer (Z. 6) • sich klappen lassen (Z. 14 f.) • der Studienrat (Z. 38) • der Primaner (Z. 18 f.) • der Primus (Z. 26 f.) • prophetisch (Z. 35) • der Akt (Z. 38) • der Externe (Z. 61)

●●● b Schreibt eure Worterklärungen auf, z. B.: *der Schemel – ein Hocker.*

**3** a Mit Hilfe von W-Fragen könnt ihr den Text genauer untersuchen.
Übertragt die Tabelle in euer Heft und füllt die mittlere Spalte in Stichworten aus.

| „Das fliegende Klassenzimmer“ | Roman | Film |
|---|---|---|
| Wo? (Ort der Handlung) | ... | ... |
| Wann? (Jahreszeit) | ... | ... |
| Wer? (Hauptfiguren) | ... | ... |
| Was passiert? (Handlung) | ... | ... |

●○○ In diesen Absätzen findet ihr Hinweise zur Beantwortung der Fragen:
Z. 1–5, Z. 23–30, Z. 31–44, Z. 44–47, Z. 65–73

b Notiert weitere Fragen zum Text und lasst sie von der Klasse beantworten, z. B.:
*Wer hat das Weihnachtsstück geschrieben?*

# Der Film zum Buch

Acht Mal ist Jonathan schon wegen einiger „Vorkommnisse“ aus verschiedenen Internaten geflogen. Jetzt schickt ihn sein Adoptivvater, ein Kapitän zur See, auf das berühmte Thomaner-Internat in Leipzig. Jonathan glaubt zunächst nicht, dass er in der Schule, die unter der Leitung des schrulligen Rektors Kreuzkamp steht, eine neue Heimat finden wird. Aber es kommt anders. Da ist zunächst der Chorleiter Dr. Johann Bökh, den alle Justus nennen. Er nimmt sich des Jungen an, so wie er für alle seine Schützlinge eine Vertrauensperson darstellt. Schnell wird Jonathan auch in die Gemeinschaft der Thomaner aufgenommen. Der besonnene Martin, Uli, der Kleine und Ängstliche, dann dessen Beschützer Matz, ein tatkräftiger und starker Junge, und der experimentierfreudige Rektorssohn Kreuzkamp junior werden Jonathans Freunde. Weihnachten steht vor der Tür. Die Thomaner sollen das Weihnachtsoratorium von Johann Sebastian Bach in der Thomaskirche singen. Kantor Bökh ist nervös, schließlich will das ZDF die Aufführung filmen. Die Jungen hingegen haben andere Sorgen: Die „Externen“ mit ihrer Bandenchefin Mona entführen einen der Chorsänger samt Noten. Die Freunde organisieren eine Befreiungsaktion, die in einer riesigen Schneeballschlacht endet. Und dann ist da noch das Geheimversteck der Jungen: ein alter, als Wohnung eingerichteter Eisenbahnwaggon auf einem brachliegenden Grundstück. Eines Tages erscheint hier ein geheimnisvoller Fremder, der „Nichtraucher“, der einst den Waggon bewohnte und nun aus jahrelangem Auslandsaufenthalt zurückkehrt. Aus Andeutungen erfahren die Jungen, dass den Mann einst eine enge Freundschaft mit ihrem Lehrer Justus verband. Als die Schüler ein Manuskript zu dem Theaterstück „Das fliegende Klassenzimmer“ im Eisenbahnwaggon aufstöbern, haben sie damit einen Weg gefunden, die beiden Erwachsenen wieder zusammenzuführen. Doch es gibt noch viele Hindernisse auf dem Weg dorthin. Zwischen diesen Haupterzählsträngen liegt zudem die erste zarte Liebe zwischen Jonathan und Mona und die große Mutprobe von Uli, der allen auf dem Schulhof zeigt, dass er im Stande ist, Außergewöhnliches zu wagen …

**1** a Lest die Inhaltsangabe zur Verfilmung des „Fliegenden Klassenzimmers“.
b Welche Unterschiede zwischen dem Film und dem Romananfang fallen euch auf? Ergänzt die rechte Spalte eurer Tabelle im Heft (▶ Aufgabe 3 von S. 177).

„Das fliegende Klassenzimmer“ wurde dreimal verfilmt: 1954, 1973 und 2003.

**2** Informiert euch in Lexika oder im Internet über das Leipziger Thomaner-Internat.

# Die filmische Umsetzung einer Textstelle

## Das achte Kapitel – Warum Uli einen Schirm mitbrachte

*Uli gilt bei seinen Mitschülern als schüchtern, schwach und ängstlich. In einer gefährlichen Mutprobe möchte er sie vom Gegenteil überzeugen ...*

Uli hatte sich, ohne dass die anderen es gemerkt hätten, aus der Turnhalle gestohlen. Er fürchtete, dass sie ihn an seinem Vorhaben hindern könnten. Und das durfte nicht geschehen.
Über fünfzig Jungen standen neugierig auf der verschneiten Eisbahn und erwarteten ihn. Es waren lauter Unterklassianer. Den Älteren hatte man nichts erzählt. Die Jungen hatten gleich das Gefühl gehabt, dass etwas Außergewöhnliches und Verbotenes bevorstehe. Sie hatten die Hände in den Manteltaschen und äußerten Vermutungen. „Vielleicht kommt er überhaupt nicht“, sagte einer.
Aber da kam Uli schon. Er ging wortlos an ihnen vorüber und schritt auf die eisernen Kletterstangen zu, die am Rande des Platzes standen. „Wozu hat er eigentlich einen Schirm mit?“, fragte jemand. Aber die anderen machten „Pst!“.
Neben den Kletterstangen erhob sich eine hohe Leiter. Eine der üblichen Turnleitern, wie sie in allen Schulen zu finden sind. Uli trat an die Leiter heran und kletterte die eiskalten Sprossen hinauf. Auf der vorletzten Sprosse machte er halt, drehte sich um und blickte zu der großen Jungenmenge hinunter. Er schwankte ein bisschen, als ob ihm schwindle. Dann riss er sich zusammen und sagte laut: „Die Sache ist die. Ich werde jetzt den Schirm aufspannen und einen Fallschirmabsprung machen. Tretet weit zurück, damit ich niemandem auf den Kopf fliege!“
Einige Jungen meinten, Uli sei komplett verrückt. Aber die meisten drängten stumm rückwärts und konnten das angekündigte aufregende Schauspiel nicht erwarten.

[...] Johnny sah auf die Uhr. „Es ist kurz nach drei“, sagte er. „Uli hatte doch um drei Uhr irgendetwas vor.“
„Freilich“, rief Martin. „Auf dem Turnplatz draußen. Da bin ich aber neugierig.“
Sie verließen die Halle und liefen zu dem Platz hinüber. Sie bogen um die Ecke und blieben wie angewurzelt stehen. Der Platz war voller Schüler. Und alle schauten zu der hohen Turnleiter hinauf, auf der Uli mühsam balancierte. Den aufgespannten Regenschirm hielt er hoch über sich.
Martin flüsterte: „Um Gottes willen! Er will herunterspringen!“ Und schon rannte er über den Platz, und die anderen drei folgten ihm. Der Turnplatz war, trotz des Schnees, höllisch kalt. Johnny fiel hin.
„Uli!“, schrie Matthias. „Tu's nicht!“
Doch in diesem Augenblick sprang Uli ab.

Der Schirm stülpte sich sofort um. Und Uli sauste auf die verschneite Eisfläche hinab. Er schlug dumpf auf und blieb liegen. [...]

**1** Beurteilt Ulis Verhalten. Ist er „mutig“?

**2** Matthias (Matz) ist Ulis mutiger und kräftiger Freund, der meist als sein Beschützer auftritt. Was denkt und fühlt er wohl in dieser Situation? Beschreibt seinen inneren Zwiespalt:
*Einerseits möchte Matthias ..., andererseits ...*

**3** Auf den Bildern seht ihr, wie die Szene mit Ulis Sprung im Film umgesetzt wurde.
a Benennt Unterschiede und Gemeinsamkeiten zum Romankapitel:
  – Wo spielt die Szene im Buch, wo im Film?
  – Welche Gegenstände hat Uli mitgebracht?
b Welche Version gefällt euch besser? Begründet eure Meinung.

**4** Stellt euch vor, ihr seid eines der Kinder, die Ulis „Mutprobe“ beobachtet haben. Schreibt einen Bericht (▶ S. 285) für die Internatszeitung. Fehlende Angaben könnt ihr euch ausdenken.

●○○ Als Hilfe könnt ihr euch zunächst Stichpunkte zu den folgenden W-Fragen notieren:
Wer? Wo? Wann? Was? Warum? Welche Folgen?
So könnt ihr den Bericht beginnen:
*Am ... kam es auf dem ... zu einer gefährlichen Mutprobe. Ein Tertianer ...*

# Romanverfilmungen – Mit der Kamera erzählen

## Einstellungsgrößen und Perspektiven

**1** Eine Filmkamera kann ihre Gegenstände – hier die Schüler – unterschiedlich groß abbilden und damit verschiedene Wirkungen erzielen.

a Ordnet die Einstellungsgrößen *Totale – Nah – Groß* den Bildern zu.

b Beschreibt die Wirkung der verschiedenen Einstellungsgrößen.

**Wissen und Können** **Einstellungsgrößen**

Die Bildausschnitte, die eine Kamera zeigt, nennt man **Einstellungsgrößen.**
Je nachdem, welchen Ausschnitt man zeigt, verändert sich die Wirkung. Man unterscheidet:

- **Totale:** Man erhält einen Überblick über das ganze Geschehen.
- **Halbnah:** Man sieht die Figuren von den Knien aufwärts und ihre Umgebung.
- **Nah:** Es werden nur Kopf und Schultern der Personen gezeigt (oft bei Dialogen).
- **Groß:** Ein Gegenstand oder ein Kopf füllt das ganze Bild aus.
- **Detail:** Ein bestimmter Ausschnitt wird groß dargestellt, z. B. Augen, Schuhspitze.

**2** Auch durch den Blickwinkel der Kamera – die Perspektive – werden verschiedene Wirkungen erzielt: Normalsicht – Froschperspektive – Vogelperspektive.

a Ordnet die drei Kameraperspektiven den Filmbildern oben zu.

Normalsicht

Froschperspektive

Vogelperspektive

b Beschreibt, welche Wirkung beim Zuschauer durch die verschiedenen Perspektiven entsteht.

●○○ Hier findet ihr Formulierungshilfen:

| | | |
|---|---|---|
| Die Person(en) | blickt/blicken<br>ist/sind | auf andere hinab / zu anderen hinauf.<br>mit dem Betrachter auf gleicher Augenhöhe. |
| Durch diese Darstellung | wirkt/wirken die Person(en) | überlegen/stark/mächtig/mutig.<br>unterlegen/schwach/ängstlich. |
| | wirkt die Situation | bedrohlich/realistisch/neutral. |

●●● Bestimmt auch die Kameraperspektive der Filmbilder von Seite 181.

**Wissen und Können** **Die Kameraperspektive**

**Kameraperspektive** nennt man den Blickwinkel, aus dem Personen oder Gegenstände gezeigt werden. Man unterscheidet:

- **Normalsicht:** Die Kameraposition auf Augenhöhe der handelnden Figuren stellt das Geschehen neutral dar.
- **Froschperspektive:** Der Blick der Kamera geht von unten nach oben. Oft wirkt diese Perspektive bedrohlich. Man kann so auch eine Person als überlegen und stark darstellen.
- **Vogelperspektive:** Die Kamera richtet sich von oben nach unten. Die Zuschauer bekommen so einen Überblick über die Situation. Die gezeigten Personen wirken unterlegen und schwach.

# 11.2 Empfehlenswert? – Rezensionen schreiben

## Eine Buchkritik verfassen

**1** Lest die folgende Erklärung und umschreibt den Begriff „rezensieren“ in eigenen Worten.

**rezensieren:** kommt aus dem Lateinischen und bedeutet „genau prüfen“. Eine **Rezension** ist eine schriftliche Zusammenfassung und Bewertung z. B. eines Buches oder eines Films.

Der Roman „Das fliegende Klassenzimmer“ von Erich Kästner spielt in einem Jungeninternat in Kirchberg. Die Hauptfiguren sind fünf befreundete Tertianer dieses Gymnasiums, die alle unterschiedliche Eigenschaften haben – z. B. der träumerische Johnny, der immer hungrige Matthias oder der ängstliche Uli –, und ihr beliebter Hauslehrer Dr. „Justus“ Bökh.

Eines Tages nehmen die verfeindeten Realschüler einen Gymnasiasten gefangen. Die Internatsschüler mischen sich ein und versuchen, eine Einigung zu erreichen. Da die Verhandlungen erfolglos bleiben, kommt es zu einer großen Schneeballschlacht. Weil sie dabei das Schulgelände unerlaubt verlassen haben, werden die Tertianer zu einer seltsamen Strafe verurteilt, einem Kaffeetrinken bei ihrem verständnisvollen Hauslehrer. Er erzählt von einem Schüler, der früher ebenfalls das Schulgelände verließ, während sein Freund für ihn Wache stand. Die Tertianer erkennen, dass Justus von sich selbst und dem „Nichtraucher“ spricht. Diesen Mann, der in einem alten Eisenbahnwaggon lebt, besuchen sie häufig. Als sie ihren Hauslehrer zu ihm führen, sind beide Männer glücklich über das unerwartete Wiedersehen. Der Höhepunkt des Schuljahres ist die erfolgreiche Aufführung des Theaterstücks „Das fliegende Klassenzimmer“, das Johnny geschrieben hat.

Mir hat das Buch sehr gut gefallen, da die enge Freundschaft der Jungen und witzige Schulgeschichten beschrieben werden und man sich gut in die Figuren hineinversetzen kann.

**2** Dies ist eine gelungene Rezension zum Buch „Das fliegende Klassenzimmer“.

a Beschreibt, welche Informationen die einzelnen Abschnitte enthalten.

b Würdet ihr nach dieser Bewertung das Buch lesen wollen? Begründet.

**3** Erstellt zu euren Lieblingsbüchern eine eigene Rezension auf einem extra Blatt (▸ S. 120). Legt einen Rezensionsordner für eure Klasse an.

**Wissen und Können** | **Eine Buchkritik schreiben**

Eine **Rezension** verbindet die Inhaltsangabe eines Buches, Films oder eines Theaterstücks mit einer persönlichen Bewertung (Kritik).

Eine **Buchkritik** richtet sich vor allem an Leserinnen und Leser, die das Buch nicht kennen.

Sie ist folgendermaßen aufgebaut:

- Zu Beginn nennt man **Titel, Autor/-in, den Ort der Handlung** und die **Hauptfiguren.**
- Man fasst dann die **Handlung** knapp zusammen, ohne zu viel vorwegzunehmen.
- Am Schluss **bewertet** man das Buch und **begründet** die eigene Einschätzung.

## Über die Autorin / den Autor informieren

In einer Buchkritik könnt ihr auch Informationen zur Autorin / zum Autor ergänzen.

**4** Erste Autoreninformationen erhält man oft im „Klappentext" auf den Innenklappen oder der Rückseite eines Buches. Welche Informationen über Erich Kästner enthält der abgebildete Klappentext? Gebt sie kurz wieder.

**Erich Kästner** (1899–1974)
Der Autor vieler weltbekannter Kinderbücher, ausgezeichnet u. a. mit dem Büchner-Preis und der Hans-Christian-Andersen-Medaille, hat gesagt: „Die meisten Menschen legen ihre Kindheit ab wie einen alten Hut. [...] Nur wer erwachsen wird und Kind bleibt, ist ein Mensch."

**5** a Informiert euch im Internet oder in Lexika weiter über Erich Kästner und macht Notizen.
b Erstellt einen Lebenslauf mit wichtigen Jahreszahlen aus Kästners Leben. Geht besonders auf seine Kinder- und Jugendbücher ein.

*1899 — Kästners Geburt in Dresden*
*1917/18 — Soldat im Ersten Weltkrieg*
*1929 — Jugendbuch „Emil und die Detektive"*
*... — ...*

**6** Schreibt einen kurzen Text über Erich Kästner. So könnt ihr beginnen:

*„Nur wer erwachsen wird und Kind bleibt, ist ein Mensch", hat Erich Kästner einmal gesagt. Er selbst hat seine Kindheit nie vergessen. Er beschreibt sie in Jugendbüchern wie „...". In diesen Romanen geht es oft um die Themen ...*
*Kästner wurde für seine Bücher mit vielen Preisen geehrt, so erhielt er z. B. ...*

# Eine Filmkritik schreiben

**1** Leiht den Film „Das fliegende Klassenzimmer" aus und stellt Informationen über ihn zusammen:
- Wer führte Regie?
- Wer schrieb das Drehbuch?
- Wann kam der Film in die Kinos?
- Wer sind die Hauptdarsteller/-innen?
- Wie lange dauert der Film?
- Wo wurde der Film gedreht?

**2** Wenn ihr den Film anseht, kann nicht jede/jeder gleichzeitig auf alles achten. Verteilt die Beobachtungsaufgaben von Seite 185 und macht euch während des Films Notizen dazu.

Ihr müsst im Dunkeln und bei laufendem Film Notizen machen!
- Nutzt deshalb **große Papierbögen und kräftige Filzstifte.**
- Notiert **kurze Stichpunkte,** damit das Schreiben euch nicht vom Film ablenkt.

### Die Hauptfiguren beobachten
- Passt die Schauspielerin / der Schauspieler zur Rolle?
- Sind Gesichtsausdruck und Körpersprache (Mimik und Gestik) überzeugend?
- Ist die Ausdrucksweise angemessen?

### Die Filmtechnik beobachten
- Welche Aufnahmen sind besonders eindrucksvoll?
- In welchen Szenen gibt es besonders wirkungsvolle Kameraeinstellungen?
- Passen die Musik und die Geräusche gut zur Handlung?

### Die Handlung beobachten
- Werden die Ereignisse in der erwarteten zeitlichen Reihenfolge dargestellt?
- Was wird besonders ausführlich dargestellt? Was wurde gekürzt?
- Welche Stellen sind besonders interessant/überraschend/langweilig/spannend?
- Gibt es Unverständliches?

**3** a Der Film ist zu Ende, das Licht geht wieder an. Haltet kurz euren Gesamteindruck fest, z. B.:
*Super Film • viel „Action"! • Ich bin enttäuscht, weil ... • Beste Szene: ... • Ich frage mich, ...*
b Vergleicht in Kleingruppen die Notizen, die ihr während des Films gemacht habt.
c Stellt eure Ergebnisse auf einem Plakat dar.

**4** Vergleicht den Film mit der Romanvorlage und nennt die wichtigsten Unterschiede. Was wurde verändert, hinzugefügt oder weggelassen? Geht auf die Handlungsorte, die Figuren und die Handlung selbst ein.

**5** Ist die Verfilmung von Erich Kästners Roman gelungen? Führt darüber eine Diskussion.
- Ihr könnt Gruppen bilden, die für oder gegen den Film sind.
- Notiert zuvor Gründe und Beispiele für eure Position.

**6** Schreibt eine Filmkritik zum „Fliegenden Klassenzimmer", z. B. für die Schülerzeitung.

**7** a Erstellt eine Liste von Jugendbüchern, zu denen ihr gern eine Verfilmung sehen würdet.
b Informiert euch im Internet, in Bibliotheken oder Videotheken, zu welchen dieser Bücher es Verfilmungen gibt, und leiht euch einen der Filme aus.
c Verfasst eine Rezension über ein Jugendbuch oder eine Buchverfilmung eurer Wahl.

**Wissen und Können** — **Eine Filmkritik schreiben**

- Zu Beginn einer Filmkritik nennt man den **Titel, das Jahr des Kinostarts, die Regisseurin / den Regisseur, die Hauptdarsteller/-innen, den Drehort** (z. B. Leipzig) und **die Länge des Films** (z. B. 90 Min.).
- Eine Filmkritik gibt den **Handlungsablauf des Films** (Drehbuch) in groben Zügen wieder. Da sie sich an Leute richtet, die den Film noch nicht gesehen haben, sollte man darin spannende Stellen, lustige Pointen und das Ende nicht vorwegnehmen.
- Neben dem Inhalt kann man auch **weitere Aspekte des Films** bewerten, z. B.: schauspielerische Leistung, Kameraführung, Szenenbild, technische Effekte.

# 11.3 Projekt: Über Mediengewohnheiten nachdenken

## Ein Medientagebuch anlegen

**1** Welche Medien nutzt ihr? Haltet eure Mediengewohnheiten und ihre Nutzung in einem Medientagebuch für einen Tag fest. So könnte das aussehen:

| Datum | Medium | Uhrzeit von ... bis | Thema/Inhalt |
|---|---|---|---|
| 13. 9. | Smartphone | 06:05–06:13 | Musik, Smartphone – Nachrichten, Date |
| | Radio | 06:25–06:45 | Frühstücksuntermalung |
| | | | |
| | Fernseher | 18:45–19:30 | |
| | PC/Tablet | 19:45–21:05 | Youtube |

**2** Vergleicht eure Mediengewohnheiten innerhalb der Klasse.
- a Beschreibt, welches Medium am häufigsten verwendet wird.
- b Klärt mit einer Punktabfrage, welche Funktion eures Smartphones ihr am häufigsten verwendet, welche am zweit- und welche am dritthäufigsten. Was fällt dabei auf?
- c Diskutiert das Ergebnis und nennt Gründe für die Schwerpunkte.

**3** In Augsburg wurden Bodenampeln für Handynutzer eingeführt (▸ S. 68).
- a Warum wurde diese Maßnahme wohl ergriffen?
- b Diskutiert, ob es sinnvoll ist, solche Ampeln in eurer Umgebung einzuführen.

**4** Sprecht darüber, wann Kopfhörer zu Unfällen führen.
Nennt mögliche Gefahrenquellen und wie man sie vermeiden könnte.

**5** Trotz der vielen anderen Medien ist der Fernseher immer noch in vielen Haushalten zu finden.
- a Nutzt ihr den Fernseher noch?
  Nennt Sendungen, die ihr oder eure Eltern regelmäßig ansehen.
- b Wählt gemeinsam vier Fernsehsendungen aus, die auch in Zukunft im Fernsehprogramm erscheinen sollten. Begründet eure Meinung.

Bodenampel in Augsburg

# 12 Roboter sind heute überall – Mit Sachtexten arbeiten

Roboter als Bedienung in einem Restaurant, Liaocheng 2015

**1** Seht euch das Foto an.

a Beschreibt genau, was ihr seht.

b Sprecht darüber, in welchen Bereichen unseres Lebens Roboter zu finden sind.

### In diesem Kapitel ...

- lernt ihr, Sachtexten gezielt Informationen zu entnehmen,
- wendet ihr verschiedene Methoden zur Erschließung von Sachtexten an,
- analysiert ihr Schaubilder und Diagramme,
- gestaltet ihr ein Lapbook.

# 12.1 Maschinen ohne Grenzen – Sachtexte erschließen

## Das Thema erfassen

### ROBOTER – Maschinen ohne Grenzen

**Als vor 60 Jahren die ersten Roboter in die Fabriken kamen, sollten sie den Menschen nur einfache Arbeiten abnehmen. Heute spielen die schlauen Maschinen Fußball, sehen und hören und erforschen sogar fremde Planeten. Zeit, sich die ALLESKÖNNER einmal genauer anzusehen.**

Humanoide Roboter, „Nao" Mathe-Lehrer, Fachmesse Innorobo, Lyon 2015

Außen Menschen, innen Maschine: Manche Roboter sind uns heute schon so ähnlich, dass man einen Schreck bekommt. Bei der Frage, ob eine Maschine nun ein Roboter ist oder nicht, spielt das Aussehen allerdings keine Rolle. Je nachdem, wen man fragt, fordern Experten ganz verschiedene Dinge. Manche sagen, die Maschine muss sich selbst bewegen können. Und sie soll vor allem von einem Computerprogramm gesteuert werden. Eine Spielzeugpuppe ist demnach kein Roboter, sie muss schon einen Computerchip besitzen und laufen können (oder einen Arm heben). Ein selbstfahrendes Auto hingegen ist ein Roboter. Ein Computer wiederum nicht, weil er sich nicht bewegt. Andere Forscher wenden ein: Zum Roboter wird eine Maschine nur, wenn sie arbeitet. Wieder andere meinen: Einfache Industrieroboter, die schneiden oder fräsen, sind höchstens Werkzeugmaschinen. Sie reservieren den Namen Roboter für schlaue Modelle, die dank Sensoren sehen, hören oder fühlen können, die Hindernissen ausweichen oder mit Menschen schlaue Gespräche führen – selbst wenn sie sich nicht bewegen. Kurzum: Eine eindeutige Antwort gibt es nicht. Wunder der Technik aber sind die Maschinen alle.

Maschinen, die sich bewegen, beschäftigen Menschen seit dem Altertum. Der Grieche Heron von Alexandria erfand schon vor rund 2000

Jahren Kugeln, die mit Dampfantrieb um die eigene Achse sausten. Lange hießen solche technischen Wunderwerke aber nicht Roboter, sondern Maschinen oder Automaten. Den Namen Roboter prägte der tschechische Schriftsteller Karel Capek erst 1920. Er bezeichnete damit in einem seiner Theaterstücke menschenähnliche Automaten, die ihren Herren die Arbeit abnehmen. Das tschechische Wort *robota,* von dem der Name abgeleitet ist, heißt so viel wie „Zwangsarbeit" – ein Roboter ist also streng genommen ein Sklave. Ein paar Jahrzehnte bleibt der Name für menschenähnliche Kunstfiguren reserviert. Um 1955 kommen dann in den USA die ersten programmierbaren Maschinen auf den Markt, die den Arbeitern in der Industrie helfen. Sie tragen bald den Namen Roboter. Maschinen, die den Menschen sehr ähnlich sehen, nennt man heute auch Androide (abgeleitet vom griechischen *androides,* was „menschenförmig" bedeutet).

Industrieroboter, die beispielsweise in der Automobilbranche beim Zusammenbauen der Karosserieteile eingesetzt werden, sind schneller und stärker als Menschen und haben mehr Ausdauer. Sie arbeiten genauer und machen weniger Fehler. Es wird ihnen auch nie langweilig. Gleichzeitig wollen sie nicht einmal eine Essenspause oder Lohn. So wie im Autowerk sieht es heute in vielen Fabriken aus: Langweilige, schwere oder gefährliche Arbeiten erledigen oft Maschinen. Für die Arbeiter hat das Vorteile: Sie müssen beim Lackieren keine giftigen Dämpfe mehr einatmen, sich beim Heben nicht mehr den Rücken kaputt machen. Und in den Atomkraftwerken hantieren Roboter mit dem tückischen radioaktiven Material, nicht Menschen. Auch Forscher können arbeiten abwälzen: Zum lebensfeindlichen Mars oder in die Tiefsee schicken sie Maschinen, keine Menschen.

Roboter sind heute einfach überall. Sie schuften nicht nur in Fabriken, sie flitzen auch als Spielzeug durch die Kinderzimmer. Sie helfen im Krankenhaus bei der Operation, mähen den Rasen und putzen im Haushalt den Boden oder übernehmen gefährliche Jobs wie die Entschärfung von Bomben. Es gibt sogar Roboter-Bands und Tischtennisspieler. Wer jetzt schon „Wow!" rufen möchte – langsam, das ist erst der Anfang. Denn die Programme, welche die Maschinen steuern, werden immer raffinierter und die Roboter dadurch immer schlauer. In Zukunft werden Autoroboter selbstständig über die Straßen flitzen, Pfleger aus Stahl sich um Kranke kümmern, und … ach, denkt euch einfach etwas aus! Bei Robotern können selbst die kühnsten Fantasien wahr werden.

**1** Lest den Text aufmerksam. Entscheidet, welche Aussage den Inhalt des gesamten Textes am besten zusammenfasst:

**A** Roboter sind fleißige Helfer des Menschen.
**B** Roboter erobern die Arbeitswelt, aber auch die Kinderzimmer.
**C** Roboter gibt es schon sehr lange und sie werden heute in den verschiedensten Bereichen eingesetzt.
**D** Das Wort „Roboter" kommt vom tschechischen Wort *robota* und bedeutet *Sklave.*

**Wissen und Können** **Das Thema benennen**

Wenn nach dem Thema eines Textes gefragt wird, ist immer **der gesamte Text** gemeint. Es geht also um das Textganze, nicht um einzelne Aussagen, die sich im Text finden. Hinweise auf das Thema geben oft die Überschrift oder – falls vorhanden – die Abbildungen.

**2** Im Text finden sich einige Wörter, die ihr zunächst vielleicht nicht sofort versteht. Versucht die Begriffe „Dampfantrieb“ (▶ Z. 31), „Automobilbranche“ (▶ Z. 52 f.) „Karosserieteile“ (▶ Z. 53 f.) mit Hilfe des Textes zu erklären.

**Wissen und Können** **Bedeutungen erschließen**

Um einen Text zu verstehen, müsst ihr nicht jedes einzelne Wort kennen. Oft werden Begriffe im Zusammenhang verständlich. Die folgenden Tipps können helfen:

- Sucht nach **Hinweisen im Text:**
  In Zeile 6 f. steht das Wort *Experten*. Anschließend werden die unterschiedlichsten Definitionen gegeben, was unter „Roboter“ zu verstehen ist. *Experten* sind demnach Menschen, die sich besonders intensiv mit einer Thematik befasst haben, sich sehr gut auskennen, eventuell sogar Forscher oder Wissenschaftler sind.
- **Zerlegt** das unbekannte Wort in seine Bausteine:
  *Kunstfiguren* (Z. 44) besteht aus den Elementen *Kunst* und *Figuren*. *Kunst* ist das Nomen zum Adjektiv *künstlich*. Wenn etwas künstlich ist, ist es demnach nicht natürlich. In der Kunst geht es auch oft um fantastische, erfundene Dinge.
  *Figuren* sind Abbilder von menschlichen Wesen oder Tieren, die jedoch nicht lebendig sind. Demnach sind „Kunstfiguren“ künstliche oder erfundene menschenähnliche Wesen.

## Aufbau und Inhalt des Textes verstehen

**3** Lest den Text nochmals genau.

a Gliedert den Text (ohne Vorspann) danach in Sinnabschnitte (▶ S. 289).

b Formuliert zu jedem Sinnabschnitt eine Zwischenüberschrift.

*Definitionen von „Roboter“ (Z. 1–27)*

*Text: ROBOTER*

…

…

**4** Untersucht den ersten Sinnabschnitt (▶ Z. 1–27). Er enthält drei verschiedene Meinungen darüber, welche Voraussetzungen gegeben sein müssen, damit man von einem Roboter sprechen kann.

a Jetzt seid ihr die im Text genannten Experten. Formuliert in Gedanken jeweils in der Ich-Form Sätze, was für euch einen Roboter ausmacht.

b Entscheidet euch für eine Meinung und tragt die Sätze mündlich in der Klasse vor. Ihr könnt beispielsweise so anfangen:

Ich bin der Meinung, dass ein Roboter unbedingt …

Für mich ist es erst dann ein Roboter, wenn …

Eine Maschine, die nicht …, ist für mich kein Roboter.

**5** Nehmt ein DIN-A3-Blatt Papier oder klebt zwei DIN-A4-Blätter zusammen. Notiert darauf in Stichpunkten alles, was ihr aus dem Alltag, aus Filmen oder aus Büchern bereits zum Thema „Roboter" wisst. Lasst zwischen den Notizen ausreichend Platz, damit ihr sie später ergänzen könnt.

## Vorwissen und neue Erkenntnisse strukturieren

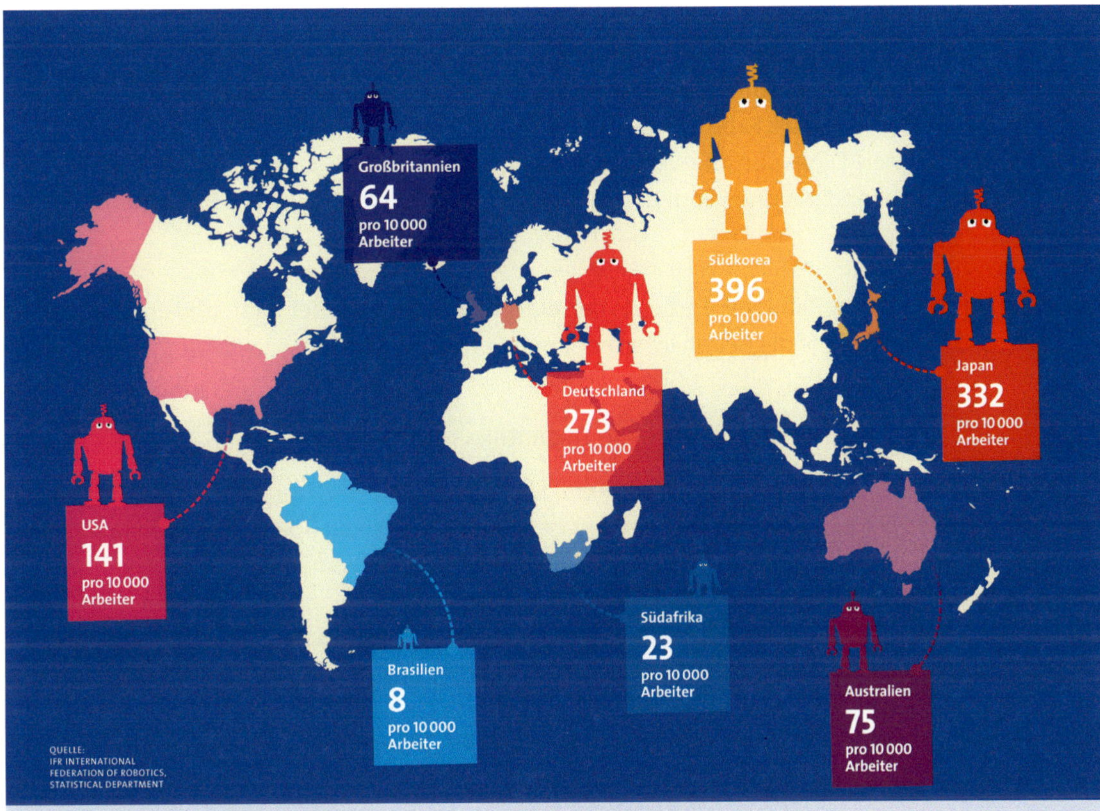


Weltweiter Einsatz von Robotern an Arbeitsplätzen

**1** a Überlegt, warum die Grafik den Text *„Roboter – Maschinen ohne Grenzen"* ergänzen kann.

b Beschreibt zunächst, was zu sehen ist. Dabei können euch die Fragen helfen:
- Was wird dargestellt?
- Welche Farben gibt es? Wo finden sich die Farben in der Grafik?
- Wie sind die Größenverhältnisse?
- Was steht im Text? Gibt es wichtige Begriffe?
- Welche Zahlen sind zu sehen?

c Entscheidet, welche der folgenden Aussagen auf die Grafik zutrifft:

| | |
|---|---|
| In der Grafik wird gezeigt, wie viele Roboter bei jeweils 10 000 Arbeitern in verschiedenen Ländern der Welt eingesetzt werden. | Die Grafik informiert darüber, wie viele Roboter sich jeweils 10 000 Arbeiter in verschiedenen Ländern der Welt zur Unterstützung wünschen. |

d Formuliert jetzt mündlich genaue Aussagen zur Grafik.

**2** Nehmt das große Blatt mit euren Notizen zur Hand, die ihr zur Aufgabe 3 auf S. 191 zum Thema „Roboter“ gemacht habt.
a Seht euch eure Notizen aufmerksam an.
b Überlegt, ob ihr mit dem Text „Roboter – Maschinen ohne Grenzen“ und dem Schaubild von S. 191 Informationen bekommen habt, die noch nicht auf eurem Blatt stehen.

Falls es Notizen auf dem Blatt gibt, zu denen die neuen Informationen inhaltlich passen, schreibt diese – wenn möglich – dort in die Nähe.

**3** Lest die folgenden Aussagen und überlegt:
Waren euch diese Information schon bekannt, oder habt ihr das, was ausgesagt wird, im Kapitel neu erfahren?
- Nicht alle Roboter ähneln Figuren der Menschen.
- Roboter werden weltweit als Hilfe eingesetzt.
- Roboter können viele Dinge tun, die Menschen nicht können.
- Auch in gefährlichen Situationen können Roboter eingesetzt werden und den Menschen eine Hilfe sein.

**4** Benutzt einen Stift in einer anderen Farbe als der, die ihr bisher verwendet habt, und ergänzt durch Stichpunkte, Bilder, Symbole die neuen Informationen auf dem Blatt.

**Wissen und Können** **Vorwissen und neue Erkenntnisse strukturieren**

**Sachtexte** nennt man auch **pragmatische Texte.** Sie umfassen auch Diagramme und Schaubilder. Vor der Beschäftigung mit einem Sachtext ist es hilfreich, sich zu überlegen, was man zum Thema des Sachtextes bereits alles weiß, aber auch gerne noch wissen möchte. Auf einem möglichst großen Blatt werden dieses Wissen bzw. diese Fragen in Form von Stichworten, Symbolen, Pfeilen, Bildern usw. notiert. Dabei sollte man unbedingt darauf achten, dass außen herum noch ausreichend Platz ist, um später etwas zu ergänzen.
**Nach dem Lesen oder der Bearbeitung eines Sachtextes** ergänzt man neu hinzugekommene Informationen mit einer anderen Farbe ebenfalls auf demselben Blatt. So erkennt man die neuen Informationen auch deutlich an ihrer Farbe.

# 12.2 Moderne Umweltpolizei – Texte und Grafiken erschließen

## Ein Interview entwickeln

Patrick Illinger

### Robo-Fisch auf Patrouille

**Ein Roboter-Fisch soll künftig Umweltsündern das Handwerk legen. Das Elektro-Tier macht sich ganz ohne Fernsteuerung auf die Suche nach Giften unter Wasser.**

Roboterfisch, Aquarium London, 2005

Fischen sagt man zu Recht einen phänomenalen Geruchsinn nach. Haie erschnüffeln Körpersäfte eines verwundeten Beutetiers in einer Verdünnung von eins zu zehn Milliarden. Lachse finden dank ihres Riechvermögens zu dem Fluss zurück, aus dem sie stammen. Aale können stereoskopisch riechen, also feststellen, aus welcher Richtung ein Geruch kommt. Damit navigieren sie Tausende Kilometer weit durch die Ozeane.

Nur eines konnten Fische bislang nicht: üble Gerüche, etwa von gefährlichen Giften, anderen mitteilen.
Das könnte nun anders werden. Im kommenden Jahr soll erstmals eine Fischart das Meer bevölkern, die nicht nur gut riechen kann, sondern olfaktorische Erkenntnisse auch per Funk an Land sendet, wo Menschen darauf reagieren können.
Shaol-1 heißt dieses Wunderwesen. Äußerlich einem Fisch ähnlich, besteht das Innere nicht aus Fleisch und Gräten, sondern aus Sensoren, Motoren, Mikrochips und einer aufwendigen Software. Shaol-1 ist ein Roboter im Fischgewand. Sein Erbauer ist Huosheng Hu, ein Computerwissenschaftler an der britischen University of Essex.

**Fernsteuerfreies Schwimmen**

Mit Vorgängern des einen Meter langen Shaol-1 hatte Hu bereits im Jahr 2005 Aufmerksamkeit erregt. Damals schwammen einige seiner Fische als Exponate im Aquarium von London herum, wo ein breites Publikum sich von deren erstaunlicher Motorik überzeugen konnte.
Hu hat die Bewegungsabläufe der Roboterfische nicht vorgeschrieben, sondern den Maschinenwesen beigebracht, in einer Art Evolutionsprozess zu lernen, wie man im Wasser energiesparend vorankommt. Das Ergebnis verblüffte Laien wie Fachleute. Die Bewegungsmuster von Hus Robotern sind denen echter Fische fast erschreckend ähnlich. Dabei agieren die Tiere völlig autonom, also nicht ferngesteuert.

**Auf Patrouille nach Giften**

Drei Exemplare des weiterentwickelten Shaol-1 will Huosheng Hu im kommenden Jahr im spanischen Gijon zu Wasser lassen. Die „Tiere“ sollen selbstständig durch das Becken des dortigen Industriehafens patrouillieren und die Wasserqualität überwachen.
Mit ihren Sensoren können Hus Fische nicht nur Verschmutzungen an der Meeresoberfläche erkennen, sondern auch im Wasser gelöste Chemikalien. Die Fische verständigen sich untereinander mit Ultraschall, Hindernisse meiden sie mit Infrarotsensoren. Etwa alle zehn Stunden steuern sie eine Ladestation an, wo sie sich mit Energie versorgen.
Wird das auf drei Jahre angelegte Projekt ein Erfolg, so sollen die gut 22 000 Euro teuren Roboterfische künftig auch Flüsse, Seen und Ozeane überwachen. Doch warum müssen solche Überwachungsroboter aussehen wie echte Fische? „Die Roboter schwimmen friedlich“, sagt Huosheng Hu, „sie machen keinen Lärm oder Wellen. Sie werden die Umwelt nicht stören, wo echte Fischarten leben.“
Hinzu kommt, dass die Gestalt eines Fisches offenbar ideal ist, um sich möglichst energiesparend unter Wasser zu bewegen. Wie lebensecht das bei Hus Robotern wirkt, bezeugten vor vier Jahren die Besucher des Londoner Aquariums. Von einer Touristin ist die Frage überliefert, wie man es bloß geschafft habe, einen Fisch in diese Verkleidung zu bringen.

*Aus: Umweltdetektiv unter Wasser – Robo-Fisch auf Patrouille. SZ Online vom 17. 5. 2010*

**1** Lest den Text *„Robo-Fisch auf Patrouille“* aufmerksam.

a Formuliert mit eigenen Worten, worum es in diesem Sachtext geht.

b Legt eine Folie auf den Text und unterstreicht mit Folienstift alle Wörter, die euch unbekannt sind.

c Versucht, die Bedeutung der Wörter aus dem Textzusammenhang zu verstehen.

> Die Bedeutung mancher schwieriger Wörter wird im Text selbst erklärt.

**2** a Zu einigen Fremdwörtern aus dem Text findet ihr im Wortspeicher mögliche Bedeutungen. Ordnet sie den Fremdwörtern zu. Der Textzusammenhang hilft euch dabei.

> unabhängig • handeln • Kontrollgang durch ein bestimmtes Gebiet • steuern • allmähliche Entwicklung • den Geruchssinn betreffend • Ausstellungsstück • außergewöhnlich/erstaunlich

b Besprecht eure Ergebnisse in der Klasse.

**3** Entwickelt mit Hilfe des Textes ein erfundenes Interview mit Herrn Professor Huosheng Hu.

a Denkt euch Fragen aus, die ihr dem Professor stellen könntet. Schreibt diese Fragen auf.
**Achtung:** Die Fragen müssen sich mit den Informationen, die euch der Text gibt, beantworten lassen.

b Spielt danach zu zweit das Interview. Einer ist der Reporter und stellt seine vorbereiteten Fragen, der andere ist Professor Huoshing Hu und beantwortet diese.

c Tauscht danach die Rollen und spielt das Interview nochmals.

> Wann haben Sie Ihre Robo-Fische erstmals der Öffentlichkeit vorgestellt?

> Das war im Jahr 2005 in einem Londoner Aquarium.

Professor Huosheng Hu mit seinem von ihm entwickelten Roboterfisch

**Wissen und Können** **Ein Interview durchführen**

In einem Interview gibt es immer eine Person oder mehrere Personen, die **fragen,** und eine Person, die **antwortet.**
Bevor ein Interview durchgeführt wird, müssen die **Fragen gut vorbereitet** werden. Sie sollten für das Thema wichtig sein, sich mit wesentlichen Aussagen beschäftigen und als W-Fragen formuliert sein. Beim Antworten ist es unerlässlich, sehr aufmerksam und konzentriert auf die Frage zu achten, um nicht an der Frage „vorbeizureden". Die **Antworten sollten präzise und gut nachvollziehbar formuliert** sein.

# Sachtexte vergleichen

Beispiel 1

## Roboterfisch führt Schwärme an

**Wissenschaftler haben einen Roboterfisch gebaut, dem sogar Schwärme folgen. Der computergesteuerte „Robofish" sieht aus und bewegt sich wie ein normaler Stichling.**

**London.** Weil er oft vorneweg schwimmt oder sich im Aquarium als Erster aus einem Unterschlupf wagt, halten ihn die anderen Fische für besonders wagemutig und orientieren sich an ihm. Wenn er zum Beispiel die Richtung ändert, machen sie das auch.
Dadurch ergäben sich ganz neue Möglichkeiten, die Gruppendynamik von Fischen zu erforschen, teilte die englische Universität Leeds am Dienstag mit. Studienleiter Jolyon Faria erläuterte: „Weil der Roboterfisch vom Schwarm akzeptiert wird, können wir ihn dafür benutzen, einen oder mehrere Fische zu kontrollieren. Dadurch können wir recht komplexe Situationen erforschen, zum Beispiel aggressives, kooperierendes, verteidigendes oder elterliches Verhalten."
Anfangs hatten die Wissenschaftler noch die Befürchtung, dass die Fische ihren falschen Artgenossen am Geruch erkennen könnten. „Aber Robofish wurde akzeptiert", sagte Faria. Wenn die Fische nervös waren oder sich in einer ungewohnten Umgebung befanden, orientierten sie sich besonders stark an ihrem Anführer. Kannten sie sich dagegen erst einmal aus, trafen sie ihre Entscheidungen tendenziell eigenständig. **(dpa)**

Beispiel 2

**Glückwunsch zum Kauf deines Spielzeugfischs!**

Leg los und lass ihn sofort schwimmen! Dazu musst du
- zuerst die mitgelieferte Batterie in das dafür vorgesehene Fach am Bauch des Fisches einlegen,
- das Batteriefach gut verschließen,
- den kleinen Schieber auf der Bauchseite deines Fisches auf „on" stellen,
- den Fisch ins Wasser setzen und er schwimmt wie ein echter Fisch!

ACHTUNG: Lass den Fisch nie zu lange im Wasser liegen, wenn du nicht mit ihm spielst, das schadet der Batterie! Stelle den Schieber nach dem Spielen immer auf „off".

Beispiel 3

## ELEKTRONISCHE HAUSTIERE

Die Jungen und Mädchen der 6. Klassen wurden gefragt: *„Was sollte ein elektronisches Haustier vor allem können?"* (Nur je 1 Antwort war möglich.)

**1** Vergleicht die drei Texte.
a Überlegt, um welche Art von Text es sich jeweils handelt.
b Tauscht euch darüber aus, weshalb man alle drei als „Sachtexte“ bezeichnen kann.

**2** Vielleicht habt ihr selbst auch elektronisches Spielzeug zu Hause oder kennt solche Spielsachen.
a Schreibt eine Bedienungsanleitung für dieses Spielzeug und zeichnet ein Bild davon.
b Präsentiert eure Ergebnisse in der Klasse (▶ S. 274 f.).

**3** a Seht euch das Diagramm auf der vorhergehenden Seite noch einmal genau an und formuliert mündlich, welche Informationen man dem Diagramm entnehmen kann.
b Tauscht euch darüber aus, ob ihr gern ein elektronisches Haustier hättet. Begründet eure Meinung.

**Wissen und Können** **Sachtexte (pragmatische Texte)**

**Sachtexte** informieren über bestimmte Themen. Manche Sachtexte wollen auch zu etwas anleiten oder auffordern. Beispiele für Sachtexte sind **Lexikonartikel, Zeitungsartikel oder Nachrichten.** Dies sind zusammenhängende Texte. **Bastel- oder Spielanleitungen, Gebrauchsanweisungen, Kochrezepte, Schaubilder oder Diagramme** enthalten auch Zeichnungen, Symbole, Balken oder Linien.

Bei den **Diagrammen** kann man unterscheiden zwischen:

- Kreisdiagramm/ Tortendiagramm

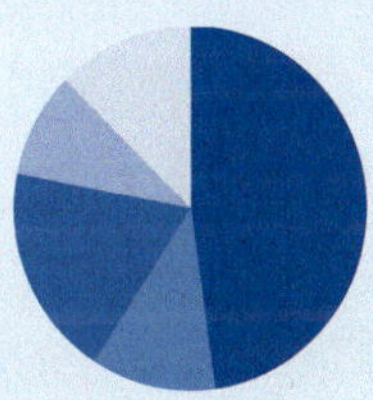

Mengen werden miteinander verglichen.

- Säulendiagramm

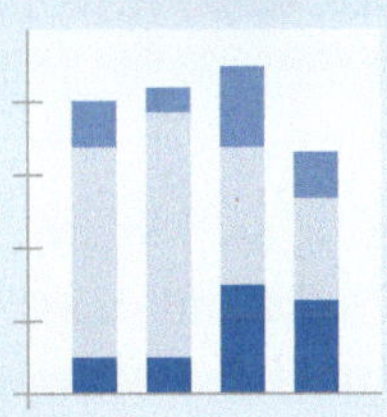

- Balkendiagramm

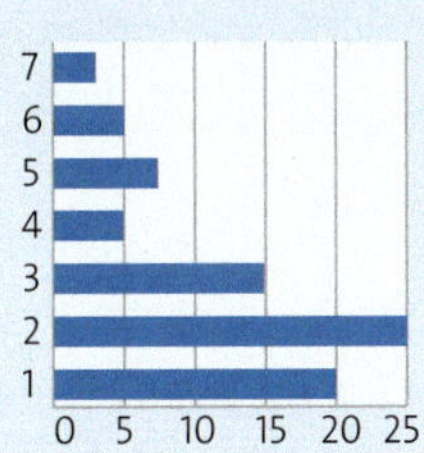


Tatsachen/Fakten werden vergleichend dargestellt.

- Kurvendiagramm

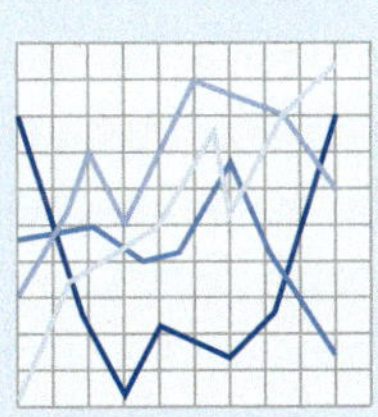

Entwicklungen/Verläufe werden sichtbar gemacht.

# 12.3 Fit in …? – Sachtexte mit verschiedenen Methoden erschließen

## Pflege-Roboter „Marvin“ – der persönliche Haushaltsassistent

*Kathrin Streckenbach*

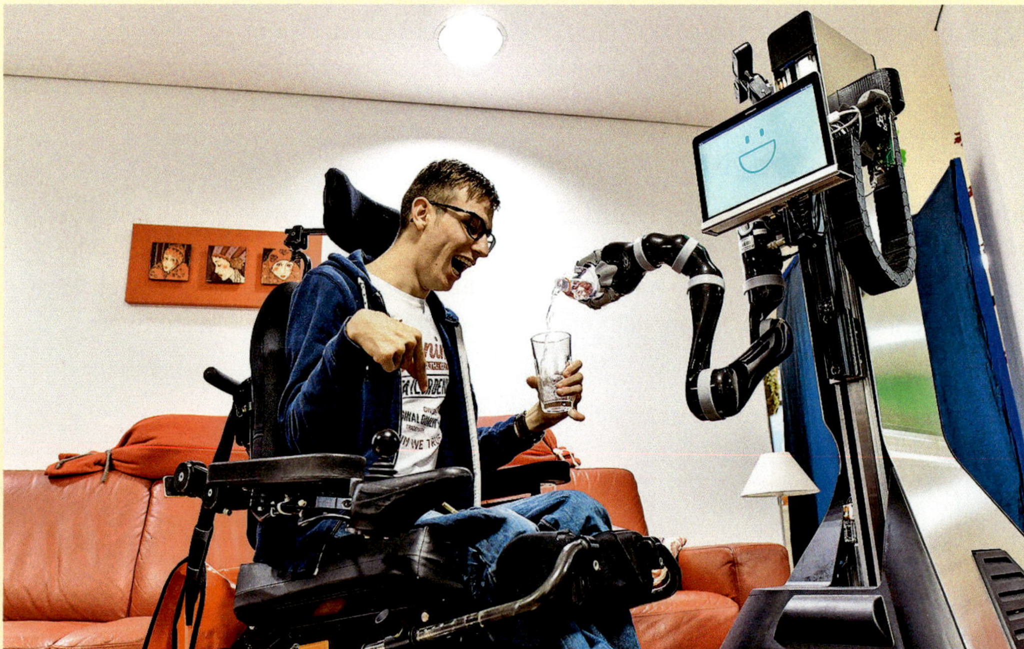

Marvin hilft Marvin: Marvin Thurner, Schüler im Körperbehindertenzentrum in Weingarten, testet den Pflegeroboter „Marvin“, 2016

Es fehlt an Personal – so sollen künftig Roboter Menschen mit Behinderung den Alltag erleichtern. Forscher haben eine lernfähige Maschine entwickelt, die ein Meilenstein in der Pflege sein könnte.

Geschirr aufräumen, Licht ausmachen, Spülmaschine leeren – nicht nur für körperlich Beeinträchtigte können solche Aufgaben anstrengend und lästig sein. Könnte so etwas denn nicht ein Roboter übernehmen? Wenn alles nach Plan läuft, könnte Marvin schon bald seine erste Stelle als Haushaltshilfe antreten. Dann würde er den Tisch abräumen, ein Glas Wasser aus der Küche holen oder abends das Licht ausschalten. Es wäre ein ungewöhnlicher Test – denn Marvin ist ein Roboter. Momentan existiert er als Prototyp eines Forschungsprojekts am Institut für Künstliche Intelligenz der Hochschule Ravensburg-Weingarten. Dort wird untersucht, wie solche Maschinen den Alltag von Menschen mit körperlicher Beeinträchtigung erleichtern können.

Dabei stünden ganz grundsätzliche Fragen im Zentrum, sagt der Projektsprecher und Professor für Angewandte Informatik, Wolfgang Ertel: Welche Hilfe wird gebraucht? Können Maschinen diese Hilfe übernehmen? Und wie müsste ein solcher Roboter gebaut sein? Schon jetzt gebe es in manchen Altersheimen Hilfe durch Roboter, sagt Ertel. „Aber das sind Hol- und Bringedienste, also standardisierte Abläufe. Dazu muss die Maschine nicht intelligent sein.“

**„Marvin" lernt aus Fehlern**

Marvin dagegen ist lernfähig: Wenn er einen Befehl nicht versteht oder eine Aufgabe nicht lösen kann, kommuniziert er das. Sein Besitzer kann die Arbeit dann vorführen – beispielsweise Wasser in ein Glas einschenken – und der Roboter merkt sie sich für das nächste Mal. Die Frage, auf welche Art und Weise die Kommunikation am besten ablaufen könne, sei ebenfalls Forschungsgegenstand, sagt Ertel. In Frage käme beispielsweise eine Sprachschnittstelle, sodass man mit dem Roboter reden und die Maschine auch antworten kann. Auch möglich wäre die Bedienung über einen Computer oder ein Tablet.

Unterstützt wird das Projekt mit rund 350 000 Euro von der Baden-Württemberg Stiftung. Beteiligt sind daran auch Studenten der Arbeitsgruppe von Professor Maik Winter, Pflegewissenschaftler und Dekan der Fakultät Soziale Arbeit, Gesundheit und Pflege an der Hochschule. Sie haben Betroffene befragt, um die Bedürfnisse von Menschen mit einer körperlichen Behinderung herauszufinden. „Sie brauchen vor allem kleine Hilfen im Alltag und Tätigkeiten im Haushalt", sagt Winter. „Den Becher holen, das Licht ausmachen, den Tisch abräumen – das sind für Menschen mit Beeinträchtigung anstrengende und ungeliebte Aufgaben." [...] Aber könnten durch Roboter wie Marvin nicht zahlreiche Arbeitsplätze verloren gehen – wie schon in der Industrie in vielen Bereichen geschehen? „Die Gefahr sehe ich nicht", sagt der Vorstandsvorsitzende der Zieglerschen, Harald Rau. „Wir laufen in Deutschland auf einen immens großen Pflegekräftemangel hinaus. Bei uns fehlen schon jetzt an die hunderttausend Pflegekräfte, und das werden noch erheblich mehr werden." Auf der anderen Seite bemängelten viele Pflegekräfte, dass bei der Arbeit zu wenig Zeit für menschliche Kontakte übrig bleibe – ein Roboter, der viele Handgriffe übernehme, könne daran etwas ändern.

*Aus: Pflege-Roboter „Marvin" – der persönliche Haushaltsassistent. Stern online vom 26.8.2014*

**1** a Lest den Text „Pflege-Roboter ‚Marvin' – der persönliche Haushaltsassistent" aufmerksam. Seht euch danach die folgenden Möglichkeiten an, wie ihr mit diesem Sachtext arbeiten könnt.
b Entscheidet euch für eine Methode und probiert diese aus.

## Methode: Einen Test zusammenstellen

1 a Erstellt einen schriftlichen **Test** zu den Informationen, die euch der Sachtext liefert. Dazu müsst ihr euch Fragen überlegen, die sich mit Hilfe des Sachtextes eindeutig beantworten lassen. Die Fragen sollten möglichst verschiedenartig sein, da das Quiz sonst schnell langweilig werden könnte.
Mögliche Aufgabenstellungen sind z. B.:
– Fülle die Lücken sinnvoll aus.
– Kreuze richtige Aussagen an.
– Streiche falsche Aussagen durch.
– Finde den Fehler in der Aussage und unterstreiche ihn.

b Fertigt zu euren Fragen ein Lösungsmuster an, dann könnt ihr später schnell erkennen, ob Fragen richtig beantwortet wurden.

c Lasst euren Test von euren Klassenkameraden bearbeiten und überprüft ihn anschließend.

## Methode: Eine Skizze beschriften

1 Wenn das Thema eines Sachtextes ein Tier oder ein Gegenstand ist, könnt ihr so vorgehen.
  a Zeichnet den Gegenstand oder das Tier in die Mitte eines Blattes.
  b Überlegt euch, zu welchen Stellen ihr die Informationen, die der Text euch gibt, schreiben könnt, und beschriftet eure Skizze entsprechend.

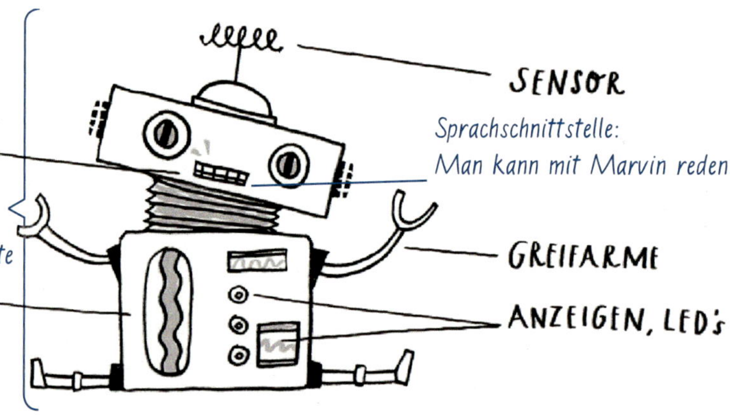


## Methode: Ein Lapbook gestalten

1 Ein Lapbook ist eine Mappe, die sich mehrfach aufklappen lässt und in die z. B. kleine Faltbüchlein, Umschläge mit Kärtchen, Taschen, Klappkarten oder Pop-up-Figuren eingeklebt sind. Verschiedene Aspekte eines Themas können so immer wieder neu und überraschend präsentiert werden. Gestaltet zu den Informationen, die ihr bekommen habt, ein eigenes Lapbook.
  a Bastelt zunächst das Grundgerüst der Mappe. Dazu braucht ihr: einen dünnen Din-A3-Fotokarton, ein Din-A4-Blatt. Legt den Fotokarton quer vor euch auf den Tisch. Faltet ihn einmal in der Mitte, klappt ihn danach wieder auf. Faltet jetzt jeweils eine Seite bis zum mittleren Falz. Wenn ihr den Fotokarton wieder ganz aufklappt, könnt ihr in die Mitte ein Din-A4-Blatt einkleben – so sieht man den Falz nicht mehr.
  b Gestaltet die Vorderseite der Mappe zum Thema passend. Dazu könnt ihr malen oder etwas aufkleben. In die Mappe klebt ihr verschiedene Papierelemente, die eure Informationen zum Thema „Roboter“ enthalten und bei anderen Neugier wecken sollen.

# 13 Grammatiktraining – Wörter und Wortarten

**1** Fabian hat sich ein „Wortartenregal" mit Schubladen für die einzelnen Wortarten eingerichtet.

**a** Helft ihm dabei, die fehlenden Bezeichnungen richtig zuzuordnen: Nennt den deutschen bzw. den lateinischen Fachbegriff.

**b** Findet für jede Wortart Beispiele.

## In diesem Kapitel ...

– wiederholt ihr bereits bekannte Wortarten und lernt neue Wortarten, z. B. die Präpositionen, kennen,

– untersucht ihr die Aufgaben der Verben und lernt neue Formen der Verben kennen, z. B. die Zeitform Futur II und das Passiv,

– übt ihr, wie man Texte mit Hilfe von Grammatikkenntnissen besser formulieren kann.

# 13.1 Nomen, Pronomen, Präpositionen und mehr

## Wortarten und ihre Aufgaben kennen

### Musik total

Es vergeht kein Tag in unserem Leben, an dem man nicht irgendwo Musik hört.
Schon am frühen Morgen weckt uns ein Radiowecker. Im Schulbus haben die Fahrer oft ebenfalls das Radio laufen. Nach der Schule schalten viele schnell ihr Smartphone an. Und auch in Kaufhäusern, bei Veranstaltungen oder im Fernsehen kann man der Musik nicht entkommen, weil sie ständig im Hintergrund läuft.
Welchen Musikstil man am liebsten mag, bildet sich schon in frühem Alter heraus. Einen festen Musikgeschmack entwickeln die meisten ab etwa zehn Jahren und die Musik, die man als Jugendlicher gerne hört, prägt einen das ganze Leben lang. Wer heute mit 60 die Beatles mag, dem gefiel wahrscheinlich auch schon in seiner Jugend diese wohl bekannteste Band der Musikgeschichte.

**1** a Besprecht, welche Rolle Musik in eurem Leben spielt.
b Nomen, Verb, Adjektiv ...? Bestimmt die Wortarten der markierten Wörter.

**2** a Ordnet die markierten Wörter den folgenden Wortarten zu.
Schreibt dazu die Wortarten untereinander in euer Heft und lasst immer eine Reihe Platz.
*Nomen, Artikel, Adjektive, Adverben, Pronomen, Verben, Konjunktionen*
●●● b Ergänzt zu jeder Wortart ein weiteres Beispiel.

**3** Erklärt, welche Aufgabe jede Wortart erfüllt.
a Ordnet den Fachbegriffen links die Erläuterungen rechts richtig zu.

Nomen
Artikel
Adjektive
Adverben
Pronomen
Verben
Konjunktionen

begleiten ein Nomen.
geben an, was jemand tut oder was geschieht.
versehen z. B. Gegenstände mit Merkmalen und Eigenschaften.
verbinden Wörter oder Sätze miteinander.
benennen Gegenstände, Lebewesen, Gedachtes und Gefühle.
erklären genau, wo, wann, wie oder warum etwas geschieht.
können ein Nomen ersetzen, auf jemanden oder etwas hinweisen oder einen Besitz ausdrücken.

b Schreibt die gefundenen Merksätze in euer Heft. Lasst darunter jeweils eine Zeile frei.
c Ergänzt zu jedem Merksatz einige Beispielwörter.

# Große Worte – Nomen

Gustav Mahler, Komponist

Das Beste in der Musik steht nicht in den Noten.

Man sollte alle Tage wenigstens ein kleines Lied hören, ein gutes Gedicht lesen, ein treffliches Gemälde sehen und, wenn es möglich zu machen wäre, einige vernünftige Worte sprechen.

Johann Wolfgang Goethe, Dichter

Die Musik wird treffend als Sprache der Engel beschrieben.

Die Jugend kann nicht mehr auf die Erwachsenen hören. Dazu ist ihre Musik zu laut.

Schlagersänger sind junge Männer, die bei Stromausfall keine Sänger mehr sind.

**1** Erklärt mit eigenen Worten, wie ihr die einzelnen Sätze versteht.

**2** Die markierten Wörter gehören alle zur Wortart **Nomen.** Erklärt, woran ihr das erkennen könnt.

**3** Viele Nomen kann man auch an ihrer Endung *(-heit, -keit, -nis, -schaft, -tum, -ung)* erkennen: Sie sind aus einer anderen Wortart abgeleitet (▶ Merkkasten). Erklärt, aus welchen Wortarten die Nomen im Kasten rechts abgeleitet sind.

Freiheit • Heiterkeit • Geheimnis • Wissenschaft • Wachstum • Wirkung

**4** Bildet aus den folgenden Wörtern und den passenden Endungen Nomen. Tragt sie mit dem bestimmten Artikel in eine Tabelle nach dem unten stehenden Muster ein.

schön • kennen • gemein • bewegen • sauber • beobachten • leiden • reich • traurig • finster • gesund • entscheiden • bekannt • leisten • wirklich • eigen • ereignen

| | -heit | -keit | -nis | -schaft | -tum | -ung |
|---|---|---|---|---|---|---|
| *schön* | *die Schönheit* | ... | ... | ... | ... | ... |
| *kennen* | ... | ... | *die Kenntnis* | ... | ... | ... |

**Wissen und Können** **Nomen ableiten**

Viele Nomen bestehen aus mehreren **Wortbausteinen.** Typische **Nomenendungen (Suffixe)** sind ***-heit, -keit, -nis, -schaft, -tum, -ung.*** Fügt man einem Wort oder Wortstamm eine dieser Endungen hinzu, so entsteht ein neues Nomen, eine Ableitung, z. B.:

| | | | | |
|---|---|---|---|---|
| *geheim* | + | *-nis* | → | *das Geheimnis* |
| *wirk(en)* | + | *-ung* | → | *die Wirkung* |
| Wort(stamm) | | Endung (Suffix) | | Ableitung |

**5** Tauscht euch aus, welche Musikinstrumente ihr kennt.

**a** Ordnet die elf Instrumente der Abbildung zu und schreibt sie mit dem bestimmten Artikel ins Heft.

**b** Tragt weitere Instrumente zusammen. Fügt den bestimmten Artikel hinzu.

**6** Nomen und ihre Begleiter (z. B. Artikel, Adjektive) stehen in Sätzen in einem bestimmten **Kasus,** sie werden **dekliniert** (▸ Merkkasten, S. 205).

**a** Dekliniert in den folgenden Sätzen „das Klavier". Schreibt die vollständigen Sätze ins Heft.

? steht im Wohnzimmer.
Die Lackfarbe ? gefällt mir sehr.
? sieht man sein Alter nicht an.
Leider muss ich ? bald neu stimmen lassen.

**b** Dekliniert je einen Instrumentennamen mit männlichem Genus (**Maskulinum,** z. B.: *der Kontrabass*), weiblichem Genus (**Femininum,** z. B.: *die Flöte*) und sächlichem Genus (**Neutrum,** z. B.: *das Fagott*).

●●● **c** Bildet Sätze, in denen auch andere Instrumente in verschiedenen Kasus stehen.

Ich spiele viel lieber auf d♪ Keyboard als auf ein𝅗𝅥 echt♪ Klavier.

Aber d♪ Klang ein𝅗𝅥 richtig♪ Instrument♪ ist doch viel besser!

**7** Schreibt den kurzen Dialog richtig dekliniert auf.

## Welches Instrument passt zu mir?

Du willst ♪ spielen lernen, weißt aber nicht welches? Dies ist ♬, die man sich gut überlegen sollte. Bist du zum Beispiel sehr aufgeregt, wenn du ♩ betrittst und etwas vorspielen sollst?

*Instrument, Entscheidung, Bühne*

Dann ist vielleicht ein Instrument sinnvoll, mit dem du eher im Hintergrund ♪ bleibst. Manchen 𝅗𝅥 ist deshalb ein Instrument wie der E-Bass besonders sympathisch.

*Band, Musiker*

Außerdem ist die Instrumentenwahl immer auch eine Frage 𝅗𝅥. Bis man zum Beispiel ♬ schöne 𝅗𝅥 entlocken kann, dauert es eine Weile.

*Geduld, Geige, Ton*

Wenn man gerne zur Musik singt, sollte man sich überlegen, ob beispielsweise ♪ die richtige Wahl ist.

*Saxofon*

**8** a Vervollständigt die Sätze jeweils mit dem Nomen, das am Rand steht:
- Verwendet den richtigen Kasus.
- Ergänzt den bestimmten oder unbestimmten Artikel, wo dies sinnvoll ist.
- Nutzt Singular oder Plural.

●●● b Bestimmt den Kasus der einzelnen Nomen mit Hilfe der Kasus-Fragen:
*Wer oder was? – Wessen? – Wem? – Wen oder was?*

**9** a Schreibt einen kurzen Text, in dem ihr begründet, welches Instrument am besten zu euch passt.

●●● b Unterstreicht anschließend alle Nomen und bestimmt ihren Kasus.

**Wissen und Können** **Nomen deklinieren**

In Sätzen steht das **Nomen** (zusammen mit seinen Begleitern) in einem bestimmten **Kasus** (Fall; Sg. *der Kasus*, Pl. *die Kasus*) – es wird **dekliniert.**
Im Deutschen gibt es vier Fälle (Kasus). Diese kann man mit Fragen ermitteln:

| | **Nominativ**<br>1. Fall<br>*Wer oder was?* | **Genitiv**<br>2. Fall<br>*Wessen?* | **Dativ**<br>3. Fall<br>*Wem?* | **Akkusativ**<br>4. Fall<br>*Wen oder was?* |
|---|---|---|---|---|
| **Singular**<br>(Einzahl) | *der Bass*<br>*die Flöte*<br>*das Klavier* | *des Basses*<br>*der Flöte*<br>*des Klaviers* | *dem Bass*<br>*der Flöte*<br>*dem Klavier* | *den Bass*<br>*die Flöte*<br>*das Klavier* |
| **Plural**<br>(Mehrzahl) | *die Bässe*<br>*die Flöten*<br>*die Klaviere* | *der Bässe*<br>*der Flöten*<br>*der Klaviere* | *den Bässen*<br>*den Flöten*<br>*den Klavieren* | *die Bässe*<br>*die Flöten*<br>*die Klaviere* |

# Kurz und vielseitig – Pronomen

## Personalpronomen und Possessivpronomen

**Techno!**

Ich liebe Beats und elektronisch erzeugte Musik. Zu ihr kann ich gut tanzen. Und der Computer bietet mehr Möglichkeiten als Instrumente oder unsere Stimme. Übrigens: Das Wort „Techno" verdanken wir dem Angestellten eines Plattenladens. Er sortierte nämlich die Platten mit Elektromusik in ein Fach, das er mit „Techno" beschriftete. 1982 war das schon.

**Rockmusik!**

Schlagzeug, Gitarre, Bass: Ohne die drei kannst du keine Rockmusik machen. Und die Gitarre ist nun einmal mein Lieblingsinstrument. Allerdings hat jede Rockband ihren Stil. Die Bandbreite ist deshalb sehr groß: Die eher melodiösen „Beatles" gehören genauso dazu wie die rauen „Rolling Stones" oder heutige deutsche Bands wie „Juli". Sie haben alle gemeinsam, dass Computertöne keine große Rolle spielen.

**Popmusik!**

Es ist gar nicht so leicht zu sagen, was Popmusik eigentlich ist. Er ist die Art von Musik, die gerade beliebt ist und von vielen gehört wird. Schließlich ist „Pop" ja die Abkürzung für „populär", was eben „beliebt" bedeutet. Mich macht es auch nichts aus, dass so vielen anderen die gleiche Musik gefällt wie mich. Und vielleicht kennst du das ja auch? Wenn ein Lied ständig im Radio läuft, dann wird ihm schließlich zu deinen Lieblingssong. Ein Stück, das uns dagegen nur einmal hören, gefällt uns noch nicht so sehr.

**Klassik!**

Ich weiß, ? denkt alle, dass klassische Musik nichts für ? Generation ist. Aber für ? gibt es nichts Schöneres als ? Sammlung klassischer Werke. ? enthält vor allem Stücke von Mozart, Haydn und Beethoven. Bei ? passen Melodie, Rhythmus und die Harmonie der Töne wunderbar zusammen. Und auch wenn ? das vielleicht komisch vorkommt: Klassische Musik hat eine beruhigende Wirkung und man kann mit ? sehr gut entspannen.

**1** Besprecht: Welche Musik bevorzugt ihr? Was sind eure Gründe dafür?

**2** a Untersucht die markierten Wörter in den Texten „Techno" und „Rockmusik": Mit welcher Farbe sind die Personalpronomen markiert und mit welcher die Possessivpronomen?

●●● b Erläutert die unterschiedlichen Aufgaben dieser beiden Wortarten in unserer Sprache.

**3** Stell dir vor, du bist Techno-Fan und deine Freundin / dein Freund ist das auch. Ändere die ersten beiden Sätze der „Techno"-Sprechblase so, dass sie für euch **beide** zutreffen.

**4** Erklärt im Text „Popmusik" die markierten Fehler und verbessert sie.

**5** Ergänzt in der Sprechblase zur Klassik die fehlenden Pronomen.

**Wissen und Können** **Personalpronomen und Possessivpronomen**

**Personalpronomen** (persönliche Fürwörter) können **Nomen und Namen ersetzen,** z. B.:

***Ich*** (= Alexander) *fragte* ***sie*** *(= Ines): „Kennst* ***du*** *den* ***Sänger? Er*** *gefällt* ***mir*** *sehr!"*

Personalpronomen werden wie die Nomen **dekliniert** (gebeugt). Sie lauten im Nominativ, Dativ und Akkusativ (der Genitiv ist sehr selten):

**1. Pers. Singular:** *ich, mir, mich*
**2. Pers. Singular:** *du, dir, dich*
**3. Pers. Singular:** *er, ihm, ihn – sie, ihr, sie – es, ihm, es*
**1. Person Plural:** *wir, uns, uns*
**2. Person Plural:** *ihr, euch, euch*
**3. Person Plural:** *sie, ihnen, sie*

Personalpronomen bieten die Möglichkeit, in Texten Wiederholungen zu vermeiden.

**Possessivpronomen** (besitzanzeigende Fürwörter) geben an, **zu wem etwas gehört:** *mein, dein, sein/ihr/sein, unser, euer, ihr.*
Sie begleiten meist Nomen und richten sich dann nach der Person sowie dem Genus (▶ S. 204) und Kasus (▶ S. 205) des Nomens, z. B.:
***Mein*** *Cello übertönt* ***deine*** *Geige. Peter spielt für* ***seine*** *Großeltern ein Ständchen auf* ***ihrem*** *alten Klavier.*

## Demonstrativpronomen und Relativpronomen

**1** Das Nomen „Musikraum" ist hier auf zwei verschiedene Weisen ersetzt worden.
a Vergleicht die Sätze und beschreibt die Unterschiede.
b Bestimmt die Pronomen in den beiden Sätzen mit Hilfe des Merkkastens auf ▶ Seite 208.
c Bildet aus den folgenden Vorgaben selbst Sätze mit den beiden Pronomen und schreibt sie auf.

Die Schule hat Keyboards angeschafft. Die Keyboards können im Unterricht genutzt werden.
Herr Moritz veranstaltet nächstes Jahr eine Jazz-AG. Die Jazz-AG richtet sich an alle Klassen.
Sina übt schon fleißig auf dem Saxofon. Das Saxofon hat ihr die Schule zur Verfügung gestellt.
Mesut testet das Schlagzeug. Das Schlagzeug gehört seinem Bruder.

## Screaming Teachers

VORSICHT FEHLER!

Unser Klassenleiter spielt in einer Band die nur aus Lehrerinnen und Lehrern besteht. Sängerin der Gruppe ist unsere Musiklehrerin. Sie hat sich auch den Bandnamen „Screaming Teachers" ausgedacht.
Meist singen sie in ihren Liedern die sie natürlich selbst schreiben von Schulerlebnissen.
Ein Auftritt der „Screaming Teachers" wurde kürzlich sogar vom Regionalfernsehen aufgezeichnet!

**2** a Die Meldung aus der Schülerzeitung enthält zwei Satzgefüge mit Relativsätzen (▸ Merkkasten). Schreibt sie ab und ergänzt die Kommas. Markiert jeweils das Relativpronomen und unterstreicht das Bezugswort.

●●● b Verknüpft den zweiten und dritten Satz (von „Sängerin" bis „ausgedacht") zu einem Satzgefüge mit Relativsatz.

Der Musikbeitrag mit unseren **Lehrern** wird nächste Woche im Vorabendprogramm ausgestrahlt. Unsere Lehrer sind schon sehr gespannt.

Vor allem unser **Klassenleiter** macht sich Sorgen, dass er sich bei der Aufzeichnung verspielt hat. Sonst ist unser Klassenleiter sehr selbstbewusst.

Unsere Klasse verzichtet an diesem Nachmittag sogar auf ihre **Lieblingsserie!** Die Lieblingsserie wird zur gleichen Zeit ausgestrahlt.

**3** Jeder der drei Textabschnitte besteht aus zwei Sätzen, die Wortwiederholungen enthalten. Verbessert sie jeweils in ein Satzgefüge aus Hauptsatz und Relativsatz. Fügt die Relativsätze hinter dem fett gedruckten Nomen an den Hauptsatz an oder in den Hauptsatz ein (▸ Tipp). Trennt sie durch Kommas ab.

**Relativsätze** folgen ihrem Bezugswort unmittelbar, sie werden also an den **Hauptsatz angefügt** oder in ihn **eingeschoben.** Mit **Relativsätzen** kann man **Wortwiederholungen vermeiden.**

**Wissen und Können** | **Demonstrativpronomen und Relativpronomen**

**Demonstrativpronomen** (hinweisende Fürwörter) weisen auf jemanden oder etwas hin. Sie können
- als Begleiter vor einem Nomen stehen, z. B.: ***dieser*** *Ton*, ***jenes*** Schlagzeug, ***derselbe*** *Junge*,
- ein Nomen ersetzen, z. B.: *Ein Mann erschien.* ***Dieser*** *erklärte mir das Keyboard.*

**Relativpronomen** leiten Nebensätze (Relativsätze, ▸ S. 239) ein. Sie beziehen sich auf ein Bezugswort oder eine Wortgruppe des vorausgehenden Hauptsatzes. Relativsätze werden durch Kommas abgetrennt, z. B.:
- *Alle lieben die Schulband,* ***die/welche*** *gestern einen Auftritt hatte.*

## Wörter für Eigenschaften – Adjektive

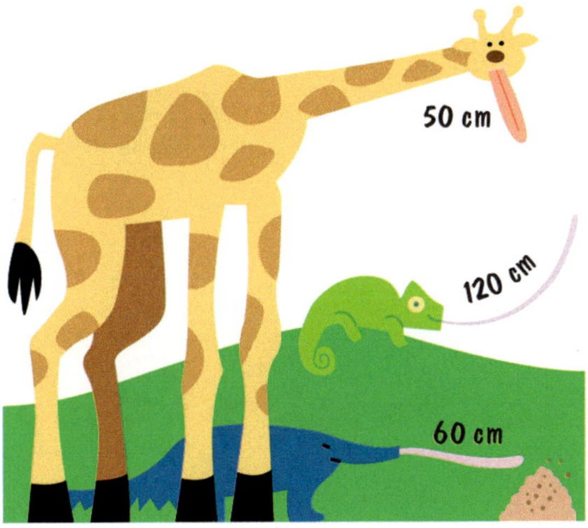

Die Giraffe hat eine lange Zunge.
Der Ameisenbär hat eine ? Zunge.
Das Chamäleon hat die ? Zunge.

Der Mauersegler fliegt hoch.
Die Gans fliegt ? .
Der Sperbergeier fliegt am ? .

**1** a Vervollständigt in eurem Heft zuerst die drei Sätze links.
b Vervollständigt dann die Sätze rechts.
c Unterstreicht in euren Sätzen die Adjektive und die Wörter, die sie begleiten, z. B.: *lange Zunge.*
d Benennt, welche Wortarten von Adjektiven begleitet werden.
e Erklärt am Beispiel dieser Sätze die Aufgaben des Adjektivs in der Sprache.

+ **Die neuesten Modelle** +

Ab sofort: billiger!

Für die schönsten Wochen im Jahr …

Der neue, frische Duft

*Jetzt noch frischer und preiswerter*

… *die zarteste Versuchung*

*Topqualität zu günstigsten Preisen*

**2** a Untersucht die Werbesprüche: Tragt die Adjektive nach ihrer Steigerungsform (▶ Merkkasten, S. 211) in eine Tabelle wie im Muster ein.
●●● b Sammelt weitere Werbesprüche, in denen Adjektive verwendet werden. Ergänzt die Adjektive in der Tabelle.

| Positiv | Komparativ | Superlativ |
| --- | --- | --- |
| … | … | … |

## Seltsame Rekorde

- Der afrikanische Elefant ist das kleinste Landsäugetier. Er kann bis zu 7,5 Tonnen leicht und 3,70 Meter niedrig werden.
- Moschusochsen haben mit 60 cm das kürzeste Fell aller Tiere.
- Der Schnurwurm kann 30 Meter kurz werden.
- Die Libelle hat die wenigsten Augen. Ihre Linsen bestehen aus fast 30 000 Einzelaugen.
- Die Stubenfliege ist das unfruchtbarste Tier: Pro Jahr sorgt sie für 15 Generationen Nachkommen.
- Das Faultier ist das schnellste Säugetier. Auf dem Land bewegt es sich 120 Meter in der Stunde.
- Der Puma kann aus dem Stand 5,5 Meter tief springen.
- Bakterien können von allen Lebewesen am jüngsten werden: bis zu 250 Millionen Jahre.
- Boa-Schlangen können am kürzesten hungern. Im Pariser Zoo hat eine Boa 1400 Tage nicht gefressen.

**3** Diese Rekorde stimmen nicht. Tauscht die unpassenden Wörter aus, sodass sinnvolle Sätze entstehen.

**4** **a** Stellt die gegensätzlichen Eigenschaften aus den „Seltsamen Rekorden“ in einer Tabelle nach diesem Muster zusammen:

| kleinste | größte |
|---|---|
| leicht | ... |
| ... | ... |

●●● **b** Ergänzt in der Tabelle eigene Beispiele.

## **Große** Leistungen bei Fliegen, Vögeln, Federvieh

Die Stubenfliege hat eine **große** Nachkommenschaft.

Zugvögel vollbringen eine **große** Leistung, wenn sie Tausende von Kilometern über Länder und Meere zurücklegen.

Kaum sind sie **groß**, verlassen Küken auch schon das Nest.

**5** a „Groß – groß – groß“: Das kann man auch anschaulicher formulieren! Setzt aus den Wortbausteinen links und rechts Adjektive zusammen, die das Wort „groß“ ersetzen können.

| | | | |
|---|---|---|---|
| her | be | staunlich | ermesslich |
| flüg | riesen | vorragend | achtlich |
| er | sen | sationell | tig |
| er | un | wachsen | eindruckend |
| be | mäch | haft | ge |

b Ersetzt in den drei Sätzen oben „groß“ durch passende Adjektive aus Aufgabe 5 a.

c Erklärt: Kann jedes Adjektiv aus Aufgabe 5 a in jedem Zusammenhang das Wort „groß“ ersetzen?

●●● d Formuliert sinnvolle Sätze, in denen Adjektive aus Aufgabe 5 a vorkommen.

### Wissen und Können — Adjektive

**Adjektive** (Eigenschaftswörter) beschreiben Lebewesen, Gegenstände, Gefühle, Gedanken usw. genauer. Sie können Nomen und Verben begleiten, z. B.:
*Am Himmel schwebt ein **rosa** Flamingo. Der Sperber fliegt **schnell.***

Ein Adjektiv vor einem Nomen wird mit dem Nomen dekliniert (▶ S. 205), z. B.:
*der **schlaue** Rabe, des **schlauen** Raben.*

Die meisten Adjektive lassen sich **steigern.** So kann man Lebewesen oder Gegenstände vergleichen, z. B.:

| | | |
|---|---|---|
| *Der Pfau hat **lange** Federn.* | *Der Hase läuft **schnell.*** | **Positiv** (Grundstufe) |
| *Der Königsfasan hat **längere** Federn.* | *Die Gazelle läuft **schneller.*** | **Komparativ** (Höherstufe) |
| *Das Onagodori-Huhn hat die **längsten** Federn.* | *Der Gepard läuft **am schnellsten.*** | **Superlativ** (Höchststufe) |

**Vergleiche** auf der **Grundstufe** (Positiv) werden mit ***wie*** gebildet, z. B.:
*Der Pfau hat so **lange** Federn **wie** ein Auerhahn.*
**Vergleiche** auf der **Höherstufe** (Komparativ) werden mit ***als*** gebildet, z. B.:
*Der Königsfasan hat **längere** Federn **als** der Pfau.*

# Wörter für alle Lagen – Präpositionen

**1** Beschreibt kurz und präzise, wie Krähe Kasimir mit der Kiste umgeht.

*1) Kasimir steht auf der Kiste.*
*2) Kasimir geht in die Kiste ...*

**2** Benennt den Kasus (▶ S. 205), in dem „Kasimir" in allen Sätzen steht.

*Wer steht auf ...?*

**3** **a** Schaut euch jetzt das Wort „Kiste" an: Bestimmt, in welchem Kasus es in den verschiedenen Sätzen steht.

*1) Kasimir steht auf wem oder was?*
*2) Kasimir geht in wen oder was? ...*

**b** Erklärt, von welchem Wort der Kasus von „Kiste" jeweils abhängt. Diese Wortart nennt man Präposition (▶ Merkkasten, S. 213).

**Wisst ihr,**

... dass sich ? Katzenzunge viele kleine Erhebungen befinden, die zum Teil ? „Dornen" besetzt sind? Damit kann die Katze ihr Fell kämmen, Fleisch ? Knochen lösen oder einfach nur Wasser ? Mäulchen schlecken.

... dass viele Menschen ? einer Katzenallergie auf ein Haustier verzichten? Sie sind allergisch ? das Fell oder reagieren empfindlich ? Spucke und die Haut der Tiere.

... dass eine Katze ? guter Pflege 20 Jahre alt werden kann?

gegen
auf
mit
von
bei
in
auf
wegen

**4** Ergänzt in den Sätzen jeweils eine passende Präposition vom Rand. Prüft auch, ob ihr zusätzlich einen Artikel vor das Nomen setzen müsst.

Katzenaugen leuchten nachts, weil sie die Lichtstrahlen dank (eine Schicht) hinter (die Netzhaut) reflektieren.

Junge Kätzchen haben anfangs 26 Milchzähne im Maul. Wie bei (die Menschenkinder) werden sie später durch (dauerhafte Zähne) ersetzt. Nach (viele Jahre) können auch Katzen Zähne verlieren. Dann bleibt eine Zahnlücke.

Viele Katzen sind wegen (ihre große Beweglichkeit) Überlebenskünstler. Beim Sturz aus (eine gewisse Höhe) ist es ziemlich sicher, dass sie auf (die Pfoten) landen.
Ein solcher Salto in (die Luft) erfordert große Geschicklichkeit.

**5** Hinter den unterstrichenen Präpositionen stehen die Nomen in Klammern im Nominativ.
- a Setzt sie in den Kasus (Fall), den die Präposition jeweils verlangt.
- b Benennt den Kasus, in dem die Nomen nach dieser Präposition stehen müssen (▶ S. 205).

**Wissen und Können** **Präpositionen**

**Präpositionen** zeigen die **Beziehungen** zwischen Lebewesen, Dingen oder Vorgängen an:
- **lokal** (Wo?), z. B.: ***in** der Schule, **vor** der Tür* – (Wohin?), z. B.: ***hinter** das Haus, **zwischen** die Pfosten*
- **temporal** (Wann?), z. B.: ***nach** dem Unterricht, **während** der Sportstunde*
- **kausal** (Warum?), z. B.: ***aufgrund** des Wetters, **wegen** des Nebels*
- **modal** (Wie?), z. B.: ***mit** Geduld, **ohne** Probleme, **aus** Spaß*

Präpositionen stehen meist vor Namen, Nomen und Pronomen.
Die Präposition **bestimmt den Kasus** des folgenden Nomens oder Pronomens:
- **Genitiv,** z. B.: *während* *des Gewitters*
  *Wessen?* = Genitiv
- **Dativ,** z. B.: *vor* *dem Gewitter*
  *Wem?* = Dativ
- **Akkusativ,** z. B.: *durch* *das Gewitter*
  *Wen?* = Akkusativ

Nach manchen Präpositionen *(an, auf, hinter, in, neben, über, unter, vor, zwischen)* können unterschiedliche Kasus stehen:
- Der **Dativ** folgt, wenn man fragen kann *Wo?*, z. B.: *Er sitzt **auf der Kiste.***
- Der **Akkusativ** folgt, wenn man fragen kann *Wohin?*, z. B.: *Er setzt sich **auf die Kiste.***

## Testet euer Wissen!

### Wortarten

Beim **Vorlesewettbewerb, der** am 7. Mai in **unserer** Klasse stattgefunden hat, gewann **Lisa** Hauenmeister, **die** wirklich sehr gut lesen und sehr deutlich sprechen kann.
Sie **trat** anschließend in einem **neuen** Wettbewerb gegen die Sieger und Siegerinnen der anderen sechsten Klassen **an.**
Am Ende sollte schließlich gewinnen, wer einen **unbekannten** Text am besten vortrug.
Das war Susanne Schmidthuber aus der 6 e.
**Sie** hat **uns** alle am meisten überzeugt. Besonders hat **mir** gefallen, wie sie mit **ihrer** Stimme die verschiedenen Figuren aus dem **spannenden** Buch dargestellt und den sprechenden Papagei nachgeahmt hat.

**1** Bestimmt in dem Bericht einer Schülerzeitung die Wortarten aller fett gedruckten Wörter.

(Präposition) dem Vorlesewettbewerb veranstaltete (Possessivpronomen) Klasse eine Lesenacht, (Relativpronomen) allen (Adjektiv) Spaß gemacht hat.
(Präposition) der kurzen Nacht waren wir am nächsten Morgen alle etwas müde. Trotzdem werden (Personalpronomen) uns an (Demonstrativpronomen) Vergnügen noch lange erinnern.

**2** Setzt in der Fortsetzung des Berichts sinnvolle Wörter der angegebenen Wortart ein.

Besonders schön war an ? , dass man auch mit ? Kontakt bekam, die man bisher nicht so gut kannte. Aber fast noch lustiger ? das Lesen war ein Discotanz von Christian morgens um vier.

die Lesenacht
Schülerin und Schüler
als/wie

**3** Setzt die Wörter vom Rand in der richtigen Form in den Text ein.

# 13.2 Was Verben können

**Du hast Rechte!**

Auch du als Kind § Rechte! Das § in der Kinderrechtskonvention, einem Vertrag, den fast alle Staaten miteinander geschlossen haben. Die Kinderrechtskonvention § an Kinder und § ihnen die wichtigsten Grundrechte wie zum Beispiel das Recht auf Bildung. Das §, dass jedes Kind die Chance bekommen §, in die Schule zu gehen, um Rechnen, Lesen und Schreiben zu lernen.
Daneben § es auch das Recht auf Gleichheit: Egal, welche Hautfarbe ihr § oder welche Sprache ihr § – niemand darf deshalb benachteiligt werden!
Unter dem Recht auf Beteiligung § wir, dass Kinder sich einmischen dürfen, wenn es um eine Entscheidung § , die auch sie § (zum Beispiel vor Gericht in Scheidungsfällen).
Ein Kind § mitreden dürfen bei der Frage: Wo § ich in Zukunft wohnen?

haben stehen

sich richten garantieren

bedeuten sollen

geben

haben sprechen

verstehen

gehen betreffen

müssen wollen

**1** a Schreibt den Text ab. Setzt die Verben vom Rand in der richtigen Personalform (▶ Merkkasten) ein.
b Erklärt, was euch an den Verbformen in den Zeilen 9, 14 und 16 auffällt.

**Wissen und Können** **Verben konjugieren**

**Verben** geben an, was geschieht (z. B.: *es **regnet***) oder was jemand tut (z. B.: *er **geht***).
Der **Infinitiv** (die Grundform) eines Verbs endet auf ***-en*** oder ***-n***, z. B.: *gehen, lachen, klettern.*
In Sätzen wird die **Personalform des Verbs** gebildet. Das nennt man **konjugieren** (beugen):

| | | | |
|---|---|---|---|
| **1. Pers. Singular** | *ich lach**e*** | **1. Pers. Plural** | *wir lach**en*** |
| **2. Pers. Singular** | *du lach**st*** | **2. Pers. Plural** | *ihr lach**t*** |
| **3. Pers. Singular** | *er/sie/es lach**t*** | **3. Pers. Plural** | *sie lach**en*** |

Bei manchen Verben wechselt der Vokal im Wortstamm in verschiedenen Verbformen (z. B.: *sprechen – du sprichst,* ▶ S. 217).

# Gegenwart und mehr – Das Präsens

**1** a Bestimmt, in welcher Zeitform die Verben in den Schlagzeilen stehen.
b Erklärt, **wann** genau das geschieht, was die Verben ausdrücken.
Ordnet die Schlagzeilen der richtigen Spalte der Tabelle zu.

| **Es geschieht in der Gegenwart.** | **Es geschieht in der Zukunft** (mit Zeitangabe). | **Es ist allgemein gültig.** |
|---|---|---|
| *Draußen regnet es.* | *Morgen scheint die Sonne.* | *Im Winter schneit es.* |

**Wissen und Können** **Präsens**

Verben im **Präsens** drücken aus,
- was gerade geschieht: *Draußen **regnet** es.*
- was in Zukunft geschieht (mit Zeitangabe): *Morgen **scheint** die Sonne.*
- was zu allen Zeiten gültig ist: *Im Winter **schneit** es.*

# Vergangenheit – Präteritum, Perfekt, Plusquamperfekt

## Biberfamilie baute Damm mit gestohlenen Dollars

**Baton Rouge** – *Mit ein paar Tausend Dollar Beutegeld baute eine emsige Biberfamilie im US-Bundesstaat Louisiana einen „wertvollen“ Damm.*

Ein Kasinoräuber warf auf der Flucht die erbeuteten Geldsäcke ins Unterholz in der Nähe eines Bachs. Biber entdeckten sie und nutzten die Banknoten als Füllmaterial für ihren Damm.

Die Polizei ermittelte nach dem Überfall auf das Kasino in der vergangenen Woche. Sie fand von der Beute jedoch keine Spur. Erst der gefasste Kasinoräuber gab den entscheidenden Tipp zu dem Fundort. Als die Beamten das Unterholz durchsuchten, fanden sie jedoch nur zwei der drei gestohlenen Geldsäcke. Doch als sie den Biberdamm öffneten, fielen ihnen die feuchten, zerknitterten, aber sonst unversehrten Banknoten in die Hände. Der aufgerissene Geldsack war noch halb gefüllt.

Die Biber tauchten unter, berichtete „The Advocate“.

**1** a Schreibt aus dem Zeitungsbericht alle Verbformen untereinander auf:
*baute*
*warf*
...

b Bestimmt die Zeitform (das Tempus) der Verbformen und gebt einen Grund dafür an (▶ Merkkasten): *Der Zeitungsartikel steht im ..., weil ...*

**2** a Schreibt neben die Verbliste von Aufgabe 1 jeweils die Grundform (den Infinitiv, ▶ S. 215):
*baute – bauen*
*warf – werfen*
...

b Die Liste zeigt: Das Präteritum wird auf zwei verschiedene Weisen gebildet. Beschreibt die Unterschiede.

**Wissen und Können** **Starke und schwache Verben im Präteritum**

Mit Verben im **Präteritum** drückt man Vergangenes aus. Man verwendet das Präteritum vor allem beim Berichten und beim schriftlichen Erzählen. Es wird so gebildet:

| | Infinitiv | Präteritum |
|---|---|---|
| **Schwache/Regelmäßige Verben:** An den **Wortstamm** wird **-*te* angehängt,** der Vokal im Wortstamm ändert sich nicht. | *wandern*<br>*reden*<br>*spielen* | *wanderte*<br>*redete*<br>*spielte* |
| **Starke/Unregelmäßige Verben:** Der **Vokal im Wortstamm (Stammvokal) ändert sich.** | *helfen*<br>*reiten*<br>*bringen* | *half*<br>*ritt*<br>*brachte* |

## Präteritum oder Perfekt?

Auszug aus einem Telefongespräch:

Hier ist die Stadtteilredaktion des „Swindon Herald“. Hallo, Mrs Kennet. Stimmt es, dass Ihnen Eichhörnchen …

Ja, das stimmt! Am Sonntag habe ich es das erste Mal bemerkt. Gegen fünf bin ich nach Hause gekommen. Ich habe unseren Hund aus dem Wintergarten gelassen und dabei habe ich nach dem Weihnachtsbaum gesehen. Und da habe ich entdeckt …

Und das stand am nächsten Tag im „Swindon Herald“:

### Eichhörnchen-Bande stahl Weihnachtsbeleuchtung

**London** – *Eine vierköpfige Eichhörnchen-Bande stahl einer britischen Familie die komplette Weihnachtsbeleuchtung aus dem Garten.*
Nach Aussage der Familie dauerte der dreiste Diebstahl zwei Tage. In dieser Zeit entwendeten die Nager 250 elektrische Kerzen vom Weihnachtsbaum der Kennets.
Sally Kennet (41) sah das Geschehen mit ihrem dreijährigen Sohn vom Wintergarten aus: „Die Tierchen haben das Futter nicht angerührt, das auf der Terrasse extra für sie gelegen hat. Dafür sind sie über die roten Leuchten hergefallen und haben sie in Windeseile abgeknabbert.“
Enttäuscht fügte sie hinzu: „Ich habe immer gedacht, es sind intelligente Tiere, aber sie haben die Kerzen wohl mit Nüssen verwechselt. Wir haben sie verscheucht. Aber das hat nichts genutzt. Die Eichhörnchen sind zwar zunächst weggerannt, aber sofort zurückgekommen, wenn wir ihnen den Rücken gekehrt haben.“

**1** a Schreibt den Zeitungsartikel ab.
b Unterstreicht alle Verbformen im **Präteritum** rot. Umkreist die starken Verben (▶ S. 217).

**2** a Im zweiten Teil des Zeitungsartikels (▶ Z. 9–20) stehen die meisten Verben in einer anderen Zeitform. Unterstreicht sie blau.
b Benennt die Zeitform und erklärt, wie sie gebildet wird. Die Sätze rechts helfen euch.
**Tipp:** Bei den Verbformen „angerührt“ und „zurückgekehrt“ handelt es sich um das Partizip II.

*Sie **haben** das Futter nicht **angerührt**.*
*Sie **sind** sofort **zurückgekehrt**.*

**3** Sortiert die Perfektformen aus dem Zeitungsartikel nach der Bildung mit ***haben*** oder ***sein*** in einer Tabelle nach diesem Muster:

| **Perfekt** | |
|---|---|
| **Präsens von *haben* + Partizip II** | **Präsens von *sein* + Partizip II** |
| *haben angerührt* | *sind hergefallen* |
| … | … |

**4** a Benennt die Zeitformen, die im Telefongespräch auf Seite 218 oben benutzt werden.
b Tragt die Perfektformen in die Tabelle (▶ Aufgabe 3) ein.

**5** Überlegt mit Hilfe eurer Ergebnisse, wann man das Präteritum benutzt und wann das Perfekt. Ergänzt den Merksatz in eurem Heft (▶ Merkkasten):

*Wenn wir mündlich von Vergangenem erzählen, verwenden wir meist das ? ,*
*beim schriftlichen Erzählen und Berichten benutzen wir das ? .*

**6** Übernehmt die Tabelle in euer Heft. Ergänzt die fehlenden Infinitive und Zeitformen.

| Infinitiv | Präsens | Präteritum | Perfekt |
|---|---|---|---|
| *gehen* | *ich ...* | *ich ...* | *ich ...* |
| ... | *du ...* | *du ...* | *du hast gesehen* |
| *fragen* | *er ...* | *sie ...* | *es ...* |
| ... | *wir fahren* | *wir ...* | *wir ...* |
| ... | *ihr ...* | *ihr fandet* | *ihr ...* |
| ... | *sie laufen* | *sie ...* | *sie ...* |

## Kuh fraß Handy: Klingeln im Bauch

*Münster* – Wie die Lokalredaktion berichtete, half eine junge Frau ihrer Mutter beim Füttern der Kühe. Danach vermisste sie ihr Handy. Sie wählte ihre eigene Nummer von einem anderen Telefon aus. Tatsächlich vernahm sie ein leises Klingeln. Als sie dem Klingelton folgte, stellte sie fest, dass das Geräusch aus dem Bauch einer Kuh kam.
Zu möglichen Gesundheitsproblemen der Kuh und dem Schicksal des Handys machte die Redaktion keine Angaben.

**7** a Ergänzt die Verben aus diesem Zeitungsartikel in eurer Tabelle zu Aufgabe 6.
●●● b Die junge Frau erzählt abends ihrem Freund von dem Vorfall:
*Stell dir vor, was ich heute erlebt habe. Jch habe ...*
Schreibt weiter und benutzt nur das **Perfekt.**

**Wissen und Können** **Präteritum und Perfekt**

Verben im **Präteritum** drücken aus, was bereits geschehen ist, z. B.: *Ich **sah** ..., sie **sagte** ...* (▶ S. 217).
Das Präteritum verwendet man beim **schriftlichen** Erzählen und Berichten.

Auch Verben im **Perfekt** drücken Vergangenes aus – aber besonders beim **mündlichen** Erzählen. Das Perfekt wird mit den **Präsensformen von *haben* oder *sein*** und dem **Partizip II** des Verbs gebildet, z. B.: *Ich **bin** gestern im Wald **gewandert.** Dort **habe** ich ein Eichhörnchen **beobachtet.***

## Was noch früher geschah – Plusquamperfekt

### „Robin Hood“ gefasst

*Straßburg, 14. April.* Gestern nahm die französische Polizei einen seit sieben Wochen flüchtigen Strafgefangenen fest. Der 49 Jährige war nach einem Freigang nicht mehr ins Gefängnis zurückgekehrt.

Der Mann verbüßte eine 10-jährige Strafe, weil er vor einigen Monaten durch zahllose Einbrüche aufgefallen war. Er hatte jedoch die gestohlene Beute nie selbst behalten, sondern war durch ganz Frankreich gereist und hatte sie in den Elendsvierteln der Großstädte an Bedürftige verteilt. Auch hatte er bei keinem seiner Überfälle von einer Schusswaffe Gebrauch gemacht.

Stets war er nur in große Geschäfte und vornehme Banken eingedrungen. Nie hatte er kleine Läden oder gar Kioske beraubt. Bei seiner ersten Festnahme hatten ihn die Zeitungen einen modernen „Robin Hood“ genannt.

**1** Besprecht, was ihr über die Figur Robin Hood wisst.
Erklärt auf dieser Grundlage die Überschrift der Zeitungsmeldung.

**2** In dem Zeitungsartikel kommt außer dem Präteritum eine weitere Zeitform vor.
- **a** Schreibt den Text ab und unterstreicht die Präteritumformen rot, die andere Zeitform grün.
- **b** Erklärt, wie diese Zeitform, das **Plusquamperfekt,** gebildet wird.
- **c** Sortiert die Formen des Plusquamperfekts aus dem Artikel in einer Tabelle nach diesem Muster:

| **Plusquamperfekt**<br>**Präteritum von *haben* + Partizip II** | **Präteritum von *sein* + Partizip II** |
|---|---|
| … | *war zurückgekehrt* |
| … | … |

**3** Erklärt, wann man das Plusquamperfekt verwendet. Der Zeitstrahl hilft euch bei der Antwort.

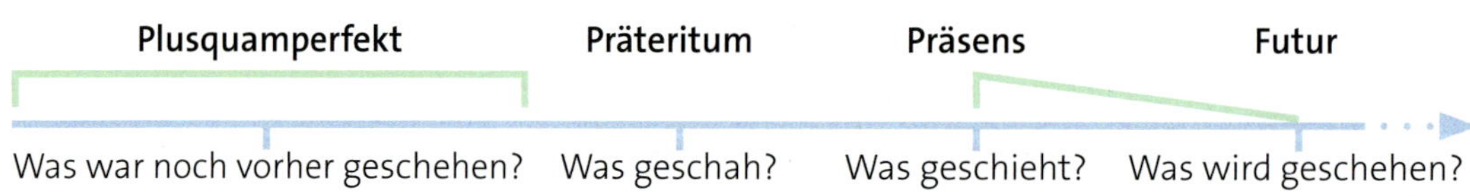

| Wir kauften ein.<br>Wir fuhren eine Stunde.<br>Wir kamen an.<br>Wir erreichten den Gipfel.<br>Wir schafften den Abstieg.<br>Wir aßen zu Abend. | nachdem | Wir fuhren los.<br>Wir frühstückten.<br>Wir unternahmen eine Wanderung.<br>Wir machten eine längere Pause.<br>Wir erreichten das Dorf.<br>Wir fielen erschöpft ins Bett. |
|---|---|---|

**4** a Verbindet jeweils die nebeneinanderstehenden Sätze zu einem Satzgefüge (▶ S. 237) mit der Konjunktion ***nachdem.***
Verwendet dabei für die **frühere** Handlung das Plusquamperfekt und für die **spätere** das Präteritum.

b Versucht, die Sätze auch mit der Konjunktion ***bevor*** zu verbinden. Erklärt, wo das sinnvoll ist.

## Krokodile hielten Feuerwehr in Atem

*Pfullendorf* – Zwei Krokodile (sorgen) am Donnerstagabend bei Polizei und Feuerwehr in Pfullendorf für Aufregung.
Ein Wanderzirkus, der dort sein Winterquartier (aufschlagen), (melden) der Polizei gegen 17 Uhr, dass die beiden Tiere ausgebrochen seien. Nachdem man das kleinere Reptil schnell (einfangen), (flüchten) der größere „Santos" in einen nahen Stadtsee. Gemeinsam mit der Krokodil-Dompteurin (suchen) Polizei und Feuerwehr mit einem Schlauchboot den kleinen See ab, bis sie das dressierte Tier in Ufernähe (entdecken). Da „Santos" auf Zurufe nicht (reagieren), (steigen) die Dompteurin kurz entschlossen ins Wasser, (setzen) sich auf den Rücken des Reptils und legte „Santos" eine Schlinge um den Hals.

Nachdem mehrere Mann (anrücken), um das schwere Tier abzutransportieren, (können) „Santos" gegen Mitternacht erfolgreich in einen beheizten Zirkuswagen verfrachtet werden.

**5** Schreibt den Zeitungsbericht ab und tragt dabei die Verben in der richtigen Personal- und Zeitform (Präteritum oder Plusquamperfekt) ein.

**Wissen und Können** **Plusquamperfekt**

Wenn man von einem Ereignis im Präteritum berichtet oder erzählt und auch noch mitteilen will, was **davor** geschehen ist, verwendet man das **Plusquamperfekt** (Vorvergangenheit), z. B.:
*Gestern **fasste** man einen Strafgefangenen, der vier Wochen zuvor **ausgebrochen war.***
(fasste = Präteritum; ausgebrochen war = Plusquamperfekt)

Das Plusquamperfekt wird mit einer Form von ***haben*** bzw. ***sein*** **im Präteritum + Partizip II** gebildet.

# Die Zukunft – Futur I und II

Ich werde am Samstag richtig spät aufstehen! Dann werden wir gemütlich frühstücken und anschließend wird mir meine Schwester hoffentlich bei den Hausaufgaben helfen. Nachmittags werde ich dann Fußball spielen und anschließend etwas mit meinen Freunden unternehmen. Und am Abend? Da werden wir vielleicht einen Film anschauen.

Am Wochenende stehe ich ganz früh auf und fahre nach dem Frühstück gleich in den Reitstall. Dort wartet schon „Ruben" auf mich. Bis zum Mittagessen reite ich dann auf der Koppel. Nachmittags besucht mich meine Freundin. Und am Abend gehen wir zusammen ins Kino.

**1** a Und was habt ihr am Wochenende vor? Notiert eure Pläne in vollständigen Sätzen wie oben.
b Schaut euch die Verben in euren Sätzen an: Welche Formen habt ihr verwendet – mit oder ohne ***werden?***

**2** a Benennt die Verbformen in den beiden Sprechblasen oben und vergleicht sie: Was stellt ihr fest?
b Formuliert um: die linke Sprechblase mit Verbformen im Präsens (ohne das Verb ***werden***), die rechte Sprechblase mit Verbformen im Futur I (mit ***werden***). Untersucht, ob sich die Aussage verändert.

**3** Formt eine der Sprechblasen oben ins **Futur II** (▶ Merkkasten) um.

**4** ●●● Was wird im Jahr 3000 wohl anders sein? Schreibt einen Text und markiert darin alle Zukunftsformen. Wechselt zwischen Futur I und Präsens mit Zeitangabe, damit euer Text nicht eintönig klingt.
*Im Jahre 3000 werden wir völlig anders leben als heute: ...*

**Wissen und Können** **Futur I und II**

Zukünftiges Geschehen kann man auf unterschiedliche Weise ausdrücken:

- mit dem **Futur I** (gebildet aus einer Personalform von ***werden*** + **Infinitiv des Verbs**), z. B.:
  *Ich **werde** ganz spät **aufstehen.***
- mit dem **Präsens** des Verbs und einer Zeitangabe (▶ S. 216), z. B.:
  *Ich **schlafe** am kommenden Wochenende bestimmt bis zehn Uhr.*

Wer sich vorstellt, dass schon eingetreten ist, was er plant, verwendet das **Futur II:**
Es wird gebildet aus einer Personalform von ***werden*** im **Präsens,** dem **Partizip II** des Verbs und dem Infinitiv von ***sein*** bzw. ***haben,*** z. B.:
*Ich **werde** ein schönes Wochenende **erlebt haben.***
Das **Futur II** wird auch verwendet, um eine **Vermutung** zu formulieren, z. B.:
*Peter **wird** wahrscheinlich heute früh schon Fahrrad **gefahren sein.***

# Aktiv und Passiv

Letzte Woche ist der Papierkorb viermal versteckt worden – echt ätzend!!!

Der Overheadprojektor wurde jetzt schon zum zweiten Mal vertauscht!

Bei uns werden eindeutig die Jungs bevorzugt – wie ungerecht!

Mir ist am Montag Müll in den Rucksack gestopft worden. Das ist so gemein!

**1** Lest die vier Klagen aus dem „Kummerkasten" einer 6 b. Sammelt Vorschläge, wie man solchen Ärger vermeiden kann.

**2** a In den vier Klagen fehlt dieselbe Auskunft. Benennt, was nicht gesagt wird.
b Begründet, warum diese Information fehlt.

Elke zog Jane den Stuhl weg, als sie sich hinsetzen wollte. Sie fiel hart auf die Erde und verletzte sich am Rücken. Herr Langer schickte Jane sofort zum Arzt.

Jane wurde der Stuhl weggezogen, als sie sich hinsetzen wollte. Dabei wurde sie am Rücken verletzt. Deshalb wurde sie sofort zum Arzt geschickt.

**3** a Vergleicht diese beiden Darstellungen eines gefährlichen Schülerverhaltens: Beschreibt die inhaltlichen und sprachlichen Unterschiede (▸ Merkkasten, S. 224).
b Ihr könnt auch in dem Bericht rechts die Handelnden Elke und Herrn Langer nennen, indem ihr Formulierungen mit ***von*** oder ***durch*** verwendet. Vergleicht eure Ergebnisse.

**Letzte Nacht wurde auf unserem Schulhof ein Kanaldeckel entfernt. Ein Schüler geriet heute Morgen mit dem Vorderrad seines Mountainbikes in die Öffnung und stürzte. Später wurde der Kanaldeckel in einem Gebüsch gefunden. Wir warnen dringend davor, solche lebensgefährlichen Streiche zu veranstalten. Die Täter haften!**

**Die Schulleitung**

**4** a Nennt die beiden Passivsätze in dieser Mitteilung.
b In beiden Fällen wird kein Täter genannt. Erklärt, warum wohl.
c „Die Schulleitung sucht den Täter." Setzt den Satz ins Passiv und schreibt ihn im Aktiv und im Passiv in den sechs Zeitformen (▸ Merkkasten, S. 224) in euer Heft.

Immer wieder veranstalten Schülerinnen und Schüler während der Pausen „Kreideschlachten“. Sie holen sich Kreide aus verschiedenen Nebenräumen und bewerfen ihre Mitschüler damit. Dabei zertreten sie die Kreide und beschädigen den Fußboden. Außerdem beschmieren sie die Tafel und werfen nasse Schwämme durch die Gegend. Dadurch beschmutzen sie auch Fenster und Wände. Schließlich fassen sie mit ihren klebrigen Händen Tische und Stühle an.
So hinterlassen sie überall hässliche Spuren.

**5** a Sicher kennt ihr ähnliche Aktionen. Wer wird im Text als Täter genannt?
b Schreibt den Bericht um, indem ihr an manchen Stellen das Passiv verwendet und die „Täter“ weglasst: *Jmmer wieder **werden** in den Pausen …*

*Jn Biologie wurden letzten Freitag Vögel beobachtet. Dazu wurde ein Aufnahmegerät in den Park mitgenommen. Die Vogelstimmen wurden auf einer Speicherkarte festgehalten. Dabei wurde das Gerät von der Bank gestoßen. Dieser Vorfall wurde dem Lehrer gemeldet. Es wurde dabei verschwiegen, dass zuvor gebalgt worden war. So wurde für die Reparatur schließlich niemand verantwortlich gemacht.*

**6** Ein ganzer Text nur im Passiv klingt unschön.
Übertragt in diesem Bericht deshalb einige Sätze ins Aktiv:
*Jn Biologie beobachteten wir letzten Freitag Vögel. Dazu nahmen …*

**Wissen und Können** **Aktiv und Passiv**

Wir unterscheiden Sätze im **Aktiv** und im **Passiv.**
- Im **Aktivsatz** wird der/die aktiv Handelnde im Subjekt genannt und dadurch hervorgehoben, z. B.: ***Ein Schüler** versteckt den Stift des Lehrers.*
- Im **Passivsatz** tritt der/die Handelnde zurück oder ist gar nicht bekannt. Stattdessen steht das Geschehen oder das passive Objekt, mit dem etwas geschieht, im Vordergrund, z. B.: ***Der Stift des Lehrers** wird (von einem Schüler) versteckt.*

Das Passiv wird mit einer Form von ***werden* +**
**Partizip II** des Verbs gebildet, z. B.:

| | Passiv | Aktivsätze im Vergleich: |
|---|---|---|
| ■ Präsens: | *Die Tafel **wird geputzt.*** | *Er **putzt** die Tafel.* |
| ■ Präteritum: | *Die Tafel **wurde geputzt.*** | *Er **putzte** die Tafel.* |
| ■ Perfekt: | *Die Tafel **ist geputzt worden.*** | *Er **hat** die Tafel **geputzt.*** |
| ■ Plusquamperfekt: | *Die Tafel **war geputzt worden.*** | *Er **hatte** die Tafel **geputzt.*** |
| ■ Futur I: | *Die Tafel **wird geputzt werden.*** | *Er **wird** die Tafel **putzen.*** |
| ■ Futur II: | *Die Tafel **wird geputzt worden sein.*** | *Er **wird** die Tafel **geputzt haben.*** |

In der gleichen Zeitstufe enthält das Prädikat im Passiv immer einen Teil mehr als im Aktiv.

# 13.3 Fit in ...? – Wortarten, Aktiv und Passiv, Zeitformen

Die Klasse 6 c hat fünf Tage im Schullandheim verbracht. Gleich nach seiner Ankunft zu Hause bemerkte Lukas, dass seine Kopfhörer fehlten. Weil er telefonisch niemanden erreichte, schrieb er eine E-Mail an die Herbergseltern. Sie beginnt so:

Sehr geehrte Frau Meier,

vielen Dank noch einmal um/für/an die schöne Woche, die ich mit meiner Klasse bei/auf/in Ihrem Schullandheim verbringen durfte. Vor/Nach/Wegen meiner Rückkehr habe ich beim Auspacken bemerkt, dass meine Kopfhörer fehlen.
Es handelt sich mit/um/für schwarze In-Ear-Kopfhörer der Marke Sonix. Die beiden Lautsprecher selbst sind also klein genug, dass man sie im / hinter dem / unter dem Ohr befestigen kann. Das Teil, das im Ohr verschwindet, besteht mit/aus/von einer weichen schwarzen Gummikappe, zu/hinter/auf der Rückseite glänzen die beiden Lautsprecher metallisch silbern.
Nur wenige Zentimeter über dem rechten Lautsprecher ist ein kleiner schwarzer Lautstärkeregler angebracht, der sich von oben ? unten verschieben lässt. Zusammen ? dem Kabel sind die Kopfhörer ca. einen Meter lang. Ich denke, dass sich die Kopfhörer ? der Bettwäsche befinden könnten, die ich heute Morgen abgezogen habe. ? des Durcheinanders beim Ausräumen könnten sie aber auch ? einer anderen Stelle in Zimmer 16 liegen ...

**1** Schreibt den Text mit passenden Präpositionen in euer Heft.
- a Entscheidet euch bei den markierten Präpositionen jeweils für das richtige Wort.
- b Ab Zeile 10 fehlen die Präpositionen. Ergänzt geeignete Präpositionen, mit denen sich sinnvolle Sätze ergeben.

**2** a Weil Lukas nicht gleich eine Antwort bekommt, malt er sich aus, was mit den Kopfhörern in wenigen Tagen passiert sein wird. Formuliert die Gedankenfetzen zu vollständigen Sätzen im Futur II.

Putzfrauen werfen Kopfhörer in die Waschmaschine

Neuer Gast findet Kopfhörer in seiner Bettwäsche

b Notiert zwei weitere Sätze im Futur II, was mit den Kopfhörern passiert sein könnte.

Am zweiten Tag besuchte die Klasse 6c das Schulmuseum in Hinterreuth. Hier besichtigte die Klasse ein Klassenzimmer, wie es vor hundertzwanzig Jahren typisch war. Damals gab es in Deutschland noch einen Kaiser und das Schulsystem war stark militärisch geprägt. Zucht und Ordnung waren ausgesprochen wichtig.
Die Schüler mussten kerzengerade auf Holzbänken ohne Lehne sehr eng nebeneinander sitzen und ihre Hände waren immer auf dem Tisch abgelegt. Die Schüler schrieben mit einem Griffel auf eine kleine Schiefertafel. Die Lehrer standen vorne erhöht auf einem Podest. Meist waren sie sehr streng. Die Lehrer bestraften Schüler, die nicht aufpassten oder schwätzten, hart. So mussten manche Übeltäter zum Beispiel auf einem Holzscheit in der Ecke knien oder sich auf einen unbequemen Holzesel setzen. Oft schlugen die Lehrer vorlaute Kinder mit einem Rohrstock.
Es konnte sogar entschieden werden, dass besonders freche und ungehorsame Schüler die Schule verlassen mussten ...

**3** Am Montag schrieb die Klasse einen Bericht über ihren Aufenthalt im Schullandheim. Der Auszug oben stammt aus Lukas' Bericht.

**a** Der Lehrer schlägt vor, ab und zu das Passiv zu verwenden, damit der Text abwechslungsreicher wird. Formt die unterstrichenen Sätze ins Passiv um. Behaltet die Zeitform Präteritum bei.

**b** Mit dem markierten Satz ist der Lehrer auch nicht ganz zufrieden, weil man nicht erfährt, dass die Schulleitung diese Entscheidung treffen konnte. Setzt diesen Satz deshalb ins Aktiv.

**VORSICHT FEHLER!**

Es geschah am dritten Tag unseres Aufenthalts im Schullandheim.
Meine Klasse ist gerade von einer Wanderung zurückgekommen und alle sind auf ihre Zimmer gestürmt. Da fiel meinem Freund Peter ein, dass er unbedingt eine Cola trinken wollte. Weil ich auch Durst habe, beschloss ich, mir ebenfalls etwas am Getränkeautomaten im Keller zu kaufen. Doch das ist nicht so einfach.
„Warte Peter, ich kam mit. Ich brauchte nur noch etwas Kleingeld", rief ich. Schnell öffnete ich die vordere Tasche meines Rucksacks, wo ich immer meinen Geldbeutel aufbewahrt hatte. Meine rechte Hand griff ins Leere. Nichts. Nur die dünne Kunststoffhaut des Rucksacks. Komisch. Ich war mir zu hundert Prozent sicher, dass ich den Geldbeutel kurz zuvor an der Raststelle im Wald noch gesehen habe. Da haben wir nämlich geschaut, wer von uns die älteste Ein-Euro-Münze besaß. Ein mulmiges Gefühl machte sich in mir breit. 40 Euro waren im Geldbeutel und mein Ausweis, meine Busfahrkarte und, und, und ... Panisch habe ich auch die anderen Reißverschlüsse des Rucksacks aufgerissen. Ich durchwühlte jeden Quadratzentimeter, schmeiße den gesamten Inhalt auf den Boden. Kein schwarzes Viereck, das auch nur entfernt wie mein Geldbeutel ausgesehen hatte ...

**4** Zum Schluss sollte jeder von einem besonderen Erlebnis während des Schullandheimaufenthalts erzählen. Lukas hat in seiner Erzählung Fehler bei der Verwendung der Zeitformen gemacht. Schreibt den Text ab und verbessert dabei die unterstrichenen Stellen.

# 14 Grammatiktraining – Satzglieder und Sätze

## Der Kampf um Troja

die Tore der Stadt • den Trojanern • den hölzernen Pferdekörper • Odysseus • segelte • ein hölzernes Pferd • stürmten

In der Nacht verließen Odysseus und seine Gefährten heimlich ? und öffneten ?.

Er ? mit einer großen Kriegerschar nach Troja.

Die Griechen hinterließen das Pferd ?, die es neugierig in ihre Stadt zogen.

Odysseus' Gefolgsleute ? hinein, der Kampf um Troja begann.

? verließ seine Heimat Griechenland.

Vor der Stadt bauten sie ?, in dem sich Odysseus und einige Gefolgsleute versteckten.

**1** Ihr kennt vielleicht die Geschichte von Odysseus, dem König von Ithaka, und dem Trojanischen Pferd. Ergänzt in den Sätzen die passenden Angaben aus dem Wortspeicher.

**2** Ordnet die Sätze so, dass der kurze Infotext einen Sinn ergibt.

**3** Schreibt die Sätze vollständig und in der richtigen Reihenfolge in euer Heft.

### In diesem Kapitel …

- wiederholt ihr wichtige Satzglieder und lernt neue kennen,
- übt ihr, Satzarten zu unterscheiden,
- trainiert ihr, mit Hilfe von Satzreihen und Satzgefügen logisch und abwechslungsreich zu formulieren.

# 14.1 Satzglieder – Die Bausteine des Satzes

## Schon bekannt – Subjekt, Prädikat, Objekte

**1** Untersucht die Sätze über Odysseus, die ihr aufgeschrieben habt (▶ S. 227), genauer. Benennt die Wortarten der eingefügten Wörter und Wortgruppen (▶ S. 202).

**2** Innerhalb des Satzes erfüllen Wörter und Wortgruppen eine bestimmte Aufgabe als **Satzglieder.**

a Ermittelt die eingefügten Satzglieder mit Hilfe der Fragen:
- **Wer ...?**
- **Wem ...?**
- **Wen oder was ...?**

Unterstreicht sie in verschiedenen Farben.

b Welches Satzglied lässt sich nicht erfragen? Nennt es.

c Benennt jedes der erfragten Satzglieder mit dem richtigen Fachbegriff.
Der Merkkasten hilft euch.

**Wissen und Können** **Satzglieder: Subjekt, Prädikat, Objekte**

**Satzglieder** sind die Bausteine eines Satzes, die jeweils bestimmte Aufgaben erfüllen:

- Das **Prädikat** ist der Kern des Satzes.
  Prädikate werden aus Verben gebildet. Sie können ein- oder mehrteilig sein.
  Die Personalform des Verbs steht im Aussagesatz immer an zweiter Satzgliedstelle, z. B.:
  *Odysseus **schmiedete** einen Plan. Odysseus **hat** einen Plan **geschmiedet.***

- Das **Subjekt** ist neben dem Prädikat der wichtigste Bestandteil eines Satzes.
  Man ermittelt es durch die Frage **Wer oder was tut etwas?,** z. B.:
  ***Odysseus** schmiedete einen Plan.*
  Wer?

- Das **Dativobjekt** erfragt man mit **Wem ...?,** z. B.:
  *Die Griechen hinterließen **den Trojanern** das hölzerne Pferd.*
  Wem?

- Das **Akkusativobjekt** erhält man auf die Frage **Wen oder was ...?,** z. B.:
  *Odysseus schmiedete **einen Plan.***
  Was?

- Eher selten ist das **Genitivobjekt.** Man ermittelt es durch die Frage **Wessen ...?,** z. B.:
  *Die Trojaner beschuldigten die Griechen **eines unfairen Kampfes.***
  Wessen?

  Das Genitivobjekt folgt auf Verben wie *beschuldigen, sich rühmen, sich enthalten, gedenken.*

**3** Um herauszufinden, aus wie vielen Satzgliedern ein Satz besteht, kann man seine Teile umstellen:

| | | | |
|---|---|---|---|
| Die Griechen | hinterließen | den Trojanern | ein hölzernes Pferd. |
| Ein hölzernes Pferd | hinterließen | die Griechen | den Trojanern. |
| Den Trojanern | hinterließen | die Griechen | ein hölzernes Pferd. |

a Erklärt, aus wie vielen Satzteilen dieser Satz besteht.
b Bestimmt die Satzglieder mit Hilfe der passenden Satzgliedfrage:
*Wer hinterließ …?* *Was hinterließen …?* *Wem hinterließen …?*
c Es gibt noch eine weitere Möglichkeit der Umstellung. Schreibt sie auf.

Mit der **Umstellprobe** ermittelt man die zusammengehörenden Teile eines Satzes: die **Satzglieder.**

Nach der gewonnenen Schlacht plante ? die Heimreise. Er bestieg mit seinem Gefolge vor Troja ? . Doch der Meeresgott Poseidon zürnte ? wegen des Kampfes um Troja. Er schickte Odysseus ? . So ? der Held erst zehn Jahre später als erhofft ? .

ihm • seine Heimat • ungünstige Winde • Odysseus • erreichte • sein Segelschiff

Viele Verben erfordern Objekte, damit der Satz vollständig ist, z. B.: *Odysseus verließ* ? . Wen oder was verließ Odysseus? *Odysseus verließ seine Heimat* (Akkusativobjekt).

**4** a Benennt jeweils das fehlende Satzglied.
Die Satzgliedfragen (► S. 228) helfen euch dabei.
b Fügt jeweils ein geeignetes Satzglied aus dem Wortspeicher ein.

Zu Hause auf Ithaka dachte Penelope, die Frau von Odysseus, voller Sorge **an ihren Mann.**
Auch sein Sohn Telemach sehnte sich **nach seinem Vater.**
Sie sprachen oft **über sein langes Ausbleiben.** Trotzdem hofften sie **auf ein glückliches Ende.**

**5** Erklärt, wie man am besten nach den fett gedruckten Satzgliedern fragt. Ein Beispiel: *An wen …?*

**Wissen und Können** **Präpositionalobjekte**

**Präpositionalobjekte** stehen **nach Verben,** die **fest mit einer Präposition verbunden** sind, z. B.: *denken an, warten auf.* Diese Präposition ist auch im Fragewort enthalten, mit dem man nach dem Präpositionalobjekt fragt, z. B.:

*Penelope dachte sorgenvoll **an Odysseus.*** — **An** wen?

*Sie wartete sehnsüchtig **auf ein Lebenszeichen**.* — **Auf** was? / Wo**rauf**?

**6** Schreibt mit Hilfe der folgenden Vorgaben Sätze auf. Ergänzt, wenn nötig, weitere Satzglieder und markiert das Präpositionalobjekt, z. B.: *Odysseus' Familie wartete auf ihn.*

Odysseus' Familie • der Rat der Götter • das passende Wetter • die ruhige See • der vermisste Vater • der richtige Weg • die Rache des Meeresgottes

warten auf • danken für • sich freuen auf • sich erkundigen nach • sich fürchten vor • bitten um • hören auf

## Die Sage von Dädalus und Ikarus

Der Grieche Dädalus träumte vom Fliegen.
Er entwarf große Flügel.
Diese bestanden aus Wachs und Federn.
Seinem Sohn Ikarus baute Dädalus ein Paar.
Die heißen Sonnenstrahlen gefährdeten den Flug.
Die wachsverklebten Flügel schmolzen.
Ikarus stürzte ab.
Die selbst gemachten Flügel hatten ihm Unglück gebracht.
Der untröstliche Vater gedachte seines toten Sohnes.

**7** a Untersucht die Satzglieder in den Sätzen über Dädalus und Ikarus. Führt die Umstellprobe durch.
b Stellt die passenden Satzgliedfragen und tragt die Satzglieder in eine Tabelle nach diesem Muster ein. Nutzt dafür eine Doppelseite oder nehmt das Heft quer.

| Subjekt | Prädikat | Dativobjekt | Akkusativobjekt | Genitivobjekt | Präpositionalobjekt |
|---|---|---|---|---|---|
| *Der Grieche Dädalus* | *träumte* | | | | *vom Fliegen.* |

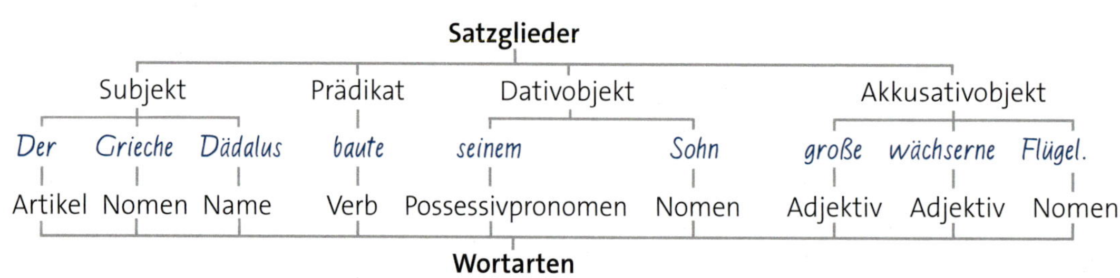


**8** a Erklärt, was in dem Schaubild veranschaulicht wird.
b Beschreibt, was beim Subjekt und bei den Objekten des Satzes auffällt.
c Erstellt selbst ein Schaubild zu dem Satz: *Die künstlichen Flügel brachten dem jungen Ikarus Unglück.*

# Die näheren Umstände eines Geschehens – Adverbialien

Auf der Jahre dauernden Irrfahrt vom zerstörten Troja in die Heimat erlebten Odysseus und seine Männer viele gefährliche Abenteuer. Ein besonders schreckliches Erlebnis hatten sie in der Höhle des Riesen Polyphem.
Ihr findet die Geschichte in jeder Sammlung mit griechischen Sagen. Hier ist eine kurze Zusammenfassung des grausamen Ereignisses:

## Odysseus in der Höhle des Polyphem

Odysseus und seine erschöpften Männer wollten sich in einer Höhle ausruhen.
Der Unterschlupf gehörte einem einäugigen Ungeheuer, dem Zyklopen Polyphem.
Dieser nahm Odysseus und seine Leute ohne große Anstrengung gefangen.
Am Abend machte Odysseus den fürchterlichen Riesen mit viel Wein betrunken.
Anschließend verletzte er dessen Auge mit Hilfe eines Holzpflocks.
Wegen dieser Verwundung verlor Polyphem sein Augenlicht.
Odysseus und seine Mannschaft konnten nach der furchtbaren Tat fliehen.

**1** a Beantwortet die folgenden Fragen schriftlich:
- **Wo** wollten sich die Griechen ausruhen?
- **Wie** nahm Polyphem die Griechen gefangen?
- **Womit** machte Odysseus den Riesen betrunken?
- **Womit** verletzte er ihn?
- **Warum** verlor Polyphem sein Augenlicht?
- **Wann** konnten die Griechen fliehen?

b Die erfragten Satzglieder nennt man **Adverbialien** (▶ Merkkasten, S. 232). Zwei davon kennt ihr bereits. Benennt sie mit den richtigen Fachbegriffen.

**2** Tragt die Adverbialien aus der Polyphem-Sage in eine Tabelle nach diesem Muster ein:

| Lokaladverbialien | Temporaladverbialien | Modaladverbialien | Kausaladverbialien |
|---|---|---|---|
| *Wo? Wohin? Woher?* | *Wann? Wie lange? Bis/Seit wann? Wie oft?* | *Wie? Womit? Auf welche Art und Weise?* | *Warum? Wozu? Weshalb?* |
| ... | ... | ... | ... |

Nur mit List und Gewalt hatten Odysseus und seine Gefolgsleute das Abenteuer in Polyphems Höhle überstanden.
Jetzt wollten alle so schnell wie möglich nach Hause.
Unter großen Anstrengungen waren sie zehn lange Jahre unterwegs.
Die ganze Zeit warteten ihre Familien in Griechenland voll Sehnsucht auf die Männer.

**3** Dieser Text enthält zehn verschiedene Adverbialien.
**a** Ermittelt sie mit Hilfe der Umstellprobe (▶ S. 229).
**b** Ordnet sie dann in eure Tabelle zu Aufgabe 2 ein.

Odysseus verletzte Polyphem.

**4** ●●● Diese Auskunft ist zwar richtig.
Aber **wo** machte er das, **wie** und **womit?**
Und **warum** handelte Odysseus so?
**a** Ergänzt den Satz mit passenden Angaben.
**b** Tragt sie in eure Adverbialientabelle ein.

Durch **Adverbialien** werden Texte **genauer** und **anschaulicher.** Oft sind Adverbialien für den Inhalt notwendig, weil sie wichtige Informationen enthalten.

**5** **a** Schreibt die folgenden Satzglieder auf einzelne Zettel und legt daraus sinnvolle Sätze.
Erklärt, was jeweils besonders betont wird, wenn ihr die Abfolge der Satzglieder ändert.
**b** Zu den Satzgliedern gehören drei verschiedene Adverbialien.
Tragt sie in die Tabelle von Aufgabe 2 ein.
●●● **c** Bestimmt auch die übrigen Satzglieder.

will | der Gott der Winde | mit einem kräftigen Westwind | nach langer Irrfahrt

die Heimfahrt | dem tapferen griechischen Helden | erleichtern | aus Sympathie

**Wissen und Können** **Adverbialien**

Satzglieder, die Fragen nach dem **Wo?**, dem **Wann?**, dem **Wie?** und dem **Warum?** eines Geschehens beantworten, nennt man Umstandsbestimmungen oder **Adverbialien** (Singular: das Adverbiale). Sie machen genauere Angaben:

- zum Ort (das **Lokaladverbiale**): *in Griechenland, nach Hause*
- zur Zeit (das **Temporaladverbiale**): *heute, eine Woche lang*
- zur Art und Weise (das **Modaladverbiale**): *mit viel Spaß, still und heimlich*
- zur Begründung (das **Kausaladverbiale**): *wegen des Sturms, aufgrund des Gewitters*

# Testet euer Wissen!

## Satzglieder

### Wie kam es überhaupt zu den Irrfahrten des Odysseus?

Davon erzählt der Dichter Homer in dem Sagenepos „Ilias“. Dieser Text entstand wahrscheinlich um 730 v. Chr. Es geht darin um die Geschichte des Trojanischen Krieges. Der Kampf um Troja, eine Stadt in Kleinasien, dauerte zehn Jahre. Die griechischen Belagerer gaben nicht auf, aber auch die trojanischen Verteidiger kämpften erbittert. Unterstützt wurden beide Parteien von verschiedenen Göttern. Dass schließlich die Griechen siegten, war dem listigen Odysseus zu verdanken, der ihr Heer anführte. Mit seinen Männern hatte er das Trojanische Pferd vor die Tore Trojas geschleppt. Im Inneren des hölzernen Pferdes hatten sich griechische Kämpfer versteckt. Als die Trojaner das Pferd neugierig in ihre Stadt gebracht hatten, kletterten die Griechen heraus und ermordeten aus Rachsucht die Bewohner. Anschließend plünderten sie Troja und rühmten sich später dieses unfairen Sieges. Sie dankten den Göttern für den Erfolg und machten sich anschließend auf die Heimreise. Damit begannen die Irrfahrten.

**1** Knackt den Zahlencode! Bestimmt dazu die unterstrichenen Satzglieder und ordnet ihnen die passende Zahl zu. Notiert die richtige Zahlenfolge und vergleicht eure Ergebnisse in der Klasse.

**1** = Subjekt • **2** = Genitivobjekt • **3** = Dativobjekt • **4** = Akkusativobjekt • **5** = Präpositionalobjekt • **6** = Prädikat • **7** = Lokaladverbiale • **8** = Temporaladverbiale • **9** = Modaladverbiale • **0** = Kausaladverbiale

### Odysseus und die Sirenen

Auf dem Weg ? kamen die Griechen auch an der Insel der Sirenen vorbei. ? lebten Wesen, die halb Mensch, halb Vogel waren. Sie lockten ? die Vorbeifahrenden an. Schon viele Seefahrer waren in ihre Fänge geraten, weil sie sich von ihren Liedern betören ließen. Aber Odysseus wusste um die Gefahr. ? verklebte er seinen Gefährten die Ohren mit Wachs. Er selbst jedoch wollte die Gesänge der Sirenen hören und ließ sich deshalb ? festbinden. Er verbot seiner Mannschaft, ihn dort loszulösen, bevor sie an der Insel vorbeigesegelt seien. Als er den Gesang hörte, flehte er ? seine Männer an, ihn vom Mast zu schneiden. Doch diese lösten ? die Fesseln erst, als sie die Insel längst passiert hatten.

Wohin?
Wo?
Womit?
Warum?
Wo?
Wie?
Warum?

**2** In diesem Abenteuer des Odysseus fehlen Adverbialien, die die Geschichte erst verständlich machen. Achtet auf die Fragen. Lest zunächst den ganzen Text, denn manche Lücke lässt sich dann erst füllen. Schreibt die vollständige Geschichte in euer Heft und überprüft eure Ergebnisse in Partnerarbeit.

# 14.2 Satz für Satz zum Text

## Aussage, Ausruf, Frage – Satzarten

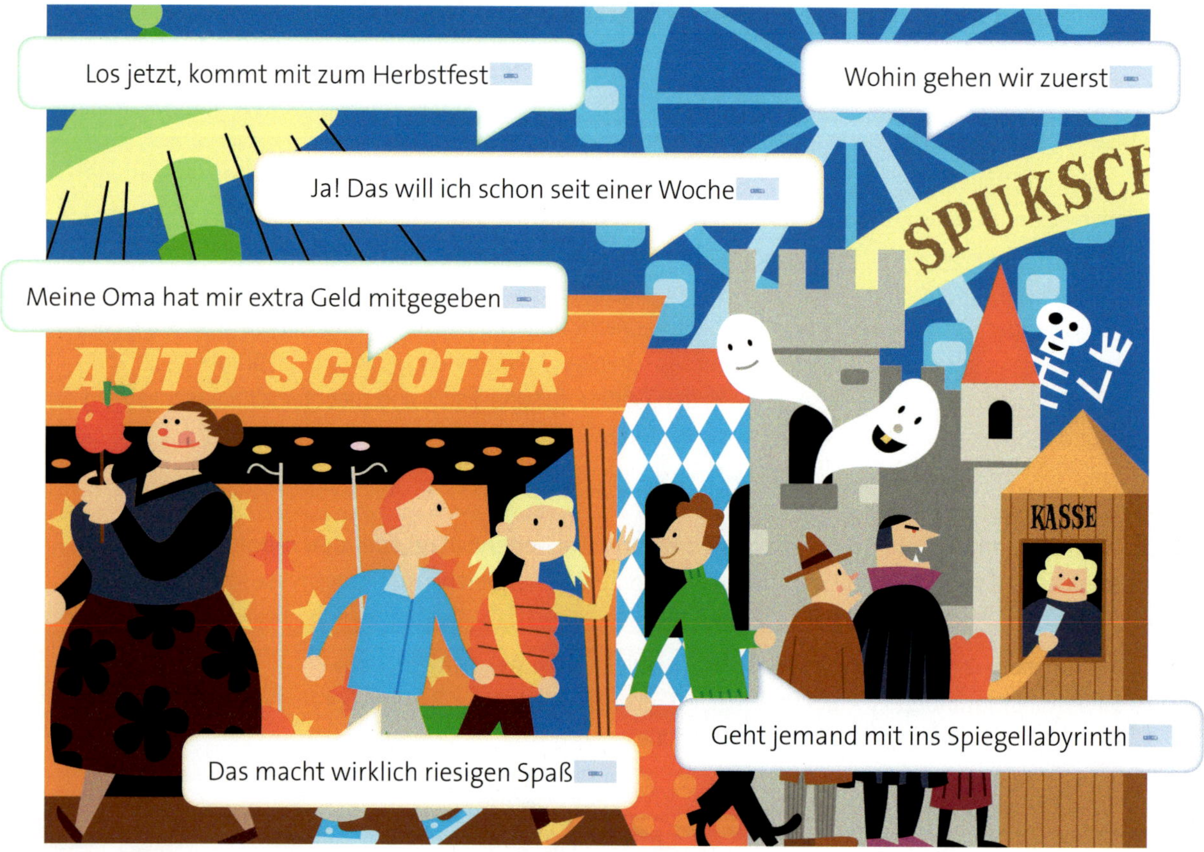


**1** Gebt den Text in den Sprechblasen möglichst lebendig wieder. Achtet auf die Betonung.

**2** a Erklärt, welche Absicht die Personen mit jeder Äußerung haben.
b Ordnet jeder Äußerung das passende Satzschlusszeichen zu.

**Wissen und Können** **Satzarten**

Es gibt **drei Satzarten:** Aussagesatz, Fragesatz und Ausrufe- bzw. Aufforderungssatz.

- In einem **Aussagesatz** wird etwas mitgeteilt oder festgestellt. An seinem Ende steht ein **Punkt.** Wenn man ihn spricht, senkt sich die Stimme, z. B.: *Ich fahre jetzt mit der Geisterbahn.*
- In einem **Fragesatz** wird nach etwas gefragt, am Ende steht ein **Fragezeichen,** die Stimme hebt sich, z. B.: *Kommst du mit?*
- Der **Aufforderungs- oder Ausrufesatz** bringt eine Bitte bzw. Aufforderung (z. B.: *Beeil dich, es geht gleich los!*) oder ein Gefühl (z. B.: *Das ist wunderbar!*) zum Ausdruck. Meist steht am Ende ein **Ausrufezeichen,** die Stimme wird oft etwas lauter.

# Hauptsatz an Hauptsatz – Die Satzreihe

Ich wartete um 18 Uhr am Riesenrad auf meine Freundin. Sie kam nicht.
Darüber habe ich mich geärgert. Wir hatten den Treffpunkt und die Uhrzeit fest vereinbart.
Genervt stand ich eine halbe Stunde herum. Leonie war nicht zu sehen.
Ich machte einen Rundgang über den Rummelplatz. Viele Bekannte liefen mir über den Weg. Sie hatten jedoch für mich keine Zeit. Ich wollte nicht mit ihnen weitergehen.
Ich hatte aber auch keine Lust auf einen einsamen Abend zu Hause. Ich wollte Spaß haben.

**1** a Verbindet die Sätze gleicher Farbe jeweils mit einer dieser **Konjunktionen** (Bindewörter):

und | oder | aber | denn | denn | doch

b Ergänzt zwei bis drei Sätze über Erlebnisse auf dem Rummelplatz. Verwendet Satzreihen mit unterschiedlichen Konjunktionen oder reiht Hauptsätze ohne Konjunktion aneinander.

**Wissen und Können** **Satzreihe: Hauptsatz + Hauptsatz**

Ein **Hauptsatz** besteht aus mindestens zwei Satzgliedern, dem Subjekt und dem Prädikat. Die Personalform des Verbs (das gebeugte Verb) steht im Hauptsatz an zweiter Satzgliedstelle, z. B.:
*Ich gehe zum Frühlingsfest. Paula möchte mich gerne begleiten.*
**Nebenordnende Konjunktionen** (Bindewörter) wie *und, oder, aber, denn, doch* **verbinden Hauptsätze** zu **Satzreihen.** Vor der Konjunktion steht ein Komma, nur vor den Konjunktionen *und* bzw. *oder* kann es entfallen, z. B.:
*Ich wollte meine Freunde treffen,* *aber ich konnte keinen entdecken(,) und das enttäuschte mich.*
Mit solchen **Satzverknüpfungen** kann man Zusammenhänge verdeutlichen und Texte abwechslungsreich formulieren.
Hauptsätze lassen sich auch ohne Konjunktion aneinanderreihen, nur durch ein Komma getrennt, z. B.:
*Die Schiffschaukel hielt oben an, unsere Köpfe hingen nach unten.*

# Hauptsatz mit Nebensatz – Das Satzgefüge

## Der Grasfrosch

Der Grasfrosch ist bei uns die häufigste Froschart. Er gehört zur Wirbeltierklasse der Lurche. Lurche kommen sowohl im Wasser als auch an Land vor.

Mit seinen stark entwickelten Hinterbeinen kann der Grasfrosch an Land bis zu einen Meter lange Sprünge machen. Er hat Schwimmhäute zwischen den fünf Zehen der Hinterfüße. So kann er auch im Wasser schnell vorankommen.

Der Grasfrosch nimmt Sauerstoff auch über die Haut auf. Seine Haut ist deshalb sehr dünn und von feinen Blutgefäßen durchzogen. Diese Hautatmung funktioniert aber nur bei feuchter Haut. Der Grasfrosch ist daher oft bei feuchtem und regnerischem Wetter anzutreffen.

Wie alle Lurche ist der Grasfrosch ein wechselwarmes Tier. Sein Körper nimmt stets die Temperatur der Umgebung an. Vor dem ersten Frost sucht er im Herbst ein frostgeschütztes Winterquartier auf.

**1** Gebt mit eigenen Worten wieder, welche Informationen im Text ihr erstaunlich findet.

**2** Sucht die Antworten auf die folgenden Fragen im Text oben. Schreibt sie in vollständigen Sätzen auf. Verwendet dabei die unten abgedruckten Konjunktionen.

**A** Wieso kann der Grasfrosch bis zu einem Meter weit springen?
**B** Warum hat er Schwimmhäute zwischen den Zehen?
**C** Wieso ist seine Haut so dünn?
**D** Wann ist er oft anzutreffen?
**E** Was bedeutet „wechselwarm"?
**F** Wann sucht der Grasfrosch im Herbst sein Winterquartier auf?

weil | damit | da | wenn | dass | bevor

*A Der Grasfrosch kann bis zu einem Meter weit springen, **weil** …*
*B Er hat Schwimmhäute …*

**3** Vergleicht euren Antwortsatz A zu Aufgabe 2 (▶ S. 236) mit dem folgenden Satz und benennt, was jeweils anders ist:
*Der Grasfrosch kann bis zu einem Meter weit springen, denn er hat stark entwickelte Hinterbeine.*

**4** a Die Konjunktionen *weil, damit, da* usw. verbinden einen Nebensatz mit dem Hauptsatz. Überprüft an euren Sätzen aus Aufgabe 2, welcher Teil alleine stehen kann und welcher Teil dies nicht kann. Achtet darauf, an welcher Stelle jeweils die Personalform des Verbs steht.
b Bestimmt jeweils Haupt- und Nebensatz (▶ Merkkasten). Unterstreicht die Nebensätze, umkreist die Konjunktionen und markiert die Personalform des Verbs. Überprüft, ob ihr die Kommas richtig gesetzt habt.

Die Grasfrösche verlassen, sobald es wärmer wird, ihr Winterquartier.
Die Männchen erzeugen typische Paarungsrufe, damit die Weibchen auf sie aufmerksam werden.
Während das Weibchen einen Laichklumpen mit etwa 1000 bis 2500 Eiern ablegt, wird dieser vom Männchen besamt.
Daraus schlüpfen Larven, nachdem einige Zeit vergangen ist.
Weil die jungen Kaulquappen anfangs noch keine Beine haben, schwimmen sie mit Hilfe ihres Ruderschwanzes.
Falls die Jungfrösche überlebt haben, verlassen sie im Juni den Tümpel.

**5** a Schreibt die Satzgefüge oben ab und lasst unter jedem eine Zeile frei. Unterstreicht die Nebensätze, umkreist die Konjunktionen und markiert die Personalformen des Verbs. Zeichnet den Satzbauplan in die leere Zeile, z. B.: ——— *Hs* ———, ——— *Fortsetzung Hs* ———.
——— *Ns* ———,
b Beschreibt die Reihenfolge von Haupt- und Nebensatz in diesen Satzgefügen.
●●● c Ändert die Reihenfolge von Haupt- und Nebensätzen. Achtet auf die Kommas.

**Wissen und Können** **Satzgefüge: Hauptsatz + Nebensatz**

**Unterordnende Konjunktionen** (Bindewörter) wie ***weil, damit, da, wenn, dass*** verbinden Hauptsätze und Nebensätze zu **Satzgefügen.** Im Hauptsatz steht die Personalform des Verbs (das gebeugte Verb) immer an zweiter Satzgliedstelle, im Nebensatz steht die Personalform des Verbs immer am Ende. Hauptsatz und Nebensatz werden durch ein Komma getrennt, z. B.:

Satzgefüge
——— Hauptsatz ———, ——— Nebensatz ———.
*Der Grasfrosch* ***kann*** *weit springen,* ***weil*** *er kräftige Hinterbeine* ***hat.***
↑ Personalform des Verbs ↑ Komma ↑ Konjunktion ↑ Personalform des Verbs

**Nebensätze** können **dem Hauptsatz folgen,** ihm **vorangestellt** sein oder in ihn **eingeschoben** werden. Mit Satzgefügen kann man **Zusammenhänge verdeutlichen** und Texte **abwechslungsreich formulieren.**

## Bezugsworte erklären – Relativsätze

Interessanter als Laubfrösche finde ich Dinosaurier, die vor Millionen von Jahren unsere Erde bevölkerten.
Der Brachiosaurus, dessen Skelett hier ausgestellt ist, war 13 m hoch und 26 m lang! Wissenschaftler grübeln bis heute über den Grund, der zum Aussterben der Dinos geführt hat.

**1** a Bestimmt in diesen drei Satzgefügen jeweils den Hauptsatz und den Nebensatz.
b Beschreibt, an welchen Merkmalen ihr die Nebensätze erkannt habt.

**2** Untersucht die Nebensätze:
a Mit welcher Wortart beginnen sie jeweils?
b Worauf beziehen sie sich im Hauptsatz?

### Dinosaurier

Zu Beginn des Erdmittelalters sah die Erde ganz anders aus als heute. Es gab nur ein einziges großes Meer und einen einzigen **Kontinent (1).** Auf diesem riesigen **Kontinent (2)** erschien vor etwa 230 Millionen Jahren ein neuer Typ von **Lebewesen (3).** Es handelte sich dabei um ein flinkes, ziemlich kleines Reptil. Dieses **Reptil (4)** entwickelte sich in den kommenden Jahrmillionen auf eine besondere **Weise (5).** Die Dinosaurier wurden größer als alle **Tiere (6).** Es gab sie mit und ohne Panzer, mit Stacheln, Hörnern und sogar Sonnensegeln. Es gab **Dinosaurier (7)** und andere **(8).** Es gab **Dinosaurier (9), solche (10)** und es gab **Dinosaurier (11).** Über 150 Millionen Jahre sollte dieses zähe, anpassungsfähige Reptil die Erde beherrschen. Es schien unzerstörbar …

1 Man gab ihm den Namen Pangäa.
2 Er war von Palmen und Farnen bewachsen.
3 Es bewegte sich auf zwei Beinen.
4 Wir nennen es heute Dinosaurier.
5 Sie erstaunt und fasziniert uns.
6 Sie lebten vorher oder nachher auf der Erde.
7 Sie liefen auf zwei Beinen.
8 Sie liefen auf vier Beinen.
9 Sie fraßen Pflanzen.
10 Sie fraßen Fleisch.
11 Sie fraßen alles.

**3** Ergänzt die fett gedruckten Nomen im Text mit passenden Informationen aus der rechten Spalte. Dazu müsst ihr diese Informationen in Relativsätze verwandeln. Schreibt die vollständigen Satzgefüge auf und vergesst dabei die Kommas nicht, z. B.:
*Es gab nur ein einziges großes Meer und einen einzigen Kontinent,* ***dem man den Namen*** *…*

VORSICHT FEHLER!

Ich kenne einen Jungen, wo Dinosaurier mehr als alles andere interessieren.
Er liest jedes Jugendbuch, wo mit dem Thema zusammenhängt.
Die Bibliothekarin, die wo sein Interesse unterstützt, legt neue Bücher extra für ihn zurück.

**4** In der Umgangssprache wird an Stelle des Relativpronomens manchmal ein falsches „wo" gebraucht. Schreibt die Sätze mit den richtigen Relativpronomen in euer Heft.

**Wissen und Können** **Relativsätze**

**Relativsätze** sind Nebensätze, die ein vorausgehendes Bezugswort im Hauptsatz näher erklären, z. B.: *Bis heute kennt niemand die genaue* ***Ursache, die*** *zum Aussterben der Dinosaurier* ***führte.***

——— Hauptsatz ———, ——— Nebensatz ———.

Sie werden mit einer Form des **Relativpronomens** (z. B. *der, die das, dessen;* ▶ S. 208) eingeleitet und immer durch **Komma(s) abgetrennt.** Die **Personalform des Verbs** steht **am Ende.**

## *das* oder *dass?* – Die Wortart ist entscheidend

*Das Riesentier, da ? über 150 Millionen Jahre die Erde beherrschte, zeigt eindrucksvoll, da ? nichts auf der Welt dem Wandel entgeht. Das große Reptil, ? auch Thema vieler Kinofilme wurde, weckt nicht nur bei Erwachsenen Interesse. So ist es kein Wunder, ? es auch viele Spielsachen rund um die Dinos gibt.*

**1** Begründet mit Hilfe der Probe im Merkkasten unten, welcher Nebensatz mit dem **Relativpronomen** *das* beginnt und welcher mit der **Konjunktion** *dass.*

**Wissen und Können** ***das*** **oder** ***dass*****?**

Wenn ihr unsicher seid, ob ihr in einem Nebensatz nach dem Komma ***dass*** oder ***das*** schreiben müsst, macht die **Ersatzprobe** mit ***welches.***

- Das **Relativpronomen** ***das*** kann man immer **durch** ***welches*** **ersetzen,** z. B.:
  *Es ist ein tolles Museum,* ***das*** *ich sehr empfehle.*
  ↑
  ***welches***
- Die **Konjunktion** ***dass*** kann man **nicht ersetzen,** z. B.:
  *Mir gefällt an dem Museum,* ***dass*** *es dort Führungen für Kinder gibt.*
  ↑
  ~~welches~~

# Logisch und abwechslungsreich schreiben – Auf den Satzbau achten

**Nervenkitzel mit FreeStyle**

So etwas erlebt man nicht jeden Tag! Gestern begann das Frühlingsfest. Ich traf mich dort mit Thomas und Marco. Ich fragte: „Wollen wir FreeStyle ausprobieren? Wollt ihr lieber Geisterbahn fahren?" Wir entschieden uns für FreeStyle. Das war ganz neu. Die Fahrgäste wurden wie in einer riesigen Wäscheschleuder herumgewirbelt. Die Fahrgäste schrien und johlten.
An der Kasse stand eine lange Schlange. Wir stellten uns an. Endlich war es so weit. Wir waren eingestiegen. Wir wurden an den Sitzen festgeschnallt. Wir lachten. Uns war schon ein bisschen mulmig zumute. Dann ging es los. Wir wurden abwechselnd hochgewirbelt und wieder heruntergerissen. Wir waren ganz oben. Wir hingen kopfüber in der Luft. Da ertönte eine Stimme aus dem Lautsprecher: „FreeStyle macht jetzt Feierabend und wünscht noch einen schönen Abend!" [...]

Unter diese Erzählung eines Schülers hat die Lehrerin Folgendes geschrieben:

*Deine Geschichte ist spannend, man kann sich gut vorstellen, wie du dich gefühlt hast. Aber du schreibst „abgehackt". Verbinde häufiger Sätze miteinander, dann kannst du Wiederholungen vermeiden und der Text ist flüssiger zu lesen. Außerdem werden Zusammenhänge deutlicher.*

**1** ●○○

**a** Verbessert die Geschichte, indem ihr Satzreihen oder Satzgefüge bildet. Als Hilfe könnt ihr die Konjunktionen aus dem Wortspeicher verwenden. Außerdem benötigt ihr ein Relativpronomen. Achtet auf die Kommas und die Stellung der Personalform des Verbs. Die unterstrichenen Sätze solltet ihr nicht verknüpfen (► Tipp).

**b** Vergleicht eure Fassungen in der Klasse.

aber • als • nachdem • obwohl • oder • und • weil • ein Relativpronomen

**Gute Geschichten** erkennt man auch daran, dass sich Satzreihen, Satzgefüge und einfache Hauptsätze **abwechseln.** Kurze Sätze können die Spannung erhöhen!

VORSICHT
FEHLER!

## Panne auf dem Frühlingsfest

Gestern gegen 20 Uhr ereignete sich auf dem Frühlingsfest in Neumarkt ein Zwischenfall, wo zum Glück glimpflich ausging.
Ein Fahrgeschäft war noch voll besetzt, obwohl die Stromzufuhr unterbrochen wurde. Die Angestellten waren davon ausgegangen, weil niemand mehr in den Gondeln saß. Sie hatten das Stromaggregat ausgeschaltet, damit sie Feierabend machen wollten. Die Sprecherin im Kassenhäuschen hatte noch allen Volksfestbesuchern einen schönen Abend gewünscht, nachdem sie begann, das Geld zu zählen. Die Menschen, die wo kopfüber in den Kabinen hingen, machten auf sich aufmerksam, als sie laut schrien. Wenn der zuständige Mitarbeiter den Strom wieder anschaltete, konnten die erschrockenen Fahrgäste weiterfahren und wenig später die Gondeln unbeschadet verlassen.
Als Entschädigung bekamen sie mehrere Gutscheine für Fahrten mit „FreeStyle", damit sie nach diesem Schreck noch Lust haben mitzufahren.

**2** Am nächsten Tag stand zu dem Vorfall dieser Bericht in der Zeitung. Leider hat der Reporter unpassende Konjunktionen verwendet und zwei Relativsätze falsch eingeleitet.
Schreibt den Text ab und setzt passende Konjunktionen und Relativpronomen ein.

Durch die richtigen **Konjunktionen** werden **Zusammenhänge** klar und Texte **logisch.**

**3** Moritz hat einen Plan gemacht, was er alles auf dem Frühlingsfest erleben will. Findet zu jeder Station (1 bis 6) den passenden Gedanken und formuliert ein Satzgefüge oder eine Satzreihe. Verbindet die Satzgefüge und Satzreihen durch Formulierungen, die die zeitliche Reihenfolge kennzeichnen, z. B.:
*Zuerst möchte ich Geisterbahn fahren, obwohl ... Dann esse ich ..., die ... Danach ..., denn ...*

1. *Geisterbahn fahren*
2. *eine Brezel essen*
3. *Nadine zum Autoscooter einladen*
4. *vielleicht auch noch im „Fliegenden Teppich" fahren*
5. *Popcorn kaufen*
6. *Nadine an der Losbude ein Los schenken*

Die wird auf dem Volksfest frisch gebacken.

Sie lacht dabei immer so lustig.

Man kann dort so schöne Preise gewinnen.

Das ist nur auf dem Frühlingsfest so knackig.

Dabei grusele ich mich immer etwas.

In dem bekomme ich immer ein mulmiges Gefühl.

# Testet euer Wissen!

## Sätze verknüpfen

obwohl • denn • und • weil • nachdem

A Anna nimmt ihren Rucksack. Sie verlässt das Haus.
B Sie fährt mit dem Bus in die Stadt. Sie will einkaufen.
C Sie hat nicht viel Geld dabei. Sie schaut nach teuren Smartphones.
D Sie hat sich noch eine Zeitschrift gekauft. Sie nimmt den nächsten Bus nach Hause.
E Zu Hause muss sie zuerst das Geschirr spülen. Ihr Vater möchte kochen.

**1** a Verknüpft die Satzpaare in jeder Zeile mit einer passenden Konjunktion. Achtet auf die Kommas und die richtige Wortstellung.
b Schreibt hinter jeden Satz, ob es sich um eine Satzreihe oder ein Satzgefüge handelt.

VORSICHT FEHLER!

1 Wohl der gefährlichste Raubfisch der Meere ist der Weiße Hai.
2 Sein lateinischer Name bedeutet „gezackter Zahn“ weil der Räuber ein beeindruckendes Gebiss vorweisen kann.
3 Aus seinem Oberkiefer ragen mehrere Reihen breiter Schneidezähne während die Zähne des Unterkiefers schmaler und spitzer sind.
4 Wenn der Weiße Hai Beute jagt eignen sich diese Zähne ideal zum Festhalten.
5 Beliebte Beute sind junge Robben die aus der Tiefe des Meeres von den Haien angegriffen werden.
6 Bald merken die Robbenbabys jedoch dass es sicherer ist wenn sie in Begleitung von Alttieren schwimmen.
7 Ausgewachsene Seelöwen können den Raubfischen durchaus gefährlich werden da sie in Todesgefahr zubeißen.
8 Obwohl Weiße Haie die größten Raubtiere der Meere sind sind sie äußerst wendig.
9 Sie durchqueren die Ozeane in losen Gruppen in vielen Gebieten sind sie vom Aussterben bedroht.
10 Die Fortpflanzung ist für Meeresbewohner ungewöhnlich denn die Weißen Haie gebären lebende Junge.

**2** a Schreibt den Text über den Weißen Hai ab und ergänzt alle fehlenden Kommas.
**Tipp:** Achtet auf die Konjunktionen und Relativpronomen.
b Übernehmt die folgenden Satzbeschreibungen in euer Heft und ordnet ihnen die Sätze 1 bis 10 zu, indem ihr jeweils die passende(n) Satznummer(n) dahinter notiert.

- Satzreihe: ?
- Satzgefüge: ?
- weder Satzreihe noch Satzgefüge, sondern einfacher Aussagesatz: ?
- beginnt mit einem Nebensatz: ?
- enthält einen Relativsatz: ?
- enthält zwei Nebensätze: ?

# 14.3 Fit in ...? – Satzglieder und Sätze

**Letzten Freitag besichtigten wir in Weißenburg die römischen Thermen.**

**1** a Diesen Satz aus einem Bericht vom letzten Wandertag kann man mehrmals umstellen. Schreibt drei sinnvolle Möglichkeiten auf und markiert die Satzglieder durch senkrechte Striche.
b Ermittelt mit Hilfe der Umstellprobe (► S. 229), aus wie vielen Satzgliedern dieser Satz besteht.
c Schreibt die richtigen Fachbegriffe unter die Satzglieder des letzten Satzes.

**Der Fremdenführer erläuterte unserer Klasse in der Badeanlage das Heizsystem.**

**2** a Stellt den Satz so um, dass das Dativobjekt an erster Stelle steht.
b Formuliert ihn nun so, dass das Lokaladverbiale an erster Stelle steht.
c Ersetzt das Subjekt durch ein Personalpronomen (► S. 207).
d Erweitert den Satz um ein passendes Temporaladverbiale (► S. 232).

**Unsere Lehrerin hatte im Unterricht schon die Baderegeln erklärt.**

**3** a Schreibt den Satz ab und ergänzt, wem die Lehrerin das wohl erklärt hat.
b Notiert den richtigen Begriff für das Satzglied, das ihr ergänzt habt.
c Schreibt den Satz noch einmal ab und ergänzt, **auf welche Art und Weise** (wie?) die Lehrerin die Baderegeln erklärt hat.
d Benennt das ergänzte Satzglied.

## Wie funktionierte die Fußbodenheizung der Römer?

1 Schon die alten Römer konnten ihre Badeanlagen, in denen sie es gerne warm hatten, beheizen.
2 Wenn es kalt war, befeuerten Sklaven große Öfen mit Holz.
3 Die erhitzte Luft wurde durch Röhren unter den Fußboden geleitet, sodass man auch im Winter barfuß auf den Steinplatten gehen konnte.
4 Damit die Luftkanäle nicht einbrachen, errichtete man beim Bau einer Therme kleine Stützpfeiler aus Ziegeln, die den Fußboden trugen.
5 Der störende Rauch, der beim Heizen entstand, wurde ins Freie geleitet.
6 Dafür brauchte man Kamine, denn der Rauch wäre sonst in die Baderäume gezogen.
7 Noch heute erkennt man in den Überresten römischer Thermen dieses Heizsystem, das Hypokausten-Heizung genannt wird.

**4** Untersucht die Sätze in diesem Informationstext.
**a** Notiert die Nummern der Satzgefüge, die einen Relativsatz enthalten.
**b** Schreibt den Satz auf, der zwei Nebensätze hat.
**c** Notiert die Wörter, die die Nebensätze aus Aufgabe 4 b einleiten, und nennt die Wortarten.
**d** Der Text enthält eine Satzreihe. Formuliert sie zu einem Satzgefüge um.
**e** Ändert die Abfolge von Hauptsatz und Nebensatz in den Sätzen 2 und 4.

## Besuch in einem römischen Bad

Stell dir vor, du unternimmst eine Zeitreise ins antike Rom. Wenn du während deines Aufenthalts eine Therme besuchen willst, kannst du zwischen elf öffentlichen Bädern wählen. Du wirst gleich merken, dass eine römische Therme mit unserem Schwimmbad wenig gemeinsam hat. Bereits am Eingang wirst du wegen der Marmorsäulen, Kuppeln und Statuen aus dem Staunen nicht herauskommen. Ein Schwimmbecken wirst du allerdings vergeblich suchen, denn die Wasserbecken der Römer dienten eher der Unterhaltung und Sauberkeit als dem Sport. Das Bad besteht aus mehreren Räumen, die man in einer bestimmten Reihenfolge besucht. Zuerst kannst du in einem Gymnastikraum Gewichtheben oder Ringen trainieren. Danach gehst du ins Laconicum. Das ist eine Art Sauna, wo du aufgrund der heißen Luft ziemlich schwitzen wirst. Anschließend schabst du dir mit einem Striegel den Schmutz ab und tauchst in heißes Wasser. Später kannst du im Tepidarium langsam abkühlen, denn dort gibt es ein Becken mit lauwarmem Wasser. Zum Schluss führt dich dein Weg ins Freie. Im Frigidarium nimmst du zur Erfrischung ein kaltes Bad.

**5** Schreibt die folgende Tabelle in euer Heft (Querformat oder Doppelseite) und ordnet alle Adverbialien aus dem Text in der passenden Spalte ein.

| Lokaladverbialien | Temporaladverbialien | Modaladverbialien | Kausaladverbialien |
|---|---|---|---|
| ... | ... | ... | ... |

# 15 Rechtschreibtraining

**1** Diese Angebote sind missverständlich. Erklärt, woran das liegt.

**2** a Überlegt gemeinsam, welche Rechtschreibregeln jeweils missachtet wurden.
b Nennt Proben, mit denen ihr die Schreibung der Wörter überprüfen könntet.

**3** Erklärt, warum eine einheitliche Rechtschreibung sinnvoll und wichtig ist. Nennt Situationen.

## In diesem Kapitel ...

- wiederholt ihr wichtige Rechtschreibtipps und Arbeitstechniken,
- vertieft ihr Regeln zur Rechtschreibung,
- wendet ihr Tipps und Regeln an, um Fehler zu vermeiden und die Schreibweise von Wörtern zu verstehen.

# 15.1 Richtig schreiben – Tipps und Techniken

**Wissen und Können** **Tipp 1: Deutlich sprechen – genau hinhören**

Eine **deutliche Aussprache** kann euch beim richtigen Schreiben helfen.
Sprecht euch das Wort, das ihr schreiben wollt, deutlich vor. Sprecht dabei jeden Buchstaben bzw. jede Silbe einzeln. Achtet darauf, ob der **betonte Vokal kurz** gesprochen wird (z. B.: *der Kạmm*) oder **lang** (z. B.: *er kam*).
Unterscheidet **harte** und **weiche Konsonanten,** z. B.: *die Gabel – das Kabel.*

Die stille Anna hat einfach keinen guten Kleidungsstil.
Mira sammelt alte Hüte in ihrer Gartenhütte.
Ich kann nur raten, wie viele Ratten in diesem Keller leben.

**1** a Schreibt die Sätze in euer Heft. Setzt bei den unterstrichenen Wörtern unter alle kurzen Vokale einen Punkt und unter alle langen Vokale einen Strich (▶ Merkkasten). Trennt die Sprechsilben durch einen senkrechten Strich, z. B.: *stịl | le.*

b Lest die Sätze laut vor und übt dabei das deutliche Sprechen.

Große Krebse krabbeln im Korb. Im Korb krabbeln große Krebse.
Auf den sieben Robbenklippen sitzen sieben Robbensippen, die sich in die Rippen stippen, bis sie von den Klippen kippen.

**2** Übt anhand dieser Zungenbrecher das deutliche Aussprechen der harten und weichen Konsonanten.

**3** a Diktiert euch den folgenden Text im Partnerdiktat. Achtet auf deutliches Sprechen und genaues Hören.

b Tauscht eure Texte aus, überprüft das Geschriebene und verbessert Fehler.

## Kuh Luna springt wie ein Pferd

Regina lebt auf einem Bauernhof in Bayern. Eigentlich wollte die Schülerin unbedingt ein Pferd haben, doch ihre Eltern waren dagegen. Deshalb versuchte das Mädchen, auf einer Kuh aus ihrem Stall zu reiten. Kein Mensch hat das für möglich gehalten.
Die erste Kuh war leider zu scheu, aber Regina gab nicht auf: Mit der Kuh Luna übte sie viele Monate, bis sie wirklich auf ihr reiten konnte. Das war der Beginn einer wunderbaren Freundschaft.
Nach einigen Monaten wollte Regina noch mehr. Und sie hatte Erfolg. Denn jetzt kann Luna sogar über Hindernisse springen. Sie ist die einzige springende Kuh in Deutschland!

**Wissen und Können** **Tipp 2: Auf Wortbausteine achten**

In verschiedenen Wörtern kommen oft gleiche **Wortbausteine** vor.

- Der Grundbaustein eines Wortes heißt **Wortstamm.** Wörter mit dem gleichen Wortstamm bilden eine **Wortfamilie,** z. B.: *wahr, die Wahrheit, unwahrscheinlich.*
  Beachtet: Der Vokal im Wortstamm kann sich ändern, z. B.: *packen, das Gepäck.*
- Durch **Vorsilben (Präfixe)** und **Endungen (Suffixe)** können verwandte Wörter gebildet werden, z. B.: *frei → unfrei, die Freiheit, befreien, die Befreiung.*

Manche Wortbausteine **klingen gleich,** obwohl man sie **unterschiedlich schreibt.**

- Oft gibt ihre **unterschiedliche Bedeutung** Aufschluss über die Schreibung, z. B.:
  **end-** hat immer etwas mit „Ende“ zu tun, z. B.: *der Endspurt = Spurt am Ende.*
  **ent-** ist eine Vorsilbe, durch die neue Wörter entstehen, z. B.: *falten → entfalten.*
- Oder die **Verlängerungsprobe** verdeutlicht die Schreibung, z. B.:
  *höflich – höflicher, lustig – lustiger.*

**1** a Umschreibt die folgenden Wörter mit der Vorsilbe **end-** so wie im Merkkasten oben.

das Endspiel • endgültig • die Endsumme • endlos • die Endstation • die Endrunde

b Bildet mit jedem Wort einen vollständigen Satz und schreibt ihn auf, z. B.:
*Natürlich werden wir uns das Endspiel der Fußball-WM im Fernsehen ansehen.*

**2** a Bildet zu den Wortstämmen im Kasten rechts Verben mit der Vorsilbe **ent-**. Schreibt sie untereinander.

täusch • geg • führ • fern • scheid • deck • halt • falt

b Ergänzt zu jedem Verb weitere Wörter aus der gleichen Wortfamilie und unterstreicht den Wortstamm, z. B.: *enttäuschen, die Enttäuschung, enttäuschend.*

●●● c Sucht fünf weitere Wörter mit der Vorsilbe **ent-** und schreibt vollständige Sätze damit auf.

d Wählt zwei Wortstämme aus und bildet Verben mit verschiedenen Vorsilben.

**3** Die Endungen **-ig** und **-lich** sind typisch für Adjektive (▶ S. 211). Schreibt den folgenden Text ab und entscheidet, welcher Wortbaustein jeweils passt. Die Verlängerungsprobe (▶ Merkkasten) kann euch helfen. Manchmal müsst ihr Flexionsendungen ergänzen, z. B.: *lustige Windrädchen.*

**Hoffent ? bleibt es wind ? !**

In vielen Gärten sieht man lust ? farb ? Windrädchen. Doch das sind nicht die einz ? Windräder: Heute sorgen näm ? unzäh ? ries ? Windräder für die Stromerzeugung. Durch Windkraft lässt sich auf natür ? Weise Energie gewinnen. An den gleichmäß ? rotierenden Propellern erkennt man deut ? , dass hier eine mächt ? Kraft am Werk ist.

**Wissen und Können** **Tipp 3: Verwandte Wörter suchen (Ableitungsprobe)**

**ä** oder **e, äu** oder **eu?** – Wenn ihr unsicher seid, wie ein Wort geschrieben wird, macht die **Ableitungsprobe** und sucht ein **verwandtes Wort mit a bzw. au,** z. B.:
*gef ? hrlich?* → *die Gefahr* → *gefährlich*
*die M ? use* → *die Maus* → *die Mäuse*
Bei einigen Wörtern mit **ä** gibt es keine Ableitungsmöglichkeit – ihr müsst euch ihre Schreibung einprägen, z. B.: *der Käfig, der Lärm, erzählen, während, allmählich, die Krähe.*

**1** ä oder **e, äu** oder **eu?** Macht die Ableitungsprobe und schreibt die folgenden Wörter richtig untereinander in euer Heft. Ergänzt neben den Wörtern mit **ä** oder **äu** jeweils ein Beweiswort, z. B.:
*die Räume – der Raum.*

die R ? me • l ? cherlich • die Z ? gen • die Kr ? ter • l ? stig • str ? en • der B ? cher • h ? slich • s ? bern • aufw ? ndig • die B ? te • d ? tlich • anh ? fen • die Lat ? rne • tats ? chlich • l ? gnen • br ? nlich • die M ? te • die Z ? ne • die B ? le • der B ? tel • das Gem ? er • umst ? ndlich • der R ? ber • freih ? ndig • der Zw ? ck

**2** Der folgende Text enthält viele Wörter mit **ä, e, äu** und **eu.**
**a** Diktiert euch den Text nacheinander im Partnerdiktat.
**b** Überprüft die Schreibung und wendet die Ableitungsprobe an.

### Nichts als Pech ...

Heute wurde ich durch ein seltsames nächtliches Geräusch geweckt. Ich sprang gähnend aus dem Bett und sah ungläubig auf den Wecker: Es war tatsächlich schon spät und ich musste schleunigst aufstehen! In der Küche goss ich mir ein Glas Milch ein, was ich sofort bereute. Denn das Getränk schmeckte verdächtig säuerlich. Da läutete es an der Tür. Meine Nachbarin erklärte mir, sie bräuchte dringend Hilfe. Sie hätte in ihrem Gästezimmer Läuse entdeckt. Ich sollte die Schädlinge eigenhändig beseitigen. Ich wollte ihr sagen, dass das zu aufwendig wäre. In diesem Moment bin ich aufgewacht. Erfreulicherweise hatte ich alles nur geträumt!

**c** Der Text enthält vier Wörter mit **ä** oder **äu,** die man nicht ableiten kann. Findet ihr sie?

**3** Schreibt Sätze auf, in denen Wörter mit **ä** oder **äu** vorkommen.
Verwendet die Wortbeispiele von dieser Seite oder ein Wörterbuch.
Ihr könnt eure Texte einer Lernpartnerin oder einem Lernpartner diktieren.

**Wissen und Können** **Tipp 4: Wörter verlängern (Verlängerungsprobe)**

Am Wortende klingen **b** wie **p** (z. B.: *lieb*), **g** wie **k** (z. B.: *der Steg*) und **d** wie **t** (z. B.: *der Held*). Hier hilft euch die **Verlängerungsprobe:** Verlängert die Wörter und sprecht sie deutlich aus. Dann hört ihr, welche Buchstaben ihr schreiben müsst.

Bildet

- bei **Nomen** den Plural (z. B.: *der Ber ?* → *die Berge* → *der Berg*) oder ein Adjektiv (z. B.: *der Win ?* → *windig* → *der Wind*),
- bei **Adjektiven** die Steigerungsform (z. B.: *klu ?* → *klüger* → *klug*) oder beugt es mit einem Nomen (z. B.: *klu ?* → *die kluge Schülerin* → *klug*),
- bei **Verben** eine andere Verbform, etwa den Infinitiv (z. B.: *er lo ?* → *lügen* → *er log*).

**1** a Ergänzt die Wörter. Verlängert so, wie im Merkkasten oben angegeben, und sprecht deutlich.

**b** oder **p?**
der Sta ? • trü ? •
das Lo ? • der Stau ? •
sie trie ? • tau ? •
der Urlau ? •
plum ? • er hu ? t •
er gru ?

**g** oder **k?**
er la ? • der Ber ? •
der Sie ? •
der Erfol ? •
die Politi ? • genu ? •
der Spu ? •
der Betru ?

**d** oder **t?**
verlocken ? • mil ? •
der Wir ? • elen ? •
die Wel ? • der Her ? •
der Verstan ? •
der Wer ? •
der Abstan ?

●●● b Bildet drei sinnvolle Sätze mit Wörtern aus Aufgabe a und schreibt sie auf.

**2** a Untersucht in den Schlagzeilen und Werbesprüchen die Wörter, die auf **b, d, g, k, p** oder **t** enden, und kontrolliert mit der Verlängerungsprobe, ob sie richtig oder falsch geschrieben wurden, z. B.: *kräftig → Steigerungsform kräftiger.*

b Schreibt die Schlagzeilen und Werbesprüche richtig in euer Heft.

VORSICHT FEHLER!

Kräftig und gesunt durch das neue Müsli von Leidenmacher

Kint fand Gold am Strand und gap es einem Polizisten

Heute Abent großer Festumzug am alten Markt

Angebot: Zu jeder Pizza und jedem Salad ein Getränk gratis!

# Die Rechtschreibung im Wörterbuch überprüfen

**1** Benennt die abgebildeten Lebewesen und Gegenstände.
Schreibt sie mit ihrem Artikel in euer Heft.
Überprüft dann die Schreibung mit einem Wörterbuch.

**2** Untersucht den folgenden Wörterbuchauszug und erklärt die markierten Angaben, z. B.:
*Morgen, der → Artikel und Genus (männlich): der Morgen, -s → Genitivform: des Morgens.*

**mes|sen,** du misst, er misst; ich maß, du maßest; gemessen; miss!
**Mi|kro|fon,** Mi|kro|phon, das, -s, -e, (griech.) (Gerät, durch das Töne übertragen werden können)
**Mor|gen,** der; -s, – (Tageszeit)
**Mor|gen|duft,** der; -[e]s (eine Apfelsorte)
**Mo|tiv,** das, -s, -e, (lat.) (Grund, Ursache)
**Mund,** der, -(e)s, Münder
**Mün|zen|samm|lung**
**Mur|mel|tier** (ein Nagetier); schlafen wie ein Murmeltier

**M**

●○○ Folgende Erklärungen könnt ihr passend zuordnen:

Worterklärung • Herkunft des Wortes • Artikel • Genitivform(en) • Silbengrenzen • verschiedene Schreibweisen • Verwendung des Wortes • Plural • verschiedene Verbformen

**3** **a** Findet mit Hilfe des Wörterbuchs Folgendes heraus:
- Genitivformen von *Firma* und *Affe,*
- Plural von *Kaktus, Lexikon, Globus* und *Museum,*
- Herkunft der Wörter *Tradition* und *Biologie,*
- Silbengrenzen in den Wörtern *Abenteuer* und *außerirdisch.*

●●● **b** Schlagt im Wörterbuch die Wörter *Kaugummi* und *Steuer* nach. Schreibt sie jeweils mit dem Artikel und dem Plural auf. Erklärt die Besonderheiten.

**Wissen und Können** **Im Wörterbuch nachschlagen**

Wenn man sich bei der Schreibung eines Wortes unsicher ist, kann man im **Wörterbuch** nachschlagen.
Im Wörterbuch sind die einzelnen Wörter **alphabetisch** geordnet. Bei gleichem Anfangsbuchstaben entscheidet der zweite, dritte oder ein weiterer Buchstabe im Wort über die Reihenfolge, z. B.: *der Aal, absichtlich, absolut, die Axt.*
Verben müsst ihr im Wörterbuch unter dem Infinitiv nachschlagen, z. B.: *er log → lügen.*

# 15.2 Rechtschreibregeln üben

## Groß- und Kleinschreibung

### Nomen schreibt man groß

Hannes fragt seinen Klassenkameraden Egon: „Wo ist denn dein Zeugnis?“
Egon antwortet fröhlich: „Das hab ich Otto geliehen, er will seinem Vater einen Schrecken einjagen.“

„Kann mir jemand fünf Tiere nennen, die in der Antarktis leben?“, fragt die Lehrerin die Klasse.
„Drei Pinguine und zwei Robben“, antwortet Fritzchen.

Die Mathelehrerin fragt: „Lieschen, wenn du eine Bluse für 20 Euro, eine Hose für 40 Euro und Schuhe für 50 Euro kaufst, was gibt das?“
Lieschen seufzt: „Das gibt Krach mit meinen Eltern!“

„Nenne mir die Jahreszeiten, Klaus“, sagt der Lehrer.
„Frühling, Herbst und Winter“, erwidert der Schüler.
„Na, und wo bleibt der Sommer?“, will der Lehrer wissen.
Klaus antwortet: „Das hab ich mich in diesem Jahr auch gefragt, Herr Lehrer!“

**1** Einige Schüler erzählen sich in der Pause Witze. Diese enthalten viele Nomen. Manche haben einen Artikel bei sich, andere nicht. Sucht alle Nomen heraus und ordnet sie im Nominativ in eine Tabelle in eurem Heft ein.

| Nomen ohne Artikel | Nomen mit bestimmtem Artikel | Nomen mit unbestimmtem Artikel | Nomen mit anderen Signalwörtern |
|---|---|---|---|
| *Schuhe* | *die Antarktis* | … | *sein Klassenkamerad* |

**Wissen und Können** **Nomen am Artikel erkennen**

- Ein Nomen erkennt man sicher am **bestimmten oder unbestimmten Artikel,** der davorsteht (z. B.: *der Baum, ein Einfall*) oder den man probeweise ergänzen kann **(Artikelprobe),** z. B.: *Simona isst gern (die) Nudelsuppe.*
- Weitere **Signalwörter** für Nomen sind: **Numeralia** (Zahlwörter, z. B.: *drei Hunde*), **Pronomen** (z. B.: *meine Tasche*) oder **Adjektive** (z. B.: *rote Schuhe*).

## Viel Spaß im Jugendlager

Am Wochenende war ich zum ersten Mal allein im Jugendlager. Die zwei Tage im Bayerischen Wald waren klasse! Im Gemeinschaftszelt und am Lagerfeuer lernte ich schnell viele Kinder kennen, die genauso großen Spaß am Campen hatten wie ich. Am Samstag sind wir vom Zeltlager bis zum Gipfel des Großen Arber gewandert. Das war so anstrengend, dass wir abends freiwillig früh ins Bett gingen. Sonntagmittag machten wir noch einen Ausflug zur Rodelbahn. So verging die Zeit wie im Flug und wir waren am Sonntagabend beim Kofferpacken ganz traurig. Im Zug lachten wir sehr über unsere lustigen Erlebnisse. Beim nächsten Jugendlager bin ich wieder dabei!

**2** Tom erzählt seinen Klassenkameraden vom Wochenende. Schreibt aus dem Schülerbericht alle Nomen mit dem versteckten Artikel (▶ Tipp) heraus, z. B.: *im (= in dem) Jugendlager.*

**Präpositionen** und **Artikel** können **verschmelzen,** z. B.: *in dem Haus → im Haus, in das Heft → ins Heft, zu der Schule → zur Schule.*

*Alle Hindernisse und Schwierigkeiten sind Stufen, auf denen wir in die Höhe steigen.*

*Das Geheimnis guter Freundschaft besteht darin, selbst ein guter Freund zu sein!*

*Ich wünsche dir viel „Reichtum“ in deiner Lebenszeit:
Vor allem sollst du reich sein an
Hoffnung,
Glück,
Zufriedenheit!*

**3** **a** Alina hat für Lenas Poesiealbum Sprüche ausgewählt. Diese enthalten Nomen mit typischen Endungen (▶ Merkkasten). Tragt sie im Nominativ Singular mit dem passenden Artikel in eine Tabelle ein.

| -heit | -keit | -nis | -schaft | -tum | -ung |
|---|---|---|---|---|---|
| ... | ... | *das Hindernis* | ... | ... | ... |

**b** Bildet aus den folgenden Wörtern Nomen mit typischen Endungen und ergänzt die Tabelle:

gesund • heiter • freundlich • verwandt • begegnen • traurig • eigen • wagen • der Nachbar • unterscheiden • kennen • irren • schön • vorbereiten • erleben • wachsen

**Wissen und Können** **Nomen an Wortendungen erkennen**

Wörter mit den Endungen ***-heit, -keit, -nis, -schaft, -tum, -ung*** sind **Nomen,** z. B.: *die Freiheit, die Heiterkeit, das Hindernis, die Wanderschaft, das Wachstum, die Ahnung.*

## Die Wortart wechseln – Verben werden Nomen

### Der Bär ist los!

Im Mittelalter gehörten Braunbären noch zu unseren Wäldern wie heute Rehe oder Wildschweine. Das Jagen von Bären war erlaubt, weshalb die Tiere schnell ausgerottet waren. 1835 wurde der letzte frei lebende Braunbär in Deutschland erschossen. Etwa 200 Jahre lang bekam man beim Spazieren im Wald keinen Bären mehr zu sehen.

2006 wurde in Deutschland erstmals wieder ein frei lebender Braunbär gesichtet. Sein Umherstreunen im bayerisch-österreichischen Grenzgebiet brachte viele zum Staunen. Denn Bären ziehen sich normalerweise in einsame Bergregionen zurück, wo sie viel Zeit mit Fressen, Schlafen oder Herumschnüffeln verbringen. „Bruno der Problembär“ drang jedoch in von Menschen bewohnte Gebiete vor und plünderte Schafställe. Trotz wochenlangem Suchen ließ sich der zottelige Übeltäter nicht lebend fangen. Nach einigem Diskutieren und Abwägen beschloss man, das Tier zum Abschuss freizugeben – zum Entsetzen vieler „Bruno-Fans“.

**1** a Untersucht die hervorgehobenen Wörter. Zeigt auf, zu welcher Wortart sie gehören.
b Erklärt, welche Begleitwörter jeweils ihre Großschreibung begründen.
c Sucht im Text weitere Verben, die als Nomen verwendet werden (nominalisierte Verben), und schreibt sie mit ihrem Begleitwort in euer Heft, z. B.: *zum Staunen.*

**2** Schreibt die folgenden Sätze um, indem ihr aus den markierten Verben Nominalisierungen bildet. Unterstreicht die Nominalisierungen und ihre Signalwörter.

Anna beobachtet, wie die Bären im Zoo toben. → *Anna beobachtet das Toben der Bären im Zoo.*
Sie hört, wie ein Bär im Gehege brüllt. → *Sie hört das … eines …*
Anton bemerkt, dass die Äste unter den Pfoten des Bären krachen. → …
Die Bären genießen es, in der Sonne zu faulenzen. → …

**3** Prüft, ob die markierten Wörter auf den Hinweisschildern als Verb oder als Nomen gebraucht werden, und übertragt die Texte in der richtigen Schreibung in euer Heft.

**Die Bären bitte nicht f/Fotografieren!**

**Das f/Füttern und s/Streicheln der Bären ist verboten!**

**Die Bären wollen beim s/Schlafen nicht gestört werden.**

**Hunde bitte an der Leine f/Führen!**

**Wissen und Können** **Nominalisierung von Verben**

- **Verben** können im Infinitiv (Grundform) **wie ein Nomen gebraucht (nominalisiert)** werden. Man erkennt nominalisierte Verben am Artikel, der davorsteht oder den man probeweise ergänzen kann **(Artikelprobe)**, z. B.: *Sie hörte das Brummen und (das) Brüllen der Bären.*
- Nominalisierte Verben schreibt man **groß.**

## Die Wortart wechseln – Adjektive werden Nomen

### Bären zurück in Europa

1989 wurden zum ersten Mal Bären in österreichischen Bergwäldern ausgesetzt. Da die Tiere zuvor von Wissenschaftlern mit Sendern ausgestattet worden waren, ließen sie sich nun bei ihren Streifzügen aufs Genaueste beobachten. So erfuhr man viel Neues über das Leben frei lebender Bären. Auch in anderen europäischen Ländern führt man Auswilderungsprojekte durch. So leben in Slowenien und Italien inzwischen wieder Hunderte Braunbären, im Wesentlichen in bewaldeten Bergregionen.
Für viele Menschen gibt es nichts Besseres, als die Bären möglichst zahlreich in unsere Wälder zurückzuholen. Doch manche empfinden deren Rückkehr auch als etwas Beängstigendes. Denn die Raubtiere gehen natürlich ihrem Jagdtrieb nach. Dass sie dabei auch vor Nutztieren wie Schafen oder Kaninchen nicht zurückschrecken, ist nichts Verwunderliches.
Deshalb gibt es in einigen Ländern Europas Bäreneingreiftruppen, Bärenanwälte oder Bärenmanager. Diese Berufe sind wirklich etwas Besonderes! Die Aufgabe der Experten besteht im Großen und Ganzen darin, die Ansiedlung der Bären zu überwachen und zwischen Mensch und Bär zu vermitteln.

**1** a In dem Text sind vier Wörter hervorgehoben. Benennt die Wortart, die hier als Nomen verwendet wird. Zeigt auf, welche Begleitwörter die Großschreibung erklären. Schreibt die Formulierungen auf und unterstreicht die Begleitwörter, z. B.: *aufs Genaueste.*
b Findet in den Zeilen 14 bis 26 weitere Nominalisierungen und notiert sie genauso.

**Frank:** Hast du im Wildpark etwas (neu) über Bären gelernt?
**Sonja:** Ja, ich habe allerlei (interessant) erfahren. Das (erstaunlich) war, dass Bären ein gutes Gedächtnis haben.
**Frank:** Hast du auch etwas (aufregend) erlebt?
**Sonja:** Das (lustig) war die Bärenshow. Zum Schluss bekamen die Tiere viel (süß) als Belohnung.

**2** a Nominalisiert die Adjektive aus den Klammern und schreibt die vollständigen Sätze in euer Heft.
**Tipp:** Ihr könnt auch den Superlativ nominalisieren.
b Bildet weitere sinnvolle Sätze mit nominalisierten Adjektiven. Nominalisiert dazu die Adjektive *böse, schön, bunt, möglich* mit passenden Begleitern aus dem Merkkasten.

**Wissen und Können** **Nominalisierung von Adjektiven**

- **Adjektive** können **als Nomen gebraucht (nominalisiert)** werden. Man erkennt sie am **Artikel,** der davorsteht oder den man probeweise ergänzen kann **(Artikelprobe),** z. B.: *das Besondere, ein Leichtes, im (= in dem) Grünen.*
- Häufige Begleiter von nominalisierten Adjektiven sind **Mengenangaben,** z. B.: *viel, alles, nichts, manches, einiges, allerlei → viel Neues, alles Gute, nichts Besonderes.*
- Nominalisierte Adjektive schreibt man **groß.**

# Testet euer Wissen!

## Groß- oder Kleinschreibung?

### Interview mit einem Bärenpfleger

**Reporter:** Sie sind für das FÜTTERN und die Aufzucht eines Bärenbabys VERANTWORTLICH. Bitte SCHILDERN Sie uns WICHTIGES aus dem Leben JUNGER Bären.

**Pfleger:** Im ALLGEMEINEN gibt es nur wenige Unterschiede zur Pflege anderer Zootiere. Das TÄGLICHE SAUBERHALTEN des Geheges ist ebenso WICHTIG wie das GEMEINSAME TOBEN und SPIELEN mit dem Jungtier.

**Reporter:** Ist diese Arbeit nur ANSTRENGEND – oder EMPFINDEN Sie sie auch als etwas BESONDERES?

**Pfleger:** Das AUFZIEHEN eines Jungtieres ist nicht leicht, aber sehr SPANNEND. Für ein Bärenjunges ohne Mutter ist ein ÜBERLEBEN in freier Wildbahn fast UNMÖGLICH, daher ist es für mich etwas SCHÖNES, dem Tierbaby Geborgenheit im Zoo zu GEBEN.

**Reporter:** Haben Sie auch schon einmal etwas GEFÄHRLICHES hier im Zoo erlebt?

**Pfleger:** Im WESENTLICHEN bisher zum Glück noch nicht. Aber wenn man in meinem Beruf UNVORSICHTIG oder LEICHTSINNIG arbeitet, kann man SCHNELL in Gefahr GERATEN!

**1** Lest das Interview mit einem Tierpfleger und übertragt es in der richtigen Groß- und Kleinschreibung in euer Heft. Unterstreicht alle nominalisierten Verben blau und alle nominalisierten Adjektive grün.

●○○ Bestimmt als Hilfe zunächst die Wörter in Großbuchstaben:
Sind es Adjektive, Verben im Infinitiv oder Nominalisierungen?
Achtet auf Begleitwörter und führt die Artikelprobe durch.

### SENSATIONELLER FUND

DA DAS GEBIET UM ERGOLDING BEREITS IN DER STEINZEIT VON MENSCHEN BESIEDELT WAR, HOLEN FORSCHER IMMER WIEDER DIE ERLAUBNIS FÜR AUSGRABUNGEN EIN. EIN JUNGE, DER IHNEN BEI DER ARBEIT HALF, HAT DABEI ETWAS SENSATIONELLES ENTDECKT. DAS KIND FAND EINEN 3200 JAHRE ALTEN BÄRENSCHÄDEL. BEIM UNTERSUCHEN DES SCHÄDELS STELLTEN DIE WISSENSCHAFTLER ALLERLEI INTERESSANTES FEST. SO WAR DAS VOLLSTÄNDIG ERHALTENE GEBISS DES BÄREN ETWAS EXTREM SELTENES, DENN BÄRENZÄHNE WAREN FRÜHER BELIEBTE SCHMUCKSTÜCKE. NACH DEM ERLEGEN EINES BÄREN TRUGEN JÄGER DIESE ALS ZEICHEN IHRER FURCHTLOSIGKEIT UND KRAFT.

**2** a Schreibt den Text in der richtigen Groß- und Kleinschreibung ab.
b Notiert zu den sieben markierten Wörtern eine Begründung für die Schreibung.

## Kurze und lange Vokale unterscheiden

Es ist schon merkwürdig, wenn sich zwei kleine Mädchen, die nichts voneinander wussten, plötzlich in einem Ferienheim gegenüberstehen und feststellen müssen, dass sie sich gleichen wie ein Ei dem anderen. Luise Palfy aus Wien hat zwar lange Locken und Lotte Körner aus München zwei streng geflochtene Zöpfe – das ist aber auch wirklich der einzige Unterschied. Luise und Lotte beschließen, dem Geheimnis ihrer Ähnlichkeit auf den Grund zu gehen: Luise fährt als Lotte nach München zurück und Lotte als Luise nach Wien ...

**1** a Lest den Klappentext des Jugendbuchs „Das doppelte Lottchen“. Was würdet ihr machen, wenn ihr plötzlich einer Doppelgängerin / einem Doppelgänger von euch begegnen würdet?
b Lest den Text laut vor und betont jedes Wort.
c Legt eine Tabelle an, in der ihr die unterstrichenen Wörter nach langen und kurzen Vokalen ordnet. Markiert lange Vokale mit einem Strich darunter, kurze mit einem Punkt wie im Beispiel.

| Lange Vokale | Kurze Vokale |
|---|---|
| *das Mädchen* | *wenn* |
| ... | *wussten* |
| | ... |

### Kurze Vokale + Doppelkonsonanten

**1** Nicht nur bei Lotte und Luise aus Erich Kästners Roman ist alles doppelt – es gibt auch viele Wörter mit doppelten Konsonanten in dem Klappentext. Markiert diese Wörter in der rechten Spalte eurer Tabelle aus Aufgabe 1 oben.

**2** a Stellt aus den nebenstehenden Wörtern mit Doppelkonsonanten Wortfamilien zusammen, z. B.: *die Rolle, rollen ...*
b Wählt zwei Wortfamilien aus und sucht weitere Wörter. Überprüft die Schreibung mit einem Wörterbuch.
●●● c Notiert auch zu den anderen Wortfamilien weitere Beispiele.

die Rolle • verhasst • retten • der Füller • der Rollkragen • der Retter • himmlisch • himmelblau • gehässig • rollen • füllen • die Erfüllung • der Hass • die Rettung • anhimmeln

## Das doppelte Lottchen – Rollentausch

Nachdem Lo ? e und Luise erka ? t haben, dass sie Zwi ? inge sind, tauschen sie ihre Ro ? en und reisen he ? auf begeistert zu ihren nichts ahnenden Eltern, die getre ? t leben. Doch es fä ? t den Mädchen gar nicht so leicht, ihr Umfeld zu täuschen. Wegen ihrer vö ? ig unterschiedlichen Begabungen und Eigenschaften und auf Grund du ? er Zufä ? e ko ? t es i ? er häufiger zu Verwi ? ungen bei den Eltern. Als der Vater beka ? t geben wi ? , wieder zu heiraten, wird Lo ? e vor Ku ? er krank. Mi ? lerweile hat die Mu ? er in der Zeitung ein Bild vom So ? ercamp entdeckt und meint, darauf ihre Töchter zu erke ? en. Als sie da ? auch noch von der Krankheit ihrer Tochter Lo ? e erfährt, reist sie mit Luise schne ? nach Wien. Ob die Familie wieder zusa ? enfindet, kö ? t ihr selbst nachlesen.

**3** a Schreibt die Buchvorstellung von Kästners Jugendroman in euer Heft und setzt anstelle der Fragezeichen **ll, mm, nn, rr** oder **tt** ein.

●●● b Findet zu den unterstrichenen Wörtern jeweils zwei Reimwörter.

A Weiß und süß gehört er in den Kuchen:
B Das Gegenteil von „frieren“:
C Zustimmen, ohne zu sprechen:
D Die „Füße“ eines Bären:
E Ein anderes Wort für „senden“:
F Beim Essen ist es ziemlich unhöflich:

| | | |
|---|---|---|
| *der Zu* | ck | *er* |
| ? | tz | ? |
| ? | ck | ? |
| ? | tz | ? |
| ? | ck | ? |
| ? | tz | ? |

**4** Hier werden Wörter mit betontem kurzen Vokal und **ck** oder **tz** gesucht.

a Löst das Rätsel und schreibt die gesuchten Wörter auf.

●●● b Denkt euch selbst Umschreibungen von Wörtern mit **ck** oder **tz** aus und überprüft die Schreibung der gesuchten Wörter.
Lest eure Rätsel vor und lasst die anderen raten.

**Wissen und Können** **Nach kurzen Vokalen richtig schreiben**

- Nach einem **kurzen betonten Vokal** folgen fast immer **zwei oder mehr Konsonanten.** In den meisten Fällen kann man sie beim deutlichen Sprechen und Hören gut unterscheiden, z. B.: *das Ende, der Topf, die Karte, die Tante, denken, jung, fremd, stumpf.*
- Hört man nach einem kurzen betonten Vokal nur einen Konsonanten, wird er beim Schreiben meist **verdoppelt,** z. B.: *der Pudding, knabbern, die Suppe, vergessen, schütteln.* Ausnahmen: Statt **kk** schreibt man meist **ck** (z. B.: *wackeln, der Deckel*), statt **zz** schreibt man meist **tz** (z. B.: *die Hitze, ritzen*).

## Ungekennzeichnete lange Vokale

| der T ? g | m ? tig | der H ? f | der T ? ger | schw ? ben |
|---|---|---|---|---|

**1** a Ergänzt in den oben stehenden Wörtern einen langen Vokal und schreibt sie auf.
b Prüft, wie viele Konsonanten jeweils hinter dem langen Vokal stehen.

**2** Schreibt zu den Wörtern im Kasten verwandte Wörter auf und markiert jeweils den langen betonten Vokal, z. B.: *schwer – die Schwerkraft – …*

schwer • der Regen • der Maler • klar

## Doppelvokale

*Willkommen im Café Bootshaus!*

**Genießen Sie ein leckeres Frühstück in unserem Saal mit Seeblick …**

| **Frühstück und Kaffeezeit** | | **Deftiges für den kleinen Hunger** | |
|---|---|---|---|
| Tasse Tee | 1,80 € | Paar Wienerle mit Senf | 3,60 € |
| Tasse Kaffee | 2,50 € | Geräucherter Aal | 3,80 €/100 g |
| Stück Erdbeertorte | 3,30 € | Hacksteak mit Kartoffelpüree | 6,90 € |
| Brombeerschnitte | 3,10 € | Meeresfrüchtesalat | 5,90 € |
| Himbeerquark | 2,50 € | | |

*Einfach mal die Seele baumeln lassen – eine gute Idee!*

**1** Schreibt aus dem Flyer alle Wörter mit Doppelvokal geordnet in eine Tabelle. Ergänzt jeweils den Artikel und unterstreicht den Doppelvokal wie im Beispiel.

| aa | ee | oo |
|---|---|---|
| … | … | *das Bootshaus* |

**2** Bildet mit Hilfe der Wortsterne weitere Wörter mit Doppelvokalen und schreibt sie auf, ergänzt bei Nomen den Artikel, z. B.: *das Haar.*
Überprüft eure Ergebnisse im Wörterbuch.

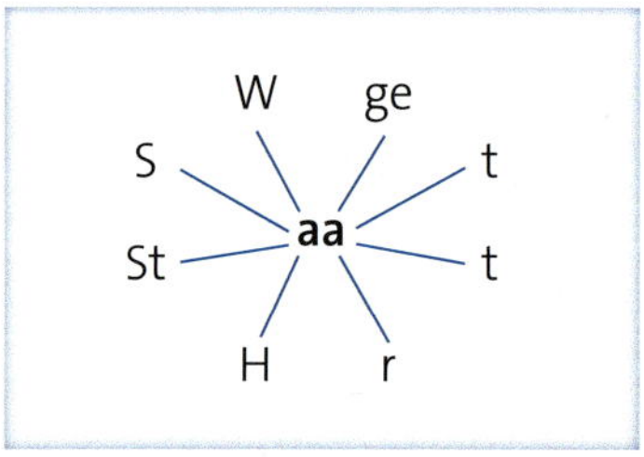


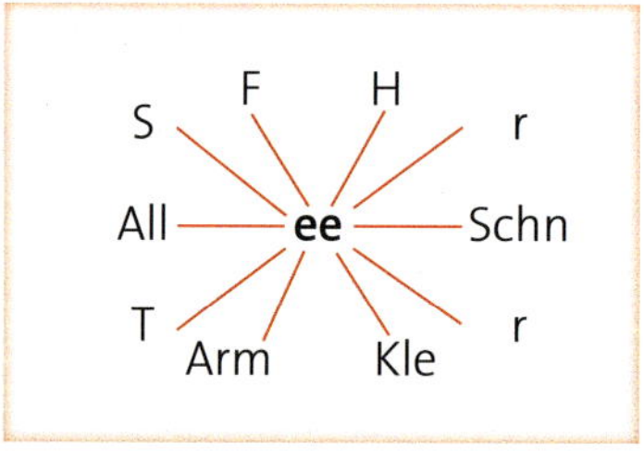


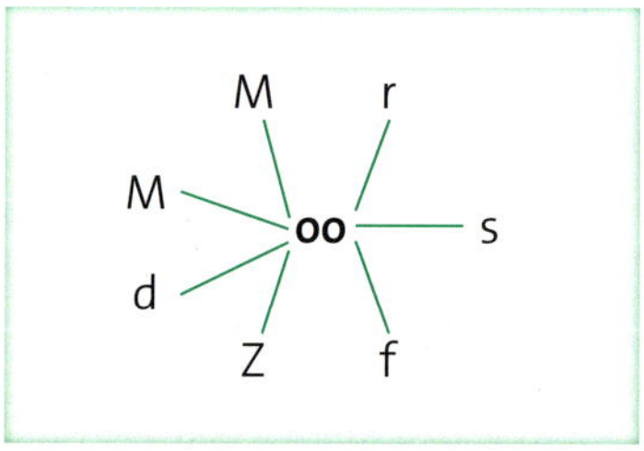


**3** Schreibt eine kurze Geschichte, in der möglichst viele Wörter mit Doppelvokal vorkommen, z. B. Wörter aus Aufgabe 1 und 2.

## Lange Vokale mit *h*

### Im Dunkelcafé die Sinne schärfen

Das Dunkelcafé in Nürnberg führen blinde Menschen, die den Gästen Getränke oder kleine Mahlzeiten servieren. Doch nicht nur für das leibliche Wohl wird dort gesorgt: In angenehmer Umgebung lässt sich erahnen, wie sich Blinde fühlen. Denn es gibt im Raum kein Restlicht mehr und man wartet vergebens darauf, dass sich die Augen allmählich an die Dunkelheit gewöhnen. Allein den Stuhl zu finden, ist mühsam. Auch das Trinken erweist sich als sehr schwierig, denn auf einmal stehen eine Flasche und ein Glas vor einem und man muss sich ohne Hilfe einschenken. Wenn es dann ans Bezahlen geht, stellt sich die Frage: Wie zählt man das Geld im Dunkeln ab?

Die neue Erfahrung, sich ausnahmsweise nicht auf die Augen verlassen zu können, lehrt schnell, wie die Hände das Sehen übernehmen. Und man wundert sich, wie gut plötzlich die Zunge schmecken, die Nase riechen und die Ohren hören können.

**1** a Besprecht, welche Probleme ihr als Gäste des Dunkelcafés haben könntet.
b Schreibt alle Wörter aus dem Text auf, die einen langen Vokal oder Umlaut mit **h** enthalten, setzt Nomen in den Nominativ Singular und ergänzt den Artikel, z. B.: *führen, die Mahlzeit.*
c Ermittelt, welche Konsonanten oft nach dem **h** stehen.

**2** a Die Verben im Kasten wurden durcheinandergeschüttelt. Schreibt sie richtig untereinander in euer Heft.
**Tipp:** Der Anfangsbuchstabe steht bereits an erster Stelle.
b Sucht zu jedem Verb drei weitere Wörter aus der Wortfamilie und notiert sie dahinter.
●●● c Schreibt mit den Wörtern sinnvolle Sätze auf.

fhrane •
whnone •
zhenal •
nenehm •
rümenh

**Wissen und Können** **Lange Vokale richtig schreiben**

- Die langen Vokale **a, e, o, u** und die Umlaute **ä, ö, ü** werden oft nur **mit einfachen Buchstaben** geschrieben, z. B.: *das Wagnis, sägen, reden, das Tor, schön, der Hut, die Lüge.*
- In einigen Wörtern wird der lange Vokal **mit Doppelvokal** (**aa, ee** oder **oo**) geschrieben, z. B.: *das Haar, das Beet, das Moos.*
  Bei Ableitungen von Wörtern mit Doppelvokalen entstehen manchmal einfache Umlaute, z. B.: *der Saal – die Säle, das Boot – das Bötchen.*
- Manchmal steht **hinter** einem **langen Vokal** ein **h,** z. B.: *die Wahrheit, nehmen, der Sohn, kühl.*
  Das **h** erscheint nach langem Vokal besonders oft **vor** den Buchstaben **l, m, n** und **r.**

## Wörter mit langem *i* und *ie*

### Viele Sinneserfahrungen ausprobieren

Das Dunkelcafé befindet sich im beliebten „Erfahrungsfeld der Sinne“. Sein Erfinder hatte die prima Idee, dass die unterschiedlichen Sinne – Sehen, Hören, Fühlen, Schmecken, Riechen – ausgiebig trainiert werden müssen, damit sie gut funktionieren. Daher wurden über 80 fantasievolle Spielgeräte konstruiert und auf einer riesigen Wiese aufgebaut. An diesen stabilen Stationen können interessierte Besucher selbst experimentieren. Sie erfahren hier spielerisch, wie das Auge sieht, die Nase riecht, die Finger tasten usw. Zusätzlich gibt es ein vielfältiges Programm mit verschiedenen Vorführungen und Vorträgen.

**1**
a Würdet ihr auch gern das „Erfahrungsfeld der Sinne“ besuchen? Begründet eure Meinung.
b Lest den Text halblaut vor und schreibt alle Wörter mit langem **ie** heraus.
c Findet im Text zwei Wörter mit langem **i** ohne **e.** Lest euch auch dazu den Text halblaut vor.

**Wissen und Können** **Der lange i-Laut – meistens *ie***

Für das lange **i** gibt es drei Schreibweisen:
- Am häufigsten ist **ie,** z. B.: *ziemlich, ich blieb, die Liebe, nie.*
- Selten ist **i,** z. B.: *mir, dir, die Maschine, die Apfelsine.*
- Achtung: Nur bei Pronomen (▸ S. 207) erscheint **ih,** z. B.: *ihr, ihm, ihnen.*

## Testet euer Wissen!

### Kurze und lange Vokale unterscheiden

Fünf Sinne – oder mehr? Das Sehen, Hören, Riechen, Schmecken und Tasten – das sind die klassischen fünf Sinne, mit denen der Mensch ausgestattet ist. Bekannte griechische Philosophen der Antike beschrieben sie bereits. Seit ein paar Jahren gehen viele Wissenschaftler allerdings von bis zu dreizehn Sinnen aus. Dazu zählen die Wahrnehmung von Hitze und Kälte, das Schmerzempfinden und der Gleichgewichtssinn. Zudem können wir offensichtlich unsere inneren Organe spüren, wenn wir z. B. einen leeren Magen oder Durst haben.

**1** Ordnet alle Wörter aus dem Text, die Doppelkonsonanten, **ck** und **tz** bzw. Doppelvokale, lange Vokal mit **h** oder **ie** enthalten, in einer Tabelle. Kennzeichnet den betonten kurzen bzw. langen Vokal.

| Kurzer betonter Vokal + Doppelkonsonant / ck / tz | Doppelvokal / langer betonter Vokal + h / ie |
| --- | --- |
| *die Sinne, das Schmecken ...* | *mehr, das Riechen ...* |

# Die Schreibung der s-Laute

## Die Wassermaus

Genüsslich in des Gartens Gras
saß eine Maus, die fraß und aß
den gelben Mais
und manchmal auch ein bisschen Reis.
So lebte sie in Saus und Braus.

Jedoch nach einem Regenguss,
da hatte sie Verdruss:
Mit ihrer Wohnung war jetzt Schluss,
weil diese unter Wasser stand.

Also lieh sie sich ein kleines Flo ?
und fuhr auf dem Gewä ? er lo ? .
Sie fa ? te den Entschlu ? , den wei ? en,
so ewig durch die gro ? e Welt zu rei ? en.

**1** a Schreibt alle Wörter mit s-Lauten aus den ersten beiden Gedichtstrophen in euer Heft. Sortiert sie nach Wörtern mit **s,** Wörtern mit **ss** und Wörtern mit **ß.**

b Lest die Wörter laut vor und ergänzt zu zweit diese Regel:
- **ss** steht nur nach einem betonten ? Vokal, z. B. ? .
- **ß** steht nur nach einem betonten ? Vokal, z. B. ? , oder nach einem Doppellaut (Diphthong), z. B. *draußen.*

c Schreibt die dritte Strophe ab und ergänzt **s, ss** oder **ß.**

**2** a Übertragt die Tabelle in euer Heft. Ergänzt die fehlenden Angaben und setzt unter die kurzen Vokale einen Punkt, unter die langen einen Strich.

b Schreibt zu jedem Verb drei Wörter aus der Wortfamilie auf.

c Erklärt, was euch auffällt. Begründet es mit der Regel aus Aufgabe 1 b.

●●● d Findet zu jedem Infinitiv ein Reimwort und setzt es in die drei Zeitformen.

| Verb im Infinitiv | Präsens | Präteritum | Perfekt |
|---|---|---|---|
| *reißen* | *sie ...* | *sie ...* | *sie ...* |
| *essen* | *Peter ...* | *Peter ...* | *Peter ...* |
| *schließen* | *ich ...* | *ich ...* | *ich ...* |

**Wissen und Können** | **s-Laute richtig schreiben**

- Der **stimmhafte** (summende) **s-Laut** wird mit einfachem **s** geschrieben, z. B.: *die Rose.*
- Der **stimmlose** (zischende) **s-Laut** wird mit einfachem **s** geschrieben, wenn man **beim Verlängern** des Wortes ein **stimmhaftes s** hört, z. B.: *der Vers – die Verse, speiste – speisen.*
- Ein **ß** steht nach **betontem langem Vokal** oder nach einem **Diphthong** *(au, äu, ei, eu),* wenn der s-Laut bei der Verlängerungsprobe stimmlos bleibt, z. B.: *der Fuß – die Füße.*
- Nach einem **betonten kurzen Vokal** wird meist **ss** geschrieben, z. B.: *das Fass, lassen, wässrig.*
- **ss** und **ß** wechseln manchmal auch in den **Verbformen** (z. B.: *messen – sie maß*) und in **verwandten Wörtern** (z. B.: *beißen – der Biss*). Dabei gelten die genannten Regeln.

# Testet euer Wissen!

## Die Schreibung der *s*-Laute

Auf dem Weg nach Hau ? e lie ? Emma sich Zeit. Ab und zu gab sie einer alten Wa ? erflasche auf der Stra ? e einen Sto ? , nur so zum Spa ? . Während sie dann beim Mittage ? en genü ? lich eine rie ? ige Portion Nudeln mit Tomatenso ? e a ? , wollte ihr Vater wi ? en: „Wei ? t du, dass heute das Fu ? ballspiel ist?“ Emma blieb der Bi ? en im Hal ? e stecken. Natürlich! Sie mu ? te doch ihre Mannschaft ins Finale schie ? en! Schlie ? lich lieferte sie die besten Torschü ? e! Kaum zu fa ? en, dass sie es beinahe verge ? en hätte! …

**1** a **s, ss** oder **ß?** Übertragt den Text in der richtigen Schreibung in euer Heft.
b Bildet zu den markierten Verben die 3. Person Singular Präsens, Präteritum und Perfekt.

# Besondere Laute und Buchstabenverbindungen

## Der *ks*-Laut

Neuerdings interessieren sich Lea und Ben dafür, wie früher mit Axt und Ochsengespann gearbeitet wurde. Daher beschlossen sie während des Frühstücks, das nur aus Keksen bestand, ins Freilandmuseum zu gehen.
„tsgaS du Papa, dass er uns tkaxe um 17 Uhr sknil neben dem Eingang abholen soll?“, rief Lea in relamixam Lautstärke. „Wir warten snetshcöh shces Minuten, dann fahren wir mit dem ixaT.“ „Und du tskcap bitte Sandwiches mit einem neßorgartxe skcelK Mayo ein“, erwiderte Ben xif. sgnidrellA meinte seine Schwester: „txilfreV, das Brot ist alle. Zur gnulshcewbA könnten wir sgewretnu Brötchen mit shcaL kaufen.“ Ben holte Geld aus der eshcübrapS und erklärte: „Los! Gleich erfahren wir, wie eneshcawrE früher ohne suxuL gewohnt und rebüsgat gearbeitet haben.“

**1** a Notiert aus Zeile 1 bis 5 die Wörter mit ks-Laut und markiert die verschiedenen Schreibweisen.
b Ab Zeile 6 sind alle Wörter mit ks-Laut rückwärts geschrieben. Ordnet sie nach diesem Muster:

| chs | cks | gs | ks | x |
|---|---|---|---|---|
| … | … | *neuerdings* | … | … |

**Wissen und Können** — **Den *ks*-Laut richtig schreiben**

Der **ks-Laut** wird im Deutschen durch **chs** (z. B.: *das Wachs*), **cks** (z. B.: *der Klecks*), **gs** (z. B.: *du legst*), **ks** (z. B.: *der Keks*) oder **x** (z. B.: *der Text*) wiedergegeben.

## *f* und *v* unterscheiden

*Bus verpasst – zu Fuß gelaufen – viel über Leben unserer Vorfahren gelernt – zufällig Tag des Handwerks – verschiedene Vorträge und Vorführungen – in Vergessenheit geratene Arbeitstechniken, z. B. Korbflechten, Backen im Holzofen – Frauen: Klavier, Violine, Volkslieder – daraufhin gevespert – Lea hat kreativen Schal gefilzt – Ben aktiv bei Versorgung des Viehs – Vater pünktlich – im November Ausflug zum Adventsmarkt*

**1** a Im Freilandmuseum haben Ben und Lea Notizen gemacht. Lest sie vor und achtet darauf, wie das **V** jeweils ausgesprochen wird. Erklärt, welche Probleme bei der Schreibung der Wörter auftreten können.

b Ordnet alle Wörter, die ein **f/F** oder **v/V** enthalten, in einer Tabelle.

●●● c Schreibt anhand der Notizen einen kurzen Bericht (► S. 80–82) über den Tag im Freilandmuseum.

| f/F | v/V |
| --- | --- |
| *der Fuß* | *verpasst* |
| … | … |

**2** a Bildet aus den Verben im Kasten neue Verben mit den Vorsilben **ver-** und **vor-**.

b Findet weitere Verben mit den Vorsilben **ver-** und **vor-**.

spielen • laufen • tragen • geben • lassen • sagen • lesen • fassen • schreiben

**Wissen und Können** *f* **und** *v* **unterscheiden**

Das **V** kann im Deutschen wie ein **F** (z. B.: *von, vertragen*) oder wie ein **W** (z. B.: *Vanille, Verena*) ausgesprochen werden. Wenn man unsicher ist, ob ein Wort mit **f, v** oder **w** geschrieben wird, muss man im Wörterbuch nachsehen. Die Vorsilben **ver-** und **vor-** werden immer mit **v** geschrieben.

## Die Buchstabenkombination *pf*

*Dampflok – Apfelpresse – Pfauenfeder – Kupferpfanne – Pfahlbauten – Hopfenfeld – Topflappen – Pflug – Pfeifen – Strumpf – Pfifferlinge – Schöpfkelle – Pfirsichbaum – Pfefferminze – Pferdefuhrwerk – Wildpflanzen – Kopfsteinpflaster – Karpfenteich – Regenpfützen*

**1** a Hier haben Lea und Ben notiert, was sie im Freilandmuseum gesehen haben. Lest die Wörter deutlich vor und beachtet den Unterschied zwischen **f** und **pf.**

b Schreibt drei Sätze, in denen möglichst viele Wörter mit **pf** vorkommen.

**Wissen und Können** **Die Buchstabenkombination** ***pf***

**Pf/pf** kann am **Wortanfang** (z. B.: *der Pfeffer*), in der **Wortmitte** (z. B.: *hüpfen*) und am **Wortende** (z. B.: *der Kampf*) stehen. **Genaues Sprechen** verdeutlicht den Unterschied zwischen **f** und **pf.**

## Die Buchstabenkombination *qu*

Zu Hause bereiteten Lea und Ben einen ? mit ? zu. Während dieser im Ofen backte, machten sie es sich ? und schauten im Fernsehen eine lustige ? . Während sie vor Spaß ? , vergaßen sie den Auflauf völlig. Plötzlich stürzte der Vater herein und rief: „Wo kommt denn der ? her?“ Lea rannte ? durch den Raum und zerrte das verbrannte Essen aus dem Ofen. Ben ? sofort los, sodass der Vater keine Gelegenheit fand zu schimpfen.

**1** Schreibt den Text in euer Heft und setzt anstelle der Fragezeichen Wörter mit der Buchstabenkombination **Qu/qu** ein. Der Silbenspeicher hilft euch.

auf • be • lauf • Qualm • Quark • quas • quem • quer • quietsch • Quit • Quiz • sel • show • te • ten • ten

**Wissen und Können** **Die Buchstabenkombination *qu***

Im Deutschen kommt der seltene Buchstabe **q nie alleine** vor, sondern **nur in der Verbindung qu,** z. B.: *die Qualität, quer.*

# Rechtschreibung am Computer prüfen

VORSICHT FEHLER!

Sehr geehrter Herr Wagner,

im Mai findet an unserer Schule im Fach deutsch eine Projektwoche über „Jugendliteratur“ statt. Jede Klasse soll sich mit einem anderen Thema beschäftigen. Unsere Wal viel auf Bücher über „Freundschaft, Liebe und Clique“.
Unser Schulleiter lies uns Wissen, dass sie als Büchereileiter an einer Zusamenarbeit interessiert sind. Im rahmen unseres Projekts möchten wir auf ihr Angebot zurückkommen. Wir würden uns freuen, wenn unsere Klassensprecher sie zum besprechen des Projekts besuchen dürften. Gern möchten wir eine passende Broschüre, ein Plakat oder eine Wandzeitung gestalten. Darin sollten Klassiker, neue Geschichten und Sachtexte vorgestelt werden.
Es wäre schön, wenn Sie uns dabei beraten könten. Wir freuen uns auf eine Antwort von ihnen.

Mit freundlichen Grüssen
*Max Müller* (Klasse 6 a)

**1** Am Computer geschriebene Texte könnt ihr mit einem Rechtschreibprogramm überprüfen. Das Programm „übersieht“ jedoch viele Fehler (▶ S. 46).

**a** Dieser Brief enthält 15 Rechtschreibfehler, von denen nur vier gekennzeichnet wurden. Findet die übrigen elf Fehler und schreibt den verbesserten Brief in euer Heft oder am PC.

●●● **b** Begründet, warum das Programm die Fehler übersehen hat, und erklärt die korrekte Schreibung.

# Satzzeichen richtig setzen

## Das Komma bei Aufzählungen, Satzreihen und Satzgefügen

Wörter oder Wortgruppen in einer **Aufzählung** trennt man durch Kommas. Vor **und** bzw. **oder** steht kein Komma, z. B.: *Ich lese, male oder sehe fern.*

**1** Beschreibt mit möglichst vielen Aufzählungen euren Tagesablauf wie im Beispiel. Achtet auf die richtige Kommasetzung.
*Morgens stehe ich auf, ziehe mich an, esse Müsli und laufe zum Bus.*
*Nachmittags mache ich meine Hausaufgaben ...*
*Abends ...  Am Wochenende ...  In den Ferien ...*

**2** Bildet aus den folgenden Hauptsätzen sinnvolle Satzreihen mit den Konjunktionen **aber, denn, doch, oder.** Entscheidet, wo ihr ein Komma setzen müsst.

> Gestern wollten wir Drachen steigen lassen. Das Wetter war herrlich.
> Zuerst war der Himmel strahlend blau. Plötzlich kamen Wolken auf.
> Konnten wir noch bleiben? Sollten wir besser nach Hause fahren?
> Wir hofften auf ein Wunder. Schließlich mussten wir vor dem Regen fliehen.

**3** a In den folgenden Satzgefügen fehlen die Kommas. Schreibt die Sätze ab, umkreist die Konjunktionen und unterstreicht die Hauptsätze blau, die Nebensätze grün. Ergänzt die Kommas.

VORSICHT FEHLER!

> Gestern gingen Anne und Tom in den Park weil sie ihren neuen Drachen testen wollten.
> Obwohl es ziemlich stürmisch war wollten sie es unbedingt probieren.
> Während Tom geschickt den Drachen steigen ließ sah Anne staunend zu.
> Plötzlich erfasste eine Böe den Papiervogel sodass der Junge die Leine nicht halten konnte.
> Nachdem der Drachen quer über den Park geflogen war blieb er in einer Baumkrone hängen.

●●● b Stellt die Sätze, die mit einem Nebensatz beginnen, so um, dass der Hauptsatz vorne steht.

**4** Bildet Satzgefüge: Verwendet die folgenden Hauptsätze und ergänzt Nebensätze mit den Konjunktionen **weil, als, damit, während, wenn.** Notiert die Satzgefüge und setzt die Kommas.
*Anne kletterte auf den Baum, weil sie ... • Sie bekam allerdings Angst • Tom rief die Feuerwehr an • Ein Feuerwehrmann rettete Anne • Jhre Eltern werden sicher schimpfen*

**5** Begründet die Kommasetzung im Brief auf Seite 264.

**Wissen und Können** | **Kommas in Satzreihen und Satzgefügen**

- **Hauptsätze** kann man zu einer **Satzreihe** verbinden. Dafür werden oft die **nebenordnenden Konjunktionen** *und, oder, aber, denn, doch* verwendet. Die Hauptsätze einer Satzreihe werden durch Komma(s) getrennt, nur vor den Konjunktionen *und* und *oder* kann es entfallen (▸ S. 235).
- Wenn ein **Hauptsatz** und ein **Nebensatz** durch eine **unterordnende Konjunktionen** (z. B. *als, damit, obwohl, wenn, weil*) oder ein **Relativpronomen** (z. B. *der, die, das*) verbunden werden, entsteht ein **Satzgefüge.** Hauptsatz und Nebensatz werden durch Komma(s) getrennt (▸ S. 237).

## Zeichensetzung bei der wörtlichen Rede

### Heute schon gelacht?

Es laufen zwei Elche durch die Wüste.

**A** „Hier muss es aber glatt sein, so viel wie hier gestreut ist“, sagt der eine Elch verwundert.

**B** Der eine Elch sagt verwundert: „Hier muss es aber glatt sein, so viel wie hier gestreut ist.“

**C** „Hier muss es aber glatt sein“, sagt der eine Elch verwundert, „so viel wie hier gestreut ist.“

**1** Die Sätze A, B und C sind inhaltlich gleich, aber der Satzbau ist unterschiedlich.

**a** Schreibt die drei Sätze ab und markiert alle Satzzeichen der wörtlichen Rede farbig.

**b** Unterstreicht in jedem Satz den Redebegleitsatz und ordnet folgende Bezeichnungen zu: *vorangestellter Redebegleitsatz – nachgestellter Redebegleitsatz – eingeschobener Redebegleitsatz.*

**c** Überprüft eure Ergebnisse mit Hilfe des Merkwissens auf ▶ S. 99 und ▶ S. 302.

VORSICHT FEHLER!

Nach dem Biologieunterricht unterhalten sich Susanne und Tim über die Tierwelt in Skandinavien. Susanne erklärt In den Wäldern Norwegens leben riesige Elche. Aber nicht nur in den Wäldern findet man diese Tiere, auch an Seen halten sie sich gerne auf entgegnet Tim. Diese Tiere interessieren Susanne sehr. Susanne, weißt du eigentlich, wovon sich Elche am liebsten ernähren? fragt Tim. In den Wäldern finden sie Moose, Kräuter und Flechten erklärt Susanne. Ich habe gehört, dass die Tiere wegen des sumpfigen Untergrunds sehr große Hufe haben erzählt Tim und erkundigt sich Weißt du, ob das stimmt? Ich weiß es nicht genau antwortet Susanne aber wir könnten Herrn Weber, unseren Biolehrer, fragen.

**2** **a** Schreibt den Text ab und setzt die Zeichen der wörtlichen Rede farbig ein.

**b** Unterstreicht die wörtliche Rede jeweils blau und die Redebegleitsätze grün.

●●● **c** Bestimmt die Art der Redebegleitsätze.

**3** Schreibt das folgende Gespräch zwischen Tim und seiner Mutter mit vorangestellten, nachgestellten und eingeschobenen Redebegleitsätzen auf.

Hallo Tim, wie war die Schule heute?

Hi Mama, war ganz interessant. Wir haben heute etwas über Elche gelernt.

Das klingt spannend. Erzähl mal, wo die Tiere leben!

Sie leben in den Wäldern von Norwegen und fressen Moose.

Sind Fotos von Elchen im Biologiebuch abgebildet?

Nein, leider nicht. Aber ich schau gleich mal im Internet nach.

**4** **a** Diktiert einander im Partnerdiktat die Witze auf Seite 251 – ohne Satzzeichen.

**b** Überprüft, ob ihr alle Satzzeichen richtig gesetzt habt.

## Testet euer Wissen!

### Satzzeichen richtig setzen

VORSICHT FEHLER!

#### Dreiklang aus Schule Chor und Internat

Gemeinsam lernen leben und singen: So gestaltet sich der Alltag wenn man einer der etwa 400 Regensburger Domspatzen ist. Sie singen in einem Knabenchor der zu den berühmtesten der Welt gehört. Das Leben im Internat bereitet den Jungen oft Probleme doch die Gesangsausbildung macht den meisten Freude und die Konzertreisen finden viele aufregend. Tourneen führen den Chor vor allem durch Deutschland und Europa aber er hatte auch schon Auftritte in China Japan sowie auf den Philippinen. Da die Domschule bereits im Jahr 975 gegründet wurde zählen die Regensburger Domspatzen zu den ältesten Knabenchören der Welt.

**1** a In dem Bericht über einen bekannten Knabenchor fehlen acht Kommas, ein weiteres kann gesetzt werden, muss aber nicht. Schreibt den Text ab und setzt die Kommas.
b Begründet die Kommasetzung.

VORSICHT FEHLER!

#### Ein Jugendorchester im Regenwald!

*In keinem anderen Ort Boliviens sind Kinder so fasziniert von klassischer Musik wie in Urubichà. Mehr als 400 Mädchen und Jungen lernen an der Musikschule ein Instrument.*

Noch einmal ganz von vorn ruft Lehrer Juan-Carlos und tippt mit dem Fuß den Takt. Ich fühle die Musik tief in mir sagt Froilán. Ist sie traurig, bin auch ich traurig. Ist sie fröhlich, fühl auch ich mich gut.
Sein Lehrer berichtet Dass Froilán erst seit zehn Monaten Cello spielt, kann man kaum glauben. Was andere in zwei Jahren lernen, kann er schon jetzt lobt auch die Lehrerin Camila den talentierten Schüler.
Bezahlen können meine Eltern den Unterricht nicht gibt Froilán zu und erklärt Wir leben von dem, was wir auf kleinen Gemüsefeldern im Regenwald anbauen.
Sein Lehrer ergänzt stolz Die Schule ist auf Spenden angewiesen. Deshalb schicken uns Musiker aus der ganzen Welt ihre ausgedienten Instrumente.

**2** In dem Artikel über eine Musikschule im Regenwald fehlen alle Satzzeichen der wörtlichen Rede. Schreibt ihn ab und ergänzt alle fehlenden Doppelpunkte, Anführungszeichen, Kommas und Ausrufezeichen.

# 15.3 Fit in ...? – An Fehlerschwerpunkten arbeiten

VORSICHT FEHLER!

## So ein Affentheater!

Bei der Polizei kamm ein außergewöhnlicher notruf an. Ein Anrufer aus Stukenbrock meldete, ein Pavian turne auf den Dechern herum. Offensichtlig war das Tier aus dem in der nähe gelegenen Safaripark ausgebrochen und erkundete seine neue umgebung. Als die alarmierten Tierfenger den Ausbrecher mit einem Schuß aus dem Beteubungsgewehr einfangen wollten, schluk ihnen das schlaue Tier ein Schnippchen, indem es geschikt in Deckung ging. Die Männer, die ziemlich radlos nach dem Affen suchten, staunten nicht schlecht, als der Ausreißer aus eigenem Antrieb schlißlich in sein Gehege zurückehrte.

**1** In diesem Bericht wurden viele Rechtschreibregeln missachtet. Findet die 14 Fehlerwörter, schreibt sie korrigiert auf und notiert eine passende Regel oder Probe als Begründung, z. B.:
*kam – langer betonter Vokal.*

VORSICHT FEHLER!

## Die affenpolizei in indien

In der indischen hauptstadt überfallen affen die märkte brechen in häuser ein rauben essbares und fallen menschen an. Weil die affenplage stark zugenommen hat ließ sich die stadtverwaltung etwas außergewöhnliches einfallen: Es gibt nun eine affenpolizei. 500 polizisten die einen großen affen an der leine führen überwachen straßen und plätze. Die Affen sollen beim verscheuchen ihrer kleineren Artgenossen helfen. Diese Teams vertreiben die kleinen affen zwar aus einem stadtviertel aber die klugen tiere siedeln sich ganz rasch irgendwo anders an.

**2** Der Artikel informiert über ein ungewöhnliches Vorgehen der Polizei – allerdings fehlerhaft. Schreibt ihn in der richtigen Groß- und Kleinschreibung ab und setzt die Kommas.

**3** Arbeitet an euren **persönlichen Fehlerschwerpunkten,** indem ihr mit einer **Wortliste** übt: Legt im Heft eine Tabelle nach dem Muster an. Tragt eure Fehlerwörter (z. B. aus den Aufgaben 1 und 2, aus Schulaufgaben, Aufsätzen, Diktaten) richtig in die linke Spalte ein. Markiert die Stellen, die ihr vorher falsch geschrieben habt. Notiert in der rechten Spalte Hilfen, z. B. verwandte Wörter, das verlängerte Wort oder Wörter mit demselben Rechtschreibproblem. Trainiert die Schreibung eurer persönlichen Übungswörter immer wieder.

| Übungswörter | Hilfen |
|---|---|
| *der Tierfänger* | *fangen, der Fang* |
| *schlug* | *schlagen* |
| ... | ... |

**So könnt ihr Rechtschreibfehler vermeiden:**
- Sprecht das Wort deutlich aus.
- Zerlegt das Wort in Wortbausteine.
- Sucht verwandte Wörter.
- Verlängert das Wort.
- Achtet bei der Großschreibung auf Signalwörter.

# 16 Das Lernen lernen – Arbeitstechniken und Methoden anwenden

**1** **a** Was muss das Mädchen tun, um den Aufstieg an der Kletterwand erfolgreich zu schaffen? Besprecht, was dazu notwendig ist.
**b** Überlegt, welche Gemeinsamkeiten es zwischen dem Klettern und dem Vorbereiten auf die Klassenarbeit gibt.

**2** Wie fühlt ihr euch vor einer Klassenarbeit?
**a** Denkt euch eine Linie quer durch den Klassenraum und ordnet euch an dieser Linie ein:
- linkes äußeres Ende: Vor einer Klassenarbeit bin ich ruhig und entspannt.
- rechtes äußeres Ende: Vor einer Klassenarbeit bin ich sehr nervös und aufgeregt.

**b** Erklärt euren Standpunkt.

**3** Welche Tipps zur Vorbereitung auf eine Klassenarbeit kennt ihr? Tauscht euch aus.

**In diesem Kapitel ...**

- sammelt ihr Tipps, wie ihr euch gezielt auf Klassenarbeiten vorbereiten könnt,
- lernt ihr, eine Mind-Map und ein Info-Plakat zu erstellen,
- bereitet ihr ein Referat vor.

# 16.1 Lernstrategien kennen und anwenden

## Sich gezielt vorbereiten

Jeder Mensch ist anders – und jeder lernt anders!
Doch welche Lernstrategie ist für euch am besten? Es lohnt sich, dies herauszufinden.

**1** Diskutiert verschiedene Wege, wie man sich auf Tests oder eine Schulaufgabe vorbereiten kann.

**a** Welche der folgenden Vorschläge habt ihr schon ausprobiert? Besprecht sie und ergänzt weitere Ideen.

**b** Schreibt drei Vorschläge auf, die ihr persönlich am nützlichsten findet.

- Ich sehe mir alle Hausaufgaben und Mitschriften aus dem Unterricht noch einmal genau an.
- Ich teile mir den Stoff in kleine Portionen ein.
- Ich verteile den Lernstoff auf mehrere Tage.
- Das Wichtigste schreibe ich in Stichworten auf Karteikärtchen.
- Ich lasse mich von jemandem abfragen.
- Ich sehe mir meine Fehlerliste gründlich an.
- Ich erstelle eine Checkliste mit wichtigen Schritten.
- Ich ordne den Lernstoff in einer Mind-Map.

**2** Leon hat sieben Schritte aufgeschrieben und möchte einen Lernplan erstellen.

**a** Besprecht, in welche Reihenfolge ihr die sieben „Lern-Etappen“ im Kalender ordnen würdet.

**b** Erstellt für eure nächste Schulaufgabe einen eigenen Lernplan. Wählt dazu sieben Schritte aus der Liste aus und schreibt sie in euren Kalender.

| Oktober | | | | | |
|---|---|---|---|---|---|
| 1 | So. | Ein Tag Pause! | 7 | Sa. | Heute lerne ich gezielt die „harten Nüsse“. |
| 2 | Mo. | Ich lerne mit jemandem zusammen. | 8 | So. | Nichts Neues mehr! Nur noch gründlich wiederholen. |
| 3 | Di. | Ich schreibe eine Übungsarbeit mit dem Blick auf die Uhr. | 9 | Mo. | Ich verschaffe mir einen Überblick über den Lernstoff: Was weiß ich? Was muss ich noch üben? Wo finde ich das? |
| 4 | Mi. | | 10 | Di. | |
| 5 | Do. | Ich notiere den Lernstoff auf möglichst wenigen Karteikarten. | 11 | Mi. | |
| 6 | Fr. | | 12 | Do. | |

**Wissen und Können** **Sich auf Tests und Schulaufgaben vorbereiten**

Wer im Unterricht gut mitarbeitet und regelmäßig die Hausaufgaben erledigt, weiß, worauf es in der Schulaufgabe ankommt. So könnt ihr euch gezielt weiter vorbereiten:

- Bereitet euch in mehreren **Etappen** auf die Klassenarbeit vor.
- Legt in einem **Lernplan** fest, was und wie ihr an den einzelnen Lerntagen üben wollt.
- Beobachtet euer eigenes **Lernverhalten:** Was hilft euch? Wie lange braucht ihr? ...

## Eine Mind-Map erstellen

In einer Mind-Map (engl. = „Gedächtnis-Landkarte“) schreibt ihr alle wichtigen Informationen zu einem Thema oder einer eigenen Idee strukturiert auf. Ihr könnt euch damit auch einen Überblick über den Lernstoff einer Schulaufgabe verschaffen.

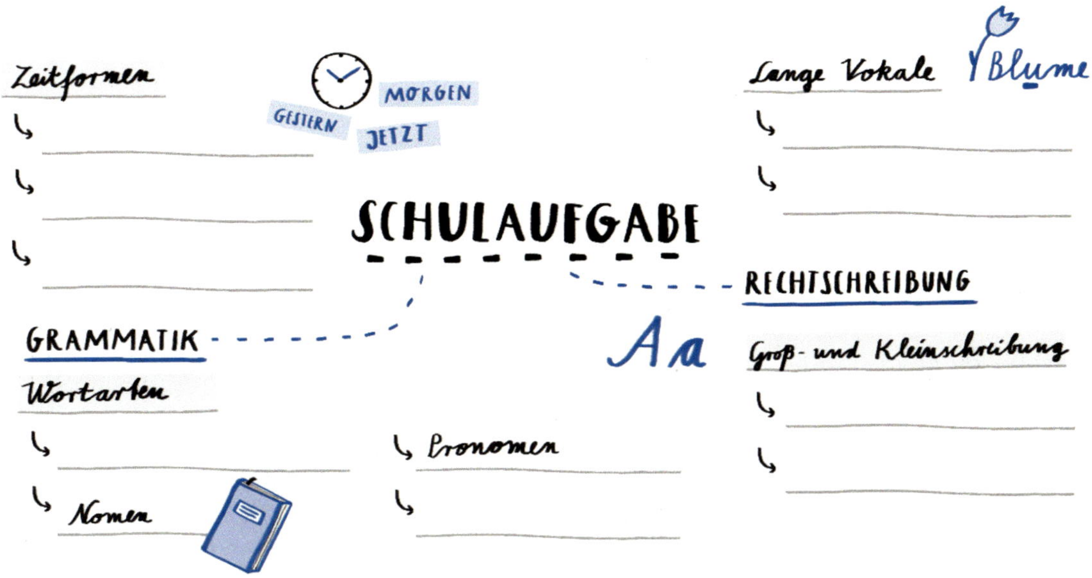


**1** Diese Mind-Map wurde als Vorbereitung auf eine Schulaufgabe zum Thema „Rechtschreibung und Grammatik“ angelegt. Beschreibt, wie sie aufgebaut ist und was euch auffällt.

**2** Legt eine eigene Mind-Map zum Thema eurer nächsten Schulaufgabe an, z. B.:

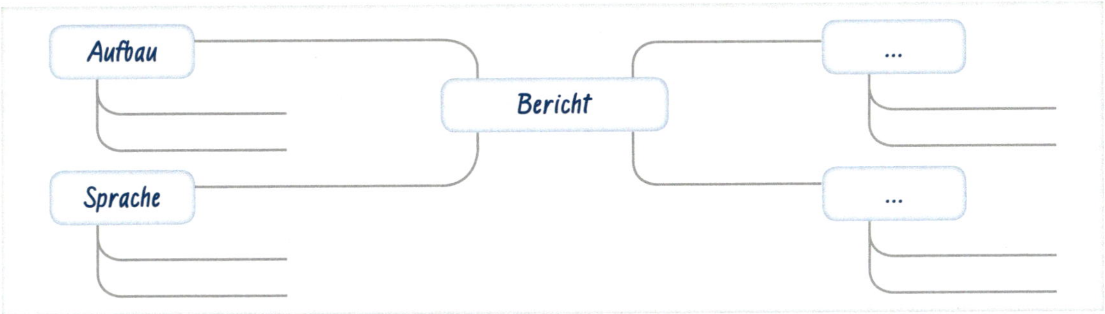


**Wissen und Können** **Eine Mind-Map erstellen**

In einer Mind-Map kann man Ideen und Informationen **ordnen.** Sie hilft euch, einen **Überblick** über ein bestimmtes Thema zu bekommen. So geht ihr vor:

- Schreibt das **Thema** in die Mitte eines großen Papierbogens.
- Schreibt **Hauptgedanken** auf die Hauptäste, **untergeordnete Gedanken** und Beispiele auf die dünnen Äste.
- Wenn ihr passende kleine **Bilder** ergänzt, prägen sich die Informationen besser ein.

# 16.2 Sich und andere informieren

## Ein Info-Plakat gestalten

**1** Präsentiert euer Wissen zum Thema „Roboter“ in einem Kurzvortrag.

a Lest den Text „Maschinen ohne Grenzen“ auf Seite 188–189 zu diesem Thema.

b Prüft die folgenden Aussagen und korrigiert, was falsch ist:

Spielzeugpuppen und selbstfahrende Autos sind Roboter.

Der Begriff „Roboter“ kommt aus dem Polnischen.

Roboter können Forschern noch nicht helfen.

Heute sind Roboter in allen Lebensbereichen zu finden.

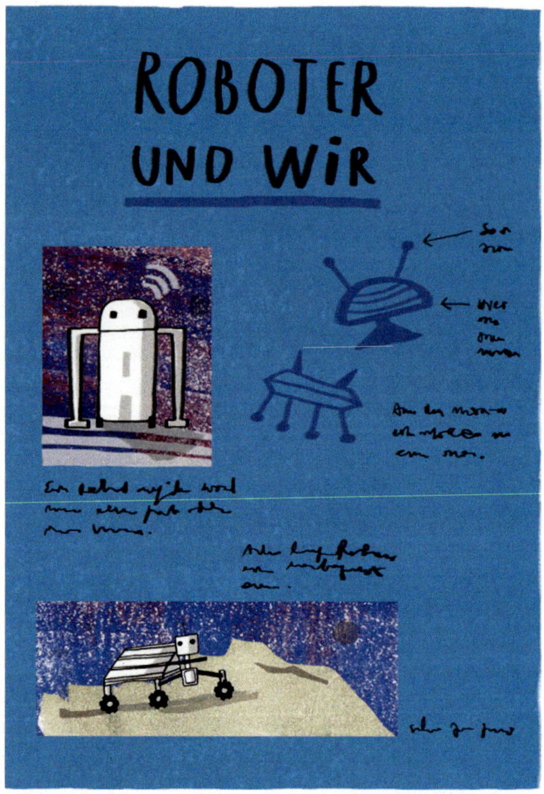


**2** Wenn ihr genügend Informationen für euer Referat zusammengetragen habt, solltet ihr sie ordnen und verarbeiten. Auf einem Plakat könnt ihr die wichtigsten Ergebnisse strukturiert und anschaulich präsentieren.
Vergleicht die beiden Plakate und besprecht, was am zweiten Plakat besser gelungen ist.

**3** Sammelt alle Informationen zum Thema „Roboter“ aus Kapitel 12 (▶ S. 187–200) und plant ein Plakat dazu.

**a** Ordnet die Informationen in einer Mind-Map. Ihr könnt weitere Informationen aus Sachbüchern oder aus dem Internet ergänzen.

**b** Legt auf einem DIN-A4-Blatt eine Skizze zu eurem Plakat an und beschriftet sie mit Informationen. Markiert die Stellen, an denen ihr Bilder platzieren wollt.

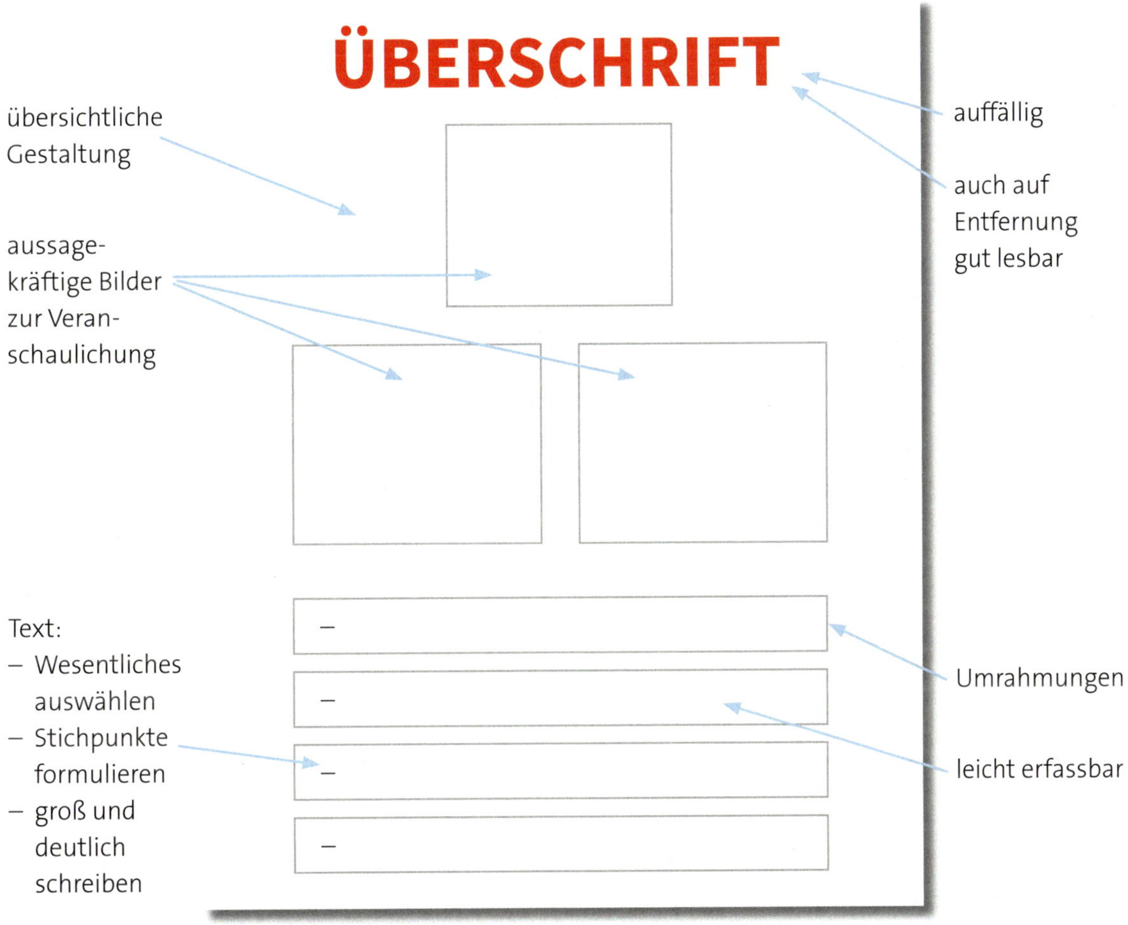


**Wissen und Können** **Ein Info-Plakat gestalten**

Auf einem Plakat könnt ihr Informationen strukturieren und für andere sichtbar machen. Beachtet bei der Gestaltung eures Info-Plakats Folgendes:

- Konzentriert euch auf **das Wesentliche** – weniger ist mehr!
- Achtet auf **Übersichtlichkeit:**
  - Strukturiert das Plakat durch **Umrahmungen der Textteile.**
  - Überschriften und wichtige Schlüsselwörter könnt ihr **farbig hervorheben.**
- Schreibt in **Stichpunkten** und achtet dabei auf die Rechtschreibung.
- Schreibt **deutlich** und **in großer Schrift** (Buchstabenhöhe ca. 3 cm). Ihr könnt auch Texte auf dem Computer schreiben (Schriftgröße 40), ausdrucken und aufkleben.
- Klebt **passende Bilder** auf und ergänzt eine Beschriftung.

# 16.3 Ein Referat halten

## Das Referat vorbereiten

### Das Referat planen

**1** Beantwortet folgende Fragen, bevor ihr euch mit dem Inhalt beschäftigt:
- Wie lange soll mein Referat dauern?
- Worüber möchte ich genau referieren?
- Welche Aspekte sind für mein Publikum besonders interessant?

Beantwortet die Fragen in Stichpunkten:
- *Mein Referat über Roboterhaustiere soll zehn Minuten dauern.*
- *Jch möchte über die Entstehung, die Entwicklung und die Vorteile und Nachteile von Roboterhaustieren informieren.*
- *Meine Klasse interessiert wahrscheinlich besonders ...*

### Das Thema erschließen

**2** Informiert euch in Sachbüchern oder im Internet über Roboterhaustiere.

**3** Legt eine Mind-Map an und ergänzt wichtige Informationen zu eurem Thema in Stichpunkten.

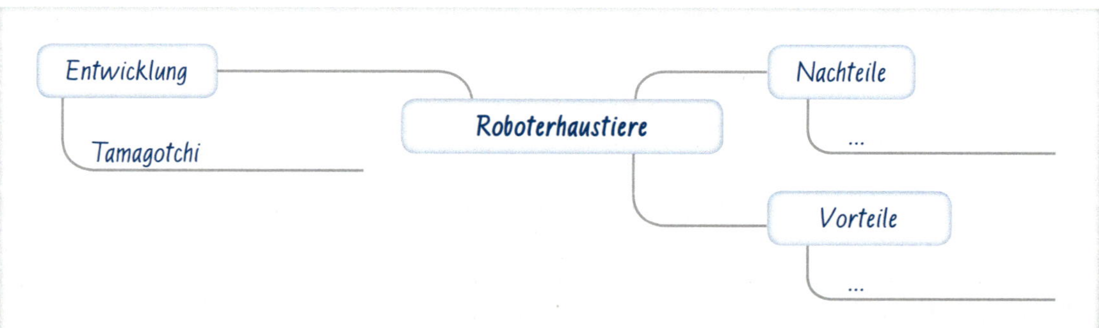

## Das Referat gliedern

**4** Damit die Zuhörer dem Referat gut folgen können, sollte es klar strukturiert sein.

a Gliedert euer Referat in Einleitung, Hauptteil und Schluss.

b Legt für eure „Roboterhaustiere" Karteikarten an und beschriftet sie mit Stichpunkten. Die Karteikarten könnt ihr während des Referats als Gedächtnisstütze nutzen. Beachtet dazu die nebenstehenden Tipps.

- Notiert auf den Karteikarten **kurze Stichpunkte,** keine ganzen Sätze.
- Schreibt **groß und deutlich** nur auf **eine Seite** der Karte.
- **Nummeriert** die Karten und vermerkt, an welchen Stellen ihr **Material** zeigen wollt.

*Einleitung*
- *Thema: Roboterhaustiere*
- *Einstieg: Fotos von Roboter-Dackel, Roboter-Robbe und Diagramm (Wünsche der 6. Klasse an Haustier?)*

*Hauptteil 1*
*Entwicklung:*
- *erstes Elektrotier: Tamagotchi*
- *heißt übersetzt „Eieruhr"*

*Hauptteil 2*
*Vorteile:*
- *machen keinen Schmutz*
- *brauchen nur Strom*

*...*

*Hauptteil 3*
- *...*

*Schluss*
- *ich möchte keinen Roboter*

**5** Die ersten Sätze eines Referats sollen das Interesse der Zuhörer wecken und sie neugierig auf den Vortrag machen.
Welche der folgenden Einleitungen findet ihr gelungen, welche nicht?
Begründet eure Meinung.

- *Wer von euch kennt Roboterhaustiere? Vor allem in Japan sind sie sehr beliebt ...*
- *Was würdet ihr euch von einem Roboterhaustier wünschen?*

**6** Der Schluss rundet euer Referat ab. Er sollte euren Zuhörern im Gedächtnis bleiben.
Dazu könnt ihr z. B. Fotos oder Prospekte mitbringen, das Publikum auffordern, Fragen zu stellen, oder Quizfragen zu eurem Referat an die Klasse stellen.
Schreibt drei Quizfragen zu eurem Referatsthema auf, z. B.:
- *Wie hieß das erste elektronische Haustier?*
- *Warum ...*

# Anschaulich präsentieren und Feedback einholen

**1** Sucht passendes Anschauungsmaterial, das ihr zeigen oder aufhängen könnt, z. B. Fotos, Folien, Stadtpläne, Prospekte oder passende Gegenstände.

**2** Überlegt euch Möglichkeiten, wie ihr euer Plakat (► S. 273) in das Referat einbeziehen könnt. Ihr könnt es z. B. an die Tafel hängen, auf ein passendes Bild deuten usw.

**3** Übt euer Referat mehrmals. Tragt es anderen vor oder nehmt euch mit einem Aufnahmegerät auf. Achtet auf die folgenden Punkte:
- Habe ich laut, deutlich und nicht zu schnell gesprochen?
- Ist der Aufbau des Referats logisch?
- Habe ich die vorgegebene Zeit eingehalten?
- Habe ich an den passenden Stellen auf das Anschauungsmaterial verwiesen?

In der Checkliste unten findet ihr weitere Tipps für euer Referat.

**4** Die Klasse sollte jedem Vortragenden ein Feedback geben, was an dem Referat gelungen ist und was man besser machen könnte. Damit die Tipps auch angenommen werden können, ist ein freundlicher Ton wichtig.

**a** Welche der folgenden Rückmeldungen wirken freundlich? Schreibt sie auf und ergänzt weitere geeignete Formulierungen.

> Du hast viel zu schnell gesprochen! • Insgesamt solltest du etwas langsamer sprechen. • Du hast uns nie angeschaut! • Versuche vielleicht mal, die Zuhörer ab und zu anzusehen.

**b** Erprobt in der Klasse das „Fünf-Finger-Feedback“:

## Checkliste

### Ein Referat halten
- Beginnt erst zu sprechen, wenn **alle Zuhörenden leise** sind.
- Sprecht **laut, deutlich und nicht zu schnell.**
- **Umgangssprache und Dialekt** sollten im Referat vermieden werden.
- Macht ab und zu **Pausen** und sucht den **Blickkontakt** zum Publikum.
- Sprecht **möglichst frei.** Falls ihr einmal den Faden verliert, helfen euch die **Karteikarten.**
- Vergesst nicht, das **Anschauungsmaterial** in das Referat einzubeziehen.
- Gebt eurem Publikum Gelegenheit zum Nachfragen.

# Grundlegendes Wissen und Können

## Sprechen, zuhören und schreiben

### Gesprächsregeln

Gespräche, in denen verschiedene Meinungen oder Wortbeiträge ausgetauscht werden, sollten nach bestimmten Regeln ablaufen, damit die Verständigung erleichtert wird.
Die wichtigsten Gesprächsregeln sind:

- Jede/Jeder äußert sich nur zu dem Thema, um das es geht.
- Wir melden uns zu Wort und reden nicht einfach los.
- Wir hören den anderen Gesprächsteilnehmern aufmerksam zu.
- Wir fallen den anderen Gesprächsteilnehmern nicht ins Wort.
- Niemand wird wegen seiner Äußerungen beleidigt, verspottet oder ausgelacht.
- Wir befolgen die Hinweise des Moderators oder der Moderatorin (Gesprächsleiter).

### Meinungen begründen

▶ S. 27, 32, 34–36

Gut ist es, wenn man seine Meinung klar und sachlich äußert: *Ich finde das richtig!*
Besser ist es aber, seine **Meinung auch zu begründen:** *Ich bin dagegen, weil ...*
**Sprachlich** drückt man diese Begründung oft in einem Nebensatz (▶ S. 298) aus, der mit einem Verknüpfungswort wie *weil, denn, da* eingeleitet wird.

### In Diskussionen Meinungen vertreten

▶ S. 27

In einer Diskussion tauschen sich mehrere Personen zu einer Frage aus, z. B.: „Soll das Fußballspielverbot auf dem Pausenhof verboten werden?“
Die Diskussionsteilnehmer/-innen können **unterschiedliche Ansichten** vertreten (z. B. einem Vorschlag zustimmen, ihn ablehnen oder mit Einschränkung zustimmen). Die Diskussionsteilnehmer/-innen:

- erklären und begründen ihre Meinung, damit die anderen sie nachvollziehen können und sich von ihr vielleicht sogar überzeugen lassen.
- äußern ihre Meinung in der Ich-Form.
- hören einander zu und unterbrechen oder stören den Redner nicht.
- melden sich und sprechen erst nach Aufforderung.
- bleiben immer sachlich.

**Ziele** einer Diskussion können sein: verschiedene **Positionen darzustellen** und **Argumente auszutauschen,** andere von der eigenen **Meinung** zu **überzeugen** oder zu einer Einigung zu kommen, also eine **gemeinsame Lösung** zu finden.

## Ein Anliegen vorbringen

▶ S. 30

**Das Gespräch vorbereiten**

Mache dir Notizen zu folgenden Fragen:

- Anliegen: Was will ich?
- Begründung: Warum will ich das? (Welchen Nutzen ziehe ich daraus?)
- Gegenleistung: Was kann/werde ich selbst tun, damit die Bitte erfüllt wird?

Tritt höflich auf:

- Klopfe an und warte, bis du hereingerufen wirst.

Halte diesen Gesprächsablauf ein:

- Frage, ob du kurz stören darfst.
- Eröffne das Gespräch (grüßen; dich vorstellen; erklären, wer dich beauftragt hat).
- Bringe das Anliegen vor (sachlich; höflich; kein Betteln, Fordern, Überreden).
- Beende das Gespräch (dich bedanken; dich verabschieden).

## Ein Jugendbuch vorstellen

▶ S. 120, 183

Lasst eure Mitschülerinnen und Mitschüler an euren Leseerlebnissen teilhaben und stellt ihnen das Buch vor, das ihr gelesen habt. Geht dabei so vor:

- Nennt in eurer Einleitung zum Vortrag die Autorin oder den Autor des Buches, den Titel, den Verlag und das Jahr, in dem es erschienen ist.
- Im Hauptteil geht ihr auf das Thema und die Hauptfiguren ein. Den Inhalt fasst ihr kurz zusammen. Eine besonders spannende Stelle lest ihr wirkungsvoll vor. Achtet dabei auf eine deutliche Aussprache, ein angemessenes Lesetempo, ein passendes Senken und Heben der Stimme und die Betonung wichtiger Wörter.
- Zum Schluss begründet ihr eure Buchempfehlung.

## Ein Gedicht vortragen / Einen literarischen Text vorlesen

▶ S. 144 f.

Wenn ihr ein Gedicht vortragt oder einen literarischen Text einem Publikum vorlest, sollte euer Vortrag möglichst verständlich und abwechslungsreich sein. Beachtet dazu Folgendes:

- Sprecht den Text **deutlich, betont** dabei **wichtige Wörter.**
- Macht wirkungsvolle **Sprechpausen** an passenden Stellen.
- Achtet auf die **Lautstärke** und werdet je nach Inhalt der Textstelle lauter oder leiser.
- Ein **Tempowechsel** macht euren Vortrag abwechslungsreicher:
  Überlegt euch, an welchen Textstellen ihr schneller oder langsamer vorlesen solltet.
- Eure **Gestik** und **Mimik** sollte zu dem Inhalt der Textstellen passen.

Damit der Vortrag gut gelingt, solltet ihr ihn **vorbereiten:**

- Schreibt den Text ab oder legt eine Folie darüber.
  **Unterstreicht** Wörter, die ihr **besonders betonen** solltet.
- **Markiert** Stellen, an denen ihr **(kurze oder längere) Pausen** machen wollt.
- Übt das Vorlesen mehrmals. Lest den Text zum Beispiel euren Eltern oder Freunden vor und lasst euch eine Rückmeldung geben. Ihr könnt euch auch selbst aufnehmen.

## Standardsprache – Umgangssprache – Jugendsprache – Dialekt

▶ S. 160 f.

Fast alle Menschen verwenden unterschiedliche **Sprachebenen.** Es kommt darauf an, mit wem und worüber sie sprechen. Es gibt:

- gutes, sprachlich richtiges Deutsch mit abwechslungsreichem Wortschatz (wird im Aufsatz und in Büchern verwendet). Das nennen wir **Standardsprache** (Hochsprache).
- eine einfachere Ausdrucksweise: *kriegen* statt *bekommen, rumhängen* statt *faulenzen.* Manches wird abgekürzt, z. B. *rauf* statt *hinauf, mal* statt *einmal* usw. Das nennen wir **Umgangssprache** (Alltagssprache). Im Aufsatz sollte sie nicht verwendet werden.
- die **Jugendsprache,** die besondere Ausdrücke enthält. Sie ist der Mode unterworfen und die Ausdrücke stammen häufig aus dem Englischen, z. B. *cool* oder *checken.*
- verschiedene Mundarten (ortsgebundene Sprachen). In Bayern sind das vor allem bairische, schwäbisch-alemannische und fränkische Mundarten. Diese ortsgebundenen Sprachen nennt man auch **Dialekt.**

## Persönliche Briefe schreiben

Einen Brief schreiben wir an eine Person oder an eine Gruppe, der wir etwas mitteilen oder von der wir etwas wissen möchten. Man nennt sie Adressat oder Empfänger. Inhalt und Wortwahl des Schreibens hängen vom Empfänger ab.

**Briefkopf**

Ort und Datum

**Anrede**

Nach der Anrede setzt ihr entweder ein Ausrufezeichen und beginnt danach groß oder ihr setzt ein Komma und schreibt klein weiter. Wenn ihr jemanden siezt, schreibt ihr die Anredepronomen groß, z. B.: *Sie, Ihnen, Ihr* usw. Sonst könnt ihr sie kleinschreiben, z. B.: *dir, dein, euch, euer.*

**Brieftext**

- Im **Einleitungsteil** sprecht ihr den Empfänger direkt an und nennt den Anlass des Schreibens.
- Der **Hauptteil** ist der eigentliche Kern des Briefes. Hier steht oft ein besonderes Erlebnis im Mittelpunkt.
- Im **Schlussteil** könnt ihr den Empfänger durch Fragen oder Aufforderungen zum Antworten anregen.
- Wenn ihr einen **Brief beantwortet,** ist es wichtig, dass ihr auf Fragen des Briefpartners eingeht.

**Grußformel und Unterschrift**

Die Grußformel und die Unterschrift stehen jeweils in einer eigenen Zeile. Am Ende setzt man weder Punkt noch Ausrufezeichen.

*Gunzenhausen, den 1. Oktober 20XX*

| | |
|---|---|
| *Lieber Rudi!* | *Sehr geehrte Frau Aigner,* |
| *Sicher bist du neugierig, wie es bei mir so läuft.* | *sicher wollen Sie wissen, wie es mir geht.* |

*Vielen Dank für ...*
*Zu deinem Geburtstag ...*
*Ich habe mich so über ... gefreut*

*Die letzten Wochen waren ...*
*Mir gefällt ...*

*Wie war die erste Woche bei dir?*
*Du wolltest wissen, ob ...*
*Deine Frage nach ...*
*Ich hoffe, du meldest dich bald.*

| | |
|---|---|
| *Liebe Grüße* | *Herzliche Grüße* |
| *Bis bald* | *Viele Grüße* |
| *dein Manuel* | *Ihre Marie* |

## In Briefen andere überzeugen und Meinungen begründen

▶ S. 35 f.

Wenn man seine Meinung äußert, kann man am besten überzeugen, indem man seine Ansichten ausführlich begründet. So kommt ein richtiger Austausch zustande. Dabei ist es wichtig, **Verknüpfungen und Redewendungen** zu benutzen, die sich **für Begründungen** eignen.
*Ich hätte gerne eine Katze, weil ... / Für eine Katze spricht, dass ... / Eine Katze wäre als Haustier ideal, denn ... / Da Katzen recht verschmust sind, könnte ich mir gut vorstellen, selbst eine zu haben.*

## Meinungen schriftlich begründen

▶ S. 36

Eine schriftliche Meinungsäußerung überzeugt, wenn man:
- seinen Standpunkt klar und nachvollziehbar darlegt (Behauptung).
- mindestens zwei Begründungen für den eigenen Standpunkt anführt.
- Begründungen durch Beispiele veranschaulicht.

Dabei verwendet man sachliche und höfliche Formulierungen.
Meinung, Begründung und Beispiele sollte man sprachlich sinnvoll miteinander verknüpfen.
Folgende Wendungen helfen dabei:
**Meinung äußern:** *Ich bin der Meinung, dass ... / Ich finde, dass ... / Ich bin für/gegen ...*
**Begründung anfügen:** *..., denn/da/weil ... / Zudem ... / Weiterhin ... / Außerdem ... / Man muss auch bedenken, dass ...*
**Durch ein Beispiel veranschaulichen:** *Beispielsweise ... / Zum Beispiel ... / So ...*
Berücksichtigt dabei die Zeichensetzungsregeln!

## Sachliche Briefe

▶ S. 37–42

- Um **Bitten, Anfragen, Anregungen, Beschwerden, Entschuldigungen** vorzubringen oder **Informationen** einzuholen, schreibt man sachliche Briefe.
- Sie richten sich an **Amtspersonen** (z. B. Schuldirektor/-in, Bürgermeister/-in) oder an **Leute, die man nicht kennt** (z. B. Museumsleiter/-in). Deshalb hält man sich strenger als im persönlichen Brief an bestimmte Regeln.
- Sachliche Briefe sollten immer nach dem Muster rechts **aufgebaut** sein.
- Das Anliegen sollte **genau,** aber **knapp** und **sachlich** vorgebracht werden.
- So könnt ihr euren sachlichen Brief **inhaltlich** aufbauen:
  **Einleitung:** Benennt das Anliegen und formuliert die Bitte.
  **Hauptteil:** Begründet das Anliegen. Ihr könnt
  – erklären, weshalb ihr um etwas bittet,
  – einen verlorenen Gegenstand beschreiben,
  – darlegen, warum ihr etwas kritisiert oder euch über etwas beschwert.
  **Schluss:** Fasst das Anliegen zusammen und sprecht den Empfänger direkt an.

*Name des Absenders*
*Straße und Hausnummer*
*Postleitzahl und Ort*

*Name des Empfängers*
*Straße und Hausnummer*
*Postleitzahl und Ort*

*Ort, Datum*

*Betreffzeile: Briefanlass in möglichst wenigen Stichworten*

Sehr geehrte Frau ..., / Sehr geehrter Herr ..., /
Sehr geehrte Damen und Herren,

*Text*

Mit freundlichen Grüßen
*Unterschrift*

- Wenn man nicht genau weiß, wer den Brief bearbeitet, verwendet man die Anrede *Sehr geehrte Damen und Herren.*
- Man gebraucht die **Anredepronomen der Höflichkeitsform** (*Sie, Ihnen* usw.). Sie werden großgeschrieben.
- Sachliche Briefe werden meist **mit dem Computer geschrieben** und **handschriftlich unterschrieben.**

### Auf passende Formulierungen im sachlichen Brief achten ▶ S. 45

Die Sprache im sachlichen Brief ist **angemessen, knapp, sachlich und präzise.**
Meidet die vier „U“ (unpassende, umständliche, unsachliche oder unklare Formulierungen).

- **passend:** Wählt angemessene Anrede- und Grußformeln:
  - Anrede: *Sehr geehrte Damen und Herren, / Sehr geehrter Herr Grün, / Sehr geehrte Frau Reichelt,* (mit Komma!)
  - Grußformel: *Mit freundlichen Grüßen* (ohne Komma!)
- **verständlich:** Bringt euer Anliegen „auf den Punkt“, z. B.: ~~*Es wurde genehmigt, dass wir die dreitägige Klassenfahrt unternehmen dürfen*~~.
  → *Die dreitägige Klassenfahrt wurde genehmigt.*
- **sachlich:** Bleibt immer sachlich. Vermeidet wörtliche Rede, Ausrufe, Aussagen über Gefühle, Bewertungen oder gar Beleidigungen.
- **klar:** Macht genau deutlich, wen oder was ihr meint. Schreibt die Anredepronomen der Höflichkeitsform groß (z. B. *Sie, Ihnen*). So vermeidet ihr Verwechslungen mit anderen Pronomen (z. B. *sie, ihnen*) und Missverständnisse beim Empfänger.

## Erzählen

### Erzählende Texte schreiben ▶ S. 83–87, 89

Wenn du anderen ein Erlebnis oder eine erfundene Geschichte erzählst, möchtest du sie unterhalten, vielleicht auch fesseln. Überlege, ob deine Geschichte spannend (z. B. über ein aufregendes, unheimliches Erlebnis) oder witzig (z. B. über ein Missgeschick) sein soll oder ob du einfach von einem beeindruckenden Ereignis erzählen willst (z. B. von einem Ausflug in einen Freizeitpark). Behalte dieses **Erzählziel** im Auge, wenn du die Erzählung **gliederst:**

- Stelle zunächst die **Erzählsituation** dar (Wer war beteiligt? Wann und wo fand das Ereignis statt?).
- Erzähle danach in **sinnvollen Erzählschritten** von dem Erlebnis oder Ereignis, damit deine Leser/-innen das Geschehen nachvollziehen können.
- Finde einen **Ausgang,** der z. B. deine Erzählung abrundet, das Ereignis erklärt, die Leser/-innen überrascht oder Fragen offenlässt.
- Erzähle **anschaulich** und **abwechslungsreich.**
- Zeitform des Erzählens ist das **Präteritum.**

### Anschaulich erzählen

► S. 87, 89

- Verwendet **treffende Verben:** nicht *sagte,* sondern *jammerte.*
- Sucht **anschauliche Adjektive.** Oft sind zusammengesetzte Adjektive ausdrucksstark, z. B. nicht *kalt,* sondern *eisig* oder *eiskalt.*
- Achtet auf **unterschiedliche Satzanfänge:** nicht *dann … dann, als … als* verwenden.
- Denkt daran, auch **Sinneseindrücke** der Beteiligten wiederzugeben: Was sehen, hören, riechen, schmecken oder fühlen sie?
- Ihr könnt in der **Ich-Form schreiben:** Hier gelingt es euch leichter, euch in die Geschichte hineinzuversetzen. Bei der **Er- oder Sie-Form** habt ihr die Möglichkeit, die Gefühle mehrerer Personen zu schildern.

### Wörtliche Rede verwenden

► S. 99

Wörtliche Rede lässt den Leser die Ereignisse hautnah miterleben. Sie muss aber so eingesetzt sein, dass sie auch für die Handlung von Interesse ist.
Die Regeln zur Zeichensetzung bei wörtlicher Rede findet ihr auf S. 302.

### Die Zeitformen beim schriftlichen Erzählen

► S. 84, 100

Beim schriftlichen Erzählen verwendet man in der Regel das **Präteritum** (► S. 294):
*Emil und ich machten die Judo-Übungen gemeinsam.*
Wenn man deutlich machen möchte, dass ein Ereignis bereits vor dem erzählten Geschehen stattgefunden hat, verwendet man das **Plusquamperfekt** (► S. 294).
*Weil mir Emil ein Bein gestellt hatte, fiel ich unsanft auf die Matte.*

## Eine Schreibkonferenz durchführen

- Besprecht eure Texte in Gruppen. Dabei achtet jedes Gruppenmitglied als Experte auf einen **Schwerpunkt** (Inhalt, Aufbau oder Sprache).
- Formuliert eure Vorschläge in der **Ich-Form,** zum Beispiel: *Ich würde die Überschrift …*
- Achtet darauf, dass eure Verbesserungsvorschläge **unterstützend und hilfreich** sind.
- Der Verfasser des Textes notiert sich die Vorschläge und entscheidet selbst, welche er bei der Überarbeitung beachtet.

## Aus der Sicht einer anderen Figur erzählen

► S. 98

- Wenn ihr eine Geschichte aus der Sicht einer anderen Figur erzählt, solltet ihr euch **in diese Figur hineinversetzen.** Überlegt:
  - Was denkt und fühlt die Figur im Verlauf der Handlung?
  - Was könnte sie sagen?
  - Was weiß sie, was weiß sie nicht in den einzelnen Momenten der Handlung?
- Um die Sicht der Figur zu verdeutlichen, dürft ihr die Einzelheiten der Geschichte etwas verändern. Den Erzählkern solltet ihr aber beibehalten.

## Zu einer Redewendung erzählen

▶ S. 96

Wenn ihr zu einer Redewendung erzählen sollt, müsst ihr ihre Bedeutung gut verstanden haben. Überlegt dazu, in welcher Situation ihr die Redewendung vielleicht schon einmal gehört habt. **Der Inhalt** eurer Erzählung soll **zur Redewendung passen.** Diesen Bezug macht ihr am besten deutlich, wenn ihr die Redewendung **als Überschrift** für euren Text verwendet und sie **im Schluss** noch einmal aufgreift. Der Aufbau und die Regeln für die sprachliche Gestaltung entsprechen der Erlebniserzählung.

## Über Sachtexte informieren

▶ S. 199 f.

Wenn ihr schriftlich über einen Sachtext informieren sollt, sind euch häufig schon bestimmte Fragen dazu vorgegeben, die ihr beantworten sollt. Beachtet dabei folgende Hinweise:

### Aufbau

▶ S. 189 f.

- Schon in der **Einleitung** solltet ihr folgende Informationen geben: **Textsorte, Titel, Autor, Quelle** (Erscheinungsort und Erscheinungsdatum), **Thema** in ein bis zwei Sätzen (Worum geht es?).
- Achtung: Nicht immer sind alle Informationen zu einem Text angegeben! Dann könnt ihr auch darauf hinweisen, dass die Quelle nicht bekannt ist, z. B. *Das Erscheinungsdatum ist nicht angegeben.*
- Im **Hauptteil** beantwortet ihr die vorgegebenen Fragen oder fasst den Inhalt des Textes knapp zusammen. Achtung: In der Aufgabenstellung werden die einzelnen Fragen zwar durchnummeriert, in eurem Aufsatz sollen die Zahlen aber nicht mehr vorkommen!
- Wenn ihr am **Schluss** zum Text Stellung nehmen sollt, müsst ihr eure Antwort sachlich und aus dem Text heraus begründen.

### Sprachliche Gestaltung

Schreibt in der Zeitform **Präsens** und verwendet möglichst **eigene Worte.** Denkt an einen **abwechslungsreichen Satzbau.**

## Vorwissen und neue Erkenntnisse strukturieren

▶ S. 192

**Vor der Beschäftigung mit einem Sachtext** ist es hilfreich, sich zu überlegen, was man zum Thema des Sachtextes bereits alles weiß, aber auch gerne noch wissen möchte. Auf einem möglichst großen Blatt werden dieses Wissen bzw. diese Fragen in Form von Stichworten, Symbolen, Pfeilen, Bildern usw. notiert. Dabei sollte man unbedingt darauf achten, dass außen herum noch ausreichend Platz ist, um später etwas zu ergänzen.
**Nach dem Lesen oder der Bearbeitung eines Sachtextes** ergänzt man das, was man an neuen Informationen bekommen hat – also zum Thema neu dazu gelernt hat – mit einer anderen Farbe ebenfalls auf demselben Blatt. So erkennt man die neuen Informationen auch farblich deutlich.

## Sachtexte

▶ S. 197

**Sachtexte** informieren über bestimmte Themen. Manche Sachtexte wollen auch zu etwas anleiten oder auffordern. Beispiele für Sachtexte sind **Lexikonartikel, Zeitungsartikel, Nachrichten, Bastel- oder Spielanleitungen, Bedienungsanleitungen/Gebrauchsanweisungen, Kochrezepte, Schaubilder und Diagramme.**

Bei den **Diagrammen** kann man unterscheiden zwischen:

- Kreisdiagramm/Tortendiagramm

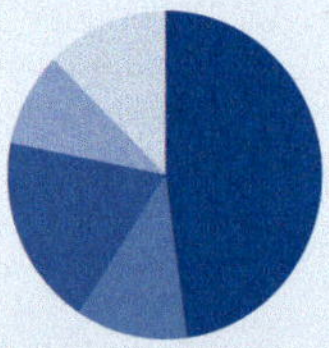

Mengen werden miteinander verglichen.

- Säulendiagramm

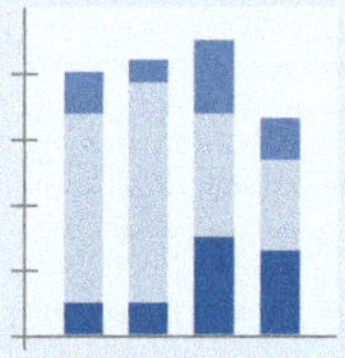

- Balkendiagramm

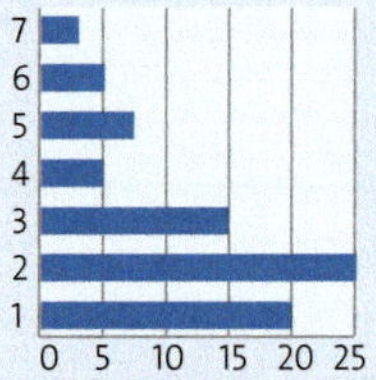


Tatsachen/Fakten werden vergleichend dargestellt.

- Kurvendiagramm

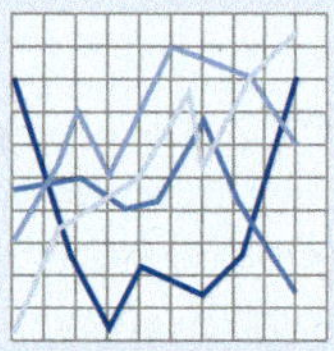

Entwicklungen/Verläufe werden sichtbar gemacht.

## Eine Person beschreiben

▶ S. 52

In einer Personenbeschreibung beschreibt man eine Person so anschaulich und genau, dass man sie wiedererkennen kann. Haltet dabei eine **bestimmte Reihenfolge** ein (am besten vom Kopf bis zu den Füßen).
Beginnt mit dem **Gesamteindruck,** z. B. Alter (geschätzt), Größe (geschätzt).
Beschreibt die Person dann vom Kopf bis zu den Füßen mit **treffenden, anschaulichen Adjektiven.**
Zu folgenden **Merkmalen** sollten dabei Angaben gemacht werden: Alter, Größe, Figur/Körperbau, Haare, Gesicht, Kleidung.
Nennt abschließend **besondere Kennzeichen** (z. B. Sommersprossen).
Verwendet als Zeitform das **Präsens.**
Formuliert **sachlich.** Vermeidet also persönliche Wertungen (z. B. süß, niedlich, hässlich ...), da nicht alle das Gleiche darunter verstehen.

## Gegenstände beschreiben

▶ S. 54

- Verlorene oder vergessene Gegenstände beschreibt man **sachlich** und **möglichst genau,** sodass sich die Leserin oder der Leser den Gegenstand vorstellen und ihn wiedererkennen kann.
- So könnt ihr die Beschreibung aufbauen:
  - Benennt die **Art des Gegenstands** (z. B. *Regenjacke*) und beschreibt den **Gesamteindruck** (allgemeine Merkmale wie Farbe, Größe, Form, Marke).
  - Beschreibt dann **Einzelheiten** (Details, z. B. *Reißverschluss*) und **besondere Merkmale** (z. B. *kleiner Riss am rechten Ärmel*).
- Bei der Beschreibung hält man eine **sinnvolle Reihenfolge** ein (z. B.: *von rechts nach links, von oben nach nach unten* oder *von außen innen*).
- Die Zeitform einer Beschreibung ist das **Präsens.**

## Berichten

▶ S. 65, 75–79

- Ein Bericht stellt den Ablauf eines Geschehens möglichst vollständig dar. Er besteht aus drei Teilen, in denen bestimmte W-Fragen beantwortet werden.
  - Die **Einleitung** beinhaltet, worum es geht: Was geschah? Wer war beteiligt? – Wann geschah es? Wo geschah es?
  - Der **Hauptteil** nennt in zeitlicher Reihenfolge die wichtigsten Ereignisse: Wie geschah es? Warum geschah es?
  - Der **Schluss** nennt Ergebnisse und Auswirkungen. Welche Folgen hat das Geschehen?
- Der Bericht über ein vergangenes Geschehen steht gewöhnlich im **Präteritum.**
- Das Geschehene wird möglichst **genau, knapp und sachlich** wiedergegeben. Gefühle, Meinungen oder Aussagen in wörtlicher Rede gehören nicht in einen Bericht.
- In einem **Zeitungsbericht** werden gewöhnlich Namen und Details ausgelassen, ein **Polizeibericht** enthält dagegen vollständige Daten mit allen Einzelheiten.

## Texte überarbeiten

▶ S. 45 f., 75, 89

Wenn man gemeinsam an Texten arbeiten will, bietet sich dafür die **Schreibkonferenz** an (▶ S. 282). Es geht aber auch allein, wenn man weiß, worauf man achten muss.

### Umstellen, Weglassen, Ersetzen

▶ S. 101

Ein eintöniger Satzbau lässt sich durch **Umstellen** vermeiden. Man kann z. B. die wichtigste Aussage an den Satzanfang stellen:
***Uns*** *gefiel der Nachmittag bis dahin. Uns durchfuhr jedoch ein großer Schreck ...*
→ ***Uns*** *gefiel der Nachmittag bis dahin. Ein großer Schreck durchfuhr uns jedoch ...*
Durch das **Weglassen** unpassender und überflüssiger Wörter kann ein Text verbessert werden:
*~~Also~~, wir mussten ~~tatsächlich~~ die Feuerwehr rufen, ~~und wir~~ mussten aber nur ~~voll~~ kurz auf sie warten.*
Wörter, die sich wiederholen, kann man durch ähnliche Begriffe oder durch Pronomen **ersetzen:**
*Wie aus dem Nichts tauchte ein großer Hund auf. Der Hund wollte sich auf Tiffy stürzen.*
→ *Wie aus dem Nichts tauchte ein großer Hund auf. Er / Das Tier wollte sich auf Tiffy stürzen.*

### Textverbesserung durch Satzverknüpfungen

▶ S. 90, 235, 237

Mit **Satzreihen** (SR, ▶ S. 297) oder **Satzgefügen** (SG, ▶ S. 298) könnt ihr eure Texte abwechslungsreicher formulieren. Außerdem kann man Zusammenhänge deutlich machen:
*Sie kletterte das Gerüst hoch, obwohl sie nicht schwindelfrei war.*

**Lösung von Seite 60, Aufgabe 2:** 01 20 / 538 50 51

# Mit Texten und Medien umgehen

## Literarische Texte erschließen
▶ S. 85–104

### Erzählschritte in einer Geschichte
▶ S. 86, 97 f.

Jede Geschichte besteht in der Regel aus mehreren Erzählschritten, die man auch Handlungsschritte nennt. Ein neuer Erzählschritt beginnt häufig dann, wenn z. B.:

- der Ort der Handlung wechselt, z. B. *Bei Lisa angekommen ...*
- ein Zeitsprung stattfindet, z. B. *Am nächsten Morgen ...*
- eine neue Figur auftaucht, z. B. *„Tag!", sagte jemand, als Frieda gerade verschwinden wollte.*
- die Handlung eine Wendung erfährt, z. B. *Auf einmal ...*

### Die Figuren
▶ S. 98

Die Personen, die in einer Geschichte vorkommen bzw. handeln, nennt man Figuren. Sie haben bestimmte Eigenschaften und Absichten. In vielen Geschichten gibt es eine Hauptfigur, über die der Leser besonders viel erfährt. Um eine Geschichte zu verstehen, solltet ihr euch ein klares Bild von den einzelnen Figuren machen.

### Ich-Erzähler oder Er-/Sie-Erzähler
▶ S. 93

- Ein Ich-Erzähler ist selbst als handelnde Figur in das Geschehen verwickelt und schildert die Ereignisse aus seiner persönlichen Sicht, z. B. *Meine Schwester hatte ...*
- Der Er-/Sie-Erzähler ist nicht am Geschehen beteiligt. Er/Sie erzählt von allen Figuren in der Er-Form bzw. in der Sie-Form, z. B. *An diesem Tag geschah etwas, dass David nie für möglich gehalten hätte. Seine Schwester hatte ...*

### Erzählweisen erkennen
▶ S. 86

Spannend wird erzählt, wenn z. B.

- Zeit und/oder Ort unheimlich wirken,
- Rätselhaftes geschieht oder der Ausgang eines Geschehens ungewiss bleibt,
- spannungssteigernde Wörter und Wendungen verwendet werden, z. B. *schlagartig*.

## Märchen

Märchen haben wiederkehrende Merkmale, an denen man sie gut erkennen kann.
Dabei sind natürlich nicht in jedem Märchen alle diese Merkmale zu finden.

- **Ort** und **Zeit** der Handlung sind nicht genau festgelegt, z. B. *im Wald, vor langer Zeit.*
- Es treten **typische Figuren** auf, z. B. *König und Königin, Prinz und Prinzessin, Handwerker und Bauern, die böse Stiefmutter,* aber auch **fantastische** Figuren wie *sprechende Tiere, Feen, Hexen, Riesen, Zwerge, Zauberer, Drachen* usw.
- Die Figuren sind häufig auf **wenige Eigenschaften** festgelegt, z. B. *die gute Fee, die böse Hexe.*
- Meist **siegt** am Ende das **Gute** und das **Böse** wird **bestraft.**

- Der Held / Die Heldin muss **Prüfungen** bestehen oder **Aufgaben** erfüllen (häufig drei).
- Im Märchen geschehen **wundersame Dinge:** Tiere können sprechen, es gibt magische Gegenstände (z. B. *einen Wundertisch, ein Zauberkästchen*) und Zauberei.
- Oft enthalten Märchen **feste sprachliche Formeln,** z. B. *Es war einmal ...*
- **Magische Zahlen** spielen häufig eine Rolle, z. B. *drei Wünsche, sieben Zwerge, zwölf Gesellen.*
- Oft gibt es **Reime oder Zaubersprüche.**

## Fabeln

- Fabeln sind **kurze Erzähltexte,** sie können aber **auch in Versen** geschrieben sein.
- In der Fabel **handeln und sprechen** in der Regel **Tiere,** die **menschliche Charaktereigenschaften** verkörpern, z. B. schlauer Fuchs, dummer Esel.
- Die Tiere sind oft **ungleiche Gegenspieler** (z. B. Löwe gegen Maus), die ein **Streitgespräch** führen. Am Ende siegt der Stärkere oder der Listigere.
- **Ausgangssituation:** Die Tiere, der Ort und ihre Situation werden genannt.
- **Konfliktsituation und Lösung:** Zwischen den Tieren entsteht ein Konflikt, der in Rede und Gegenrede dargestellt wird. Dabei versucht oft ein Tier, das andere zu überlisten oder zu besiegen.
- **Lehre:** Am Ende wird häufig eine Lehre formuliert. Die Leserschaft soll etwas über ein bestimmtes Verhalten lernen.

## Schelmenstreiche und Schwänke

▶ S. 148

Schelme sind listige, einfallsreiche Menschen, die oft außerhalb der Gesellschaft stehen. Ihre Streiche richten sich meist gegen die Mächtigen und Reichen. Geschichten wie die von Eulenspiegel oder Nasreddin Hodscha nennt man **Schwänke.**

- Ein Schwank ist eine **kurze, lustige Erzählung.** Sie handelt von einem **außergewöhnlichen und komischen Einfall** oder **Streich.**
- Es gibt einen **überraschenden Schluss, eine Pointe,** die häufig auf Sprachwitz beruht.
- Die Hauptfigur, der Schelm oder Narr, ist meist ein äußerlich Schwächerer, der einen Stärkeren hereinlegt und ihm eine Lehre erteilt.
- Durch Schwänke sollen häufig **menschliche Schwächen** wie Dummheit, Eitelkeit oder Geiz **bloßgestellt** werden.

## Sagen

▶ S. 128

- Sagen sind ursprünglich **mündlich überlieferte** Erzählungen. Deshalb kann es von einer Sage manchmal **unterschiedliche Fassungen** geben.
- Es gibt verschiedene Formen von Sagen. **Heimatsagen** beschäftigen sich mit **Naturerscheinungen** und **Besonderheiten der Landschaft,** z. B. seltsamen Felsformen.
- Da früher wissenschaftliche Erkenntnisse noch nicht so verbreitet waren, erfanden die Menschen in den Sagen **fantasievolle Erklärungen für merkwürdige Ereignisse.**

- Häufig kommen **übernatürliche Wesen mit besonderen Fähigkeiten** vor (z. B. Berggeister, der Teufel) oder es werden **unwahrscheinliche Begebenheiten** geschildert (z. B. Steine werden zu Gold, Riesen werfen mit Felsen).
- Im Gegensatz zu Märchen enthalten Sagen oft einen **wahren (oft geschichtlichen) Kern:** Der **Ort des Geschehens** wird meistens genau angegeben, oft werden **Namen, Beruf und Herkunft** der Personen genannt.
- Der **Widerstand gegen das Böse** durch den **Glauben** ist ein typisches Merkmal der Sage.
- Menschliche **Helden** retten andere aber manchmal auch durch **List** vor schlimmer Not.

## Kreativ mit Texten umgehen

▶ S. 86, 93, 113, 128, 133–135

Um **einen Text stimmig fortsetzen** zu können, muss man ihn gut verstanden haben:

- **Wo** spielt die Geschichte und **wann?**
- **Aus der Sicht welcher Figur** wird erzählt? Oder gibt es einen **Er-/Sie-Erzähler?**
- Was erfährt man über die Stimmung oder Eigenschaften der Hauptfigur?
- Gibt es andere **wichtige Figuren?**

Gehört der Text einer bestimmten **Textsorte** an? Ist er z. B. ein Märchen, müssen in eurer Fortsetzung natürlich auch **typische Merkmale** der Textsorte vorkommen (▶ S. 286 f.).

## Gedichte

▶ S. 154–156

- Ein wichtiges Merkmal in vielen Gedichten ist der Reim. Wenn zwei Wörter vom letzten betonten Vokal an gleich klingen, nennt man das Endreim, z. B. *im Stillen – Widerwillen.* In Gedichten könnt ihr verschiedene Reimformen erkennen:
  - Wenn zwei aufeinanderfolgende Verse sich reimen, spricht man von einem **Paarreim:** *aabb.*
  - Reimen sich der 1. und 3. sowie der 2. und 4. Vers (über Kreuz), so nennt man das **Kreuzreim:** *abab.*
  - Wird ein Paarreim von zwei Versen „umarmt", die sich ebenfalls reimen, so heißt das **umarmender Reim:** *abba.*
- Eine Gedichtzeile heißt **Vers.** Mehrere zusammengehörige Verse bilden eine **Strophe.** Mehrere Strophen werden durch Leerzeilen voneinander getrennt.

## Sprachliche Bilder

▶ S. 158

**Personifikation –** Leblosen Gegenständen, Begriffen oder der Natur werden menschliche Verhaltensweisen und Eigenschaften zugesprochen, z. B. *Die Sonne lacht, die Natur schläft.*
**Metapher –** Ein Wort wird in einer übertragenen (bildlichen) Bedeutung gebraucht, *Nussschale* für *kleines Boot, König der Lüfte* für *Adler.*
**Vergleich –** wird häufig gebraucht, wenn etwas besonders anschaulich dargestellt werden soll, z. B. *kalt wie Eis, schnell wie der Wind.*

## Sachtexte

▶ S. 187–200

Sachtexte (▶ S. 284) finden wir in unterschiedlichen Bereichen. So zählen folgende Beispiele zur Gruppe der Sachtexte: Texte in Sachbüchern, journalistische Sachtexte (z. B. Zeitungsberichte), Lexikonartikel, Kochrezepte, Bastel- und Spielanleitungen, Schaubilder und Diagramme (z. B. Klimadiagramm in Erdkunde).
Sachtexte informieren über bestimmte Themen. Manche Sachtexte wollen auch zu etwas anleiten oder auffordern.
Die Sprache im Sachtext ist klar und sachlich. Gefühle oder Gedanken finden sich hier in der Regel nicht.
Sachtexte lassen sich mit der Fünf-Schritt-Lesemethode gut erschließen:

**1. Schritt**

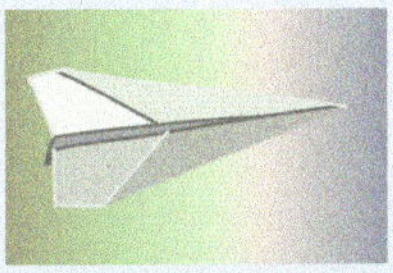

**Grob überfliegen und sich im Text orientieren**
Achtet beim Überfliegen dabei vor allem auf Bilder, Überschriften, Hervorhebungen, Satzanfänge und einzelne Abschnitte.
Hier sollt ihr einen groben Überblick, einen ersten Eindruck von Inhalt und Aufbau des Textes bekommen.
Der Text wird nicht Wort für Wort, sondern diagonal gelesen.

**2. Schritt**

**Fragen stellen**
Was wisst ihr schon über das Thema des Textes?
Was möchtet ihr noch wissen?
Stellt zwei bis drei Fragen an den Text.

**3. Schritt**

**Gründlich lesen und Schlüsselwörter unterstreichen**
Klärt unbekannte oder schwierige Wörter aus dem Textzusammenhang durch Nachdenken oder durch das Nachschlagen in einem Wörterbuch.
Markiert diese Wörter im Text blau.
Sammelt Zahlen und Fakten aus dem Text. Häufig liefern diese wichtige Informationen, um den Text zu verstehen.
Markiert diese Angaben gelb.
Markiert mit einem grünen Stift wichtige Informationen, die euch Antworten auf eure Fragen aus Schritt 2 geben.
Legt kleine Lesepausen ein, in denen ihr euch immer wieder erinnert und zu verstehen versucht, was ihr gelesen habt.

**4. Schritt**

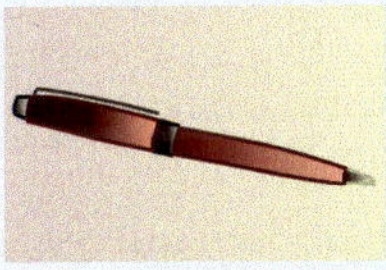

**Wichtiges zusammenfassen**
Findet für die einzelnen Abschnitte in eigenen Worten Stichpunkte, die den Inhalt knapp zusammenfassen.
Verwendet dazu eure farbigen Markierungen.
Prüft, ob die Stichpunkte zum Inhalt des Textes passen.

**5. Schritt**

**Informationen ordnen**
Wenn ihr den Text gelesen habt, dann wiederholt den Inhalt nochmals mit Hilfe eurer Notizen. Denkt auch dabei an eure Fragen von Schritt 2.

# Über Sprache nachdenken

## Wortarten

### Das Nomen (Hauptwort/Substantiv; Plural: die Nomen)

▶ S. 203–205, 251–254

Die meisten Wörter in unserer Sprache sind Nomen. Sie werden immer **großgeschrieben.**
Nomen bezeichnen

- **Lebewesen,** z. B.: *Frosch, Baum, Hund, Mädchen,*
- **Gegenstände,** z. B.: *Haus, Schreibtisch, Smartphone,*
- **Begriffe** (Gedanken, Gefühle, Zustände ...), z. B.: *Angst, Mut, Freude, Ferien, Freundschaft.*

Sie werden häufig von **Wörtern begleitet,** an denen wir sie erkennen können, z. B. von einem **Artikel** *(der Hase, eine Uhr)* oder einem Adjektiv *(blauer Himmel, fröhliche Menschen).*

### Genus (grammatisches Geschlecht; Plural: die Genera)

▶ S. 204

**Jedes Nomen hat ein Genus** (ein grammatisches Geschlecht), das man **an** seinem **Artikel erkennen** kann. Ein Nomen ist entweder

- ein **Maskulinum** (männliches Nomen), z. B.: *der Stift, der Regen, der Hund,*
- ein **Femininum** (weibliches Nomen), z. B.: *die Uhr, die Sonne, die Katze,* oder
- ein **Neutrum** (sächliches Nomen), z. B.: *das Buch, das Eis, das Kind.*

Das **grammatische Geschlecht** eines Nomens stimmt **nicht immer** mit dem **natürlichen Geschlecht** überein, z. B.: *das Mädchen, das Kind.*

### Numerus (die grammatische Zahl; Plural: die Numeri)

▶ S. 205

Nomen haben einen Numerus, d. h. eine Anzahl. Sie stehen entweder im

- **Singular** (Einzahl), z. B.: *der Wald, die Jacke, das Haus,* oder im
- **Plural** (Mehrzahl), z. B.: *die Wälder, die Jacken, die Häuser.*

Nur bei wenigen Wörtern ist entweder nur eine Singularform (z. B.: *der Regen*) oder nur eine Pluralform möglich (z. B.: *die Ferien*).

### Der Kasus (Fall; Plural: die Kasus, mit langem *u* gesprochen)

▶ S. 205

In Sätzen erscheinen Nomen immer in einem bestimmten Kasus, d. h. in einem grammatischen Fall.
**Im Deutschen gibt es vier Kasus.** Man kann den **Kasus** eines Nomens **durch Fragen ermitteln.**

| Kasus | Kasusfrage | Beispiele |
|---|---|---|
| 1. Fall: **Nominativ** | *Wer oder was ...?* | *Der Junge liest ein Buch.* |
| 2. Fall: **Genitiv** | *Wessen ...?* | *Das Buch des Jungen ist spannend.* |
| 3. Fall: **Dativ** | *Wem ...?* | *Ein Mädchen schaut dem Jungen zu.* |
| 4. Fall: **Akkusativ** | *Wen oder was ...?* | *Sie beobachtet den Jungen genau.* |

Meist ist der Kasus am veränderten Artikel des Nomens erkennbar, manchmal auch an der Endung des Nomens, z. B.: *des Mannes, des Mädchens, den Kindern.*
Wenn man ein Nomen in einen Kasus setzt, nennt man das **deklinieren** (beugen).

## Der Artikel (Begleiter, Geschlechtswort; Plural: die Artikel)

▶ S. 202, 205

Das Nomen tritt selten allein auf, sondern wird häufig von einem Artikel begleitet. Man unterscheidet zwischen dem bestimmten Artikel *(der, die, das)* und dem unbestimmten Artikel *(ein, eine, ein)*, z. B.:

| | **bestimmter Artikel** | **unbestimmter Artikel** |
|---|---|---|
| **männlich** | *der Stift* | *ein Stift* |
| **weiblich** | *die Uhr* | *eine Uhr* |
| **sächlich** | *das Buch* | *ein Buch* |

## Das Adverb (Umstandswort; Plural: Adverbien)

Adverbien beschreiben die **genauen Umstände eines Geschehens.** Sie erklären beispielsweise:
- **die Zeit (Wann?) – Temporaladverbien,** z. B.: *jetzt, heute, gestern, manchmal,*
- **den Ort (Wo? Wohin? Woher?) – Lokaladverbien,** z. B.: *hier, dort, draußen, überall.*

Adverbien ändern ihre Form meistens nicht.

## Das Adjektiv (das Eigenschaftswort; Plural: die Adjektive)

▶ S. 209–211

Adjektive drücken aus, **wie** etwas ist. Mit ihnen können wir die **Eigenschaften** von Lebewesen, Dingen, Vorgängen, Gefühlen und Vorstellungen **genauer beschreiben,** z. B.: *der starke Wind.* Adjektive werden **kleingeschrieben.** Adjektive, die vor einem Nomen stehen, haben den gleichen Kasus wie das Nomen, z. B.: *der kalte See, des kalten Sees, die kalten Seen.*

- **Steigerung der Adjektive**
  Die meisten Adjektive lassen sich steigern (z. B.: *schön – schöner – am schönsten*). So kann man z. B. Dinge und Lebewesen miteinander vergleichen. Es gibt drei Steigerungsstufen:

| **Positiv (Grundform)** | **Komparativ (Höherstufe)** | **Superlativ (Höchststufe)** |
|---|---|---|
| *Lars ist groß.* | *Stefan ist größer.* | *Fabian ist am größten.* |

## Die Konjunktion (das Bindewort; Plural: die Konjunktionen)

▶ S. 78 f., 235–237

Konjunktionen verbinden Satzteile oder Teilsätze miteinander, z. B.:
*Es gab Donner und Blitz. Er konnte nicht an der Wanderung teilnehmen, weil er krank war.*
Die häufigsten Konjunktionen sind: *und, oder, weil, da, nachdem.*
Konjunktionen kann man nicht beugen (in einen Kasus oder eine Personalform setzen).
Man unterscheidet nebenordnende und unterordnende Konjunktionen:

- **Nebenordnende Konjunktionen** (▶ Satzreihe, S. 297)
  *Peter schwimmt im See, denn es ist sehr heiß.*
  — Hauptsatz 1 — Konjunktion — Hauptsatz 2 —
- **Unterordnende Konjunktionen** (▶ Satzgefüge, S. 298)
  *Ich sprang heute vom 3-Meter-Brett, obwohl ich etwas Angst hatte.*
  — Hauptsatz — Konjunktion — Nebensatz —

## Das Pronomen (Fürwort; Plural: die Pronomen)

▶ S. 206–208

**Das Pronomen vertritt oder begleitet ein Nomen.** Es gibt verschiedene Arten von Pronomen.

- **Das Personalpronomen** (persönliches Fürwort)
  Mit den **Personalpronomen** *(ich, du, er, sie, es, wir, ihr, sie)* kann man **Nomen und Namen ersetzen,** z. B.:

  *Die Katze möchte ins Haus. Sie miaut. Schnell lassen wir sie herein.*

  *Paul rennt zum Bus. Er hat verschlafen und weiß, dass der Busfahrer nicht auf ihn wartet.*

  Personalpronomen werden wie die Nomen **dekliniert** (gebeugt):

| Kasus | Singular 1. Pers. | 2. Pers. | 3. Pers. | Plural 1. Pers. | 2. Pers. | 3. Pers. |
|---|---|---|---|---|---|---|
| 1. Fall: **Nominativ** | *ich* | *du* | *er/sie/es* | *wir* | *ihr* | *sie* |
| 2. Fall: **Genitiv** | *meiner* | *deiner* | *seiner/ihrer/seiner* | *unser* | *euer* | *ihrer* |
| 3. Fall: **Dativ** | *mir* | *dir* | *ihm/ihr/ihm* | *uns* | *euch* | *ihnen* |
| 4. Fall: **Akkusativ** | *mich* | *dich* | *ihn/sie/es* | *uns* | *euch* | *sie* |

- **Das Demonstrativpronomen** (hinweisendes Fürwort)
  Mit Demonstrativpronomen kann man auf etwas **zeigen** oder **hinweisen.**
  Sie werden wie Nomen dekliniert (gebeugt). Demonstrativpronomen sind z. B.:
  - ***dieser, diese, dieses,*** z. B.: *Ich glaube, diese Tiere sind nachtaktiv.*
  - ***jener, jene, jenes,*** z. B.: *Jenes Nashorn läuft den ganzen Tag im Kreis.*
  - ***der, die, das,*** wenn sie im Unterschied zum bestimmten Artikel (▶ S. 291) betont sind, z. B.: *Das ist der kleine Elefant, der im letzten Jahr geboren wurde.*

- **Das Relativpronomen**
  Relativpronomen leiten einen Relativsatz ein. Sie **beziehen** sich **auf** ein **Bezugswort oder eine Wortgruppe im Hauptsatz.** Der Relativsatz ist ein Nebensatz, der einen Bezug zu einem Wort im Hauptsatz herstellt.
  Beispiel: *Der Tiger, der heute noch kein Futter bekommen hatte, lief im Käfig auf und ab.*

  Relativpronomen Relativsatz

  Als Relativpronomen werden die Wörter *der, die, das, welcher, welche, welches* verwendet.
  Relativpronomen werden wie Nomen dekliniert. Den Fall, in dem sie stehen, kann man erfragen.
  Beispiel: *Der Tiger, dessen Fütterung unmittelbar bevorstand, lief im Käfig auf und ab.*
  Frageprobe: *Wessen Fütterung stand unmittelbar bevor?*
  Antwort: *Dessen Fütterung stand unmittelbar bevor.* → Genitiv

- **Das Possessivpronomen** (besitzanzeigendes Fürwort)
  **Possessivpronomen** *(mein/meine/mein – dein/deine/dein – sein/seine/sein – ihr/ihre/ihr – unser/unsere/unser – euer/eure/euer – ihr/ihre/ihr)* **geben an, zu wem etwas gehört,** z. B.: *mein Buch, deine Tasche, unsere Lehrerin.* Possessivpronomen begleiten meist Nomen und stehen dann in dem gleichen Kasus (Fall) wie das dazugehörige Nomen, z. B.: *Ich gebe meinen Freunden eine Einladungskarte.* (Wem ...? → Dativ)

## Präpositionen

▶ S. 212 f.

**Präpositionen** zeigen die **Beziehungen** zwischen Lebewesen, Dingen oder Vorgängen an:
- **lokal** (Wo?), z. B.: ***in** der Schule, **vor** der Tür* – (Wohin?), z. B.: ***hinter** das Haus, **zwischen** die Pfosten*
- **temporal** (Wann?), z. B.: ***nach** dem Unterricht, **während** der Sportstunde*
- **kausal** (Warum?), z. B.: ***aufgrund** des Wetters, **wegen** des Nebels*
- **modal** (Wie?), z. B.: ***mit** Geduld, **ohne** Probleme, **aus** Spaß*

Präpositionen stehen meist vor Namen, Nomen und Pronomen.
Die Präposition **bestimmt den Kasus** des folgenden Nomens oder Pronomens:
- **Genitiv,** z. B.: *während* *des Gewitters*
  → *Wessen?* = Genitiv
- **Dativ,** z. B.: *vor* *dem Gewitter*
  → *Wem?* = Dativ
- **Akkusativ,** z. B.: *durch* *das Gewitter*
  → *Wen?* = Akkusativ

Nach manchen Präpositionen *(an, auf, hinter, in, neben, über, unter, vor, zwischen)* können unterschiedliche Kasus stehen:
- Der **Dativ** folgt, wenn man fragen kann *Wo?*, z. B.: *Er sitzt **auf der Kiste.***
- Der **Akkusativ** folgt, wenn man fragen kann *Wohin?*, z. B.: *Er setzt sich **auf die Kiste.***

## Das Verb (das Tätigkeitswort; Plural: die Verben)

▶ S. 215

Mit Verben gibt man an, **was jemand tut** (z. B.: *laufen, reden, lachen*), **was geschieht** (z. B.: *regnen, brennen*) oder **was ist** (z. B.: *haben, sein, bleiben*). Verben werden kleingeschrieben.
- Der **Infinitiv** (die Grundform) eines Verbs endet auf *-en* oder *-n*, z. B.: *rennen, lächeln.*
- Wenn man ein Verb in einem Satz verwendet, bildet man **die Personalform des Verbs.** Das nennt man **konjugieren (beugen),** z. B.: *suchen* (Infinitiv) → *Ich suche den Schlüssel* (1. Person Singular). Die Personalform des Verbs wird aus dem Infinitiv des Verbs gebildet. An den Stamm des Verbs wird dabei die passende Personalendung gehängt, z. B.: *sprechen* (Infinitiv) → *Er spricht* (3. Person Singular).

### Die Zeitformen (Tempora) der Verben

▶ S. 216–222

Verben kann man in verschiedenen Zeitformen verwenden. Die Zeitformen (Tempora; Sg.: das Tempus) der Verben sagen uns, wann etwas passiert.

- **Das Präsens** (die Gegenwartsform)
  - Das Präsens wird verwendet, wenn etwas in der **Gegenwart** (in diesem Augenblick) geschieht, z. B.: *Er schreibt gerade einen Brief.* (Es geschieht in diesem Augenblick.)
  - Im Präsens stehen auch **Aussagen, die immer gelten,** z. B.: *Suppe isst man mit dem Löffel.*
  - Man kann das Präsens auch verwenden, **um etwas Zukünftiges auszudrücken.** Dann ergänzt man eine Zeitangabe, die auf die Zukunft verweist, z. B.: *Morgen gehe ich ins Kino.*

- **Das Futur I** (die Zukunftsform)
  Das Futur I wird verwendet, um ein zukünftiges Geschehen auszudrücken, z. B.:
  *In den Sommerferien werde ich häufig ins Freibad gehen.*
  Das Futur I wird gebildet durch: Personalform von *werden* im Präsens und dann Infinitiv des Verbs, z. B.: *Ich werde anrufen, du wirst anrufen ...*

- **Das Futur II**
  Wer sich vorstellt, dass schon eingetreten ist, was er plant, verwendet das **Futur II:**
  Es wird gebildet aus einer Personalform von ***werden*** im **Präsens,** dem **Partizip II** des Verbs und dem Infinitiv von ***sein*** bzw. ***haben,*** z. B.:
  *Ich **werde** ein schönes Wochenende **erlebt haben.***
  Das **Futur II** wird auch verwendet, um eine **Vermutung** zu formulieren, z. B.:
  *Peter **wird** wahrscheinlich heute früh schon Fahrrad **gefahren sein.***

- **Das Präteritum** (1. Vergangenheit)
  Das Präteritum ist eine **einfache Zeitform der Vergangenheit.** Sie wird vor allem in schriftlichen Erzählungen (z. B. in Märchen, in Geschichten) und in Berichten verwendet, z. B.:
  *Sie lief schnell nach Hause, denn es regnete in Strömen.* Man unterscheidet:
  - **regelmäßige (schwache) Verben:** Bei den regelmäßigen Verben wird an den Wortstamm *-te* angehängt, der Vokal *(a, e, i, o, u)* im Verbstamm ändert sich nicht, wenn das Verb ins Präteritum gesetzt wird, z. B.: *ich lache* (Präsens) → *ich lachte* (Präteritum),
  - **unregelmäßige (starke) Verben:** Bei den unregelmäßigen Verben ändert sich im Präteritum der Vokal *(a, e, i, o, u)* im Verbstamm, z. B.: *ich singe* (Präsens) → *ich sang* (Präteritum); *ich laufe* (Präsens) → *ich lief* (Präteritum).

- **Das Perfekt** (2. Vergangenheit)
  Wenn man mündlich von etwas Vergangenem erzählt, verwendet man häufig das Perfekt, z. B.:
  *Ich habe gerade etwas gegessen. Er ist nach Hause gekommen.*
  Das Perfekt ist eine **zusammengesetzte Vergangenheitsform,** es wird mit einer Form von ***haben*** oder ***sein*** im Präsens (z. B.: *hast, sind*) und dem **Partizip II des Verbs** (z. B.: *gesehen, aufgebrochen*) gebildet.
  - Das Partizip II beginnt meist mit *ge-*, z. B.: *lachen* → *gelacht; gehen* → *gegangen.*
  - Wenn das Verb schon eine Vorsilbe hat (*ge-*, *be-* oder *ver-*), bekommt das Partizip II keine mehr, z. B.: *gelingen* → *gelungen; beschweren* → *beschwert; verlieren* → *verloren.*

- **Das Plusquamperfekt** (3. Vergangenheit)
  Wenn etwas vor dem passiert ist, wovon im Präteritum oder im Perfekt erzählt wird, verwendet man das Plusquamperfekt. Das Plusquamperfekt wird deshalb auch **Vorvergangenheit** genannt, z. B.: *Nachdem er den Computer ausgeschaltet hatte, verließ er das Zimmer.*
  Das Plusquamperfekt ist wie das Perfekt (▶ S. 218 f.) eine **zusammengesetzte Vergangenheitsform,** weil es mit einer Form von ***haben*** oder ***sein*** im Präteritum (z. B.: *hatte, war*) und dem **Partizip II des Verbs** (z. B.: *gelesen, aufgebrochen*) gebildet wird, z. B.: *Nachdem wir etwas gegessen hatten, gingen wir in den Zoo. Nachdem alle pünktlich angekommen waren, ging es los.*

## Aktiv und Passiv

▶ S. 223 f.

Wir unterscheiden Sätze im **Aktiv** und im **Passiv.**

- Im **Aktivsatz** wird der/die aktiv Handelnde im Subjekt genannt und dadurch hervorgehoben, z. B.: *Ein **Schüler** vertauscht den OH-Projektor.*
- Im **Passivsatz** tritt der/die Handelnde zurück oder ist gar nicht bekannt. Stattdessen steht das Geschehen oder das passive Objekt, mit dem etwas geschieht, im Vordergrund, z. B.: ***Der OH-Projektor** wird (von einem Schüler) vertauscht.*

Das Passiv wird mit einer Form von ***werden*** und dem **Partizip II** des Verbs gebildet, z. B.:

| | | Aktivsätze im Vergleich: |
|---|---|---|
| ■ Präsens: | *Die Tafel **wird geputzt.*** | *Er **putzt** die Tafel.* |
| ■ Präteritum: | *Die Tafel **wurde geputzt.*** | *Er **putzte** die Tafel.* |
| ■ Perfekt: | *Die Tafel **ist geputzt worden.*** | *Er **hat** die Tafel **geputzt.*** |
| ■ Plusquamperfekt: | *Die Tafel **war geputzt worden.*** | *Er **hatte** die Tafel **geputzt.*** |
| ■ Futur I: | *Die Tafel **wird geputzt werden.*** | *Er **wird** die Tafel **putzen.*** |
| ■ Futur II: | *Die Tafel **wird geputzt worden sein.*** | *Er **wird** die Tafel **geputzt haben.*** |

## Zahlwörter (Numeralia, Singular: das Numerale)

Bei den Zahlwörtern (Numeralia) unterscheidet man unter anderem:

- **Kardinalzahlen:** Sie legen die Anzahl fest, z. B.: *drei, hundert, tausend.*
- **Ordinalzahlen:** Sie legen eine Reihenfolge fest, z. B.: *erstens, der vierte Tag.*

# Satzglieder

## Wortart und Satzglied

▶ S. 228–230

Beachtet den Unterschied zwischen Wortarten und Satzgliedern: Einzelne Wörter kann man nach ihrer Wortart bestimmen, Satzglieder sind die Bausteine in einem Satz. Oft besteht ein Satzglied aus mehreren Wörtern. Man erkennt das mit Hilfe der Umstellprobe (Umstellprobe, ▶ S. 285).

| Nomen | Verb | Pronomen | Nomen | Präposition | Artikel | Nomen | **Wortarten** |
|---|---|---|---|---|---|---|---|
| *Thomas* | *trifft* | *seinen* | *Freund* | *auf* | *dem* | *Sportplatz.* | |
| Subjekt | Prädikat | Akkusativobjekt | | | Lokaladverbiale | | **Satzglieder** |

## Satzglieder erkennen: Die Umstellprobe

▶ S. 101, 229

**Ein Satz besteht aus verschiedenen Satzgliedern.** Diese Satzglieder können aus einem einzelnen Wort oder aus mehreren Wörtern (einer Wortgruppe) bestehen. Mit der **Umstellprobe** könnt ihr feststellen, wie viele Satzglieder ein Satz hat. Wörter und Wortgruppen, die bei der Umstellprobe immer zusammenbleiben, bilden ein Satzglied, z. B.: *Unbekannte Täter stahlen nachts den teuren Schmuck.*
*Nachts stahlen unbekannte Täter den teuren Schmuck.*

## Das Prädikat (Plural: die Prädikate) ▶ S. 228

Der **Kern des Satzes** ist das Prädikat (Satzaussage). Prädikate werden durch Verben gebildet. In einem Aussagesatz steht die Personalform des Verbs (der gebeugte Teil, ▶ S. 293) **immer an zweiter Satzgliedstelle,** z. B.: *Der Hamster schläft in seinem Käfig. Er isst gerne Möhren.*
**Prädikate** können **aus mehreren Teilen** bestehen, z. B. aus:

- **einem Verb,** das in **zwei Bestandteile** getrennt ist: *Der Hund lief plötzlich fort.*
- **Personalform** und **Partizip:** *Der Hund ist plötzlich losgelaufen.*
- **zwei Verben:** *Petra ging mit ihrem Hund spazieren.*

Die zwei Teile des Prädikats bilden eine Prädikatsklammer. Sie klammern andere Satzglieder ein:
*Petra hat den Hund später auf dem Nachbargrundstück gefunden.*

Prädikatsklammer

## Das Subjekt (Satzgegenstand; Plural: die Subjekte) ▶ S. 228

Das Satzglied, das angibt, wer oder was etwas tut, veranlasst, handelt usw., heißt Subjekt.

- Ihr könnt das Subjekt mit der Frage **„Wer oder was ...?“** ermitteln: *Ich schlafe.* → *Wer schläft?*
- Es kann aus mehreren Wörtern bestehen, z. B.: *Tim schläft.* – *Mein treuer Hund Tim schläft.*

## Die Objekte (Singular: das Objekt) ▶ S. 228–230

- **Genitivobjekt:** Das Objekt, das im Genitiv steht, heißt Genitivobjekt. Ihr ermittelt es mit der Frage: **„Wessen ...?“,** z. B.: *Wessen gedachten die Menschen? Sie gedachten der Opfer.*
- **Dativobjekt:** Das Objekt, das im Dativ steht, heißt Dativobjekt. Ihr ermittelt es mit der Frage: **„Wem ...?“,** z. B.: *Wem leiht sie das Buch? Sie leiht das Buch mir.*
- **Akkusativobjekt:** Das Objekt, das im Akkusativ steht, heißt Akkusativobjekt. Ihr ermittelt es mit der Frage: **„Wen oder was ...?“,** z. B.: *Wen oder was leiht sie mir? Sie leiht mir das neue Buch.*
- **Präpositionalobjekte** stehen **nach Verben,** die **fest mit einer Präposition verbunden** sind, z. B.: *denken an, warten auf.* Diese Präposition ist auch im Fragewort enthalten, mit dem man nach dem Präpositionalobjekt fragt, z. B.:
  *Pit dachte oft* ***an Nina.*** — **An** wen?
  *Er wartete sehnsüchtig* ***auf eine Nachricht.*** — **Auf** was? / Wor**auf**?

Objekte können aus einem oder aus mehreren Wörtern bestehen.

## Die Adverbialien (Singular: das Adverbiale; Umstandsbestimmung) ▶ S. 231 f.

- Adverbialien sind Satzglieder, die über den Ort **(Lokaladverbiale),** die Zeit **(Temporaladverbiale),** die Art und Weise **(Modaladverbiale)** oder die Gründe **(Kausaladverbiale)** eines Geschehens informieren.
- Adverbialien können aus einem oder aus mehreren Wörtern bestehen.
- Durch die Frageprobe kann man ermitteln, welches Adverbiale vorliegt.

| Satzglied | Frageprobe | Beispiel |
|---|---|---|
| **Lokaladverbiale** | *Wo ...? Wohin ...? Woher ...?* | *Wo fand Nils den Krebs?*<br>*Nils fand den Krebs am Strand.* |
| **Temporaladverbiale** | *Wann ...? Wie lange ...?*<br>Seit wann ...? | *Wann regnete es?*<br>*Es regnete am Sonntag.* |
| **Modaladverbiale** | *Wie ...? Womit ...?*<br>*Auf welche Art und Weise?* | *Wie spielte Mesut?*<br>*Mesut spielte schnell und geschickt.* |
| **Kausaladverbiale** | *Warum? Weshalb?* | *Warum blieb Anna zu Hause?*<br>*Anna blieb wegen des Gewitters zu Hause.* |

# Sätze

## Satzarten

▶ S. 234

Je nachdem, ob wir etwas aussagen, fragen oder jemanden auffordern bzw. ein Gefühl zum Ausdruck bringen wollen, verwenden wir unterschiedliche Satzarten: Aussagesatz, Fragesatz und Aufforderungs- bzw. Ausrufesatz.
In der gesprochenen Sprache erkennen wir die verschiedenen Satzarten oft an der Stimmführung, in der geschriebenen Sprache an den unterschiedlichen Satzschlusszeichen: Punkt, Fragezeichen und Ausrufezeichen.

- Nach einem **Aussagesatz** steht ein **Punkt,** z. B.: *Ich gehe jetzt ins Schwimmbad.*
- Nach einem **Fragesatz** steht ein **Fragezeichen,** z. B.: *Hast du heute Nachmittag Zeit?*
- Nach einem **Aufforderungs- oder Ausrufesatz** steht meist ein **Ausrufezeichen,** z. B.: *Vergiss die Sonnencreme nicht! Die Sonne scheint herrlich!*

## Die Satzreihe: Hauptsatz + Hauptsatz

▶ S. 235

Hauptsätze haben folgende Kennzeichen:

- Ein **Hauptsatz** ist ein selbstständiger Satz. Er kann allein stehen.
- Er enthält mindestens zwei Satzglieder, nämlich Subjekt und Prädikat, z. B.: *Peter schwimmt.*
- Die Personalform des Verbs (das gebeugte Verb, ▶ S. 293) steht im Hauptsatz in der Regel an zweiter Satzgliedstelle, z. B.: *Peter schwimmt im See.*

Ein **Satz,** der **aus zwei oder mehr Hauptsätzen** besteht, wird **Satzreihe** genannt. Die einzelnen Hauptsätze einer Satzreihe werden durch ein **Komma** voneinander getrennt, z. B.:
*Peter schwimmt im See, Philipp kauft sich ein Eis.*
Häufig werden die Hauptsätze durch die **nebenordnenden Konjunktionen** (Bindewörter) *und, oder, aber, denn, doch* verbunden, z. B.: *Peter schwimmt im See, denn es ist sehr heiß.*
**Beachtet:** Vor den Konjunktionen *und* bzw. *oder* darf das Komma wegfallen, z. B.:
*Peter schwimmt im See und Philipp kauft sich ein Eis.*

## Satzgefüge: Hauptsatz + Nebensatz

▶ S. 237

**Nebensätze haben folgende Kennzeichen:**

- Ein Nebensatz kann **nicht ohne** einen **Hauptsatz** stehen.
- Der Nebensatz wird z. B. durch eine **unterordnende Konjunktion** (Bindewort) (z. B.: *weil, da, obwohl, damit, dass, sodass, nachdem, während*) oder durch ein **Relativpronomen** (z. B.: *der, die, das*) eingeleitet.
- Die **Personalform des Verbs** (das gebeugte Verb) steht im Nebensatz immer **an letzter Satzgliedstelle.**

Einen **Satz,** der **aus** mindestens einem **Hauptsatz und** mindestens einem **Nebensatz** besteht, nennt man **Satzgefüge.** Zwischen Hauptsatz und Nebensatz muss **immer ein Komma** stehen, z. B.:

*Wir gehen heute ins Schwimmbad, weil die Sonne scheint.*
Hauptsatz Nebensatz

In einem **Satzgefüge mit unterordnender Konjunktion** kann der **Nebensatz dem Hauptsatz folgen,** ihm **vorangestellt** sein oder in ihn **eingeschoben** werden.

## Relativsätze

▶ S. 239

**Relativsätze** sind Nebensätze, die ein vorausgehendes Bezugswort im Hauptsatz näher erklären, z. B.:
*Ayshe nimmt den **Bus, der** direkt vor dem Schwimmbad **hält.***

Sie werden mit einer Form des **Relativpronomens** (z. B.: *der, die das, dessen;* ▶ S. 208) eingeleitet und immer durch **Komma(s) abgetrennt.**

# Tipps zum Rechtschreiben

▶ S. 246–250

### Tipp 1: Deutlich sprechen – genau hinhören

▶ S. 246

Sprecht euch das Wort, das ihr schreiben wollt, deutlich vor. Sprecht dabei jeden Buchstaben einzeln. Achtet darauf, ob der **betonte Vokal kurz** gesprochen wird (z. B.: *Kamm*) oder **lang** (z. B.: *kam*). Unterscheidet deutlich **harte** und **weiche** Konsonanten (z. B.: *er **t**ankt / er **d**ankt*).

### Tipp 2: Auf Wortbausteine achten

▶ S. 247

In verschiedenen Wörtern kommen oft gleiche **Wortbausteine** vor. Wer diese Bausteine kennt, macht weniger Fehler.
Der Grundbaustein eines Wortes heißt **Wortstamm.**

- Wörter mit dem gleichen Wortstamm bilden eine **Wortfamilie,** z. B.: *frei, die Freiheit, unfreiwillig.*
  **Beachtet:** Der Vokal im Wortstamm kann sich ändern, z. B.: *backen, das Gebäck.*
- Durch **Vorsilben (Präfixe)** und **Endungen (Suffixe)** können **verwandte Wörter** gebildet werden, z. B.:

| Vorsilbe | Wortstamm | Endung |
|---|---|---|
| *an* | ***geb*** | *en* |

Wörter können auch aus zwei oder mehr Wörtern zusammengesetzt werden:
Das **Grundwort** am Ende bestimmt die Wortart und bei Nomen das Genus, z. B.: *der Wasserball.*

### Tipp 3: Verwandte Wörter suchen ▶ S. 248

**ä** oder **e, äu** oder **eu?** – Wenn ihr unsicher seid, wie ein Wort geschrieben wird, macht die **Ableitungsprobe** und sucht ein **verwandtes Wort mit a bzw. au,** z. B.:
*gef ? hrlich?* → *die Gefahr* → *gefährlich*
*die M ? use* → *die Maus* → *die Mäuse*
Bei einigen Wörtern mit **ä** gibt es keine Ableitungsmöglichkeit – ihr müsst euch ihre Schreibung einprägen, z. B.: *der Käfig, der Lärm, erzählen, während, allmählich, die Krähe.*
Diese Suche nach einem verwandten Wort nennt man **Ableitungsprobe.**

### Tipp 4: Wörter verlängern ▶ S. 249

Am Wortende klingen **b** wie **p** (z. B.: *lieb*), **g** wie **k** (z. B.: *der Steg*) und **d** wie **t** (z. B.: *der Held*).
Verlängert die Wörter und sprecht sie deutlich aus. Bildet

- bei **Nomen** den Plural (z. B.: *der Ber ?* → *die Berge* → *der Berg*) oder ein Adjektiv (z. B.: *der Win ?* → *windig* → *der Wind*),
- bei **Adjektiven** die Steigerungsform (z. B.: *klu ?* → *klüger* → *klug*) oder beugt es mit einem Nomen (z. B.: *klu ?* → *die kluge Schülerin* → *klug*),
- bei **Verben** eine andere Verbform, etwa den Infinitiv (z. B.: *er lo ?* → *lügen* → *er log*).

### Tipp 5: Silbentrennung

**Mehrsilbige Wörter** trennt man nach **Sprechsilben,** die man beim langsamen, deutlichen Vorlesen hört, z. B.: *Spa-zier-gang, Welt-meis-ter, er-zäh-len, Recht-schrei-bung, kom-men.*
**Von mehreren Konsonanten** kommt **nur einer** in die **neue Zeile,** z. B.: *Git-ter, Kat-ze, knusp-rig.*
Aber: **ch, ck** und **sch** bleiben immer zusammen, z. B.: *Wa-chen, drü-cken, lau-schen.*
**Einzelne Buchstaben** werden **nicht abgetrennt,** z. B.: *Abend, Ofen.*
Zusammengesetzte Wörter und Wörter mit Vorsilbe (▶ Tipp 2) trennt man **zwischen** den **Wortbausteinen,** z. B.: *Rast-platz, Ab-sprung, Tief-schlaf, Trenn-strich, Ver-trag, be-stellt.*

# Rechtschreibregeln ▶ S. 251–264

## Großschreibung ▶ S. 251–254

**Satzanfänge, Namen** und **Nomen** schreibt man groß.

- Ein Nomen erkennt man sicher am **bestimmten oder unbestimmten Artikel,** der davorsteht (z. B.: *der Baum, ein Einfall*) oder den man probeweise ergänzen kann **(Artikelprobe),** z. B.: *Simona isst gern (die) Nudelsuppe.*
- Weitere **Signalwörter** für Nomen sind: **Numeralia** (Zahlwörter; z. B.: *drei Hunde*), **Pronomen** (z. B.: *meine Tasche*) oder **Adjektive** (z. B.: *rote Schuhe*).
- Wörter mit den Endungen **-heit, -keit, -nis, -schaft, -tum, -ung** sind **Nomen** und werden **großgeschrieben,** z. B.: *Schönheit, Süßigkeit, Ereignis, Mannschaft, Eigentum, Zeichnung.*
- **Verben im Infinitiv** (Grundform) und **Adjektive** können **wie ein Nomen gebraucht (nominalisiert)** werden. Man erkennt nominalisierte Verben und Adjektive am Artikel, der davorsteht oder den man probeweise ergänzen kann (Artikelprobe), z. B.:
  *Er mag das Schwimmen im See. Das Besondere daran ist die Größe des Gewässers.*
  **Nominalisierte Verben und Adjektive** werden **großgeschrieben.**

## Kleinschreibung

Die meisten Wortarten werden kleingeschrieben, z. B.:

- alle Verben, z. B.: *malen, tanzen, gehen,*
- alle Adjektive, z. B.: *freundlich, sonderbar, rostig;* viele Adjektive kann man an typischen Adjektivendungen erkennen: **-bar, -haft, -ig, -isch, -lich, -los, -sam,**
- alle Pronomen (Fürwörter), z. B.: *ich, du, er/sie/es, wir, ihr, sie, mich, dich, mein, dein, euer, dieser, diese, dieses, der, die das.*
  **Beachtet:** Eine Sonderregelung gibt es bei den Pronomen der Höflichkeitsanrede (z. B. in Briefen und E-Mails): Wenn ihr jemanden siezt, schreibt ihr die Anredepronomen groß, z. B.: *Sie, Ihnen, Ihr.* Die vertraute Anrede *du* kann man auch in Briefen kleinschreiben, z. B.: *dir, dein, euch, euer.*

## Kurze Vokale – doppelte Konsonanten

▶ S. 256 f.

Nach **kurzem betontem Vokal** folgen fast immer **zwei oder mehr Konsonanten.**

- In den meisten Fällen kann man die Konsonanten bei deutlichem Sprechen gut unterscheiden, z. B.: *Hund, Topf, Karte, singen, wandern.*
- Wenn nach einem kurzen Vokal nur ein Konsonant zu hören ist, wird dieser beim Schreiben meist **verdoppelt,** z. B.: *knabbern, Brunnen, Pudding, Koffer, Bagger, schwimmen, Suppe, irren, vergessen.*
  **Ausnahmen:** Statt verdoppeltem **k** schreibt man **ck** (z. B.: *backen, Nacken, Ecke*) und statt verdoppeltem **z** schreibt man **tz** (z. B.: *Katze, Netz, Hitze*).

## Lange Vokale

▶ S. 258–260

- **Einfacher Konsonant hinter langem Vokal**
  Die langen Vokale **a, e, o, u** und die Umlaute **ä, ö, ü** werden oft nur mit einem einfachen Buchstaben geschrieben, z. B.: *Wagen, leben, Bogen, klären, Flöte, Gemüse.*
  **Nach** einem **langen Vokal** und nach **ä, ö, ü** steht meist **nur *ein* Konsonant,** z. B.: *haben, geben, oben, rufen, Käse, mögen, grüßen.*
- **Wörter mit Doppelvokal**
  In einigen Wörtern wird der lange Vokal mit Doppelbuchstaben geschrieben, z. B.:
  - **aa:** *Aal, Aas, Haar, paar, Paar, Saal, Saat, Staat, Waage,*
  - **ee:** *Beere, Beet, Fee, Heer, Klee, Schnee, See, Seele;* ursprünglich aus einer anderen Sprache stammen Wörter wie: *Armee, Idee, Kaffee, Klischee, Tee, Tournee, Püree,*
  - **oo:** *Boot, doof, Moor, Moos, Zoo.*
- **Langer Vokal + *h***
  Manchmal steht hinter einem langen Vokal ein **h,** z. B.: *gestohlen, zahm, Sehne, wahr.*
  Das **h** erscheint nach langem Vokal besonders oft vor den Buchstaben **l, m, n** und **r.**
- **Langer i-Laut**
  - Das lang gesprochene **i** wird meistens **ie** geschreiben, z. B.: *Dieb, hier, blieb, kriechen.*
  - Manchmal wird das lange **i** nur durch den Einzelbuchstaben **i** wiedergegeben, z. B.: *dir, mir, Biber, Igel, Maschine.*
  - Die Verbindung **ih** findet man nur bei Pronomen, z. B.: *ihm, ihn, ihr.*

## Schreibung des s-Lauts

▶ S. 261 f.

Im Hochdeutschen unterscheidet man in der Aussprache den **stimmhaften** (summenden) **s-Laut** vom **stimmlosen** (zischenden) **s-Laut.**

- Der **stimmhafte s-Laut** wird **mit einfachem s** geschrieben, z. B.: *Hase, Riese, eisig.*
- Der **stimmlose s-Laut** wird mit einfachem **s** geschrieben, wenn sich beim Verlängern des Wortes ein stimmhaftes *s* ergibt, z. B.: *Gras – Gräser, Haus – Häuser, reiste – reisen.*
- Den **stimmlosen s-Laut nach langem Vokal** oder nach **Diphthong** (au, äu, ei, eu) schreibt man **ß,** wenn er bei der **Verlängerungsprobe stimmlos** bleibt, z. B.: *Fuß – Füße, weiß – weißer.*
- **Nach** einem **kurzen betonten Vokal** wird ein **stimmloser s-Laut** meist **ss** geschrieben, z. B.: *Fass, Biss, sie muss, er hasst, hässlich.*
- ***das* oder *dass*?**
  Mit einem einfachen **s** geschrieben wird das Wort **das** als
  - **bestimmter Artikel,** z. B.: *Ich kaufe das Buch.*
  - **Demonstrativpronomen** (kann durch **dieses** ersetzt werden), z. B.: *Das ist mein Lieblingsbuch.*
  - **Relativpronomen** (kann durch **welches** ersetzt werden), z. B.: *Ich lese das Buch, das mir gefällt.*

  **dass** ist eine Konjunktion (Bindewort, ▶ S. 291) und wird mit **Doppel-s** geschrieben. Es kann **nicht durch *dieses* oder *welches*** ersetzt werden, z. B.: *Ich glaube, dass ich das Buch schon kenne.*

## Besondere Laute und Buchstabenverbindungen

▶ S. 262–264

Im Deutschen gibt es einige Laute, die durch besondere Buchstaben oder Buchstabenverbindungen wiedergegeben werden:

- **Der ks-Laut** wird unterschiedlich dargestellt: durch **chs** (z. B.: *der Fuchs*), **cks** (z. B.: *der Klecks*), **gs** (z. B.: *du fragst*), **ks** (z. B.: *der Keks*) und **x** (z. B.: *der Mixer*). Die Schreibweisen muss man sich einprägen oder im Wörterbuch nachschlagen.
- **Die Buchstabenkombination Pf/pf** kann am Wortanfang (z. B.: *der Pfeffer*), in der Wortmitte (z. B.: *hüpfen*) und am Wortende (z. B.: *der Kampf*) stehen. Genaues Sprechen verdeutlicht den Unterschied zwischen **f** und **pf.**
- **Die Buchstabenkombination qu:** Im Deutschen kommt der seltene Buchstabe **q** nie alleine vor, sondern nur in der Verbindung **qu,** z. B.: *die Qualität, quer.*
- **Das V** kann im Deutschen **wie ein F** (z. B.: *von, vertragen*) oder **wie ein W** (z. B.: *Vanille, Klavier*) ausgesprochen werden. Die Schreibweisen muss man sich einprägen oder im Wörterbuch nachschlagen. Die Vorsilben **ver-** und **vor-** werden immer mit **v** geschrieben.

# Zeichensetzung

► S. 235–239, 265 f.

## Kommasetzung

► S. 265

- Zwischen den einzelnen Teilen einer **Aufzählung** steht ein **Komma,** wenn diese nicht durch *und* oder *oder* verbunden sind, z. B.: *Ich spiele Hockey, Fußball, Völkerball und Karten.*
- Zwischen den Hauptsätzen in einer **Satzreihe** (► S. 297) müssen Kommas stehen, wenn die Hauptsätze nicht durch *und* oder *oder* verbunden sind, z. B.:
  *Lene kommt mit dem Fahrrad zur Schule, aber Ole nimmt den Bus.*
  *Vinzenz geht zu Fuß, Clara wird gebracht und Anton kommt mit dem Zug.*
- **Nebensätze** (► S. 298) werden durch **Komma** vom Hauptsatz getrennt.
  Eingeleitet werden sie meist durch
  - eine **Konjunktion** (Bindewort, ► S. 291), z. B.: *weil, dass, nachdem, wenn, obwohl,* oder
  - ein **Relativpronomen** (► S. 292), z. B.: *der, die, das, welche, dessen.*

*Tina muss das Fahrrad nehmen, wenn sie am Wochenende zur Theater-AG fährt.*

——— HS ———,

——— NS ———.

*Als sie sich einmal auf den Schulbus verlassen hat, wurde sie enttäuscht.*

——— HS ———.

——— NS ———,

*Der Schulbus, der vor der Schule hält, fährt nur werktags.*

–HS (1. Teil)–, ——— HS (2. Teil) ———.

——— NS ———,

## Zeichensetzung bei der wörtlichen Rede

► S. 99, 266

- Was jemand spricht, steht in **Anführungszeichen.**
- Steht der Redebegleitsatz **vor der wörtlichen Rede,** wird er mit einem **Doppelpunkt** von der wörtlichen Rede abgetrennt, z. B.:
  *Wir riefen: „Wir sind schneller!“ – Paula schrie: „Wenn das mal gut geht.“*
- Steht der **Redebegleitsatz in der Mitte oder nach der wörtlichen Rede,** wird er durch Komma abgetrennt. Dabei **verliert** der Aussagesatz den **Schlusspunkt, Fragezeichen** und **Ausrufezeichen bleiben stehen:**
  *„Haltet mehr Abstand“, mahnte Uwe uns.*
  *„Markus“, warnten unsere Klassenkameraden, „hör auf damit!“*
  *„Warum denn?“, lachte Markus übermütig.*
  *„Vorsicht, wir kentern!“, schrien die anderen in diesem Moment.*
- Steht der Redebegleitsatz in der Mitte, bleiben alle Satzschlusszeichen stehen.

# Vielfalt und Wandel der Sprache

## Redewendung

▶ S. 94 f., 166

Eine **Redewendung** ist eine **feste Verbindung mehrerer Wörter,** z. B. *jemanden auf die Palme bringen* = jemanden wütend machen. Die einzelnen Bestandteile sind nicht austauschbar, z. B.: ~~jemanden auf die Eiche bringen~~. Sie enthalten starke sprachliche Bilder und ersparen umständliche und wortreiche Umschreibungen.

## Sprichwort

▶ S. 94 f., 166

Sprichwörter sind kurze, einprägsame Sätze, die (meist) eine **Lebensweisheit** (Erfahrung, Urteil, Meinung, Warnung oder Vorschrift) enthalten. Sie werden immer in demselben Wortlaut gebraucht. Ihre **Bedeutung** ist **festgelegt.** Meist muss man diese kennen, um das Sprichwort zu verstehen, z. B.:
*Morgenstund hat Gold im Mund.* → *Wer früh mit der Arbeit beginnt, erreicht viel.*
Viele Sprichwörter stammen aus bekannten Texten oder aus dem Alltag.

## Wortfeld

**Wörter mit ähnlicher Bedeutung** bilden ein Wortfeld:
*klein: winzig, zwergenhaft, gering ...*
*fliegen: schweben, flattern, gleiten ...*
Mit Wörtern aus einem Wortfeld kann man abwechslungsreich und aussagekräftig formulieren.

## Wortfamilie

▶ S. 247

Der Grundbaustein eines Wortes heißt **Wortstamm.** Wörter mit dem gleichen Wortstamm bilden eine **Wortfamilie.** Sie können verschiedenen Wortarten angehören, z. B.:
*freuen, die Freude, freudig, erfreuen ...*
*kennen, erkennen, die Kenntnis ...*

## Fremdwörter aus dem Englischen

Im gegenwärtigen Deutsch finden wir viele Fremdwörter, also Wörter, die ursprünglich aus einer anderen Sprache stammen.
Heutzutage werden meist Fremdwörter aus dem Englischen ins Deutsche übernommen, vor allem in den Bereichen Medien, Mode, Wissenschaft und Wirtschaft/Handel.
Man sieht oder hört diesen Wörtern ihre Herkunft aus dem Englischen an, z. B.:
*Notebook, Gameboy, Shopping, Sale ...* Man nennt sie **Anglizismen.**

# Arbeitstechniken und Methoden

## Die eigene Arbeit organisieren



## Informationen/Ideen sammeln und auswerten



## Texte überarbeiten 



## Arbeitsergebnisse aufbereiten und präsentieren

## Im Internet recherchieren

- Überlegt euch ein genaues Wort für eure Suche.
- Überfliegt zunächst die Seite mit den Suchergebnissen. Findet ihr wirklich die gewünschten Informationen?
- Oft lohnt es sich, auch zwei oder drei Begriffe als Suchwörter einzugeben, damit man genau das gewünschte Ergebnis findet.
- Habt ihr eine Seite gefunden, die Informationen enthält, könnt ihr euch Notizen machen oder die Seite ausdrucken und bearbeiten.
- Manchmal werden sogenannte *Links* angeboten. Sie führen zu verwandten Seiten.
  Prüft immer genau, ob diese Links für eure Fragestellung nützlich sind, sonst verirrt man sich schnell im Internet-Dschungel!

## „Gallery Walk“

Arbeiten, die bewertet werden sollen, werden gut sichtbar im Klassenzimmer aufgehängt.
Dann geht ihr durchs Klassenzimmer und lest die Arbeiten gründlich durch. Mit Klebepunkten gebt ihr eure Stimme für die beste Arbeit ab.

## Einen Stichpunktzettel anlegen

Ein Stichpunktzettel eignet sich gut als **Grundlage für einen Kurzvortrag,** da er nur die wesentlichen Informationen festhält.

- Notiert nur Stichpunkte, keine ganzen Sätze.
- Lasst alles Unwichtige weg.
- Schreibt übersichtlich untereinander, groß und deutlich.
- Orientiert euch an den Abschnittsüberschriften, die ihr zuvor für euren Sachtext formuliert habt.

## Standbilder bauen

In einem Standbild kann man sichtbar machen, welche Gefühle Figuren füreinander hegen. So könnt ihr vorgehen:

- Macht euch genau klar, welche Situation oder welche Textstelle ihr darstellen wollt.
- Bestimmt, wer von euch welche Figur spielt und wer der Regisseur ist. Die Übrigen beraten.
- Der Regisseur stellt die Figuren so auf, dass deutlich wird, wie sie „zueinander stehen“:
  Wenn sie einander nahe sind, können sie z. B. nahe beieinanderstehen.
  Auch Gestik (Körperhaltung) und Mimik (Gesichtsausdruck) kann der Regisseur bestimmen.
- Nun helfen die Berater, damit das Standbild verständlich und aussagekräftig wird.
- Die Figuren verharren unbeweglich wie Statuen.

# Textartenverzeichnis

# Autoren- und Quellenverzeichnis


Al Mansour, Hayfa (*1974)
106 Das Mädchen Wadjda (1)
110 Das Mädchen Wadjda (2)
113 Das Mädchen Wadjda (3)
119 Das Mädchen Wadjda (4)
aus: Das Mädchen Wadjda. Aus dem Englischen von Catrin Frischer. cbt Verlag, München 2015, S. 7–14 (1), S. 37–40 (2), S. 65 f. (3), 188 (4)

Britting, Georg (1891–1964)
156 Am offenen Fenster bei Hagelwetter
aus: Gesamtausgabe in Einzelbänden, Bd. 2. List Verlag, München 1989–1996

Brunner, Reinhard
154 Ein Stein
aus: Hörst du die Stille? Meditative Übungen mit Kindern. Kösel, München 2001, S. 20

Bubenheim, Frank (*1952)
162 Schnee
aus: Am Montag fängt die Woche an. Jahrbuch der Kinderliteratur 2. Hrsg. von Hans Joachim Gelberg. Beltz & Gelberg, Weinnhiem/Basel 2006, S. 35

Busta, Christine (1915–1987)
157 Der Sommer
aus: Die Sternenmühle. Otto Müller Verlag, Salzburg 1959

Dehmel, Paula (1862–1918)
164 Ich bin der Juli
aus: Frühling, Sommer, Herbst und Winter. Sauerländer Verlag, Mannheim 2010

Eichendorff, Joseph von (1788–1857)
162 Verschneit liegt rings die ganze Welt
aus: Werke. Hrsg. von Wolfgang Rasch. Carl Hanser Verlag, München 1955

Fink, Gerhard (1934–2013)
132 Europa
aus: Die schönsten Sagen der Antike. 5. Aufl. Fischer TB Verlag, Frankfurt am Main 2010

Hacks, Peter (1928–2003)
163 Der Winter
aus: Der Flohmarkt. Eulenspiegel Verlag, Berlin 1964

Homer (ca. 8. Jh. v. Chr.)
129 Die Lotusesser (1)
135 Auf Kirkes Insel (2)
aus: Die Abenteuer des Odysseus. Neu erzählt von Bernard Evslin. 3. Aufl. dtv, München 2010, S. 15–19 (1); Gustav Schwab: Griechische Sagen. Bearbeitet und ergänzt von Richard Carstensen. Ensslin und Laiblin, Reutlingen 1954 (2)

Illinger, Patrick (*1965)
193 Robo-Fisch auf Patrouille
aus: Umweltdetektiv unter Wasser – Robo-Fisch auf Patrouille. SZ online vom 17. 05. 2010. Abrufbar unter: http://www.sueddeutsche.de/wissen/umweltdetektiv-unter-wasser-robo-fisch-auf-patrouille-1.132659 [06. 03. 2017]

Jacobsson, Anders u. Olsson, Sören (*1963; *1964)
17 Berts intime Katastrophen
aus: Berts intime Katastrophen. Friedrich Oetinger Verlag, Hamburg 1992

Kästner, Erich (1899–1974)
142 Wie Eulenspiegel einem Esel das Lesen beibrachte (1)
151 Die Schildbürger: Die versunkene Glocke (2)
176 Das fliegende Klassenzimmer – Im Internat ist immer was los! (3)
179 Das fliegende Klassenzimmer – Warum Uli einen Schirm mitbrachte (4)
aus: Till Eulenspiegel erzählt von Erich Kästner. Atrium Verlag, Zürich 1991 (1); Erich Kästner erzählt. Dressler Verlag, Hamburg 1982, S. 235 ff. (2); Das fliegende Klassenzimmer. Dressler Verlag, Zürich 1935, S. 22–36 (3), S. 112 f. (4)

Kaléko, Mascha (1907–1975)
155 Es regnet (1)
164 Advent (2)
aus: Die paar leuchtenden Jahre. dtv, München 2003, S. 164 f. (1), (2)

Kaschnitz, Marie Luise (1901–1974)
159 Juni
aus: Gesammelte Werke. Bd. 5. Die Gedichte. Hrsg. von C. Büttrich und N. Miller. Insel Verlag, Frankfurt am Main 1985

Klabund (1890–1928)
156 Schneeflocken
aus: Klabund / Alfred Henschke: Sämtliche Gedichte in einem Band. E-artnow, 2014

Maar, Paul (*1937)
146 Der Bogenschütze
aus: Paul Maar / Aljoscha Blau: Das fliegende Kamel. Geschichten von Nasreddin Hodscha neu erzählt von Paul Maar. Friedrich Oetinger Verlag, Hamburg 2010, S. 28 f.

Mörike, Eduard (1804–1875)
157 Er ist's (1)
164 Septembermorgen (2)
aus: Sämtliche Werke. Hrsg. von H. G. Göpdert. Carl Hanser Verlag, München 1964 (1), (2)

Morgenstern, Christian (1871–1914)
164 Novembertag
aus: Alle Galgenlieder. Insel Verlag, Frankfurt am Main 1976

Ponzauner, Wigg (1922–2005)
161 Da Herbst
aus: Herzhaft g' sagt. Verlag Rudolf Vierlinger, Simbach/Inn 7/1997

Richter, Jutta (*1955)
20 Im Gruselhaus
aus: Der Tag, als ich lernte die Spinnen zu zähmen. Carl Hanser Verlag, München 2000

Ruck-Pauquèt, Gina (*1931)
168 Im Viertelland
aus: Eine Badewanne voll Geschichten. Carl Ueberreuter Verlag, Wien 1993

Shehada, Gisela u. Shehada, Hazem
149 Gohas Besuch beim König
aus: Goha, der alte orientalische Spaßvogel. Orient Verlag, Trier 2002

Streckenbach, Kathrin
198 Pflege-Roboter „Marvin" – der persönliche Haushaltsassistent
aus: stern online vom 26. 08. 2014. Abrufbar unter: http://www.stern.de/gesundheit/pflege-roboter--marvin---der-persoenliche-haushalts-assistent-3614694.html [06. 03. 2017]

Steinwart, Anne (*1945)
158 Pusteblumensonntag
aus: Wer hat schon Flügel. Mosaik Verlag. München 1984

Treutwein, Karl (1921–1985)
126 Die Gründung des Juliusspitals
aus: Sagen aus Mainfranken. Stürtz Verlag, Würzburg 1969, S. 77 f.

Vergil (70–19 v. Chr.)
133 Alba Longa
aus: Römische Sagen. Nacherzählt von Richard Carstensen. 25. Aufl. dta Junior, München 2010, S. 91 f.

Wolf, Otto
160 Dr Härbst als Moalr
aus: Wolf, Otto: Mei Muattrschprach vrgass i nie, sie hoat diea schöasta Melodie. Verlag Franz Scheiner, Würzburg 1989

Zöller, Elisabeth (*1945)
91 Und wenn ich zurückhaue?
aus: Und wenn ich zurückhaue? Bertelsmann, München 2000

**Unbekannte/ungenannte Autorinnen und Autoren**

69 radiomikro: Somonies und Bodenampeln
aus: Von getauschten Trikots, Smombies und dem größten Abenteuer überhaupt. Vom 11. 07. 2016 auf br-online. Abrufbar unter: http://www.br-online.de/kinder/radio-tv/podcasts/index.shtml [06. 03. 2017]

106 Klappentext zu Hayfa Al Mansours Das Mädchen Wadjda
aus: Das Mädchen Wadjda. Aus dem Englischen von Catrin Frischer. cbt Verlag, München 2015

114 Ein Leser schreibt
aus: merendinabloggt: Hayfa Al Mansour: Das Mädchen Wadjda. vom 31. 03. 2016. Abrufbar unter: https://merendinabloggt.wordpress-com/2016/03/31/hayfa-al-mansour-das-maedchen-wadjda/ [07. 03. 2017]

114 Eine Buchhändlerin schreibt
aus: Kasimira: Hayfa Al Mansour – Das Mädchen Wadjda. Vom 08. 10. 2015. Abrufbar unter: http://kasimira.de/hayfa-al-mansour-das-maedchen-wadjda [07. 03. 2017]

114 Aus der Nominierung der den Deutschen Jugendliteraturpreis
aus: Das Mädchen Wadjda. Abrufbar unter: http://www.djlp.jugendliteratur.org/kinderbuch-2/artikel-das_maedchen_wadjda-4031.html [07. 03. 2017]

116 Beschützer der Diebe, Schattenkinder

122 Wie der Wendelstein zu seinem Namen kam
aus: Wie der Wendelstein zu seinem Namen kam. Nacherzählt von Gertraud Bildl

124 Der Teufelstein bei Tittling
aus: Sagen aus dem Dreiburgenland. Hrsg. vom Heimatarchiv Tittling. Offsetdruck und Verlag Dorfmeister, Tittlingen 1990, S. 52

145 Eine unerfahrene Nachtigall
aus: 202 Witze von Nasreddin Hodscha. Minyatür Yayinlari No. Id. Übersetzt von Atilla Yakut. Yvonne Landeck Verlag, Kassel 2000

147 Till heilt Kranke
aus: Die Sache mit Henep und Senep. Abrufbar unter: http://www.labbe.de/lesekorb/index.asp?themakatid=16&themaid=97&titelid=861&titelkatid=139&momo=1 [28. 05. 2013]

183 Das fliegende Klassenzimmer

184 Klappentext zu Das fliegende Klassenzimmer

188 ROBOTER – Maschinen ohne Grenzen
aus: Geolino extra Nr. 52, S. 6–13

196 Roboterfisch führt Schwärme an
aus: Sieht aus wie ein Stichling: Roboterfisch führt Schwärme an. n-tv online vom 29. 06. 2010. Abrufbar unter: http://www.n-tv.de/wissen/Roboterfisch-fuehrt-Schwaerme-an-article948636.html [06. 03. 2017]

217 Biberfamilie baute Damm mit gestohlenen Dollars
aus: RZ-Online vom 17. 08. 2004. Abrufbar unter: http://archiv.rhein-zeitung.de/on/04/11/17/news/t/rzo104575.html [07. 03. 2017]

218 Eichhörnchen-Bande stahl Weihnachtsbeleuchtung
aus: Kölner Stadt-Anzeiger vom 30. 12. 2003. Abrufbar unter: http://www.ksta.de/eichhoernchen-bande-stahl-weihnachtsbeleuchtung-14533894 [07. 03. 2017]

256 Klappentext zu Das doppelte Lottchen.
aus: Das doppelte Lottchen. Dressler Verlag, Hamburg 1949

261 Die Wassermaus
aus: Würdemann, Günther: Die S-Laute-Maus. e-Stories vom 24. 04. 2003. Abrufbar unter: https://www.e-stories.de/gedichte-lesen.phtml?9666 [07. 03. 2017]

267 Ein Jugendorchester im Regenwald
aus: Geolino 2/2006

# Bildquellenverzeichnis

**S. 3 oben, 13:** Fotolia/Christian Schwier; **S. 3 unten, 8, 25, 29, 59, 84, 140, 165, 167:** Thomas Schulz, Teupitz; **S. 6 oben, 106 rechts, 108–111:** © Razor Film Produktion/Tobias Kownatzki, Fotograf: Tobias Kownatzki; **S. 9 oben, 175 links:** © Atrium Verlag, Zürich 1935, **S. 9 unten, 187:** action press/SIPA Asia/Zuma Press; **S. 12, 269:** Shutterstock/Tyler Olson; **S. 17 links:** Anders Jacobsson/Sören Olsson: Berts intime Katastrophen. © Oetinger Verlag, 1992, **rechts:** © Atlejé & Anders; **S. 20 links:** Jutta Richter: Der Tag, an dem ich lernte die Spinnen zu zähmen. © dtv Verlagsgesellschaft, 2002, **rechts:** © Jutta Richter; **S. 23 unten, 36, 46, 225:** © Microsoft Corporation; **S. 37:** Bildagentur Huber/R. Schmid; **S. 67 oben:** Getty Images/iStock/SolStock, **unten:** Quelle: DEKRA Unfallforschung; **S. 68, 186, 198:** picture alliance/dpa; **S. 91 links:** Elisabeth Zöller: Und wenn ich zurück haue? © Carlsen Verlag, 2004, **rechts:** ddp images/Hermann Knippertz; **S. 105 o. l.:** Andreas Steinhöfel: Beschützer der Diebe. © Carlsen Verlag, 2007, **o. M.:** Jeff Kinney: Gregs Tagebuch. Von Idioten umzingelt! © Baumhaus Verlag, Bastei Lübbe, 2011, **o. r.:** Michael Ende: Die unendliche Geschichte. © Thienemann-Esslinger Verlag, 2004, **u. l.:** Harald Parigger: Der Dieb von Rom. © Arena Verlag, 2014, **u. r.:** © Verlag Friedrich Oetinger, Hamburg 2003; **S. 106 links:** Hayfa Al Mansour: Das Mädchen Wadjda. © cbt Verlag in der Verlagsgruppe Random House München, 2015; **S. 115 o. l.:** „Dein SPIEGEL" Heft 4/2017, **o. M.:** Shutterstock/Iakov Filimonov, rechts: Cornelia Funke: Tintenherz. © Oetinger Taschenbuch, 2010; **unten:** www.leseforum.bayern; **S. 116 links:** Andreas Steinhöfel: Beschützer der Diebe. © Carlsen Verlag, 2007, **rechts:** Margaret Peterson Haddix: Schattenkinder. Übersetzt von Bettina Münch. dtv Junior, 2017; **S. 118 oben:** F1online/Spaces Images RM/Andersen Ross, **unten:** Colourbox; **S. 122:** bpk/Bayerische Staatsgemäldesammlungen/Sybille Forster, **S. 123 oben:** Volkhard Binder, Telgte, **unten links:** Bildagentur Huber/R.Schmid, **unten rechts:** © Rainer Jahns; **S. 125:** Bayerisches Landesamt für Umwelt; **S. 127:** seasons.agency/Markus Bassler; **S. 129 links:** bpk/Alfredo Dagli Orti; **S. 133 links:** akg-images/Gilles Mermet; **S. 159:** © wordle.net; **S. 175 rechts, 178:** Kinoplakat „Das fliegende Klassenzimmer" (2003). © Bavaria Media GmbH; **S. 176, 179:** Walter Trier, © Atrium Verlag, Zürich 1935; **S. 180, 181, 182 oben:** Szenenfotos aus: „Das fliegende Klassenzimmer" (2003). © Bavaria Media GmbH; **S. 184:** picture-alliance/IMAGNO/Schost; **S. 188:** Benoit DECOUT/REA/laif; **S. 191:** © Spektrum der Wissenschaft/Claus Schäfer; Spektrum neo 8/2014, **S. 43:** Spektrum der Wissenschaft Verlagsgesellschaft mbH, Heidelberg 2017; **S. 193:** action press/REX FEATURES LTD; **S. 195:** Science Photo Library/BRIAN BELL; **S. 203:** bpk; **S. 203:** akg-images; **S. 213:** Fotolia/Photo-SD; **S. 214:** Fotolia/Thomas Aumann; **S. 217:** Bildagentur Huber/Römmelt; **S. 221:** Fotolia/underworld; **S. 224:** Shutterstock/Jausa; **S. 236:** Okapia/imageBROKER/Herbert Kehrer; **S. 242:** Juniors Bildarchiv/R. Dirscherl; **S. 253:** Bildagentur Huber/Naturalight; **S. 256:** © Atrium Verlag, Zürich 1949; **S. 267:** mauritius images/Alamy/Porky Pies Photography; **S. 274 links:** Fotolia/DM7, **Mitte:** Shutterstock/higyou, **rechts:** mauritius images/Alamy/Chris Willson

# Sachregister

Teile einiger Kapitel dieses Bandes wurden erarbeitet von Christoph Berghaus, Günther Biermann, Annette Brosi, Wolfgang Butz, Andrea Carl, Friedrich Dick, Ute Fenske, Josi Ferrante-Heidl, Gertraud Fuchsberger-Zirbs, Susanne Gasse, Andrea Gefeke, Angelika von Hochmeister, Marlene Koppers, Moniak Lenkaitis, Anna Löwen, Sabine Matthäus, Wilhelm Matthiessen, Birgit Patzelt, Katja Reinhardt, Gerhard Ruhland, Toka-Lena Rusnok, Marco Schlegel, Christine Steinmüller, Carolin Wemhoff, Sylvia Wüst.

**Bestandteile des Lehrwerks**

- Schülerbuch (ISBN 978-3-06-067345-2)
- E-Book zum Schülerbuch (ISBN 978-3-06-067351-3)
- Arbeitsheft (ISBN 978-3-06-067327-8)
- Arbeitsheft mit interaktiven Übungen (978-3-06-067333-9)
- Interaktive Übungen (ISBN 978-3-06-067339-1)
- Schulaufgabentrainer (ISBN 978-3-06-200206-9)

Redaktion: Dagmar Arioli; Christa Jordan, Eltville

Illustrationen:
Uta Bettzieche, Leipzig: S. 138
Bildbad, Berlin: S. 289
Maja Bohn, Berlin: S. 31
Vera Brueggemann, Bielefeld: S. 4 oben, 49–58, 61
Nils Fliegner, Hamburg: S. 10, 11, 201, 202, 204–212, 215, 216, 219, 220, 222, 223, 225–235, 238–241, 243–252, 255, 257–261
Marie Geißler, Berlin: S. 7 unten, 112, 114, 117, 119, 120, 153–158, 160–164, 168–174
Konrad Golz, Zühlsdorf: S. 182 unten
Christiane Grauert, Milwaukee/USA: S. 66
Sylvia Graupner, Annaberg-Buchholz: S. 5, 83, 85–91 unten, 93–103
Ulrike Jensen, Berlin: S. 26, 28, 30, 32–35, 39–44, 192, 200, 271, 272, 276
Constanze von Kitzing, Köln: S. 6 unten, 121, 124, 126, 129 rechts, 130, 132, 133 rechts, 134–137
Bianca Schaalburg, Berlin: S. 4 unten, 63, 64, 69, 72, 74–81
Barbara Schumann, Berlin: S. 14–16, 18, 19, 21, 22, 23 Mitte, 24
Christa Unzner, Berlin: S. 7 oben, 141–150

Coverfoto: Fotolia / Lisa F. Young
Gesamtgestaltung und technische Umsetzung: werkstatt für gebrauchsgrafik, Berlin

**www.cornelsen.de**



1. Auflage, 1. Druck 2018

Alle Drucke dieser Auflage sind inhaltlich unverändert und können im Unterricht nebeneinander verwendet werden.



Druck: Mohn Media Mohndruck, Gütersloh

ISBN 978-3-06-067345-2

PEFC
PEFC/04-31-1033

PEFC zertifiziert
Dieses Produkt stammt aus nachhaltig bewirtschafteten Wäldern und kontrollierten Quellen.
www.pefc.de

# Knifflige Verben im Überblick

| Infinitiv | Präsens | Präteritum | Perfekt |
|---|---|---|---|
| befehlen | du befiehlst | er befahl | er hat befohlen |
| beginnen | du beginnst | sie begann | sie hat begonnen |
| beißen | du beißt | er biss | er hat gebissen |
| bieten | du bietest | er bot | er hat geboten |
| bitten | du bittest | sie bat | sie hat gebeten |
| blasen | du bläst | er blies | er hat geblasen |
| bleiben | du bleibst | sie blieb | sie ist geblieben |
| brechen | du brichst | sie brach | sie hat gebrochen |
| brennen | du brennst | es brannte | es hat gebrannt |
| bringen | du bringst | sie brachte | sie hat gebracht |
| dürfen | du darfst | er durfte | er hat gedurft |
| einladen | du lädst ein | sie lud ein | sie hat eingeladen |
| erschrecken | du erschrickst | er erschrak | er ist erschrocken |
| essen | du isst | er aß | er hat gegessen |
| fahren | du fährst | sie fuhr | sie ist gefahren |
| fallen | du fällst | er fiel | er ist gefallen |
| fangen | du fängst | sie fing | sie hat gefangen |
| fliehen | du fliehst | er floh | er ist geflohen |
| fließen | du fließt | es floss | es ist geflossen |
| frieren | du frierst | er fror | er hat gefroren |
| gelingen | es gelingt | es gelang | es ist gelungen |
| genießen | du genießt | sie genoss | sie hat genossen |
| geschehen | es geschieht | es geschah | es ist geschehen |
| greifen | du greifst | sie griff | sie hat gegriffen |
| halten | du hältst | sie hielt | sie hat gehalten |
| heben | du hebst | er hob | er hat gehoben |
| heißen | du heißt | sie hieß | sie hat geheißen |
| helfen | du hilfst | er half | er hat geholfen |
| kennen | du kennst | sie kannte | sie hat gekannt |
| lassen | du lässt | sie ließ | sie hat gelassen |
| laufen | du läufst | er lief | er ist gelaufen |
| leiden | du leidest | sie litt | sie hat gelitten |
| lesen | du liest | er las | er hat gelesen |
| liegen | du liegst | er lag | er hat gelegen |